河南社科名家文库

李恒卷

李恒 著

河南人民出版社

图书在版编目(CIP)数据

河南社科名家文库．李恒卷／李恒著．—郑州：河南人民出版社，2019．11
ISBN 978-7-215-12167-6

Ⅰ．①河… Ⅱ．①李… Ⅲ．①社会科学-文集 Ⅳ．①C53

中国版本图书馆 CIP 数据核字(2019)第 283163 号

河南人民出版社 出版发行
(地址:郑州市郑东新区祥盛街 27 号 邮政编码:450016 电话:65788055)
新华书店经销　　河南瑞之光印刷股份有限公司印刷
开本　710 毫米×1000 毫米　1/16　印张　31.25
字数　450 千字
2019 年 11 月第 1 版　　2019 年 11 月第 1 次印刷

定价：93.00 元

李　恒　1971年7月生，河南唐河人。经济学博士，二级教授，博士生导师，河南大学经济学院副院长，河南大学产业经济与农村发展研究所所长，河南大学产业经济学特聘教授。第五届河南省优秀青年社科专家，第四批河南省文化宣传系统“四个一批”人才，河南省百名优秀青年社科理论人才，教育部“新世纪优秀人才支持计划”。

学术成果　长期研究转型经济中的产业和区域发展。主持完成国家社会科学基金项目“外资与产业集群共同作用下的我国区域经济协调发展理论与对策研究”、“产业空间分布、地区间工资差异与我国新型城镇化研究”，全国教育科学“十五”规划重点项目“我国农村劳动力转移的教育培训问题研究——基于产业集群的视角”，教育部人文社会科学研究基地重大课题“社会嵌入与黄河流域区域创新模式研究”及省社科规划项目等20余项。出版个人学术专著5部，合著2部。在《经济学动态》《经济学家》《光明日报》《农业经济问题》等期刊上发表《农村土地流转的制度约束及促进路径》《农村转移人口离农的制度困境及其实现路径》等学术论文40余篇。

获奖情况　博士学位论文《基于FDI的产业集群研究》获得2006年度华中科技大学优秀博士论文奖和第三届张培刚优秀博士论文奖，2012年、2013年、2017年先后3次获得河南省社会科学优秀成果奖一等奖，2006年、2008年先后两次获得河南省社会科学优秀成果奖二等奖，2016年获得河南省高等教育教学成果二等奖，2018年被评为河南大学优秀博士后合作导师。

耕耘理论沃土　绽放出彩华章

习近平总书记在哲学社会科学工作座谈会上的讲话中指出，一个没有发达的自然科学的国家不可能走在世界前列，一个没有繁荣的哲学社会科学的国家也不可能走在世界前列。坚持和发展中国特色社会主义，哲学社会科学具有不可替代的重要地位，哲学社会科学工作者具有不可替代的重要作用。为深入贯彻落实习近平总书记在哲学社会科学工作座谈会上的重要讲话精神，大力实施以育人育才为中心的哲学社会科学整体发展战略，更加有效地发挥社科理论研究服务全省大局的重要作用，中共河南省委宣传部、省社科联组织了“河南社科名家”评选和“河南社科名家文库”（以下简称“文库”）的编纂工作。

“文库”收录了韩国河、余丽、张先飞、刘志伟、陈忠海、孙先科、李恒、李伟昉等八位首批“河南社科名家”的代表性理论研究成果，内容涵盖考古、古代文学、现当代文学、比较文学、国际政治、档案管理、区域经济等多个领域，集中展示了首批“河南社科名家”漫漫科研路上的不断求索和丰硕成果，从整体上看，“文库”主要体现了以下几个鲜明特点。

一是聚焦学术前沿问题。理论思维的起点决定着理论创新的结果。“文库”坚持马克思主义指导地位、坚持以人民为中心的研究导向，立足于我们所经历的伟大时代变革，以强烈的使命担当，敏锐的学术自觉，感知、关切、探究、解答各自学术研究领域的核心性、关键性、前沿性问题。有从理念、方法到技巧方面对考古学的学科建设探索，有对现代中国关于人的形而上思考、“人间”本位的解析，有从中华文化观念发生视角对中华文化思想起源发展的探究，有对中西方文学比较研究、比较文学实证方法与审美批评之间的辩证关系研究等。这些都充分体现了“文库”作者用思想观照时代、观照现实的探索精神，为河南社科理论界专家学者严谨治学、开拓创新的品格作出了生动注解。

二是聚焦重大现实问题。问题是创新的起点、理论的生长点。马克思曾深刻指出:“主要的困难不是答案,而是问题。”与时代同步伐,与人民共命运,关注和回答时代和实践提出的重大课题,是马克思主义永葆生机活力的奥妙所在。“文库”收录的研究成果充分利用河南文化优势、区位优势,对源远流长、博大精深的中原优秀传统文化进行了追本溯源和创新创造。同时,扎根于中原更加出彩的伟大实践,坚持问题导向,解决实际问题。或以经济发展与转型为主题,从区域、产业和农村三大领域探究我国经济发展和转型的过程、性质、结构和绩效;或深挖中原文化潜力,以传承创新华夏历史文明和建设全国重要文化高地为己任,推进中原优秀传统文化创造性转化创新性发展。这些研究最大限度地遵循规律、探究缘由、寻找对策、服务现实,以河南社科理论界专家学者的实干担当,为中原出彩贡献了自己的力量。

三是聚焦思想舆论问题。当前,世界正处于百年未有之大变局,中国与世界的关系正在发生历史性变化。身处大变局中,我们既有木秀于林的骄傲,也有风必摧之的风险;既有乘风破浪的自信,也有积羽沉舟的忧患。“文库”收录的成果以学术的方式,参与到当代中国思想文化领域重要问题的讨论中:通过剖析20世纪中国人与全人类不断觉醒、共同进步的心灵探寻历程,以及中国人对“人学”新观念的话语建构与实践创造,不断塑造着热切追求进步与崛起的百年中国人的精神世界与生活方式;通过分析阐释互联网与国际政治的内在逻辑,对互联网在国际政治中的作用与应对策略、网络空间国家大数据主权安全保障和治理机制进行了探索性和前瞻性研究,提出了全球网络空间“观念治理”的中国方案等。这些研究聚焦思想文化领域重要问题开展深入思考,对一些错误思潮进行了批驳,为社会注入了更多的正能量,巩固壮大了主流思想舆论。

习近平总书记强调:“这是一个需要理论而且一定能够产生理论的时代,这是一个需要思想而且一定能够产生思想的时代”。“文库”的出版,对于进一步激发河南社科理论界专家学者干事创业热情,推出更多名家大家、精品力作,在围绕中心、服务大局中出新出彩,很有价值、很有意义。

一是有助于加快构建中国特色哲学社会科学。新时代哲学社会科学发展的重要使命是加快构建中国特色哲学社会科学,其重中之重是加快构建中国特色哲学社会科学学科体系、学术体系、话语体系。在一定意义上讲,"文库"的出版,是河南省加快构建中国特色哲学社会科学的积极探索。从学科体系上看,体现了深耕厚植中原历史文化这一传统优势学科与积极探究区域经济、国际关系等新兴学科的有机结合;从学术体系上看,反映了从古今中外丰富的学术思想中汲取营养、推陈出新与从改革开放的实践中挖掘新材料、发现新问题、提出新观点、构建新理论的辩证统一;从话语体系上看,是立足当代中国社会变革伟大实践的理论探索,在一定程度上为解读中国实践、构建中国理论贡献了新概念、新范畴、新表述。

二是有助于发挥"河南社科名家"的引领示范作用。构建中国特色哲学社会科学是一个系统工程,需要统筹各方面力量协同推进,更需要加强顶层设计,发挥高端人才的引领示范作用。"文库"的出版,既是对"河南社科名家"的重要宣传推介,也是对河南哲学社会科学事业不断发展和壮大的阶段性成就展示。实践没有止境,理论创新也没有止境。实现"两个一百年"奋斗目标、实现中华民族伟大复兴的中国梦需要中原更加出彩,需要"河南社科名家"再接再厉,主动担当、积极作为,提高为党和人民述学立论、建言献策的责任感、使命感和理论自觉,在为国为民、立德立言中成就自我、实现价值。

三是有助于激励社科工作者投身中原更加出彩的伟大实践。党的十八大以来,习近平总书记三次亲临河南视察指导工作,并参加全国人代会河南代表团审议,充分体现了对中原人民的关怀厚爱、对河南工作的肯定支持。实现总书记对中原更加出彩的殷殷嘱托,为理论创造、学术繁荣提供了强大动力和广阔空间,也为河南哲学社会科学工作者聚焦重大理论和现实问题指明了方向。"文库"的出版,将进一步增强河南社科界的政治责任感和时代使命感,激发更多的专家学者在把握时代脉动、面向实践需求、解决实际问题的具体实践中,不断去深思、去体悟、去实践，为河南经济社会发展提供更多既有理论高度又有实践深度的研究成果。

神州大地风雷激荡，中原出彩潮水澎湃。站在新时代的起点，广大哲学社会科学工作者要高举习近平新时代中国特色社会主义思想伟大旗帜，树牢“四个意识”、坚定“四个自信”、做到“两个维护”，以“为天地立心，为生民立命，为往圣继绝学，为万世开太平”的社会责任感，把实现中华民族伟大复兴中国梦与中原更加出彩紧密联系起来，勇于立时代之潮头、通古今之变化、发思想之先声，努力成为先进思想的倡导者、学术研究的开拓者、社会风尚的引领者、党执政的坚定支持者，共同推动哲学社会科学建功新时代、展现新作为、书写新篇章。

刘伟

2019 年 10 月

目录 CONTENTS

学术小传

代表性学术成果

学术年谱

◆学术小传

一

我出生在河南唐河县一个偏僻的小乡村，是地地道道的农民家庭，但我在小时候的很长一段时间里一直都认为自己是出生于书香门第，因为我的父亲是小学教师，而且，我爷爷会讲很多古老的故事。爷爷的家里还有很多的书，这些书上的字多是竖排的繁体字，很难认。我拿来读时就需要不断地问他。爷爷这时就会给我讲这些书里的故事，无外乎《西厢记》《四郎探母》之类的。后来长大了就知道了，这些书其实就是戏剧的剧本。

村头就是一所小学，但是学生并不多，而且只有 3 个年级。学生读到四年级时还要到 5 里外的大队部的学校去读，而且也不是所有的村都有学校。这里的人们不习惯于把孩子送去上学，孩子很小就割草放羊了，所以一个年级也就十三四个学生那样，老师也少，全校也就 4 个老师，一个年级一个老师，既教语文数学，又当班主任，是典型的全能老师。除了校长是公办老师外，其余的都是民办老师，父亲就是这 3 个民办老师中的一个。我小时候身体弱，总是生病，就跟着父亲到学校去，父亲上课时就把我放在他办公室，有时还抱着我去课堂上。我 6 岁那一年，妈说干脆让恒也上学吧，于是我就上学了。其实对于我，这上学也没有什么新鲜感了，还是在父亲的课堂上，无非是需要和其他学生一样占个座位，得按时上堂下课，而要读的语文数学，在这之前都读过很多遍了。

这样我的成绩就很好，基本上是不让第二的那种气概。学习好了，自然就喜欢上学，每天准时背着书包上下学，上下学路上自然也免不了放开喉咙唱戏段子。我的声音很嘹亮，多数时候唱的是老包的铡美案、下陈州，也有诸葛亮的唱段，“四千岁你莫要羞愧难当……”那时候农民家里都是没有钟表来看时间的，以至于隔壁的胡姐这时总是笑着说：“该做饭了。看小恒都唱着戏回来了，学生娃都放学了！”

升中学的时候按照村里的传统，基本上是要去隔壁赵中铺中学读初中的。那年从公社调来的李德堂校长硬要我们去参加全公社统一的升学考试,说只有参加全公社统一的升学考试才有可能升入社中去读书,而如果能够到社中去读书,将来考北大清华就有很大希望了。在我们这些连县城都没有去过的农村孩子心里,北大清华基本上是没有多少概念的,但校长说的话肯定没有错,于是大家便都在校长的安排下报了名,集体到公社去参加统一的考试。

从小学到公社也就7公里的路程,就当时的交通条件而言几乎就是远行了,但那时是怎么去的,在哪里考试,考了什么题等现在都记忆模糊了。唯一有记忆的是,一大早要去学校集合集体去考试,妈早早起来给我做了一碗平时难得一吃的面糊,我吃完后背上书包高高兴兴地赶去学校,大家正在排队的时候,却看见妈远远地在操场边赶来喊我,手中拿一块压酥饼给我。我当时很惊奇,因为只有过年的时候才会有点心吃。妈说我早上吃的面糊还剩下一点她就吃了,发现糊锅了有点苦,怕我嘴里难受影响考试,所以带压酥饼赶来给我吃。多年后有一次跟妈再说起这事,她想一想却说记不起来了,然而说起我升初中的事情她却记得很清楚,一再感谢说李德堂老师是个好老师,学校多少年都没有公办老师愿意在农村待,他带着学生们去公社考初中,这才有我后来到社中读书,才有我后来考上大学脱离农村困苦的生活。

实际上,当时小学毕业的时候我们班上就只剩下七八个学生了,到公社参加升初中考试后我是唯一考上社中的,但我自己内心是极不愿意去公社读初中的,因为我的同学都在很近的赵中铺中学读书,每天都能回家,而我却要一个人到很远的公社去读书,一个星期才能回家一趟。虽然内心不情愿,但父亲还是借了一辆自行车把我送到了社中。我在初中的班主任是个头发花白的老头,教语文,记得第一次上夜自习时——这是我第一次上夜自习,班主任老师带着我们读了第一课——《天上的街市》:

远远的街灯明了
好像闪着无数的明星
天上的明星现了
好像是点着无数的街灯
……

夜自习后回住处的路上，昏黄的路灯下面是平整的水泥路，路边的水渠里波光粼粼，这是和我以前生活的农村完全不同的景象。但我仍然想念没有路灯和水泥路面的农村的家，想念父母，所以每天白天上课，夜自习回住处的路上就偷偷掉泪。现在想来，人生最多的就是别离，但每有别离就必有收获，子女与父母的第一次别离多半是因为教育，别离虽然带来伤感，但别离更带来改变。教育使人获得知识，当一个人获得越多的知识，他就会离自己原来的生活越远。我们现在整天忙于自己的工作生活，和父母是聚少离多，每每回家总是匆匆，即使坐在父母身边，耐着性子听父母絮叨他们的生活，会发现自己远离的已经不仅是父母，也有自己过去的不再回来的生活。

回想自己读书上学的路，是一个从村落和乡镇的藩篱之地向省市国家的广阔世界融入的道路。越往外走，遇到越多优秀的人。在与这些优秀人们同行和交往中，既是发现自己不足的过程，也是促进自己学习提升的过程。社中是我们桐寨铺公社唯一的重点中学，学生是从全公社选拔出来的尖子生，大家之前都是各自学校的优秀学生，但优秀学生聚在一起必然会分出左中右来。到初中后我的学习一度很吃力，特别是突然开了一门如天书般的英语课，成绩下降得很厉害，再加上年龄小，离家远，慢慢地就生出辍学回家割草放羊的念头了。当时我三哥在赵中铺中学读初二，也是成绩不好，于是俩人一商量就决定卷被窝回家了。父亲虽然当过民办老师，但脾气温和，我俩先向父亲摊牌，父亲劝说一通后见我们仍然坚持就无法可施了。但晚上妈回来听说后二话不说，拿起棍棒就是一通痛揍，这在记忆中是我人生中唯一的一次挨打，妈打完我们也心疼地哭。妈不识字，不愿意我们也一辈子吃不识字的苦，无论她怎样干活吃苦都要供我们上学，这以后我就再也没有动过退学的念头。父母生了我们五个，大哥、二哥和我都考上了大学，吃上了商品粮，在当时的体制下算是挤过了农村通往城市的独木桥。

1988 年高考，我考取了河南大学，被地理教育专业录取。在那个通信极不发达的时代，报志愿、查分、看录取通知等等都是要到学校去的。似火的 7 月，三哥骑着家里那辆老旧的延河牌自行车带着我，每周两次跑10公里外的学校去看结果。每次路上,他都要问:“你估计会录到哪个学校?”我都老老实实地回答:“不知道!”是的,没有考生能够预知自己被哪个大学录取,他们做的只有等待,等待高考这个伟大的体制给予每一个渴求通过自我努力学习改变命运的人以恩泽,而我就是这个群体中的一个。

开学报到那天,父亲送我颠簸一天到开封,看到火车站前紫色缎面烫金大字的河南大学校旗巍然飘展,刷着巨大校名的校车川流运送家长和新生,心里陡升无限自豪!从河南大学南大门通往大礼堂广场的长长的道路两旁,挤满了欢迎新生的摊点,有聪明的老生在兜售生活用品,用调羹敲着搪瓷碗吆喝:“最后一个铁饭碗了快来买……”因为根据当时最新政策,1992年将是最后一届国家包分配毕业生,那我们就是那拨儿赶上了末班车的幸运儿。

我的确是一个幸运儿,虽然生在农村,但我们那个村子竟然有一所小学,这可以认为是我走上学术道路所具备的最初始的条件,这样我就多了一条除去割草放羊之外可选择的读书道路。我更为幸运的是,我有一个意志坚定的母亲,她虽然自己不识字,但她深知不识字的苦,她虽然不知道读书能够得到什么,但她知道读书能够摆脱什么!我现在的教学研究工作是她所不能理解的,但想想我们这个时代的多少事项都是早前的时代所不能理解的,而正是每一代人在做上一代人未能理解的事业,才推动了社会的发展和人类的进步。

二

但直到读完大学,我仍然没有系统思考自己的人生道路。我读的是师范专业,又是国家包分配的时代,基本上是哪里来回哪里去,毕业后回家乡做一个高中地理老师是一眼能够看得见的归宿。然而大三那一年,随着国家基础教育改革,地理科目在高考中被取消,就业危机感一下子充斥了整个地学楼。精明的同学就开始复习考研,而我则成了一颗沙粒被挟持进了这股洪流,当时的考研资料非常匮乏,复习的苦辣酸甜自不必说,每天熬夜到两点使很多同学都快得了魔怔了。为了缓解焦虑,一些同学便开始整箱整箱地啃方便面,而我则是在那时候学会了抽烟。我报考了华东师范大学区域地理专业并幸运地收到了复试通知书,在准备复试的那些日子里,虽然高兴,但也紧张。当时教我们《世界经济地理》的李小建老师刚从澳大利亚留学回来,学富五车,风度翩翩,上课斜挎一个大大的帆布包,喜欢讲授学术前沿。我便跑去请教他,李老师建议我除认真读书之外,一定要读些学术文章,有一些学术思考,因为读研究生将来是要做学术研究的。我便跑去泡图书馆,读文章,做笔记,受《经济地理学导论》中对于产业布局区域差异理论的启发,构思了一个有关废品回收加工利用区域分布的研究题目,还写了很长的论文,又跑去找李老师请教,他也不厌其烦地给出评论意见。复试的时候我把工整抄好的文稿带上,想给导师们表现一下自己的学术研究潜质,但面试组长汤建中教授接过去扫了一眼就放在一边了,却问了一个很简单的问题,到现在我都记忆深刻,他问:美国波音公司开发的最新机型是什么?我一下就卡壳了。

看似毫不相关的问题蕴含简单的哲理,善意提醒我们学术研究更要有开阔的视野和广泛的知识涉猎。实际上,问这样问题的直接原因是教授发现了我的紧张,他要缓和气氛,是一道答了加分不答不扣分的附加题。后来我自己也做导师了,在面试答辩这种容易引发学生紧张的场合,我都会找一些轻松话题来穿插一下。一次,一个从南昌来的考生在硕士招考面试时紧张了,我就插了一个简单问题,我问他:你从南昌来,那请问南昌大桥桥头是一对什么雕塑?他竟然也卡壳了!

我读硕士的研究方向是中外乡村地域比较,我的硕士导师黄威义教授是著名的乡村区域地理专家,性情温和,民主豁达。每次学习中有问题去找他,他总是先问:你觉得怎么解决合适?然后再根据我的疑惑给出指导意见。一进校门,导师便给了我一个看似简单实则重要的任务,搜集整理欧美乡村经济和乡村转型的资料。这一任务养成了我以后的研究习惯,即研究未行,资料先备。当时没有现在这么便利的电子资源和电子贮存手段,几乎全靠寻查、复印、抄录、摘剪,好在研究所慷慨地给我们每个研究生都发放了复印卡,可以在图书馆免费复印文献，一年下来就订了厚厚几大本。当时研究所主办的《世界地理研究》创刊不久，编辑部主任蔡太源老师就向我“约稿”：听你导师说你积累了很丰富的文献资料，能不能给咱们的杂志写一篇稿子啊。我听了那真是受宠若惊，内心做学术研究的自得感爆发出来。这一次我一口气写了10 000多字的稿子，厚厚一叠子稿纸。兴冲冲拿给蔡老师一看，蔡老师看后笑了，告诉我文章不是资料汇编，还要有中心有总结，这样我又去修改，从字数上来看是压缩到了8 000多字，但内容基本是重写的了。但就这样，蔡老师仍然提建议说，写国别区域研究的文章不用过多体现作者主观评论，应该由读者自己去判断其价值。就像铁匠打了一把刀，只需介绍用的什么钢有多利，至于买刀的人怎么去用就不是铁匠的任务了。我恍然大悟，虽然不舍但仍狠心把后半段删掉了。这篇发表在1994年第1期《世界地理研究》的《法国自然农业的悄然兴起》虽然简单稚嫩，但它不但是我发表的第一篇文章，也教给我一个重要的道理，做学术研究要的是客观真实，不是过于掺加个人主观臆断的结论。

研究生毕业后我回到母校河南大学任教，由于教育部专业调整，区域地理和区域经济合并后并入经济学院，我就跟着专业进入了经济学院。当时的高校管理体制正处于大变动大调整时期，院、系并存，院系分拆、合并、再造以及院系更名如春秋战国般变幻无穷。河南大学经济系只有一个本科专业，但老师更少，全院教职员工仅17名，一人承担多门课、每人每学期承担新课成为常态，教研室主任把我们四个人召集到一块儿拿着课表“分课”，根据我的专业方向望文生义，于是《世界经济概论》《国际贸易》《发展经济学》《区域经济学》就一股脑儿推给我了。

亚当·斯密曾经说过，职业分化是分工的结果而非起因，我深以为然！几年教学磨炼下来，到报考博士时我就开始以我任教的课程作为标准来甄选学校和专业了。读了几十所名校的招生简章后发现，我的教学经历几乎就是为了备考华中科技大学西方经济学的国际经济方向的。美丽的华中科技大学校园风光旖旎，学术氛围浓厚，张培刚先生的《农业与工业化》巨著是发展经济学的奠基之作，华科校园也是他作为建校基建办主任的呕心杰作,这使华科也成为发展经济学的学术高地。在华科读书的三年,是我最为放松而又紧张充实的三年,虽然仍然是宿舍、食堂和图书馆的三点一线,但华科的食堂饭菜上乘,价廉质优,苦读的日子不觉得苦,反倒是度假般享受。读文献,听学术报告,参加组会讨论,逛网上论坛……脑子里各种思索从无片刻止歇。那段时期东亚区域经济合作正处于合纵连横的复杂时期,不论是现实运用还是理论研究均成果丰富但观点迥异,所有人都在关注这一区域合作发展的前途命运并撰文研究,我也拟定了多个选题在思考,但总难以明确。一天晚饭后在校园走路,走过报栏时停下来浏览新闻,在《参考消息》上看到一则对日本首相密集出访东亚国家的评论文章时,忽然意识到,就日本而言,其在东亚区域一体化合作前景模糊下,可能在谋求以与各国签订双边 FTAs 的形式来实现自身的区域最大化价值,从而破坏区域合作的整体利益。我脑子中灵光一闪,就立即回宿舍构思写作。那是一个周末,本来我和一个在武汉大学读博士后的同事已经约好第二天的火车一起回开封,我把火车票退掉,决定留在学校写文章。我用了 6 天时间写出了《东亚区域合作:双边自由贸易协定网还是区域经济一体化?》,把文章投给《当代亚太》,很短时间就收到了编辑部老师的采用稿子电话,当时满足的心情难以言表,不单是在顶级期刊发表文章的喜悦,更重要的是自己的内心感悟得到了老朋友般的赞许和肯定。学术研究是一种累积的结果,所谓处处留心即学问,心有所思,文有所成。

三

我的研究主要在于三个领域:第一个领域是国际经济与区域合作。在这方面的研究是我读博士前一个阶段的重要兴趣所在,也是自己经过慎重严密思考并提出主要观点的领域。对东亚区域合作的现实模式观察以及合作的背景约束是这一部分的集成成果,发表在《当代亚太》上的文章《东亚区域合作:双边自由贸易协定网还是区域经济一体化?》指出了日本实用主义的态度虽然迎合了多方利益,但却堵住了东亚机制化合作的道路，并预示了大国协调的缺位必将使东亚区域合作陷入停滞。同一时期，在《世界经济研究》和《国际贸易问题》上撰文评论了新地区主义引致的多边自由贸易体制受到掣制、国家过分强调主体利益带来的贸易转向效应问题。进一步在《国家利益与国际贸易理论的重构》一文中，明确指出国际经济理论体系中国家利益的缺位导致了理论结论与现实选择的巨大反差，从而形成这一时期我在国际经济领域研究的系统观点。

第二个研究领域是产业与区域经济发展。我在读博士后一个阶段的兴趣转向了全球化与地方化的关联研究，这来源于我的博士导师刘海云教授倡导的开放论坛，区域化与全球化是并行不悖的。一次组会上以地方化为主题进行探究时激起了我内心巨大的共鸣。刘老师建议我能够将全球视野的理论研究与现实经济的地方化竞争力联系起来，就当时而言这是一个非常前沿也非常火热的题目，我当时没有充分的前期资料准备，对这一领域相对陌生。回宿舍后蔡小勇同学主动送来一本《产业集聚论》，这本著作所引领的产业集聚理论前沿与现实阐述像是在我原来关注的领域边上开辟了一个更广阔的领域一样。接下来一年的时间里我系统地整理该方向的文献资料，并形成一个开放经济下产业集聚与区域发展研究的框架。但导师建议我能够分阶段来进行研究，以提高预期成果研究的可行性。就这样我确定在博士阶段，研究外资与地方产业集群互动的产业组织结构及其性质，而拓展的区域发展研究则作为后续研究。博士论文完成后，我对于这一主题的后续研究的框架也已逐渐清晰，我以《外资与产业集群共同作用下的我国区域经济协调发展研究》为题论证申请并获批了2006年度国家社会科学基金项目，围绕课题发表了一系列中期成果，建立起了产业集群这一特定网络组织内部各主体的互动的机理、过程和结果及其区域响应。其理论价值在于：一是重新认识区域协调发展中微观主体的作用，将地方产业集群的竞争优势和外资的技术优势结合起来，研究二者共同作用下的区域能力提升和区域联动效应。二是从产业组织视角研究区域能力提升途径，建立起全球化条件下区域发展与组织创新、要素创造、产业升级之间的关联机制。最终成果以《外资与产业集群作用下的区域经济协调发展》为名在社会科学文献出版社出版，并获得了2012年度河南省社会科学优秀成果一等奖。

《基于FDI的产业集群研究》是我的博士论文，也是我出版的第一本专著，在此之前，每次写作都是基于某一问题的集中论述，驾驭这一大框架的研究主题具有巨大挑战。写作过程中的诸多艰辛自不必说，在论文答辩时，张卫东老师就论文的结构问题进行了大量的讨论，虽然诸般质疑，实则倾心琢磨。后来我的论文获得了华中科技大学优秀博士论文奖和第三届张培刚优秀博士论文奖。张老师笑言，你可不要小看这个校级奖啊！怎么能够呢？虽然后来我获得过各种奖励和荣誉，但在我心中，母校颁给我的这一奖项永远是我获得的至高的学术荣誉。

第三个研究领域是劳动力转移与农村发展。博士读书期间，五弟到浙江温州务工，和他通信中了解到了他们这些务工人员的工作与生活的一些情况，与在书上读来的还是存在距离。那一段我在校园周边行走时便特意观察农民工的状态，也阅读了大量的外出务工的文章，并决定自己到农村去做一些调研。2005年暑期，我组织了大学生暑期社会实践的农民外出务工项目，以收入和外出务工为主要维度进行了调查，结果发现外出务工虽然成了农民增收的主要来源，但务工收入并没有形成农民发展非农经营的基础。这一结果引人深思，农民务工虽为收入，但不应只为收入，如果只观察务工和收入之间的因果关系，必然不能理解农民外出务工在我国改革开放以来波澜壮阔的经济社会转型中的巨大意义。那一年，我看到全国教育规划课题在发布指南时有一个非常吸引人的选题——农村剩余劳动力转移的教育培训问题研究，题目本身便包含了极具启示价值的结论，我便依这个选题设计论证，并成功申报获批教育部重点项目。在课题研究和调查过程中有一些重要发现，如传统的非正式关系在农民生产生活中的地位与作用，虽然农民的关系型资源并不占优，但由于他们可供利用的资源有限，在现代社会中仍然成为他们搜寻工作谋求变化的主要依托，这些发现和思考，直接启发了自己在这一领域的进一步探究。在教育部高等学校重点研究基地“黄河文明与可持续发展研究中心”的年会讨论期间，我向会议报告了自己的一些思考，时任中心副主任的覃成林教授希望我能就此进一步整理成系统的研究思路，并建议我投标当年的基地重大课题。围绕这一主题的研究，在《经济学动态》《经济学家》《农业经济问题》等杂志发表系列学术论文，并出版了《劳动力转移与传统农区发展》《粮食主产区建设与区域经济协调发展》《河南省工业化、信息化、城镇化与农业现代化同步发展研究》等专著，形成一系列集成成果。

回顾这20年的学术道路，总有一些人和事，或其行为吸引了我深入思考，或其批评提醒了我认真琢磨，或其鼓励明晰了我自我认知，他们或是我观察研究的对象，或是偶遇之后说了再见的同行，这些良师益友是我学术研究这部电影中的真实主角，而我，则是那个播报画外音的人。

四

为什么要做学问，我在很长时间里是不清楚的，或者说没有认真去思考过这样的问题。现在想来，我觉得自己所选的路，是与自己读的书有关。宋太宗言：开卷有益。塞万提斯也说：读什么书，成什么人。我在自己博士论文中致谢道：感谢我所引用文献的所有的学者，他们的研究使我认识到学术研究是如何引人入胜。所以最后，我想谈谈自己的读书。

我喜欢读书，实际上，我小的时候家里是有书看的，就是爷爷的那些繁体字写的剧本，虽然故事有些老旧，繁体字有些难啃，但记住了不少故事，像《白蛇传》《武家坡》《四郎探母》等，后来再在其他地方读到、听到或看到这些故事演绎的时候就会在心底唤起记忆。但爷爷对他的书珍贵得很，每天看的书晚上要还回去，有时去借还不给，说是等长大了再给你读，但等我长大后，他的那些书我也没有兴趣了。

我自己拥有的第一本课外书是一本连环画——《三打白骨精》。一天正在写作业，村里来了货郎担，不知道什么原因父亲去买了这本连环画给我，因为家里穷，遇到要买东西时是很难要到钱的，所以对这本连环画到现在都记忆深刻。是很夸张的漫画笔法，悟空的脸都尖成逗号了。以至于很长时间我认为连环画都应该是这种画风的，直到有一次大哥又买回来一本电影剧照版的《冰山上的来客》，我几乎看不懂，实际是不能接受这种写实的表达。

我真正拥有的书却是《岳飞传》。读小学的时候，刘兰芳在中央台播评书，红遍大江南北，后院三爷爷家有一台无线电收音机，每天中午一放学，来不及回家就忙着往三爷爷家跑，因为12点整开播，半个小时播一集，去晚了就只有"欲知后事如何且听下回分解"了。然后就崇拜上了岳飞，幻想自己要是也有一杆烂银枪、胯下白龙驹，驰骋疆场快意恩仇该多好！烂银枪家里是没有的，就把锄草的锄头拿来，卸了把，和小朋友在打谷场里冲杀一通，过一回当武将的瘾。二哥那年考上了郑州的省棉麻学校，我就给他说想要一本《岳飞传》，二哥答应了。他开学走后，每次来信，我都赶着问父亲，二哥的信里有没有说小说给我买过了？那是一个很长很期待的学期，二哥回来的时候竟然给我带回了小说，上下册两本，黑色封皮，封面上三个白色的行草大字：岳飞传，还有一个简笔的岳飞画像。

这套书我现在还记得后来被我翻烂的样子，但后来丢到哪里去了却无法再想。读硕士期间，图书馆一楼有个向外开的小房间，间或有特价书出售，一次我看到一本市场经济分析的小册子——《看得见的手：市场经济中的政府职能》，售5块钱，但我一个月只有90块的硕士生活补贴，犹豫不决。图书员看我犹豫，就介绍说这其实是一套书中的一本，如果我喜欢，可以50块把整套14本书卖给我。我更加犹豫了。我的爱人是我的大学同学，她毕业后回家乡的地方高中任教，工资是150块钱，她每个月从工资里省出来50块钱，为省下通过邮局汇款的2块钱的邮递费，总是夹在信里寄给我。我最终还是花50块钱把整套书买下了，这套市场经济学普及丛书可以说开启了一个和我大学时读的经济学完全不同的领域，成为我经济学知识来源的重要契机。

我自己1995年硕士毕业当老师，上课任务量巨大，在接到排课任务后为了备课基本上没有休过星期天，那时候参考书有限，又没有现在这样方便的网络资源，只有跑书店，每次到北京、上海、郑州出差，总要挤出时间去泡书店。那时工资又低，为了选择是买这本书还是那本书往往要在书店比较半天。我每次上课时都要把涉及的参考书搬到课堂上去，在讲课桌上厚厚摆成一摞，在讲授课本中的知识点时，我会给学生们详细指出这些补充知识在哪本参考书的哪一章中。一天正上课间，学校督导组的老师来查课，他指着我摆在课桌上的书惊讶地问：你上课能用这么多书吗？我老实回答，我带这么多书到课堂上，是为了告诉学生补充知识的出处。他翻看了我参考书中的批注和标记，对我认真备课和负责的态度大加称赞。

现在的图书资源是异常丰富了，汗牛充栋这个成语的创造一定是为了现在使用的，而且网上书店检索功能强大，浑不似当时需要去泡书店，但想在浩如烟海的书库里找寻到真正有价值的书并不是件容易的事，同时也难再有发现一本好书的那种难以言表的激动和兴奋了。2004 年我读博士的时候写过一篇旧文，表达过淘书的心情，我想把它贴在这里，作为我这篇序的注脚：

《流连在光谷书城》

开题一结束，同学们就作鸟兽散了。我请室友再迟后两天回去，这样我们就可以结伴去逛书店，他也正在犹豫中，听我这样一说，答应了下来。

接下来的两天，我们几乎逛遍了武昌市大小的财经书店，当然得到诸多惊喜，淘到了不少的好书，最后决定以汉口图书城和近在咫尺的光谷书城作为此行的注脚，然而计划的这一天却被其他的事耽搁了，室友坐早上的火车回去了，而我也已经订了回家的车票，只有留待下次来汉了。

然而离离开还有时间，我决定自己去光谷书城。

书城在光谷大厦的地下一层，远看光谷大厦像极了三角钢琴撑开的琴盖，你或可认为就是巨大贝壳光滑的边缘，但我把它理解为翻开的线装书隆起其中一半，在以前并没有这样的奇妙比喻，而生出这样想法的是去书城拐过路口瞄见它时的瞬间情绪。

书城虽在地下一层，但入口却宽且阔，下面的灯光从入口处映出来，灯火通明。向下的阶梯平缓延伸，走在上面，无端地想起中华世纪坛前缓而长的台阶，其下是长长的青铜甬道，在如时间缓缓平流的水面下镌刻着中华五千年的灿烂历史……而书城的阶梯下则是一开阔的巨型大厅，所有的是书，是书的海洋，人文精神的家园。

最近的入口处是精品推介，我跨过它们直接到达人文社科区，书架整齐地排列着，在架上的书或高或低地并着，所有的书都按类别摆放，所有的排放似是刻意，也看似随意，却都以厚重给你以冲击，这种冲击是缓而平的，但却不容抗拒，也没有抗拒的意识，只有弥漫，一种自精神底处的共鸣升起来，一切都融在了一起，分不清彼此，在书的世界里，书将你团团包围……

伸一根手指，在书脊上缓缓滑过，似是有韵律在心中升起，每一个书名都是一个音符，在心灵深处跳动，不时地抽出一本来览阅，一个又一个著者的名字无声地与你交流，尔后他们又回去，重立于案间，和我一起领略这无声又和谐的演奏。

很多书我都已经有了，然而再见一眼仍是朋友般的亲切，不自知地抽出来，再看看前言后记、译者评介，在掌心轻摩，有一些则是平淡，只一眼略过而已，还有一些新的书，细细地看了著者序，看了目次，领略了其意图，或重将其放入书架，或夹于腋下，一切以兴致使然……

偌大的书城并没有很多人，一两个老者在健康区如我这般沉浸徜徉，三两个小青年则端一本书在文学区边上的长椅上深读，间有工作人员轻手轻脚地走过，扶正有些倾斜的书，轻轻地翻动和轻轻地摆放，都是只有书才能有的独特声音。

也有音乐，音箱不知藏在哪个角落，但声音传得很清，且轻，且低，且柔，如知识一般洞穿而来，飘入耳鼓，引人如痴。

是 Bolton 的一支：Said I love you but I lied，略带点沙的声音，发自心底的倾诉：

You are the candle, love is the flame
A fire that burns through wind and rain
Shine you light on this heart of mine till the end of time

You came to me like the dawn through the night
Just shining like the sun
Out of my dreams and into my life
You are the one
you are the one
……

真实与虚幻,精神与眼前,都在这里交织,外面一定是华灯已上、车水马龙了吧。可是我置身于这书海中,浑然忘了一切,只有书,还有音乐。

终于要走了,但仍心有不舍地沿着边上走着,眼睛在最外一排滑行,突然一本书吸引了我,是森的《以自由看待发展》,在其他书店也见到过这本书,每次都因为带的钱不够支付过于贪婪的采购而有一些书不得不暂缓购买。被誉为"经济学的良心"的森生于印度,他在这本书中提出"自由是发展的首要目的,自由也是促进发展的不可缺少的重要手段"。森的名字:Amartya(阿玛蒂亚)来源于诗人泰戈尔,意为另一个世界:other-worldly。泰戈尔有一首诗描述了类似的这么一个彼岸世界:

在那里,心是无畏的,头也抬得高昂
在那里,知识是自由的
在那里,世界还没有被狭小的家园的墙隔成片断
在那里,话是从真理的深处说出
在那里,不懈的努力向着完美伸臂
在那里,理智的清泉还没有沉默在积雪的荒漠中
在那里,心灵是受你的指引,接近那不断放宽的思想与行为——
进入那自由的天国,我的父啊,让我的国家觉醒起来吧!(泰戈尔《吉檀迦利》诗35,冰心译)

让我的国家觉醒起来吧,多好,让我们也觉醒起来吧,而觉醒你需要的只有:书!

向外走时,大厅里仍回旋着Bolton的歌:

So many reasons in so many ways

My life has just begun
Need you forever
I need you to stay
You are the one
you are the one……
是的,我的生命由你而始,我需要你永远和我在一起……

◆代表性学术成果

第一编
国际经济研究

制度变革与国际贸易理论的发展

从有国际经济交往开始，人们就一直没有中断过对国际贸易理论的研究。从历史上来看，影响较大的国际贸易理论主要有三个：比较成本理论、要素禀赋理论和产业内贸易理论。这些理论一方面在不同时期居于国际贸易理论的中心地位，另一方面由于其观点基本正确而在目前同时成为指导有关国家开展国际分工并从中获利的理论基础。观察当前学术界对这些贸易理论的分析，或是着眼于理论本身对其进行完善，或是关注它们的应用，运用这些理论为一些具体国家的开放战略提供政策建议。本文试图从人类社会发展本身来探讨这些理论产生的社会经济背景，探求这些理论在指导国际分工时所依据的一般思想，并据此寻求它们统一的可能性。

一、制度及世界范围内制度的形成与变迁

什么是制度？在凡勃仑看来，“制度实质上就是个人或社会对有

关的某些关系或某些作用的一般思维习惯,而生活方式所构成的是,在某一时期或社会发展的某一阶段通行的制度的综合,因此从心理学方面来说,可以概括地把它说成是一种流行的精神状态或一种流行的生活理论”。他认为“制度必须随环境的变化而变化,因为就其性质而言,它就是对这类环境引起的刺激发生反应时的一种习惯方式”。思维习惯是由人的本能产生的,本能决定了人们行为的目的和动力,行为形成思维习惯,思维习惯的积淀构成制度。反过来,制度实现由本能决定,并对人们的行为产生较大影响。凡勃仑认为,人有两种经济本能:一是改进工艺技能的本能;二是渴求获取利益的本能。由此产生两类经济制度:一是满足人们物质生活需要的生产技术制度;二是以获取利益为目的的私有财产制度。这两类制度在现代发展的具体形式为“机械操作”和“企业经营”。“机械操作”表示机器生产在现代生产过程中已起决定性作用,它使现代工业成为一个复杂而又统一的整体,具有高度计划性、组织性和相互关系,可以无限地扩大商品生产;“企业经营”表示生产者通过投资而参与的种种活动,其目的在于获取最大的利润。社会的发展显然与这两类制度的关系有关。而这两类制度的关系,显然又与思维习惯有关。①

凡勃仑所开创的制度学派和主流相比,毕竟相去甚远,从而在以后的发展中,越来越不被人们重视。仔细审视凡勃仑关于制度的表述,他所强调的用演进的方法和整体的方法研究市场,并把市场归结为“处在不断发展进化过程中的制度结构”的独特思想对于我们深刻理解世界经济自形成以来的交往机制以及在此过程中的利益和冲突,具有十分重要的意义。

我们如果把凡勃仑的理论扩展至国际贸易领域,就会发现,国际贸易领域也存在这样两类制度:一是各国经济发展水平、产业结构状况的差别和联系;二是国际交往和方式。贸易能够带来利益,这源于凡勃仑所说的人类的虚荣本能引致的“取得金钱的预期”。由于扩大市场经济体制从而深化国际贸易体制条件内含于社会体制之中,它并

① 张克难:《对美国制度学流派理论和方法论的几点评述》,《复旦学报》1998 年第 2 期。

不是从来就有和永恒不变的，这使我们在分析如何进行国际贸易并扩大贸易利益时，必须更多关注社会体制，亦即世界范围内能满足人们追求利益本能的“企业经营”制度，那么国际贸易理论必须能够体现每一时期世界范围内的社会体制，才可能为人们所广泛接受。显然，国际贸易理论反映的是后者，它必然为前者所决定，而且，它们共同反映了当时整个世界范围内的思维习惯。从世界经济形成到现在，人类社会一共发生了三件大事，它们深刻地改变了人们对整个世界的认识，并在相应的时期里决定人们的行为。这三件事是资本主义生产方式的确立、第二次世界大战、能源危机。

从 18 世纪下半期开始，英国发生了用机械生产代替手工劳动的生产技术变革，即产业革命。产业革命促进了资本主义从工场手工业向机器大工业的过渡，从而为资本主义统治的最终确立奠定了基础。产业革命的影响是巨大的，它使英国工人的劳动生产率提高了 20 倍。1850 年，英国占有世界工业总产值的 39%，同时，英国生铁产量占世界的一半以上，煤产量占 1/3，它生产的 80% 的棉织品均供出口。英国不但向世界各国供应工业产品，而且成为工业原料（煤、铁）的主要供应者，英国真正成了“世界工厂”。此时，世界所形成的基本格局是以英国为核心的欧洲几个主要国家逐渐成为工业国，而其他地区，则成为落后的农业区、殖民地和附属国。这便是这一时期世界范围内的思维习惯。

第二次世界大战后，大批民族国家纷纷独立，走上自主发展的道路。这种自主发展并没有排斥同发达国家的往来，特别是由于历史上形成的畸形经济结构也不可能在短期内摆脱经济上对发达国家的依赖。同时，先于这种转变，发达国家内部也发生了较大的变化。在 19 世纪的最后 20 年间，美国和德国先后赶上并超过英、法等老牌帝国主义国家，一直到战后，资本主义内部不平衡发展规律也一直在起作用，在对外经济交往中，突出表现为各国为争取利益所进行的竞争、摩擦甚至是冲突。综合来看，不同类型国家都更多关注自身，并能够通过独立自主的内外政策来获取利益，此时世界范围内的制度则转变为各国各地区在谋求扩大交往、获取贸易利益的同时，更注重自身发展及自身优势的发挥。

1973 年能源危机对整体世界经济来说不啻是一记重击。在全球经济特别是资本主义经济遭受重大打击的同时,第三次科技革命展示其整合世界经济的强大力量,经济交往日趋深入,分工日趋细化,冷战的结束又彻底扫除了经济在全世界范围内扩展的障碍。这种紧密合作的状况就是我们所说的经济全球化。虽然我们至今尚难给经济全球化以准确的定义,但我们可以感受到它的存在,感受到经济的交往已在真正意义上挣脱国界束缚的事实。可以认为,这一时期的制度便是经济全球化,它也是我们思维习惯的全部内容。

二、国际贸易发展的制度因素

(一)比较成本理论与资本主义生产方式的确立

李嘉图活动的时期正是产业革命迅速发展的时期。比较成本理论的基本内容是“假如两个经济都能生产两种产品,其中一个经济在两种产品的生产上均处于优势,即劳动生产率均高于对方,另外一个经济在生产两种产品上均处于劣势,即劳动生产率均低于对方,那么处于优势的经济分工生产优势大的产品,而处于不利地位的经济分工生产劣势较小的产品,继而进行交换,则双方均能获取交换的好处,世界也能获取分工的好处”。该理论由于扩展了亚当·斯密的绝对成本理论,极大地扩大了贸易的范围,并具体分析了贸易利得和贸易模式,具有十分重要的理论意义和现实意义。

深入分析比较成本理论,我们发现,李嘉图所强调的贸易产生的根本原因是相对劳动生产率的差异。从李嘉图的立场来看,他对于英国的资本主义制度是持拥护和赞美态度的,这必然反映在他的国际贸易思想中。根据我们上面分析知道,李嘉图提出比较成本理论时,英国由于产业革命,工业生产获得了极大发展,确立了在这一领域劳动生产率的绝对优势地位。这必然导致基于劳动生产率的国际贸易理论本质上是为处于优势地位的英国提供理论依据的。比较成本理论之所以能够在当时获得人们的认可并确立其在国际贸易理论中的主导地位,关键在于它符合当时世界范围内的思维习惯。“机械操作”在产业革命发生后具体表现为英国及其他欧洲国家的强盛工业所决定的世界生产格局。而“企业经营”(即国际间的贸易往来)能够符合它所强调的核心:劳动生产率。这种符合的结果是国际贸易能够据此扩大和深化。

(二)要素禀赋理论和民族国家独立自主发展民族经济的要求

随着更多的殖民地国家取得独立,发展中国家发展民族经济的要求变得越来越突出,这必然反映在国际贸易中。加上发达资本主义国家发展不平衡规律的作用,发达资本主义国家内部发生了分化,它们之间在贸易方面的矛盾和冲突也日益激化。二战后的世界经济格局已发生了根本性的改变,原有的强调劳动生产率差别的思维习惯完全为强调单个国家的发展的思维习惯所替代,这也必然导致新的国际贸易理论的产生。适应这一思维习惯的国际贸易理论便是要素禀赋理论。

要素禀赋理论是20世纪30年代由瑞典经济学家赫克歇尔和俄林共同提出来的。要素禀赋理论把比较成本理论的强调劳动生产率的单一要素模型发展成为两要素模型。要素禀赋理论的假设前提:一是两个国家、两种产品、两种要素模型;二是两种产品中一种为劳动密集型产品,另外一种为资本密集型产品;三是两个国家中一个是劳动要素存量相对丰裕的国家,因而其工资率较低,另一个为资本存量相对丰裕的国家,因而其利息率较低。在此前提下,赫克歇尔和俄林给出一条重要的命题:一国集中生产密集使用本国丰裕要素的产品,会在贸易中获利。要素禀赋理论在随后的近半个世纪的时间里,取代比较成本理论成为国际贸易中最具优势的理论。由于它从各国自身禀赋条件出发,指出了它们交往的优势之根本所在,因而较之比较成本理论更具说服力。

值得注意的是,在流行的国际经济学教材中,往往把要素理论与比较成本理论结合在一起,合称为比较优势理论。如果只简单分析这两个理论的出发点,这样说是有一定的道理的,比较成本理论强调的是基于劳动生产率的优势,要素禀赋理论则强调要素禀赋优势,这两种优势最终也都以成本优势表现出来。[①] 从制度因素来看,它们所反映的是两种截然不同的思维习惯。这也是它们之间最根本的区别。

(三)产业内贸易理论与经济全球化

20 世纪 60 年代起,贸易越来越在禀赋相似的发达国家之间展开,传统的国际贸易理论难以对这种现象做出合理的解释,因而越来越不能适应国际贸易的发展。审视传统国际贸易理论的假设前提,人们发现对于没有规模收益的这一假设过于苛刻,这并不符合经济现实。[②]现实经济存在着规模收益,即随着生产规模的扩大,单位产品的成本具有下降的趋势。发达国家正是由于其产业结构的相似性,当一国的市场限制导致产业难以达到最佳规模时,它们就可能谋求通过产业合作来进行产业内的专业化分工,此时,国际贸易就成为获取这种巨大规模收益的手段。

就本质而论,产业内贸易的利益仍然是源于规模经济所导致的成本降低,使具规模经济的国家由此产生新的比较优势而在贸易中获得。和传统贸易理论相比较,产业内贸易并没有引发大规模的资源的重新配置和收入的再分配。这使人们在为这种新的贸易理论的出现而高兴时,更多地思考其产生的社会经济背景及这种理论在未来对世界经济格局将产生的影响。

20 世纪 60 年代以来,由于各国经济的发展及深入交往,任何一个经济都从运行机制本身和其他经济紧密地结合成为一个整体,一国经济的发展极大地依赖于其他国家,同时又极大地影响其他国家。1973 年爆发的能源危机是这种紧密联系的最突出表现。这种联系至少有四个方面:一是商品贸易的繁荣;二是资本流动的加快;三是生产一体化;四是国际协调。这使人们在思考国际交往问题时,不再强调国家或民族,而是更多地关注经济本身,从整体世界经济运行的根本机制出发探求扩大利益的可能途径。产业内贸易理论正是这种思维习惯的反映。

---

① 薛敬孝、佟家栋、李坤望:《国际经济学》,高等教育出版社 2001 年版。

② [美]保罗·克鲁格曼、茅瑞斯·奥伯斯法尔德:《国际经济学》,中国人民大学出版社 1998 年版。

三、对两个重要问题的解释

国际贸易理论在其发展的每一时期，不管其体系如何严密，都不能完全杜绝贸易保护。这源于两个重要问题：一是贸易所引发的收入分配效应；二是发展中国家贸易条件的持续恶化。它们对于不同类别国家的意义是不同的，从而也不同程度地影响了国际贸易的扩大和深化。下面我们在制度的框架内对这两个问题做一简单剖析。

（一）国际贸易的收入分配效应

传统贸易理论往往有一个假设前提，即贸易不会引发收入分配格局根本的变动。实际上并非如此，根据斯托珀—萨缪尔森的研究表明，某一商品相对价格的升高，将导致该商品密集使用的生产要素的实际价格或报酬提高，而另一种生产要素的实际价格或报酬则下降。这便是斯托珀—萨缪尔森定理。我们可据此引申出另一项重要推论：国际贸易会提高该国丰富要素所有者的实际收入，降低稀缺要素所有者的实际收入。依据要素禀赋理论，一国出口商品所密集使用的生产要素是其丰富要素，故出口商品价格的上升将导致该国丰富要素的实际报酬上升，另一种生产要素，即稀缺要素的实际报酬则下降。这一结果的重要含义是国际贸易虽改善了一国整体的福利水平，但并不是对每一个人都是有利的，因为国际贸易会对一国要素收入分配格局产生实质性的影响。

这一分析结果对于国际贸易而言具有十分重要的影响，因为对任何国家来说，只要该国与他国进行贸易往来，必然会有某一利益集团受损，则它们将向本国政府施加压力，以阻碍这种贸易的扩大。从理论上讲，这个问题从根本上难以解决，但观察经济现实，我们发现，在不同类型的国家这个问题的表现却是截然不同的。

首先让我们来讨论发达国家的情形。一般认为发达国家的稀缺要素是劳动，则劳动要素所有者即工人集团的利益，由于发达国家扩大同其他国家特别是发展中国家的交往会受到损害，这会引发一些怨言，甚至是抵制性的行为。1999 年 11 月底，世界贸易组织第三届部长级会议在美国西雅图召开，由于受到群众抵制而未取得任何结果便草草收场。其中的原因便是美国的工人害怕美国过多和发展中国家交往，这些发展中国家低成本的商品的涌入会使他们失业。而美国在过去的几十年间，在贸易上对发展中国家的苛刻态度也是这种情绪的明证。大多数人在说明这一问题时，都把它简单归为发达国家强大的工会力量。这显然是制度的因素。发达国家的思维方式是他们在世界经济中占主体地位，是强者，世界经济的发展是由他们推动的，他们理所当然只能从与他国交往中获利，如果不是这样，他们必然要百般阻挠。

与发达国家相对，发展中国家的稀缺要素为资本，则资本所有者的利益会由于贸易而受损，但我们并没有看到发展中国家在这方面的问题。这种解释的原因在于两个方面：一是发展中国家在致力于扩大国际贸易的同时，还有另外的一个更为重要的目标是致力于民族工业化。为了实现工业化的战略目标，发展中国家在国内政策上往往对工业发展进行倾斜，包括经济手段、行政手段等，对外政策又极力保护，从而使其所获利益抵消贸易损失。二是发展中国家政府干预经济力量较大，出口利益并不能实际为生产要素所得，换句话说，被政府用于扶持工业发展方面去了。这二者又归结为发展中国家民族独立的思维习惯。这显然和世界范围内思维习惯是一致的，冲突自然也就不存在了。在世界经济形成之初，发展中国家在国际贸易中的地位是以提供自然资源为主，较少或不涉及利益分配，但是到20世纪六七十年代，发展中国家仍然强调民族发展，但世界已转向全球化，这必然表现为冲突。

（二）发展中国家所面临的日益恶化的贸易条件

所谓贸易条件，即是指一国进出口商品的比价。如果一国在某一时期进口商品的价格上升快于出口商品的价格，我们说该国的贸易条件恶化；反之，则是贸易条件改善。被称为发展经济学先驱的普雷维什和汉·辛格先后提出贸易条件对发展中国家日益不利的见解，引起发展中国家的注意，也成为发展中国家指责发达国家通过贸易渠道对发展中国家实施掠夺的重要理论根据。虽然有其他学者对此提出了一些不同的看法,但总的说来,这是一个不可否认的事实。观察战后1950—1995年的情况,发展中国家的贸易条件指数从1950年的45上升到了1995年的70,而同期发达国家的贸易条件指数分别为117和113。可见,发展中国家的贸易条件虽有所好转,但仍远低于发达国家。

一般认为,发展中国家的贸易条件处于不利地位源于三个方面的原因:

1. 劳动生产率差异

劳动生产率差异源于生产技术差异。发展中国家与发达国家的技术差异从产业革命开始一直到现在都存在。如果这种差异在动态中来看有扩大的趋势的话,必然在相对商品价格差异上表现出来。如果只从国际价值理论来讨论这一问题,由于在市场中衡量交换是否等价的尺度是唯一的和排他的,因而国际商品交换应采用国际价值的尺度,这一尺度便是世界劳动的平均单位。那么发展中国家由于劳动生产率相对较低,在生产商品中耗费了较多的时间,尽管超过世界平均单位的部分在国内可以形成价值,但在世界市场中则属于虚费,不会形成价值。相反,发达国家的劳动生产率相对较高,虽然其耗费的劳动少于世界平均水平,但在世界市场中却会被作为倍加的劳动而得到承认。问题的关键显然不在于劳动生产率差异本身,而在于产生这种差异的原因。发达国家的思维方式:技术源于发达国家,他们理应从这种技术中获取利益。然而从世界范围来看,任何技术都是人类共同的财富,它所带来的利益应为全人类所共同享用。正是这种思维方式的不一致,导致劳动生产率差异及由于这种差异而造成利益不均长期成为世界经济中一个难以妥善解决的难题。

2. 垄断

在垄断资本主义形成之后,垄断价格就确立了其在世界市场中的统治地位。发达国家生产并出口的产品是资本、技术、知识密集型产品,而发展中国家出口的则是原材料和劳动、资源密集型产品,发达国家出口的产品总是施行垄断高价,而进口来自发展中国家的产品又施行垄断低价。20世纪70年代以来,随着信息技术革命的爆发,以跨国公司为载体的国际直接投资的迅猛发展，跨国公司已成为世界经济的主导力量，其运行方式对世界经济的运行方式带来了深远的影响。作为经济中的垄断力量，跨国公司总能在生产过程中有效地压低原材料的价格，并以垄断高价在世界市场实现其产品高占有率。究其原因，垄断仍然是发达国家强国主导思维习惯的表现，而这又和世界范围内的强调平等、共同发展的思维习惯相悖。

3. 规则和立法

贸易商品稳定价格的形成，最终是通过世界市场上的交易来确立的，这依赖于世界市场的规则制定和国际立法。从历史上来看，在世界经济形成之初，由于发达国家是世界经济的主体，国际经济交往也主要在他们之间进行，所依据的国际规则和立法标准非常接近于发达国家国内市场的立法和规则。随着更多的国家加入进来，旧的规则和立法已不能适应。这种结构的变化，必然引发一些问题。具体来讲便是不适应这些规则和立法的发展中国家必然在贸易中受到损害。1946 年以来，我们也看到了在国际经济交往中又重新进行了一些新规则的制定。战后初期的实际情况是发达国家特别是美国是世界经济中最强盛的力量，有关组织和协定如布雷顿森林体系及 GATT 的建立，正是这种思想模式的体现，它必然利于发达国家而不利于发展中国家。在随后的发展中，由于世界经济格局的变化，一些规则也相应做了调整，但这些调整并没有触及其不平等的根本，发展中国家仍不能有效地在这些规则和立法中保护他们的利益，这实质上仍是体现了两种思想模式的冲突。

四、结　论

国际贸易理论的建立最终是为各国扩大交往并在这种交往中获取利益的，这要求国际贸易理论必须能够适应每一时期的世界格局，亦即这一时期世界范围内的思维习惯。国际贸易的发展能否最终达到使整个世界经济获得增长和发展，又必须依赖于这一时期的世界格局是否平衡，依赖于各种国家的思维习惯是否和世界范围内的思维习惯一致。从人类发展的历史来看，只有强调公正、公平，强调互利互惠的经贸关系，才能使相关国家在这种交往中都能获取好处，也只有这样，这种经济交往才能扩大和深化。当前的国际贸易之所以不能深入开展，关键在于各国在与他国交往时所依据的思维习惯不同。发达国家长期的强国主导的思维模式是阻碍国际贸易深化的突出原因。要调整它们的思维模式，使其与世界范围内的思维模式一致，调整现行的国际经济秩序，使其在保证各国交往的合理、公正、公平的基础上，特别关注发展中国家的发展。通过促进发展中国家的经济成长，缩小两种类型国家的差距，从而使两种类型国家在开展对外交往时所依据的思维模式都能调整到与世界范围内的思维模式一致上来，最终促进国际贸易的深入发展。

该文原刊发于《南阳师范学院学报(社会科学版)》2003 年第 10 期。

跨国公司在华并购与隐性垄断

一、引　言

20 世纪 90 年代以来,开放的中国经济有两个现象引人注目:一是吸引外国直接投资(FDI)呈现持续扩张势头,外商直接投资项目数目由 1990 年的 7 273 家增长到 2002 年的34 171家,同期协议利用外资金额从 65. 96 亿美元增长至 827. 68 亿美元,实际利用外资从 34. 87 亿美元增长至 527. 43 亿美元。① 在这一过程中,世界著名大型跨国公司对华投资也进入高峰期,在美国《财富》杂志公布的世界 500 家最大的跨国公司中,除了少部分公司因为我国限制外资进入某些行业而不能在我国投资外,几乎都在我国进行了投资。② 这一方面来源于中国在邓小平南方谈话后加大开放引资的力度,并制定实施了更为优惠的引资政策;另一方面来源于世界经济增长呆滞背景下中国经济快速增长对跨国公司的强大吸引力,这种吸引力实际上展示了中国市场的巨大潜力。二是中国市场在过去近十年来持续低迷,从 1996 年起,中国经济增长速度放慢,市场低迷,物价持续下滑,国内投资大幅紧缩,总储蓄

---

① 中华人民共和国商务部网站:http://www. mofcom. gov. cn/article/200307/20030700107864_1. xml。

② 王洛林、江小涓、卢圣亮:《大型跨国公司投资对中国产业结构、技术进步和经济国际化的影响(上)——以全球 500 强在华投资项目为主的分析》,《中国工业经济》2000 年第 4 期。

额占 GDP 的比重持续高于投资率。此种现象引人深思，改革开放 20 多年来，中国的经济环境发生了显著变化，已从产品和要素的“双短缺”过渡到产品相对饱和、资金相对充足的经济中。FDI 的持续流入应能产生强的正向投资拉动作用，研究证明，FDI 的任何增加都将引起投资总额的等量增加。① 资本作为一种稀缺的生产要素，若能充分地利用起来，将会有力地促进中国的市场繁荣和经济增长，那么是什么原因造成这一状况呢？

对于外资利用与经济增长及投资效应的研究较多，理论研究文献多认为外资利用总能带来正向效应（Caves，1974；Findlay，1978；Wang 和 Blomstrom，1992；等等）②，但外资对于一国的影响是否为正并不能得到确定，实证研究并不完全支持这一点。③ 中国学者也就外资与中国经济增长做了大量研究，何洁在对中国 28 个省份的实证研究中，考察了包括经济发展水平、开放度、当地技术水平以及产业结构在内的地区经济发展的内部因素，结论是各省引进 FDI 的综合效果在很大程度上受当地经济发展特征的影响。④ 王成岐、张建华和安辉对中国省际数据的分析也证实了这一点。⑤ 此外，江小涓以实地调查证明，外资引入对我国产业结构的优化升级起了正向的作用⑥，葛顺奇分析了中国利用外资的业绩，结果证明中国不同地区在利用外资的绩效上存在

---

① 罗长远、赵红军：《外国直接投资、国内资本与投资者甄别机制》，《经济研究》2003 年第 9 期。

② R. E. Caves, *International Corporations: The Industrial Econoimics of Foreign Investment*, Economics, 1971, vol 38, (141), pp. 1-27; R. Findlay, *Relative Backwardness, Direct Foreign Investment and the Trasfer of Technology: A Simple Dynamic Model*, Quarterly Journal of Economics, 1978, (2), pp. 1-16; Wang J. and Blomstrom M. *Foreign Investment and Technology Transfer: A Simple Model*, European Economic Review, 1992, 36, pp. 137-155.

③ 可参阅孟亮、宣国良、王洪庆：《国外 FDI 技术溢出效应实证研究综述》，载于《外国经济与管理》2004 年第 6 期。

④ 何洁：《外国直接投资对中国工业部门外溢效应的进一步精确量化》，《世界经济》2000 年第 12 期。

⑤ 王成岐、张建华、安辉：《外商直接投资、地区差异与中国经济增长》，《世界经济》2002 年第 4 期。

⑥ 江小涓：《吸引外资对中国产业技术进步与研发能力提升的影响》，《国际经济评论》2004 年第 3 期。

较大差距[①],徐涛则证明了外资有助于促进我国工业技术进步。[②] 吕光明认为外商直接投资对中国经济增长的促进作用在逐渐增强,但与中国经济增长之间长期均衡机制和长期驱动机制尚不存在,中国经济增长的波动主要与国内投资的波动有关。[③] 从外资与国内投资角度进行研究也取得较多成果,Borensztein、Gregorio 和 Lee 使用 69 个发展中国家 1970—1989 年的小组数据进行实证研究的结论是外资有效地带动了国内投资;江小涓分析了外资的投资效应,也得到基本相似的结论[④],王新则在假设国内储蓄全部转化为投资的假设前提下,根据哈罗德—多马动态经济增长模型研究外商直接投资与中国经济增长的关系,同样得出外商直接投资导致额外储蓄增加进而带动投资的结论。[⑤] 以上研究都忽视了在引进外资的同时如何有效利用国内储蓄的问题,并较少考虑内外资在国内市场上的互动关系。

由于 FDI 是以跨国资本流动为载体的一揽子要素转移过程,必须分析作为投资主体的跨国公司在进入东道国之后的市场行为。跨国公司以何种方式进入东道国市场,及其与东道国企业的互动关系如何,决定了这些不同实力、不同性质的多种资本主体并存于中国市场的特质,其相互之间的关系将直接决定彼此的生存空间和获利机会,并最终决定投资的绩效和东道国宏观经济稳定性。

基于此,本文第一部分从跨国公司进入我国的方式入手,分析跨国并购对我国市场结构的影响,希望能借此考察我国吸引 FDI 的绩效与对长期发展的影响。第二部分是跨国投资与市场竞争,分析跨国公司进入中国市场的方式和在中国市场上进行竞争的手段。第三部分则从实证的角度考察跨国并购对我国市场结构的影响,并得出已经形

---

① 葛顺奇:《中国利用外资的业绩与潜力评析》,《世界经济》2003 年第 6 期。

② 徐涛:《引进 FDI 与中国技术进步》,《世界经济》2003 年第 10 期。

③ 吕光明:《国内投资、外商直接投资与中国经济增长》,《山东工商学院学报》2003 年第 8 期。

④ Borensztein, Eduardo and Jose De Gregorio, Jong-Wha Lee, *How Does Foreign Direct Investment Affect Economic Growth*?, NBER Working Papers 5057, National Bureau of Economic Research. Inc. 1995.

⑤ 王新:《外商直接投资对中国经济增长的贡献》,《外国经济与管理》1999 年第 3 期。

成隐性垄断的结论。第四部分从企业和政府两个层面提出对跨国并购实施竞争规制的应对策略。

二、跨国投资与市场竞争

公司为何要进行跨国投资？众多学者从不同角度进行了诸多解释，如弗农的产品周期理论，海默（S. Hymer）的垄断优势理论，拉格曼（A. M. Rugman）的国际生产内部化理论，邓宁的折中理论等。其中以邓宁的折中理论最为流行。1977 年，英国著名跨国公司学者邓宁将企业优势、内部化优势和区位优势相结合，提出了折中理论。[①] 按照邓宁的观点，跨国投资企业应该拥有服务特定市场的净所有权优势，如跨国公司的技术优势、管理优势、规模或垄断优势、品牌优势、融资能力等。在此前提下，拥有以上优势的企业还需要满足内部化优势，即比起把这些所有权优势出售或租借给外国企业来说，自己利用这些优势更加有利。在拥有上述两种优势之后，企业如能将其与国外生产要素投入相结合，即充分利用世界各国的区位优势，跨国投资则会发生。折中理论已经隐含这样的前提，跨国公司在跨国投资中必然具有东道国企业不具有的市场优势，对于增长潜力较大的发展中国家或地区而言，这种表现尤为突出。

（一）大型跨国公司进入新兴市场的方式

具体到跨国公司进入中国大陆的方式，罗进曾总结了七种方式：个人或家庭性直接投入；借助港澳台企业，如和香港、台湾的商人合资进入大陆或先在港台投资而后再进入大陆；以官方或半官方机构作中介；配套投资；建立合资、合作企业；独资进入中国；股份收购。[②] 观察大型跨国公司进入中国大陆的过程，以上所列进入方式并不是简单独立，而与中国开放政策的逐步完善和跨国公司投资的步骤密切相关。

---

① Dunning J H. "Trade, Location of Economic Activity and Multinational Enterprise: A Search for an Eclectic Approach." In: Ohlon B, Hesselborn P, Wiskman P eds. *The International Allocation of Economic Activity*. London: Macmillan, 1977.

② 罗进：《跨国公司在华战略》，复旦大学出版社 2001 年版。

按照王志乐的调查,20 世纪 80 年代跨国公司进入中国的普遍方式是设立销售代表处,如西门子(1982 年)、松下电器(1980 年)、三洋 SANYO(1980 年)、日立(20 世纪 70 年代)、富士通(1980 年)、汉高等,这些公司在经历一段时间的投资之后,到 20 世纪 80 年代后期及 20 世纪 90 年代前期开始进行合资经营,上述六大公司分别在 1990 年、1990 年、1983 年、1982 年、1987 年和 1990 年进行合资,而到 1994 年、1994 年、1995 年、1994 年、1995 年和 1995 年则进入控股型投资。[①] 可以认为,这些跨国公司进入中国市场的方式不但与这些跨国公司本身的特点有关,也与我国的投资政策有关。就跨国公司本身来看,其进入中国大陆大致经历了三个阶段:第一阶段是以港澳台资金为主和以劳动密集型出口加工企业为主;第二阶段是以规模较大、技术含量较高的大型跨国公司为主;第三阶段是以具有雄厚实力的国际大财团、巨型跨国公司介入并进行系统性投资为主。进入我国的跨国公司已经过渡到了第三阶段,且控股型的发展趋势日益突出。从我国投资的政策环境来看,也具有对于跨国投资阶段性的渐进引导作用。从 1979 年改革开放始到 1985 年以前,我国开始取消外资进入限制,市场渐次开放,陆续制定了《合资企业法》《合同法》《专利法》等,与外资合作的法律框架开始建立,此时外资对中国的投资处于"试验"阶段,虽出现一些寻求市场的投资行为,但与中国市场的接触有限,投资更看重中国的低劳动成本。1985 年到 1991 年期间,随着新的外商投资管理条例的出台和关于外资引进鼓励措施的制定,高科技和新产品投资企业开始获得更多的进入优势,从而使一些早期进入的企业开始在国内市场试图占领一部分市场份额。1992 年以后,随着邓小平南方谈话,中国进一步开放市场尤其是内地市场,进一步改革了所有制,制定并实施了《反不正当竞争法》《反倾销法》等追求市场公平性的法律法规,从而刺激了更多考虑效率的较大规模的投资行为。跨国公司开始采取股权兼并收购的方法控制国内市场,外资采取购并国内企业作为进入市场的方式越来越常见,外资企业在国内产业市场份额越来越大,在

---

① 王志乐:《著名跨国公司在中国的投资》,中国经济出版社 1996 年版。

部分行业已经形成垄断地位。

（二）大型跨国公司在新兴市场上的竞争方式

由于跨国公司是一种功能强大的生产营销组织网络体系，在国际市场竞争中，跨国公司不但能够针对不同东道国市场上不同的竞争对手的特点来制定竞争战略，而且能够考虑到东道国经营环境差异的适应性，并将这种竞争战略的实施纳入其全球竞争体系之中，使其能在全球扩张中获取最大可能的利润。新兴市场吸引跨国投资的最强方面是其市场潜力，则对于跨国公司而言，最有效、最快捷与最广泛地占有市场是其在新兴市场上竞争的重心。

与其他跨国公司的竞争是跨国公司在新兴市场上竞争的主要方面。90%以上的跨国公司进入中国投资的目的均是开发和占领中国市场，由于中国市场的广阔和中国引资力度的跳跃性加大，跨国公司进入中国市场并在中国进行市场争夺也持续激烈。

这种竞争主要在于以下三个方面：

（1）前期争夺市场的战略布点。1992 年起，跨国公司在中国的投资出现了飞跃式的发展，不论是投资总额还是单个项目的投资额度都急剧增长，而且投资的领域和投资地域也更广泛化。而这里面，来自美日欧等西方发达国家的世界著名跨国公司表现得更为引人注目。世界最大的 500 家跨国公司中超过 400 家已经在华投资了 2000 多个项目，并且已经在天津、珠三角和长三角形成了一系列的投资开发区。

（2）避免正面冲突的战略联盟。所谓战略联盟，是指两个或两个以上的企业根据对整个市场的预期目标和企业自身总体经营目标的意愿，通过某种契约而结成的优势相长、风险共担、要素双向或多向流动、组织松散结合的一种新型经营方式，它是几家企业为追求彼此的利益而靠资源、潜力和核心能力结合起来。由于中国市场广阔，而需求远未饱和，这避免了跨国公司在中国市场上为争夺市场而发生正面的冲突。同时中国的市场并未全面开放，市场所需的法规制度也在完善过程之中，投资仍然具有不确定性和风险，选择战略联盟虽然是一种合作的态势，其实也是基于我国市场发育和开放现状的一种最有利的竞争方式。

(3)本土化。从本质而论,跨国公司在中国的本土化战略是其全球化战略在中国的具体实现方式。在跨国公司的全球化战略中,各国分割的市场已经被当成一个整体,跨国公司在这个作为整体的市场上来进行资源和优势的整合,跨国公司在中国市场上所从事的本土化战略是争夺中国市场的重要手段,同时是与其他跨国公司甚至中国本土公司进行竞争的最有效的方式。总体来看,当前跨国公司在中国市场上的本土化最突出的在于两个方面:一是人才的本土化;二是R&D的本土化。人才的本土化最初是使用中国的廉价劳动力,后来发展到雇佣中国的技术人才,使用中国的高层管理人员。跨国公司的R&D同样发展迅猛,自1996年以来,知名跨国公司纷纷在华设立研发中心,包括 Motorola、Lucent、Microsoft、Sun、P&G、DuPond、Unilever、Intel、Nokia、Ericsson、Fujitsu等。本土化是美国跨国公司在华战略的核心,是其培养跨国公司适应能力的重要手段。其本土化战略包括品牌本土化、原材料本土化、人才本土化等,其中尤以人才本土化为中心,如摩托罗拉公司在管理人员当地化方面有极其明确的目标,1994年摩托罗拉公司专门为中国员工设计了一个特殊的中国强化管理培训计划(CAMP),主要是培训中层管理干部,并将其作为进入高级管理层的后备队伍。这极大地增强了摩托罗拉公司在华的竞争能力,使其长期保持中国市场的高份额。

(三)民族企业对跨国公司的因应

跨国公司与本土公司在国内市场上的竞争方式在中国持续扩大改革开放的背景下表现得极其复杂,既有竞争亦有合作,而合作则是竞争的特殊形式。由于中国改革开放政策的不断推进,从而使在华跨国公司和中国本土企业所面对的战略环境都具有较大的不确定性。中国的渐进式改革道路,使任何对中国市场远景的预期都难以成为其战略制定的依据,而且这种预期也根本无法体现中国市场现实的动态和不确定性,这种不确定性既包含了风险,也蕴含极大的潜在利益。这决定了民族企业对于跨国公司而言是一种学习型的互动竞争战略。

(1)跨国公司在中国市场上的竞争已经进入实质性阶段,但民族企业与跨国公司的竞争尚未正面冲突。这源于两方面的原因:一是从企业层面来看,民族企业和跨国公司相比尚显弱小,难以和跨国公司进行正面竞争,而且民族企业和跨国公司的技术存在差距、产品具有差异化、市场并不完全重合,从而使其合作性强于冲突;二是从宏观层面来看,我国市场并未全面开放,并购竞争热门行业如电力、基建、金融、保险、电信等第三产业部门尚未开放,政府保护壁垒较高,也客观上淡化了双方的竞争。

(2)民族企业与跨国公司缔结战略联盟是当前较为流行的做法,也是一种“双赢”战略。与东道国企业结盟不但是跨国公司有效进入东道国市场、降低经营风险、快速扩大市场的方法,对于东道国企业来说,也具有莫大好处。东道国企业通过与跨国公司结盟,可以学习跨国公司的先进管理经验,吸引更发达的技术,塑造良好企业文化,改进产品的质量和品种,巩固已有的市场,最终提升企业的竞争力,并避免过早地同强于自身的跨国公司进行竞争。

三、跨国并购与中国市场隐性垄断

在当前全球化浪潮中,跨国并购的迅猛增长已成为重要趋势,跨国并购,特别是涉及大型跨国公司、巨额资金和公司重大改组的并购是经济全球化最明显的特点,从 20 世纪 80 年代中期开始,跨国并购逐渐取代新建投资,成为 FDI 的主要方式,到 1999 年,国际生产增长的 80% 都是通过跨国并购来实现的,但中国目前以并购方式引进的外资只占 5% 。[①] 中国国务院国有资产监督管理委员会有关负责人指出,中国加入世界贸易组织后明显加快了融入世界经济一体化、市场化及全球化的进程,现正逐步调整利用外资政策,并出台一批法规规章,为外资进入中国市场创造了良好的政策环境;同时,中国还逐步转变利用外资的形式,与跨国公司的合作层次也不断加深,目前,一批跨国公司已在华设立了地区总部、研发中心及采购中心。中国通过并购方式吸引外资的潜力巨大,跨国并购将成为今后中国进一步吸引外资

① 王海平:《OLI 范式与跨国并购之动因》,《国际经济合作》2002 年第 5 期。

的重要方式。目前,世界500强企业中已经有约400家企业在华投资了2 000多个项目,并呈现出一些新特点。如,投资结构不断优化;跨国公司更注重本地化经营,加快了产业转移;投资方式多样化,独资成为主要方式等。官方权威统计数据显示,截至2002年底,中国累计设立境外非金融类企业6 960家,协议投资总额137.8亿美元,中方投资额93.4亿美元。其中2002年对外投资步伐明显加快,全年共新批境外非金融类企业350家,协议投资总额14.46亿美元,中方投资额9.83亿美元。同比分别增长12%、48%和25%。2002年中国境外投资项目的一个新特点就是大中型项目增多,技术含量提高。

从理论角度考察跨国并购,一般认为,作为目前最主要的国际直接投资方式,跨国并购产生的直接原因是国际寡占的产业市场结构及投资国的高度集中的市场结构,这可以从世界范围内表现出来的在高集中度、高产品差异度的产业中跨国并购比重处于较高水平来得到证实。同时由于跨国公司拥有的独特优势(所有权优势、内部化优势、区位优势)足以保证跨越东道国的市场进入壁垒,取得明显的有别于东道国市场原有企业的市场势力,这也反向促进了东道国产业集中度的提高,使市场的寡占性更加突出。① 就我国吸引外资的现实来看,虽然我国在世界盛行跨国并购的行业如电力、基建、金融、保险、电讯尚未完全开放,但跨国公司在华并购已经开始加速。据《瞭望东方周刊》对江苏、安徽等地跨国公司的隐性垄断行为所进行的调查显示,在跨国公司密集的苏南地区,世界500强企业中,有近1/3的企业选择并购国内企业的办法落户这个地区。它们进入东道国不是为了寻求便宜的劳动力或者原材料,而是为了占领市场。通过跨国并购,跨国公司轻而易举地获得当地企业已经取得的市场份额,得到熟悉当地市场的经营管理人员,易于同当地政府建立联系,从而取得政府补贴或者其他优惠待遇。如果并购的企业过多,取得的市场份额过大,就会取得市场支配地位,甚至垄断地位。

跨国公司通过跨国并购的手段,至少通过以下三种渠道在中国形

---

① 姚战琪:《跨国公司、并购行为与市场结构》,《产业经济研究》2004年第2期。

成垄断或隐性垄断行为：

1. 品牌控制

良好的品牌是拥有市场的保证，民族品牌的存在及其价值也是民族产业竞争力的根本体现。但在跨国公司不断侵蚀下，我国许多知名的民族品牌都通过跨国并购这一渠道而销声匿迹。据江苏省工商局统计，过去 3 年，至少有 10 个以上的知名企业品牌被外国企业“吃掉”。据江小涓对我国洗涤行业的调查，到 1995 年底，我国洗涤用品行业中较大规模的合资企业有 15 家，全部是我国洗涤用品行业中排名前 20 位的大企业。这 15 家企业洗衣粉和香皂的产量，占全行业产量的 35%—40%。在这 15 家合资企业中，P&G 公司投资的有 5 家，联合利华公司投资的有 5 家，德国汉高公司投资的有 3 家。在 15 家合资企业中，只有两家为中方控股，其余均为外方控股。[①] 合资企业通过以中方原有品牌产品的销售收入对其外方品牌进行巨额广告投入进行宣传的方式，扩大其品牌的国内市场份额，侵蚀中方品牌，并最终挤出中方企业，形成市场垄断。许多中方知名品牌由此消失，如美加净已难觅其踪，熊猫则成为宝洁公司旗下的品牌。

2. 技术垄断

作为国际资本流动的主要形式，跨国直接投资对东道国经济发展的影响一直受到各方的密切关注，而这种影响又主要是通过技术溢出来发生作用的。在理论上，学界已经认同了 FDI 技术溢出效应存在的合理性和必要性，然而，对于发展中国家而言，这种溢出效应是否现实存在并不确定，现有的实证研究有支持技术正溢出效应，也有不支持技术正溢出效应和有限溢出效应的。跨国公司目前已经垄断了世界上 70% 的技术转让与 80% 的新技术、新工艺。在进行跨国并购的过程当中，如果东道国的企业能够获得跨国公司先进的技术，则市场竞争是完备的，反之，在独占和寡头市场中，外商投资企业确有垄断动机和垄断行为，典型的表现是不开发不引进先进技术、产品更新换代慢

① 江小涓：《跨国投资、市场结构与外商投资企业的竞争行为》，《经济研究》2002 年第 9 期。

和产品价格居高不下。20世纪80年代,我国外商投资企业中,被认定为技术先进企业的仅为2%左右,技术先进企业的投资额也仅占全部外商直接投资额的5%左右。这方面汽车行业的例子较具代表性,中德合资的上海大众汽车有限公司在其成立后的10多年时间里,长期占有垄断地位,桑塔纳轿车在同类车型中几乎占据100%的市场份额,然而在此期间,上海大众的外方母公司已于20世纪80年代中期在全球市场上淘汰了第一代桑塔纳这个车型。另据李太勇的研究,FDI在一定程度上促进了中国汽车行业集中度的提高,提高了中国汽车行业集中度的进入壁垒,且中国汽车行业的竞争极不充分。[①] 技术垄断形成强的市场寡占结果。

3. 市场占有率

以并购形式吸引外资具有较大的导致垄断的可能性,因为和新建企业相比,并购投资会使竞争企业数量减少,导致外资更易形成垄断地位。而对于发展中国家而言,多数行业的竞争性不强,本来就具有一定的垄断性质,在外商并购投资涉及此类行业时,开放必然伴随着管制结构和管制规则的变动,利益冲突和经验不足有可能引起垄断从本土企业垄断转向外资企业垄断。最新的研究成果表明,作为跨国公司主要形式的合资企业,就其本身而言,具有内生的结构不稳定性,并会走向终结。而合资企业走向终结的最大可能是被一方收购,从而取得对方的国内市场份额。这其实是一种对国内企业的挤出。20世纪90年代以来,进入中国的跨国公司,明显具有长期战略目标,且具有最后收购合资企业的强烈偏好,同时由于外商兼具资金实力、无形资产优势、营销及售后服务先进、品质良好,因此可以运用倾销或补贴手段,在很多领域轻易挤出国内企业,从而在国内市场上形成垄断。仍以洗涤行业为例,由于大量并购国内品牌,合资企业的产品市场占有率已在60%以上,而且主要为P&G、联合利华和德国汉高等少数几家外资跨国巨头所掌握。

---

① 李太勇:《跨国公司投资对我国市场结构的影响》,《中国工业经济》1999年第11期。

四、促进竞争的对策

从世界范围来看，以并购形式进行跨国投资已经成为一种潮流，这与经济全球化和信息技术革命所导致的全球竞争背景有关，跨国并购不但能够更快速进入新市场，而且能在全球范围内进行资源的有效整合。从中国的实际来看，随着中国改革开放的不断深入，经济增长前景愈发广阔，中国市场已经成为跨国公司竞争的热点，而并购也成为跨国公司进入中国市场的重要方式。而对于中国的本土公司而言，通过引入大型跨国公司是推进技术进步和产业升级的重要手段，国际经济新的发展趋势带来了从未有过的激烈竞争，这要求核心技术和产品更新迅速，需要具有强大实力的跨国公司进行生产能力的扩张和巨额研究与开发费用投入，并由此推动本土企业的竞争意识和技术升级。而且跨国公司在华并购也能有效地促进中国的国有企业改革，利于现代企业制度的构建。跨国并购是趋势，只能顺应。

从现实来看，跨国并购在我国多数行业已经或将要形成垄断局面，这却是必须面对和正视的。跨国公司具有天然的追求垄断的倾向，不论长期还是短期内，并购都对竞争存在威胁性。UNCTAD 的研究表明，虽然不能确定并购必然形成垄断，但对于发展中国家而言，跨国并购会加强这些国家的市场集中度并形成垄断。[①] 我国发生的跨国并购多数是先前进入我国的跨国公司，它们对中国市场已经有较多了解，且已占领较高市场份额的情况下通过并购原有合资企业的中方资产，或并购同行业重要企业的方式来进行，这更易形成垄断倾向。

对跨国并购行使竞争规制已经成为当前引资的重要方面，而要做好这一点，需要从企业和政府两方面下功夫。

（一）企业层面的应对策略

从已有的与外资合资或建立合作战略关系的企业容易被并购的经验看，这与两类企业所关注的目标函数的差异有关。据高盛的调

---

① UNCTAD：《2000 年世界投资报告》，中国财政经济出版社 2001 年版。

查,外资在中国最关注的投资机会的考量指标:国内企业是否符合外资进入中国的策略定位,是否有好的本地管理团队,是否有良好的品牌和核心竞争力优势,是否在行业中占据领先地位等。在这一并购过程中,跨国公司更着眼于战略市场扩大市场占有率的全球战略,而中方企业由于面临强大竞争压力或“巨大所有权溢价”的诱惑,过于关注短期收益,甚至积极地进行所有权的转让,虽然可能获取大的转让收益,但却失去了获取企业资本潜在得利的机会,也失去了在积极的竞争中发展壮大的机会。

企业应积极应对跨国并购,做到:

(1)关注长远,在与跨国公司竞争与合作的格局中,注重学习跨国公司的先进技术和管理经验,并将其转化为自身的竞争优势,增强企业核心竞争力。

(2)借助与跨国公司合资或缔结战略联盟的机会,有效进入跨国公司的全球分工体系,参与全球竞争。跨国公司的全球化投资、全球化研发、全球化生产和全球化分销是一个组织严密的全球分工体系,经由跨国公司的内部分工网加入全球分工网对于国内企业而言是一条捷径,这也是提升产业结构和促进发展的快捷通道。

(3)发挥自身优势,巩固市场。内资企业也有自身的优势领域,如机械行业和技术已经成熟、产品已经普及的行业如低档轿车、摩托车、普通相机、冰箱、洗衣机、电机工具等低附加值产品,此外在国家仍实施保护的行业如电力、基建、金融、保险等行业加大练内功的机会。

(二)政府层面的应对策略

竞争是促进资源优化和经济增长的重要手段,然而竞争又总是带来垄断。特别是跨国并购所形成的垄断不但危害竞争,而且阻碍技术进步和产业升级,不利于国民经济的平衡发展,最终影响经济的长期增长。作为市场秩序的制定者和维护者,政府具有重要意义。

1. 维持竞争

跨国公司尤其是大型跨国公司在华投资虽然具有强的技术外溢效应,从而可能带动中国的技术进步和产业升级,但市场垄断又使此引资利益通过巨额利润的形式回流,使引资效应被冲销。竞争机制的引入不但要促进跨国公司与国内企业的竞争,也要促进跨国公司之间的竞争,这要求规则制定部门要转变观念,从控制投资转到控制竞争上来,制定针对跨国并购的竞争规制。当前我国关于竞争规制方面的政策尚不健全,只有一部规定行政垄断、公共事业垄断不正当竞争的《反不正当竞争法》,没有有关企业并购领域防止产业过度集中从而形成垄断的限制法律。在对外资并购内资方面虽然也出台了《利用外资改组国有企业暂行规定》和《外国投资者并购境内企业暂行规定》,对防止外资在并购过程中可能产生垄断的行为进行了原则性的规定,但仍过于简单和笼统。从跨国并购的竞争规制制定的国际趋势来看,对企业并购垄断标准的界定更趋细化和具体,同时这些界定标准也趋于复杂化,不单纯以国内市场占有率为标准,更注重限制企业通过并购滥用市场力量从而妨碍市场效率,特别是在世界经济全球化的大背景下,这种竞争规制的制定还要注重国际协调。

2. 明确引资的产业和技术指向,强化技术进步和产业升级

目前跨国公司在华并购多集中在国家政策重点支持鼓励的产业、市场前景广阔的基础工业或垄断性较强的行业,如制造业、信息技术业、零售、电信、金融等,且多是各行业中的领军企业或主导企业,这种并购带来的市场集中或垄断主体置换必然达不到引资的最终目的——强化技术进步和产业升级。在经济全球化条件下,技术和产业竞争已经成为国家竞争的核心,技术差距不但是我国吸引外资的原动力,也可能成为被外资控制的薄弱点,强化引资中的技术引进和产业结构置换,是政府在确定今后引资中的原则,必须明确引资的技术指向和产业指向,改变以往以市场换资金的观念,代之以优势互补、竞争共赢的理念。

该文原刊发于《改革》2004 年第 6 期。

新地区主义及其与多边自由贸易体制的碰撞

一、引　言

地区主义源于区域经济一体化，但其内涵要远较区域经济一体化丰富。首先来看，地区主义首先是一个有着地缘色彩的国际政治经济概念，它常常是一些地理位置邻近的国家为了发展共同的政治、经济和战略利益与目标所进行的互动与合作。但目前来看地区主义的主要表现形态则是广泛存在的各类区域经济合作组织，如果给出其国际经济学的定义，就是“单个的民族经济在制度上结合为更大的经济集团或共同体”。一体化本属产业组织理论的范畴，通常是指企业的合并，并从中衍生出垂直一体化与水平一体化两种企业合并的组合方式。前者是指处在生产过程中的上下游企业之间的合并；后者是指生产同类产品且有竞争关系的企业之间的合并。将一体化视作国家之间经济融合的观念是在20世纪50年代才形成的，这时，一体化指的就是地区性的一体化。此后，区域经济一体化开始引起人们极大的关注，这种关注源于由此而产生的巨大利得。维纳于1950年引入关税同盟理论，这一理论成为当时国际经济一体化理论的核心，它从理论上论证了区域经济一体化的条件、必要性及巨大福利来源。几乎同时，1951年欧盟组建及其后的巨大成功，带来了非同一般的示范效应，这使人们对区域经济一体化的热情上升到一个非理性的高度。按照

WTO 的统计，区域性贸易协定（RTAs）的实施数量在 1950—1959 年有 3 个，1960—1969 年有 19 个，1970—1979 年上升到 39 个，1980—1989 年为 14 个，1990—1998 年则为 82 个。截止到 20 世纪末，全球共有各种区域性政治、经济或政治经济合二为一的组织近 200 个，仅在 WTO 注册的区域经济一体化协定就达 170 个。目前，55%—60% 的世界贸易是在贸易集团内发生的。①

区域经济一体化在二战后的发展大致经历了两个阶段：第一个阶段是指战后初期 50—60 年代盛行于全球的区域性经济贸易安排；第二个阶段则是指出现于 80 年代、盛行于 90 年代的另一轮全球经济区域集团化浪潮。② 这种分类虽是基于其发展的两个繁荣期，但更为关注其内涵，一般认为第一阶段主要是欧洲的联合，其他的区域合作则是欧洲联合的一种示范效应，这一时期的一体化并没有实质性的进展，同时也不具备全球性的意义，更为重要的是，由于冷战背景的存在，这种区域合作更具政治上的意味。而第二阶段由于冷战的结束，区域合作才真正意义地转向经济本身，同时区域合作也向人们展示了巨大的经济成效。特别是这一次区域集团化的强劲发展伴随着以世界贸易组织（WTO）取代关贸总协定（GATT）为标志的世界多边贸易体制的同时加强，引发人们对于区域化与全球化关系的深入思考。

有关区域化与全球化争论的文献极其丰富，大致两分：一种观点认为区域化是当前情况下的全球化的次优形式，是全球化的重要补充，通过区域化的实践为全球化积累经验，从而推动全球化的进程；另一种观点则相反，认为区域化本质上是排他的，它与全球化有着体制上的内在矛盾，区域化的发展必然对全球多边贸易体制形成挑战，从而阻碍全球化的进程。总的来看，前一种观点占据上风，这也许就是各国对区域化热情不减的主要原因。

全球化的本质在于获利，区域化也应该是，如果现实来看这种利

---

① 世界银行：《2000 年世界经济发展报告》（中译本）。转引自李向阳：《全球化时代的区域经济合作》，《世界经济》2002 年第 5 期。

② 张煜：《对新地区主义的一些理论思考》，《国际经贸探索》1999 年第 6 期。但也有人认为应该分为三个阶段，参看王庭东：《论东亚新地区主义》，《当代亚太》2003 年第 1 期。

得不存在,那么有关国家通过(加入)区域经济一体化而获取利益的可能也就不存在,这必然引发区域经济一体化理论的发展,同时也引发人们思考区域化对于当前全球化提出的新的挑战。20 世纪 70 年代以来,一些区域化的发展状况就验证了这种担心,即多数国家是以牺牲利益加入区域化的。最典型的例子是奥地利、芬兰和瑞典加入欧盟,这些国家入盟后从一体化内部的自由化贸易中受益很小,因为在欧洲经济区条约中,它们已经和欧盟有效地开展了自由贸易,但是它们必须为加入欧盟为欧盟的预算付出显著的净支付。① 另外一个例子是墨西哥加入 NAFTA。加入 NAFTA 后不会使墨西哥在经济上更多受益,因为墨西哥和美加两国的贸易已经比较自由化了。Anderson 和 Wincoop 用他们自己的模型对美加墨三国加入 NAFTA 对各自福利的影响进行了估计。在三个国家关税下降为 0 的假设下(其中墨西哥从 18.6% 下减为 0,美加都从 5.9% 下降为 0),计算出墨西哥的福利变化是-0.3%。② 对上述这种反常的现象的讨论结果就产生了新地区主义理论,现有的评述对于这一理论均持认可态度,然而新地区主义理论对当前全球自由贸易体制的多边框架究竟是否带来制度上的挑战?这种挑战对于多边自由贸易体制来说意味着什么?这些问题促成了本文的研究。

二、文献综述

什么是新地区主义?本质而论,它不应该是一种经济实践,而是一种学术研究的思路,或者说是基于区域经济一体化实践上的一种学术界定。长期以来,随着经济跨国活动的频繁和深入,世界经济的全球拓展和区域聚合也比以前任何一个时期都要深入和丰富,加之在此

---

① Fernandez, R. and Portes, J., 1998, "Returns to Regionalism: An Analysis of Non-Traditional Gains from Regional Trade A greements", *The World Bank Economic Review*, Vol. 8. No. 2, pp. 97-220.

② Anderson, J. E., Wincoop, E., "Borders, Trade and Welfare", *NBER Working paper* No. 8515, October 2001. 转引自:白当伟、陈漓高:《区域贸易协定的非传统收益:理论、评述及其在东亚的应用》,《世界经济研究》2003 年第 6 期。

过程中所交织的复杂的政治、军事、文化、民族问题,吸引了学术界更多的目光。对于地区、地区主义、区域化、全球化、民族主义、分散化这些概念及它们之间的关系,国际理论界已经进行了多种形式的探讨,然而对于“新地区主义”的研究却相对较少。在1986年前后这一段时期,欧洲共同体讨论并通过“单一欧洲法案”,这一事件引发了学术界复兴“地区主义”研究的极大热情。从实践来看,到冷战结束,地区一体化开始从欧美向“第三世界”进行扩展,这极大地丰富了国际学术界对地区主义进行描述和历史研究的内容和意义。耿协峰认为,对于地区主义这一新兴的课题的理解,应该从国际理论界研究新地区主义的三种最常见的观察视角或方法入手,即历史的、规范的和比较的方法并得出其观察结果。[①] 这种观察的结果便是给出一个学术研究的思路。

新地区主义概念是为有别于战后初期的区域化热潮而提出的,是指发生于20世纪80年代、盛行于90年代的战后第二轮区域经济一体化热潮。新地区主义表现出许多有别于以前一体化的特点,张煜对此总结了五点:①新地区主义通常表现为一个或几个小国与至少一个大国的组合,以NAFTA较为典型。②新地区主义较小的成员国都已经或正在进行显著的单边改革。原奉行共产主义政策的中东欧国家加入欧盟是典型的例子。③新国家加入一体化组织更注重获得一种“一体化身份”,而不是要显著扩大与原一体成员国的贸易,如瑞典加入欧盟。④新地区主义自由化的实现主要是靠小国做出单边让步。⑤新地区主义一般均包括比贸易自由化程度更深的经济一体化。[②] 肖欢容则认为其特点主要在于:①新地区主义体现了对国家内部事务的介入性。实践上来看有两种形式:一种形式是北约和欧盟,它们打着市场资本主义、“人权”和“自由民主”的旗号,给东欧的前社会主义国家以成员国的身份,使东欧加入西方。这些东欧国家将接受由北约和欧盟

---

① 耿协峰:《“新地区主义”研究——不同视角的评析》,《世界经济与政治》2001年第1期。

② 张煜:《共生现象——新地区主义与世界多边贸易体制》,《国际贸易》1999年第6期。

制定的、较少受主权约束的地区行为规则。第二种形式是东盟等发展中国家地区性组织，为了应对现在和未来可能的危机，开始突破旧地区主义时代囿于主权的原则，采取一些干预成员国内部事务的政策。②新地区主义体现了美国试图控制地区主义的战略实践。③新地区主义具有明显的自我伸张性。与旧地区主义不同，新地区主义不再甘心屈从于联合国框架之下，希望取得与联合国平等的地位，地区主义的这种扩张，必然对未来国际秩序产生非常重大的影响。④新地区主义在全球地理分布上具有明显的板块性特征。① 显而易见，前者是从新地区主义的经济福利角度出发对其进行的分析，而后者则超越了这一点，关注的是体制，是新地区主义出现后全球体制的变化。

新地区主义在20世纪后20年出现是有其深刻背景的。佛西特指出新地区主义的根源主要在于冷战的终结、世界上的经济变革、"第三世界主义(Third Worldism)"的结束和民主化或政治自由化的发展四个方面。② 怀特瓦尔特也提出了类似的四大因素：冷战的终结、世界经济力量的变移、发展中国家的经济改革、世界贸易中非关税壁垒的日益重要性等③。肖欢容则提出另外两点原因：①20世纪80年代后期多边主义GATT(WTO)的谈判进程的缓慢以及世界贸易中日益上升的非关税壁垒使人们对多边主义失去信心，从而寻求寻找其他替代方法。②美国对地区主义和多边主义政策态度发生了改变。美国传统上是多边主义的保护人，但自20世纪80年代中期以来，当欧洲通过深化和扩展一体化进程获得更多的经济利益时，美国对地区主义的兴趣也日益增长。如北美自由贸易区在1994年的形成与随后积极参与亚太地区的经贸合作，这成为美国地区主义政策的支柱，它通过自

---

① 肖欢容：《新地区主义的特点和成因》，《东南亚研究》2003年第1期。

② Louise Fawcett, "Regionalism in Historical Perspective", in Louise Fawcett and Andrew Hurrell, eds., *Regionalism in World Politics: Regional Organization and International Order*, Oxford University Press, 1995/1997, pp. 17–30.

③ Andrew Wyatt-Walter, "Regionalism, Globalization, and World Economic Order", in Fawcett and Hurrell eds., *Regionalism in World Politics: Regional Organization and International Order*, Oxford University Press, 1995/1997, pp. 92–97.

由贸易不能再从世界经济中获益。[①] 张煜则从另外一个角度探讨了新地区主义产生的国际背景,认为新地区主义的动机在于有关国家要加入世界多边贸易自由化进程,他列举了三个方面的理由:①经过 GATT (WTO)数轮多边贸易谈判,工业化国家的制成品关税水平已经很低,发展中国家的关税水平也显著下降,多边自由化在制成品领域已较广泛地存在;②越来越多的经济不发达国家开始实行开放政策,积极寻求融入世界多边贸易体系;③外国投资在一国经济与贸易的发展中起着日益重要的作用。[②]

上述新地区主义产生的原因都是基于国际经济前景来进行探讨的,另外有人从利得角度对其进行了深入的分析。Ethier 指出新地区主义产生的基本动因是国家谈判利益的最大化,并设计了一个高度简化的区域化模型来进行阐述。在这个模型里他设计了两个函数:谈判成本函数和谈判利益函数,谈判能够实现的自由化程度及参与谈判的国家数目是其中重要的参数,他认为一国是否选择加入一体化的关键因素在于该国进行地区性谈判和多边性谈判的谈判成本收益比较。[③] 另外有人对于全球化与反全球化的关系的评述也可用于对这方面的解释:交往的区域与要素代表者的利益有关,富余要素代表者希望发展全球市场以便输出这些要素,降低其富余度,从而提高要素投入的回报率,而稀缺要素代表者则相反,他们希望限制全球市场阻止要素输入,或阻止本国其他要素的输出,以便维持其拥有的要素之绝对或相对的稀缺度,从而维持这些要素的高回报率。[④] 这种分析有助于理解新地区主义中对于区域内投资理论的有关内容。

白当伟和陈漓高根据 Fernandez 和 Porters 的研究,从新地区主义的非传统收益方面来解释新地区主义的成因[⑤]。按维纳对于一体化的

---

① 肖欢容:《新地区主义的特点和成因》,《东南亚研究》2003 年第 1 期。

② 张煜:《对新地区主义的一些理论思考》,《国际经贸探索》1999 年第 6 期。

③ 对这一模型可以参考:Wilfred J. Ethier:"The New Regionalism". *The Economic Journal*, July,1998.

④ 李存娜:《"中国:全球化与反全球化"会议综述》,《世界经济与政治》2003 年第 2 期。

⑤ 白当伟、陈漓高:《区域贸易协定的非传统收益:理论、评述及其在东亚的应用》,《世界经济研究》2003 年第 6 期。

理论解释,区域经济一体化在于有关国家组建一体化所产生的巨大贸易创造效应,但是维纳忽略了至少两个问题:一是贸易创造效应的分析是以世界其余地区的供给曲线是完全弹性的假定为前提的,而这一点并不总能够存在;二是区域经济一体化引起的市场的扩展,可能会产生许多重要的影响及效应,如规模经济、技术效应、竞争效应及市场扩展所带来的对于生产率和投资的影响等,而新地区主义恰恰在这些问题上表现出来了。为了对在不能获取传统收益甚至招致损失的情况下一些成员加入一体化的行为进行解释,他们提出新地区主义的非传统收益,在于以下五个方面:①保证政策的连贯性。如果一项贸易自由化或国内改革的政策能提高该国的福利,但在缺乏 RTAs 约束的情况下不能持久时,则 RTAs 能为该国带来非传统收益。②发信号。明确加入 RTAs 这个事实本身,并依此向外界发出信号,使得外国投资者看到该国的政策新动向。③提供保险。通过为至少一个成员国提供防范未来或有事件的保险,保险收益发生在防止贸易伙伴实行贸易保护、防止在世界的贸易战中受损、取得更有利的条款保障以及能吸引更多的投资等方面。④增强讨价还价能力。加入 RTAs 的国家可以增加它们对第三方的讨价还价能力。⑤发挥协调一致机制。这是一项政治经济解释:它们能把那些从自由贸易中获益的人组织起来,使其协调行动,避免自由贸易利益的分散、不确定的负面影响。

从以上我们对于新地区主义理论的梳理可以看出,当前国内外理论界对于新地区主义的分析视角是相当广阔的,已经不再囿于区域化的经济福利本身了,这使得新地区主义理论走向虽不成熟但相较全面的方向。理论本身的完备并不代表理论应用的正确,特别是一个重要问题必须予以考虑,那就是,WTO 成立以来,以其代表的全球性多边自由贸易体制已经成为指导几乎所有国家开展对外经济交往的框架,新地区主义对于这个全球多边自由贸易体制是否形成了挑战?本文就体制层面上对此问题进行深入分析。

三、新地区主义与以 WTO 为代表的全球多边自由贸易体制的碰撞

伴随新地区主义理论研究的进展，另一重要研究课题是新地区主义与多边贸易体制如何“共处”的问题。现有的研究基本上是倾向于二者是在20世纪八九十年代的同步发展是一种“共生现象”。Maull总结了反对地区主义三种主要观点并一一进行了驳斥（他指出反对地区主义的这三种主要观点：一是如果引用经济上的术语，地区主义是一种次优的理论；二是地区主义常常会导致地区集团发展的封闭化，表现出重商主义的倾向；三是在讨论一些悬而未决的问题时，地区主义会引发不必要的讨价还价），认为地区主义是多边主义的必要补充，“地区主义不仅是一个有益的事物，而且是实现开放国际经济秩序的重要内容”①。怀特瓦尔特在从贸易、投资、货币金融三大领域对世界经济的发展趋势进行考察之后，也得出基本相似的结论：世界经济的地区化和全球化二者是相互作用、共生并进的。② 李琮则在分析了经济地区化与经济全球化之间的关系后也认为，二者是“两种既有联系又有区别的过程或趋势，在其发展中，互相促进，又互相制约”③。

从多边贸易体制角度对这一问题进行分析的有刘光溪④、张煜⑤、肖欢容等，其基本观点是从历史发展来看，新地区主义与多边贸易体制是一种“共生现象”而非“此消彼长”；从法律规定方面来看，GATT（WTO）确认了自由贸易区和关税同盟这两种形式的地区主义的法律地位。GATT（WTO）第二十四条规定，“通过自愿签订协定发展各国

---

① Hanns W. Maull：《地区主义和全球主义：相互矛盾还是相互推动的进程?》，《世界经济与政治》2000 年第 9 期。

② Andrew Wyatt-Walter，“Regionalism，Globalization，and World Economic Order”，in Fawcett and Hurrell edl. ，*Regionalism in World Politics：Regional Organization and International Order*，Oxford University Press，1995/1997，pp. 97–114.

③ 李琮：《论经济地区化》，《太平洋学报》1999 年第 2 期。

④ 刘光溪：《互补性竞争论——区域集团与多边贸易体制》，经济日报出版社 1996 年版。

⑤ 张煜：《共生现象——新地区主义与世界多边贸易体制》，《国际贸易》1999 年第 6 期。

之间的经济一体化,以扩大贸易的自由化是有好处的……因此……不得阻止各缔约方在其领土之间建立关税同盟或自由贸易区,或为建立关税同盟或自由贸易区的需要采用某种临时协定"。同时,为了维护多边体制的严肃性和权威性,第二十四条又对区域贸易自由化安排做了一系列的限制。主要包括,建立起来的关税同盟或自由贸易区,对未参加联盟或贸易区的缔约各国贸易的适用关税和其他贸易规章,大体上不得高于或严于未建立联盟或自由贸易区时各组成领土对外所实行的关税和贸易规章的一般限制水平;取消关税同盟或自由贸易区内的实质上所有贸易的关税和其他贸易限制。由于 GATT(WTO)给予了地区主义以其所奉行的最基本原则——多边最惠国待遇原则为核心的非歧视原则的最大例外,从而给予了地区主义法律地位,也从法律规定方面解决了二者的"共处"问题。这种规定一方面解决了地区集团贸易自由化的进程对多边贸易自由化的进程所产生的压力,同时多边体制所制定的规则和纪律又必然促进地区集团贸易自由化的进步,二者之间是一种既竞争又互补的关系,这种互补性的竞争为贸易自由化的整体发展注入了生机与活力,并推动和促进地区主义最终融入多边主义,实现全球贸易自由化。

本文认为这种考虑有失偏颇,GATT(WTO)所给予地区主义的法律地位是一种不得已而为之的选择,就体制本身来说,二者之间存在非常严重的冲突与碰撞,这种规定不过是暂时缓解这种冲突与碰撞的手段而已。理由在于以下四点:

(一)GATT(WTO)给予地区主义的法律地位是一种基于"历史现实"的无奈选择

在 GATT 成立之前,世界上已经存在很多的区域集团,如 1703 年成立的苏格兰和英格兰政治经济联盟,1834 年生效的日耳曼关税同盟和 1944 年达成 1947 年生效的比荷卢关税同盟等。如 GATT(WTO)当时不允许有这样的例外规定,禁止缔约方与周边国家和地区建立区域集团,那么将造成许多主要贸易大国如英、法、美、德等难以接受总协定。众所周知,GATT 在当时只是一个临时条款,面对世界经济中的大国根本没有讨价还价的能力,如果为了推进全球多边体制的发展而要求这些地区集团解散，最终的结果必然导致自身的死亡。从 GATT(WTO)以后的发展来看，这种无奈一直伴随，欧盟的进程其作为一个整体已经具备了举足轻重的力量，再加上美国对地区主义和多边主义政策态度的改变，GATT(WTO)已经无法再对第二十四条进行实质上的修改。

（二）"例外"本身形成了 GATT(WTO)体制上的最大漏洞

GATT(WTO)严格来说是一套法律体系，其发展经历了"新旧"两个时期，旧多边贸易体制是指国际社会基于总协定在近半个世纪内逐步形成的一整套协调、管理、规范和监督国际贸易关系发展的规定、规则以及与之配套的多边争端解决程序的法律体系，这一时期的多边贸易体制由于历史的原因，无论从成员资格、协调国际贸易发展的规则与纪律的完善程度和管理力度而言，都相对较弱。乌拉圭回合结束后，WTO 这一具有法律地位的国际经济组织的成立，及其对 GATT 规则的完善和协调范围的扩展，才最终确立其为多边贸易体制的中心地位。① 然而 WTO 不是平地产生的新机制，它是对于 GATT 的继承，由于背景、内容、原则、基本目标和成功前提的趋同性，WTO 不但保留了 GATT 第二十四条的规定，而且出台了乌拉圭回合总协定第二十四条解释之谅解，再加上实践关系的"四种免责方式"和"授权条款"及服务贸易总协定第五条的新规定，使多边贸易体制与地区主义之间的基本法律关系更为稳固。作为以奉行多边最惠国待遇原则为核心的非歧视原则为其基本原则的多边贸易体制来说，这种例外已经从实质上偏离了其根本方向。很简单的一个理由：多边贸易体制是以其法律的严密性来约束成员国从而实现贸易自由化的，如为了这一目的而做出无休止的让步必然使自己处于尴尬处境。

（三）法律的不严密性导致条款解释上的困难

由于法律上的不严密性导致至少如下 6 个方面的争议：①"自动获得免责"审议问题。由于总协定创立时对诸多当时和先前的优惠安

① 更为人接受的界定是东京回合之后，总协定确立其作为多边贸易体制的中心地位。参看刘光溪：《互补性竞争论——区域集团与多边贸易体制》，经济日报出版社 1996 年版，第 3 页。

排给予了“祖父”条款的待遇与资格，二者相安无事地相处了10年，然而当《罗马条约》第一次被通知总协定时，情况发生了变化，以欧共体6国为一方与其主要贸易伙伴为另一方经过长久谈判，终难就欧共体与总协定法律规定的一致性达成协议，且对于欧共体形成所造成的关税补偿性调整方面也无法达成共识。总协定曾多次试图进行协调，但审而无果，最后形成的折中方案其实是关于区域集团规定的含糊不清的解释。这导致非常严重的后果，美加自由贸易协定和欧共体第二次扩大再次重蹈覆辙。②第三国的阻挠问题。区域集团外非成员国为确保其在多边贸易体制中的利益不因某一区域集团的形成而受影响，在对于区域集团的有关审议中往往采取不合作态度，从而使这种审议永无定论，以便持久监督其发展走向，并做出利于自身的调整。③“临时协议”的审议及规定的存在性问题。这一问题与第一点有相似之处，不同在于多边贸易体制应该是在临时协议生效之前就对其审议完毕，但80年代后大多通知总协定的临时协议都是生效后才进行的，更为困难的是“二十四条”对于临时协议的通知、计划及时间表上并未作出明确定义，这存在法律规定上的严重的解释困难。④“实质上所有贸易”规定存在的争议。这是一个涉及贸易自由化的范围问题，对此问题的争议与分歧集中在：究竟是从贸易质量上还是从贸易数量上来解释？如排除非加工农产品贸易的临时协议是否符合实质的所有贸易的要求？其次是对于区域集团内部自由化涉及的关税及非关税措施的取消程度是否应以所包含的产品类别来衡量和解释？再者是区域集团成员实施非关税措施是否免除非歧视义务，这一点本在“二十四条款”中有明确说明，但从实践来看却存在持久而又无结果的争执。⑤“总体上不得高于或严于”规定存在争议。如何定义“总体上”？是基于单个国家和逐项产品，还是基于“总体上”？而且当约束关税税率变动后的补偿调整问题也难以解决，这方面的分歧在于：应在何时补偿？如何界定补偿的性质和补偿范围？同盟其他成员在“其他”产品的关税方面所作出的减让是否也应看做一种形式的补偿？这些方面的争议甚至导致了报复威胁行为。⑥对发展中国家条款问题。1964年11月增补的第四部分包括三个条款，是针对发展中国家进行优惠安排的，但这在有关区域安排上也产生了严重的分歧：一是发展中国家与发达国家之间以及发展中国家之间建立优惠贸易安排时应该用第四部分还是按“二十四条”的规定来进行？二是有关发达国家向发展中国家提供差别更优惠待遇（DMF）和普遍优惠制待遇（GSP）在区域安排中如何解释？1971年缔结的发展中国家之间提供贸易优惠的法律文件——“1971年贸易谈判议定书”也为这种优惠贸易安排的建立带来了解释上的困难。所有这些争议都使区域集团与多边贸易体制之间的“和平共处”关系变得相当微妙，也极大地削弱了多边贸易体制的权威性。

（四）新地区主义理论所揭示的区域发展新思路给出了实质上的新壁垒

源于小国以不利条件加入一体化而产生的新地区主义理论实际上提示了新壁垒对于多边贸易体制的挑战。一是从思维方式的转变来看，区域化本身就是一种排他性的优惠安排。这种优惠安排虽然目前来看远低于“国家内”或“民族内”的交往，但已有人对此提出了担心，认为“地区性”已经是一个类似于“国家性”和“民族性”的概念，而成了所谓的“民族主义的放大”①，如果真是这样，那么其对于多边贸易体制的挑战就不言而喻了。二是从以美国为代表的大国多边主义与地区主义政策的改变来看，由于大国不但是世界经济中的主体，而且也是推进多边贸易体制发展的关键力量，观察多边贸易体制的历史进程，其每一步的前进都与大国有关，而且多边贸易体制的法律性框架的制定往往与大国的政策有相当深的渊源关系，一旦大国的目光转向了地区主义，必然从法律意义上挑战多边贸易体制的地位。三是从新地区主义的非传统利益来看，新地区主义所强调的保证政策的连贯性、发信号、提供保险、讨价还价能力、发挥协调一致机制等方面为成员国带来收益其实已经不在于贸易领域，而是更多地强调在投资方面所发挥的作用，而当今世界经济的发展也正在由原来的注重贸易收益转向注重投资收益，多边贸易体制虽然在近来对于投资也进行了一些

① 庞中英：《地区主义与民族主义》，《欧洲》1999年第2期。

规定，但毕竟尚不完善，这必然导致地区主义在这方面对多边体制形成冲击。四是从谈判成本及要素收益角度来看，Ethier 所发展的谈判模型实际上给出了区域谈判的优势，而多边贸易体制在前期协调上所表现出来的缓慢性和无果性更增加了区域化的吸引力；要素收益理论也揭示了具有稳固持久联系的区域加强内部紧密合作的诱人前景。五是观察新地区主义蓬勃发展的现实，这种趋势本身就是其对多边贸易体制形成挑战的最好例证。

四、评述性小结与尚待研究的问题

基于目前世界经济发展的现实，笔者认为，民族国家仍然是国际行为关系的主体，国家并不是必然地要参与地区主义。如果全球框架安排不能确然有序，从而不能保证单一国家在这个框架内来获取其最大化的收益，那么它就必然寻求其他形式的合作来实现最大化，地区主义作为多边自由体制的次优选择也就必然进入人们的视野。更重要的是，体制本身是给予行为主体一种预期的保证，这种预期所关乎的除了眼前的现实利益外更多的是未来的潜在利益，这会导致能够提供这种预期保证的体制更深入的发展，具体而言便是地区主义的繁荣并不是一种偶然或暂时，如果二者之间的矛盾与冲突不能在多边体制下予以有效解决，最终会对多边体制本身带来更危险的冲击。

20 世纪八九十年代地区主义与多边贸易体制同步发展、同步繁荣的共生现象，在时间上具有同步的偶然性，在内在机理上又是二者各自及相互关系发展的必然。通过以上对新地区主义理论的梳理及新地区主义对多边贸易体制冲击的分析，我们其实已经找到这种冲突的根源之所在，那就是，一个合理的、符合现实需要的、更具严密体系及更具权威性、更具效率的多边框架的建立已是迫在眉睫。

本文的不足之处在于，新地区主义所表现出来的特征虽具一般意义，但更多的是具体国家、具体区域在其全球主义与地区主义选择上的一种安排，以及这种安排对于行为主体和全球整体所带来的现实及未来利益的判断。亦即是说，至少还要从以下两个具体层次上给予分析：一是国家（或地区）、国家（或地区）身份如何认定？其前期开放战略与导向的具体分析、区域环境的判断及全球主义和地区主义的政策适应性分析。二是区域、区域特性的界定，区域内部结构的调整，区域与区域之间关系的分析与处理，区域在全球体制中的位置等，这些都是尚待深入研究的问题。

最后需要说明的是，本文并非从根本上否定地区主义与全球主义之间的相互推动而又相互制约的“共生共荣”，也认为地区主义是对全球主义的有效补充，并以其发展为全球主义的完善提供经验和动力。本文所强调的是体制层面上二者的冲突，以及这种冲突对全球多边框架所带来的诸多挑战，其意在于提醒有关方面的注意，弥补全球多边体制的缺憾，并希望能引起学术界对于此方面更多的深入研究。

该文原刊发于《世界经济研究》2004 年第 8 期。

东亚区域合作:双边自由贸易协定网还是区域经济一体化

20世纪90年代起,全球化和区域化并行不悖地存在于世界经济体系之中,并出现同步加强的趋势,这引发学术界极其浓厚的兴趣,并有大量研究文献出现,其最易于让人接受的解释是二者的相处是一种"同生共荣"现象。Maull认为地区主义是多边主义的必要补充,"地区主义不仅是一个有益的事物,而且是实现开放国际经济秩序的重要内容"①。怀特瓦尔特在从贸易、投资、货币金融三大领域对世界经济的发展趋势进行考察之后,也得出基本相似的结论:世界经济的地区化和全球化二者是相互作用、共生并进的。② 李琮则在分析了经济地区化与经济全球化之间的关系后也认为:二者是"两种既有联系又有区别的过程或趋势,在其发展中,互相促进,又互相制约"③。从多边

① Hanns W. Maull:《地区主义和全球主义:相互矛盾还是相互推动的进程?》,载于《世界经济与政治》2000年第9期。Maull总结了反对区域化的三种主要观点并一一进行了驳斥。这三种主要观点:首先,如果引用经济上的术语,地区主义是一种次优的理论;其次,地区主义常常会导致地区集团发展的封闭化,表现出重商主义的倾向;再次,在讨论一些悬而未决的问题时,地区主义会引发不必要的讨价还价。

② Andrew Wyatt-Walter,"Regionalism, Globalization, and World Economic Order", in Fawcett and Hurrell edl., *Regionalism in World Politics: Regional Organization and International Order*, Oxford University Press, 1995/1997, pp. 97-114.

③ 李琮:《论经济地区化》,《太平洋学报》1999年第2期。

贸易体制角度对这一问题进行分析的有刘光溪[1]、张煜[2]、肖欢容等，其基本观点是，从历史发展来看，新地区主义与多边贸易体制是一种“共生现象”而非“此消彼长”。然而观察东亚区域的合作，这种解释并不那么让人信服。20世纪90年代对于东亚的区域合作来说是一个关键的时期，也是一个丰收的时期。东亚各国各地区在区域经济合作中表现出来的热情和勇气吸引了世界的眼球，并产生了一系列实质性的结果，如东盟自身的加强，“10+3”合作、“10+1”合作、日本—新加坡双边FTA等。这些组织或为阶段性的，或为次区域形式的，从而使这一区域的区域化存在着多种进程。这些不同层次不同形式的区域化最终必然整合于一个统一的区域合作框架之中，从而真正提高东亚的地区性。[3] 这样来看，如着眼于东亚整体，“10+3”合作应该是其主导形式，换言之，通过多方推动“10+3”合作机制的强化并整合其他方式并入这一框架，则东亚合作前景光明。如果此事能成，不但现实上为东亚经济发展和世界三岛的稳定做出贡献，而且也对区域化理论做了补充，因为“10+3”合作的根本特征是其开放性、协商性和非政治架构，这与欧盟的封闭性、制度性和政治架构是完全不同的，从而也能为区域化跳出欧洲模式而谋求新的道路。这种乐观有其短期理由，但长期来看未必。本文即从“10+3”合作的特征入手，剖析开放的地区合作可能导致的地区合作后果，并提出东亚虽然要走有别于欧洲的道路，但大国主导和一个稳定的政治架构仍是东亚区域经济合作不可或缺的前提。

一、东亚区域经济合作的方式及其难题

作为一个经济或政治的进程，区域经济一体化是世界经济中长期存在的一个引人注目的现象。理论上进行区域一体化的研究自维纳以来出现了极其丰富的文献，然而如何给其一个明确的广为接受的定

① 刘光溪：《互补性竞争论——区域集团与多边贸易体制》，经济日报出版社1996年版。

② 张煜：《共生现象——新地区主义与世界多边贸易体制》，载于《国际贸易》1999年第6期。

③ 庞中英：《地区化、地区性与地区主义——论东亚地区主义》，载《世界经济与政治》2003年第11期。

义却不容易。罗布森(Robson,1998)定义区域经济一体化为各个独立的国民在体制上组合成为更大规模的经济集团或共同体。[①] 但如何对这一概念进行诠释并不是做一个定义这么简单,因为“体制上的联合”不过是对于结果的描述,而我们更关心的是这一过程的初始推动力量,来源于市场还是政府。最早给区域一体化进行区分的丁伯根(Tinbergen,1965)就曾将区域经济一体化划分为“消极一体化”和“积极一体化”两种类型。前者意指在区域贸易自由化过程中势必产生的、只波及歧视与流通限制等区域一体化方面。后者则意指修订已有法律与机构和设置新法律与机构,以保障市场有效运行和推动集团内宏观政策目标的实现。赫利尔(A. Hurrell)认为,地区化指的是由于市场、贸易、投资和公司决策而产生的地区整合进程。地区化不是国家或者地方政府事前决定的结果。[②] 这一认识即使不是片面的,也至少有一点的武断,因为理解区域化不能割裂地考察区域化本身,而必须置于全球化下来考察。如同区域化一样,全球化也是一个模糊、松散而缺少概念化的术语,“没有哪个我们经常使用的概念像全球化那样缺少概念化”[③],但我们至少可以确定的是全球化的本质在于其开放性,如同 WTO 所强调的一样,区域化则不同,其本质是排他的。[④] 由于二者都致力于通过自身的强化而在所强调的范围内实现资源要素的最佳配置,从而实现利益的最大化,则其相通之处在于区域化是相关国家在全球化的进程中获取自身最大全球化利益的实现方式。显然,开放性质的全球化与市场的机制是一致的,而排他的区域化则是通过政府的手段来对市场进行扭曲,由此可见,区域化是市场机制与政府手段的配合。对东亚的区域化而言,在金融危机之前,这一地区已经存在着多种进程的区域化,或可称之为“事实上的地区整合”,这一事实上的地区整合由于没有法理的地区制度性合作基础而显得处境尴尬。“经济上已经出现地区化,但政治上

---

① Robson,P.,*The Economics of International Integration*,London:Routledge,1998 年。中译本:《国际一体化经济学》,上海译文出版社 2001 年版。

② 转引自庞中英:《地区化、地区性与地区主义》,《世界经济与政治》2003 年第 11 期。

③ 吉登斯语,转引自庞中英:《地区性、地区化与地区主义》,《世界经济与政治》2003 年第 11 期。

④ 张幼文、屠其豪:《世界经济概论》,高等教育出版社、上海社会科学院出版社 2001 年版。

却没有相应匹配，使得经济地区化仍然各自为政。"[①]

回顾历史，温故而能知新。[②] 一般认为，东亚的范围就是东盟加上中国、日本和韩国。[③] 显而易见，东亚的内涵本身就是一个政治性的议题。[④] 冷战结束后，东亚地区的区域融合开始出现，但东亚地区的联合和欧盟的有很大不同。欧盟建立的初衷是在美苏冷战前沿夹缝里谋求自身的独立，但一开始就从经济入手，且走的是一条机制化的道路。东盟的区域合作被人们称为"东盟方式"（ASEAN way）。东盟方式的确立是从 1967 年由马来西亚、印度尼西亚、菲律宾、泰国和新加坡五国建立的"东南亚国家联盟"（Association of Southeast Asia，简称 ASEAN）开始的。ASEAN 成立的直接原因是这一区域在东西方冲突中寻求中立、寻求经济上的合作以提高该地区在世界经济格局中的地位、寻求谅解以解决地区内部存在的各种争端。[⑤]

一般认为，"东盟方式"主要有如下三个最为基本的特征：一是成员国之间的协商一致。协商一致是进一步讨论问题的基础，没有表决，也不存在否决。二是灵活性原则。所有成员国都力图避免僵硬的谈判过程。三是政府间合作。东南亚国家联盟的所有决定都是在国家以及区域层次上的政治决定。需要注意的是，东盟方式从一开始起就强调其政治性，是一个政治论坛，直到 1992 年倡导建立"东盟自由贸易区"，这一组织的政治论坛性质表现得极为明显，甚至在 1992 年东盟以"东盟自由贸易区"为依托开始"东南亚国家联盟"重组，转变其功能从注重政治到注重经济，这一性质并没有真正意义地转变过

---

① 庞中英：《地区性、地区化与地区主义》，《世界经济与政治》2003 年第 11 期。

② 温故知新，见《论语》，孔子原意为学习新知识的同时不忘对已学过的知识进行温习，从而使记忆更长久。然而在经济学上却有另外的意义，伍贻康教授在分析欧盟东扩背景时运用了这一词语（《欧盟东扩和引发的几点思考》，载于《世界经济研究》2001 年第 1 期）。显然是强调了作为区域化的欧盟其前期体制对于后期发展的重要意义，笔者深以为然。

③ 这一范围更详细一点还应该包括朝鲜半岛的朝鲜，中国的三个特别关税区：中国香港、中国澳门和中国台湾省。事实上，一般在研究 10+3 即东盟 10 国加东北亚的中、日、韩三国时已经包括了中国的三个特别关税区，而朝鲜因为开放较晚，区域合作有限考虑较小。本文按习惯使用 10+3 这一称呼。在有的文献里也有称 APT 的，即 ASEAN Plus Three。

④ ［日］毛里和子：《东亚地区的安全保障与非东亚要素》，《世界经济与政治》2003 年第 8 期。

⑤ 王正毅：《亚洲区域化：从理论主义走向社会建构主义？》，《世界经济与政治》2003 年第 5 期。

来。而其中的关键就在于对于东盟方式的坚持,因为经济的联合需要更深层次的政策协调,但东盟方式显然缺乏这一点,这种方式以其独特的合作方式向最为成功的“欧盟模式”提出挑战,以其能使区域经济合作跳出紧密性政策协调的模式,“东南亚一体化正是一个关于政治的理想和坚定的合作如何能够战胜经济、安全、文化阻碍直至最终形成亚洲一体化的模型”①。就目前来看,这一模型的成立即便不能说是难以取得成果,至少也是前景暗淡。

1997 年东亚金融危机爆发后,东南亚各国开始认识到区域紧密联合的重要性和紧迫性,对于如东亚这样一个高度开放的区域而言,外来的冲击必须也能够通过建立自己的区域经济合作组织来进行有效的抵御。1997 年 11 月,东盟国家首脑会议在马来西亚吉隆坡召开。作为会议的东道主,马来西亚积极促成东盟和中日韩 3 国的首脑会议。亚洲金融危机最终导致了东亚国家之间经济合作机制的诞生。

1997 年 12 月 15 日,首次“10+3”(当时是“9+3”,1999 年柬埔寨加入东盟后成为“10+3”)会议在马来西亚首都吉隆坡举行。会议的主要议题为 21 世纪东亚的发展前景、亚欧合作、亚洲金融危机、深化地区经济联系,以及在国际经济问题上进行协调与合作。会议就这些议题达成了许多共识,开启了东亚区域经济合作的大门。而“10+3”也成了东亚区域合作的核心方式,这之后,东亚的次区域合作也开始变得繁荣。

2001 年,朱镕基在“10+3”峰会上提出中国与东盟建立自由贸易区的建议。

2002 年 11 月 4 日,中国与东盟正式签署了进一步推进经济合作的框架协定,设想在 2010 年建成中国—东盟自由贸易区。日本在中国与东盟提出合作意向后不久,小泉纯一郎出访东盟五国,并于 2002 年 10 月与新加坡签订了双边 FTA,同时日本与韩国在贸易领域,中日

---

① [菲]菲德尔·拉莫斯:《中国—东盟自由贸易区:挑战、机遇与潜力》,《世界经济与政治》2004 年第 1 期。

韩在贸易、投资和技术领域，日本与东盟在贸易和领域的合作意向都开始全面展开，有的已经达成初步意向，但所有这些都是在APT的框架下进行的，只有推进“10+3”的深入发展，东亚的区域经济合作才可能成行。

“10+3”表现出来的一些特征：

1. 小国主导，大国参与

“10+3”合作是由东盟发起并主导的，其模式本身就体现了东盟作为主导地位的存在与影响。这与其他地区合作如欧盟一体化、北美自由贸易区进程由大国推动并主导是完全不同的。而从“10+3”机制来看这一点表现得尤为明显。东盟每年都召开首脑会议，“10+3”领导人会议一般与东盟首脑会议在同一地点、同一时段举行，会议议题和日程主要结合当年东盟首脑会议的议题和日程而确定。“10+3”具体领域的合作多数以东盟现有合作为基础而展开。更为突出的是，“10+3”合作虽然已初步形成自身的合作机制框架，但其本身并不是实体，实体是三个“10+1”（即东盟分别与中国、日本与韩国之间的合作）。在“10+3”领导人会议同期，还分别召开东盟与中、日、韩三国领导人的会议，即三个“10+1”领导人会议。从而“10+3”机制下的大多数合作倡议都实质上具有“10+1”的性质，而且主要通过“10+1”渠道来落实。

2. 经济合作优先于政治合作

“10+3”机制成立之后就进入快速发展的道路。1999年11月28日，第三次“10+3”会议在菲律宾首都马尼拉举行。会议的主要议题是如何推动东亚地区合作。会议就推动东亚合作的原则、方向和重点领域达成了共识，首次发表了《东亚合作联合声明》，决心“在各个领域实现东亚合作”。尽管《东亚合作联合声明》所确定的八个重点领域包括了政治和安全，但迄今为止，经济合作一直是重点，而政治和安全等领域的合作则相对滞后。这种优先倾向实际上在八个领域的排序上已经反映出来。在一些东盟国家，“10+3”合作仅被视作一种经济合作机制，特别是，“10+3”作为一个尚处于起步阶段的区域经济合作组织，在如特惠关税安排、自由贸易等较低级合作尚未实现的情况下就进行到了金融合作这类较高级的合作形式，并在金融领域率先取得实质性进展，这是有悖于区域经济合作的一般次序的。如果考虑“10+3”诞生于亚洲金融危机的背景，对于各国而言，稳定金融市场、防范金融风险是当务之急，因而这一领域的合作最容易取得成就。这也表现出了各国对于“10+3”的一个基本态度：各国只将其自身力量不能解决的问题求助于区域合作机制，并不信任一个稳步推进且进行全面合作的区域合作机制。

3. 开放性

“开放的地区主义”是东亚区域合作历来坚持的一条原则。“开放的地区主义”作为区域经济一体化的性质和模式的选择始于20世纪70年代末。1978年，日本首相大平正芳提出了著名的“环太平洋连带构想”，建议环太平洋国家和地区以经济文化合作为重点保护松散的联合，进行开放性的合作。这可视为开放的地区主义的发轫，随后这一思想开始贯穿于美、日、澳等亚太国家和地区政府及学界的研究和政策实施过程中。“开放的地区主义”第一次使用是在1986年5月日本首相的私人咨询机构，由大来佐武郎领导的环太平洋合作研究小组所推出的反映政府意图的“环太平洋合作构想最后报告”中，“它是面向世界的开放性的地区主义，而绝不是排他性的关门主义……不仅对外应当是全球主义的，对内也应当坚持以实现自由的开放性相互依赖关系为目标”①。随着APEC的建立，开放的地区主义也从最初的构想成为现实，但对于APEC来说，其开放性更强调非歧视原则：“亚太地区投资和贸易自由化的结果将不仅仅是APEC经济体之间，也将是APEC经济体和非经济体之间障碍的减少”(《大阪行动议程》)。这一“开放的地区主义”也是区域内自由贸易区东盟、“10+3”合作、“10+1”合作(主要是中国—东盟自由贸易区)、中日韩三国自由贸易区行

---

① 罗元铮主编：《太平洋经济共同体》，中国财经出版社1981年版；转引自宋玉华、阮燮富：《论开放的地区主义——APEC的最佳选择》，《世界经济》1996年第10期。

动的准则。① 此外,这一区域蓬勃发展的区内及区外双边 FTA 建设更体现了这一开放精神,区内已建成的 FTA 有日本与新加坡(2002 年 12 月),正在进行中的有日本与韩国、新加坡与韩国;同区外的双边 FTA 发展也极其积极,如日本在完成了与新加坡的 FTA 后,又在积极推进与墨西哥、智利等国家的 FTA 磋商。新加坡在与澳大利亚、新西兰、欧盟以及美国签署了 FTA 后,正在全力推进与加拿大、墨西哥之间的 FTA 谈判。值得注意的是,FTA 是当今世界在 WTO 框架下发展国与国之间经济关系以及区域经济一体化的重要方式。FTA 作为东亚各国发展同区内及同区外国家合作的手段必然削弱东亚区域经济一体化的进程。

可以得出的基本结论是东亚的区域合作并没有如人们期望的那样向更紧密的区域经济一体化方向行进,而是以双边自由贸易协定网的方式出现。东亚的合作为什么会出现这种别具一格的方式呢? 一般的解释是,由于东亚地区多样性突出,社会制度、经济发展、文化宗教等差异明显,在这一背景下发展起来的“10+3”合作也不可避免地带有明显的东亚特色,亦即重点拓展经济领域的合作,从而避开东亚敏感的政治和安全问题。这一区域的很多问题都有着复杂的历史渊源,在短时期内难以解决,相比而言,东亚各国在发展经济方面有共同的需要,则经济领域的合作较容易达成共识并取得进展,从而营造合作的良好气氛,吸引各国对“10+3”的投入。本质而论,各方利益的复杂交织,是造成东亚区域经济一体化难以深入的关键因素。

二、以双边自由贸易协定网整合东亚迎合了谁的利益?

“开放的地区主义”与 GATT/WTO 所倡导的多边主义究竟有多大的距离? 换言之,东亚所走的区域合作道路究竟是“区域化”更多一些还是“双边 FTA”更多一些? 2002 年 1 月 14 日,日本首相小泉纯一郎

① 2003 年 10 月 7 日,在印尼巴厘岛举行的中日韩领导人第五次会晤期间,发表了《中日韩推进三方合作联合宣言》,这是三国关系和东北亚合作史上最具重要意义的文件,标志着三国合作进入了新的阶段。

在新加坡提出的“东亚共同体”设想引起了关于界定“东亚”范围的议论，也引发人们对于东亚区域经济合作前景的担忧。小泉纯一郎把日本和东盟的关系定位为“共同前进的伙伴”，为了把东亚建成“共同前进的共同体”，承诺日本将为了东亚的改革、安定和未来而努力合作，并具体提出了“日本东盟经济综合提携构想”“主动开发东亚（Initiative for Development in East Asia：IDEA）”以及在反恐和能源等非军事安全上的日本东盟合作等。与此同时，小泉纯一郎强调了“东亚共同体”的开放性，甚至把澳大利亚和新西兰定位为这个共同体的“核心成员”①。小泉纯一郎在新加坡的演讲具有非常露骨的倾向性，他不断地强调与区域集团相比，全球协议在降低贸易壁垒方面的有效性，同时，勾勒了一幅前景诱人的画面：建立一个以民主和经济开放为基础的广泛合作机制，亦即一个范围更广阔的贸易联合体，这一新的机制不但能够促进东亚各国经济的增长，同时也能够吸引澳大利亚、新西兰和美国的加入。日本一直认为，地方主义应该变得更加开放，仅关注自身内部发展而不考虑对美、欧依赖的东亚是危险的。

日本的意图在于建立一个包括东亚以外的澳、新、美的双边自由贸易协定网来替代仅包括东亚国家的区域经济一体化，从而有效地对抗日益强大的中国，并维护对日本而言那个至高无上的“日美同盟”。战后，日本一直追随欧美市场发达国家的发展模式，这使其身在亚洲，但宁可蒙起眼睛来不承认自己是亚洲的一员。虽然随着日本经济与亚洲经济的联系日趋加深，同亚洲各国进行更深入的合作已经成为日本的明智之举，也未能改变日本“脱亚入欧”的梦想。有关资料表明，2001 年，日本企业在不同地区的收益增长状况：美洲增长仅 2%，欧洲减少了 64%，亚洲则增长了 66%②，但日本总不能改变其外资政策中轻视亚洲的倾向，这有两个原因：一是亲美情结。20 世纪 90 年代以来，一方面是美国经济持续增长，日本经济持续低迷，美强日弱的形势

① ［日］小泉纯一郎：《东亚地区的日本和东盟——寻求坦率的伙伴关系》。转引自［日］毛里和子：《东亚地区的安全保障与非东亚要素》，《世界经济与政治》2003 年第 8 期。

② 冯昭奎：《日本：十个令人注目的动向》，《当代世界》2002 年第 2 期。

一再强化,美国对日政策日趋强硬,日本在对美关系上的独立性越来越弱。“日美同盟”成为日本处理对外关系中至高无上的指针,这在日本对东亚的战略选择上表现为过多考虑美国因素,从而轻视亚洲。二是惧怕中国。中国在改革开放以后,经济发展迅猛,已经崛起成为东亚举足轻重的一员,特别是90年代以来,随着日本的衰退和中国快速增长的对比,二者之间的差距在迅速缩小,中国制造业的发展将根本上改变全球制造业的格局,中国也必将因这一优势而成为东亚的经济合作中心,未来的亚洲,也必将是中国与日本共同主导的亚洲。这一点不论对亚洲还是对日本来说都是一个好事,但日本并不这样认为,一个崛起的中国却成为日本惧怕的对象,怕中国成为它的竞争对手,更怕中国取代其在东亚的大国地位,特别是中国作为亚洲唯一的联合国常任理事国,东亚唯一的核大国及世界上第三个具有进入外太空能力的国家,这给心胸狭窄的日本带来很大的压力。这些情结都在日本的对外政策中表露无遗。

对东盟国家而言,选择双边自由贸易协定网的形式还是紧密的区域经济一体化是一个两难。首先从经济角度进行分析,东盟国家一直奉行开放政策,多数国家开放程度较高,其开放程度在20世纪后期已居世界前列。据杨胜刚和黄文青的计算,东亚平均综合对外开放度为87.26,其中综合开放度=(对外贸易比率+对外投资比率+对外金融比率)/3,这高于欧洲43.87的水平。① 高的对外依存度必然使其在选择建立一个相对封闭的区域集团时瞻前顾后、顾虑重重,因为封闭性的区域集团不但在贸易流向上,更在对外贸易政策方面出现重大调整,这会影响其正常的对外交往,更为突出的是,建立一个将美国排除在外的区域集团是否现实长期困扰着东亚国家,因为东亚各国的对外顺差主要来自美国,对区内的大国日本却是逆差。然而形势的发展需要新的机制来与之配合,东盟国家普遍国内市场狭小,进行更为紧密的经济联合就显得尤为重要,东盟国家也认识到了这一点,2003年签订

① 杨胜刚、黄文青:《全球货币制度的历史变迁与亚洲区域货币整合前景》,《财经理论与实践》2002年第5期。

的巴厘第二宣言议定到2020年,东盟将结成无关税的一体化。其次来看,虽然建立“东亚自由贸易区”一直是东盟国家的理想,但东盟国家(其他东亚国家也是如此)民族主义意识比较强,非常看重主权。例如,当初东盟在加入亚太经合组织时就曾提出3个条件:避免法律约束力,不设谈判权,未来的协定不超过GATT。东盟之所以提出如此条件,固然是为了保持独立性,避免成为大国的附庸,却堵住了通往真正意义上的区域经济合作组织之路。在现有的“10+3”模式下,东盟国家是既得利益者,一个松散的非机制合作形式能够使东盟避免失去其领导地位和核心作用。事实证明这不过是东盟不切实际的幻想罢了,因为作为小国集团的东盟在政治、经济、安全等诸多领域均不具有代表性。东盟虽然过去在东南亚地区政治、安全领域合作中尤其在“东盟地区论坛”(ARF)中发挥过一定的核心作用,但是这是有其深刻背景的。战后大国出于利益的驱动和对权力的追求,在东亚进行扩张和竞争是不可避免的,对东盟各国而言,单纯依靠东盟自身的力量无法保障本地区的安全,但又不愿托庇于大国,则利用这些大国之间的相互竞争,可以达到某种均衡的态势,从而保证本地区的安全、稳定与繁荣,即大国平衡战略。① 东盟认为,中国是一个雄心勃勃的地区强国,扩大美国和日本在该地区的存在与影响力,以制衡中国在东南亚地区处于上升态势的影响力是有必要的。

建立双边自由贸易网而不是区域经济一体化迎合了区域外特别是美国的需求,美国并不愿意看到一个联合的亚洲,这会直接影响美国在亚洲的利益。冷战之前,美国在东亚的军事存在和经济存在对于这一地区的稳定和发展发挥了重要的作用,而这一地区的和平与稳定也使美国得以将全副精力放在欧洲,为美国实现其全球战略起到了极其关键的作用。冷战结束之后,美国在这一地区的继续存在虽然引起一些争论,但总的倾向仍然是接受的,因为“美国将继续是这个地区资本、技术、人才和市场的关键的来源”,“东盟与美国不断扩大和加深的

---

① 曹云华:《在大国间周旋——评东盟的大国平衡战略》,《暨南学报(哲学社会科学版)》2003年第3期。

合作将促进这个地区的稳定与繁荣,如果这种合作削弱了,双方的利益也会受到损害”①。对于美国而言,冷战结束之后,它在东南亚的压力仍颇为艰巨,随着中国的崛起和在该地区影响力的增强,美国的领导地位受到前所未有的挑战,而东盟正是可以利用来制衡中国的一支重要力量,东盟显然也意识到了这一点,通过建立开放的多边贸易体系的方式加强同美国的联系,不但是对于美国过去、现在及将来帮助东亚的回报,也有助于东盟的强化和自我发展,避免成为以中国为霸主的“华人经济圈”附庸。

三、东亚区域合作的必然选择:大国协调的区域经济一体化

如日本及一些短视国家所认为的那样,选择建立双边自由贸易协定网而不是如欧洲那样的区域经济一体化形式来组织区域联合体,是省气力的办法,这一省气力的办法能够简单地将具有不同需求、不同目标的力量纳入到一个合作框架中来,既兼顾了各方的利益,也避免了冲突,似乎是东亚区域合作的必然选择。事实是,这样做不但是行不通的,而且是极其危险的。对于东亚而言,合作的最优途径是区域经济一体化而不是其他。为什么要一体化?因为“高效率和竞争力需要开放和互相依靠,而开放和互相依靠为更高的效率和竞争力提供动力”②。当然,在GATT/WTO框架下进行更加开放和自由的对外交往是全球化下获利的另外一个可选择的手段,但是我们也清醒地看到,经济强权仍然在当今的国际交往中占主导的地位,欧盟的成功已经将单个而言弱小的欧洲国家联合成一个足以与美国对抗的强大经济巨人,并开始成为WTO的控制者。东亚也只有成立一个将美国排除在

---

① Goh Chok Tong, “ASEAN-US Relations: Challenges”, *Keynote Speech at the ASEAN-United States Partenership Conference*, New York, 07 September 2000, from http://www.aseansec.org. 转引自曹云华:《在大国间周旋——评东盟的大国平衡战略》,《暨南学报(哲学社会科学版)》2003年第3期。

② [菲]菲德尔·拉莫斯:《中国—东盟自由贸易区:挑战、机遇与潜力》,《世界经济与政治》2004年第1期。

外的仅包括东亚国家的一体化，才能够有效地进行内部经济交往、创造规模并从中得利，一个联合的区域集团才能够有效地与美国、欧盟对抗。中国—东盟自由贸易区建立后所产生的巨大效应已经昭示了这一理解的广阔前景。鉴于此，笔者认为东亚区域合作的前途必将是以大国协调的区域经济一体化模式。

1. 大国协调的区域经济一体化能够为东亚提供最为有效的地区安全保障

冷战的结束使东亚的权力分配和安全性质都发生了根本的变化，维持地区安全秩序需要构建新型的安全机制。目前东亚现有的安全机制是以东盟地区论坛（ARF）为代表的泛亚太合作安全机制，缺乏制度保障，ARF 的核心特征即是东盟方式的“不干涉内政原则”，这一方式下发展起来的集体安全对于东盟而言是合适的。对东盟而言，各成员自身的力量都很薄弱，任何一个成员都无法单独应付来自地区外部日益强大的压力和挑战，只有联合起来，建立一个地区集体安全机制，才能保障各个成员自身的安全。它之所以非常强调不干涉内政原则，目的在于阻止大国利用国际干涉损害自身利益，却阻碍了合作安全向着更加制度化、规范化方向发展。当出现地区突发问题时，ARF 总是表现得无能为力，处境尴尬。如 1999 年的东帝汶独立，ARF 在整个事件过程中没有提出任何行动计划；1997 年发生的印尼森林大火，印尼政府没有做出有力措施，这一事件给东南亚的环境和人民健康带来了严重的后果，其他东盟国家也表现出极大的忧虑和不安，但 ARF 仍不能给予恰当的反应；东亚金融危机更是体现了缺乏体制化的 ARF 的脆弱性，东盟各国“大难来时各自飞”，冲击了 ARF 固守的不干涉内政的原则。东亚安全机制的改革方向应该以这一地区安全结构的具体条件为限，并能为地区的安全负起切实的责任。东亚目前的和平体系存在着多种解释，主要归于三种：中美地缘均势论、伙伴关系互动论和复杂利益牵制论①。不论何种解释，大国关系在其中起关键的作用。虽然眼前来看在东亚建立一个大国协调为基础的集体安全机制仍然

① 阎学通：《东亚和平的基础》，《世界经济与政治》2004 年第 3 期。

存在诸多困难①,但这一地区所集中的美、中、日等具有全球影响力的大国,冷战后它们在维持地区稳定与和平、避免相互之间的冲突和战争方面存在共同利益,这应该能成为建立东亚大国协调下的集体安全的基础。

2. 大国协调的区域经济一体化在东亚存在具有经济合作的基础

东亚的区域内贸易发展相当迅速,2002 年日本从中国的进口额首次超过美国,中国成为日本继美国之后的第二大贸易国,对中国来说日本成为第一大贸易国。日本的投资也开始大幅向东亚转移,其投资在东亚的增长速度远远高于向美国的增长速度。② 在亚洲,日本是中国最大的贸易国和投资国。中国和东盟的贸易关系也极其紧密,中国为东盟的第六大贸易伙伴,而东盟则是中国的第五大贸易伙伴。东盟的贸易则更为自由,东盟五国(新加坡、印尼、马来西亚、泰国和菲律宾)有内部统一的关税,所有贸易都在 5% 以下。和欧盟不同,东亚各国经济的合作基础既来自竞争性所带来的规模效应,同时更多的是互补性所带来的分工效应和协作效应。总体上看,东盟与中、日、韩经济之间既存在经济互补性,又存在竞争性。但在经济互补性和竞争性方面,各国之间的程度是不同的。有的表现为互补性强一些,如东盟中等水平国家之间;有的表现为竞争性强一些,如中国与东盟、日本与韩国等。东亚区域合作中两个大国——中国和日本地位极为突出。日本将为区内提供资金、技术和知识,从而有效地提高整个区域的产业结构和产品的国际竞争力;中国经济的强劲增长无疑将成为整个区域增长的发动机,中国制造业的发展将深刻地改变世界制造业的格局,中国的发展也将为区内创造更为广阔的市场,促进其他国家贸易的增长,这不但使它们有较多的贸易盈余,更重要的是,有助于减弱东南亚对美国、欧洲的出口依赖。③

---

① 陈寒溪:《多边主义与亚太安全合作》,《世界经济与政治》2003 年第 2 期。

② 贺晓琴:《东亚合作的态势和前景》,《世界经济研究》2003 年第 12 期。

③ 赵银亮、毕洪业:《建构东亚经济合作的新视角:中国—东盟自由贸易区的政治经济学分析》,《东南亚纵横》2003 年第 4 期。

3. 大国协调的区域经济一体化是整合东亚的最有效方式

区域经济一体化并不是简单的经济合作的概念，必须使这一地区成为政治、经济、社会、文化、生态、安全诸意义上的单一地区（single region）。庞中英将地区整合（regional integration）概括为两方面的含义：一方面指的是经济活动的地区集中倾向、过程，这一趋势不是政治性的，非人为设计、推动的；但另一方面，地区整合也可能是一种政府行为趋向、过程，即各类政府（中央政府与地方政府）促进地区合作的政策与决策，这是政治性的、人为设计的。① 则知地区整合是一个政治经济概念，而非一个单纯的经济概念或单纯的政治概念。对东亚而言，在其地区进程中，既有经济合作的过程，也有政治社会的合作过程，但后者的进程远不尽如人意，因为这一地区存在多种的地区主义，这就需要进行整合。这需要大国之间达成共识，求同存异，东盟虽然为东亚的整合提供了范例，但并不能最终解决东亚的问题，就如中、日、韩分别与东盟可以合作，并都能认可东盟的领导地位。反过来看，中、日、韩之间就存在更多的竞争因素，只有将这种竞争转化为合作，东亚地区整合才有现实意义上的可能。

建立一个大国协调的区域经济一体化并不是一蹴而就的，特别是对于东亚这个充满复杂经济、政治、民族、历史、社会、文化差异的区域而言，需要走的路还很长，至少要做好以下三个方面的工作：

（1）地区认同。缺乏地区认同是阻碍东亚区域经济一体化的重要因素，东盟对于东亚具有深刻的地区认同感，这里面的认识差距主要来源于位于东北亚的三个大国：中国、日本和韩国。战后，日本一直是美国经济上的追赶者和政治上的追随者，“脱亚入欧”是日本多年未实现的心愿，日本将自己定位于“亚洲太平洋国家”，在亚洲外交上，早在20世纪70年代就推出“环太平洋经济合作构想”，这与英国将其定位于“欧洲大西洋国家”是一样的。对日本而言，其外交的出路似乎只能依赖日美同盟。为了能够亲近美国，日本甚至在一些方面做出让人齿冷的行为，如日本外务省所谓的主流派经常这样讲，日本同美国有“共

---

① 庞中英：《地区性、地区化与地区主义》，《世界经济与政治》2003年第11期。

同的价值观”,但是同中国却没有,包括自称是亲美派的小泉纯一郎也在电视上使用了同样的说法。① 对日本来说,维持日美同盟固然重要,但是今后日本外交的出路不能只依赖于日美同盟,必须开展多方位的外交,特别是对于亚洲身份的认同。作为一个发展中国家,中国参与亚洲的地区合作的首要目标是为了发展经济、巩固民族国家,而不是如西欧那样希望建立一个超国家的政治共同体,这与其他发展中国家的地区合作目标是一致的,但这容易招致周边国家的猜忌,一个逐渐强大的中国让其邻居感到害怕,主要的原因就是中国没有一个明确的对外身份定位。② 在中国的外交实践上,我国在不同阶段上强调是“社会主义中国”“第三世界”“发展中国家”“负责任的大国”等。中国的亚洲身份的认同,必须强调中国的大国责任的重点是在亚洲,而且依此来确定自己在东亚地区主义构建中的身份。与中国和日本相比,韩国的影响要小得多,特别是在和东盟交往方面,韩国的需求会更大,所以韩国虽然强调自己是东北亚的国家,但对于东亚的合作仍很热心。对于东亚各国的地区认同,需要各国认同一个共同的亚洲文化,如同欧洲对于欧洲文化的认同那样。

(2)消除猜忌,发展新型主权观。国家之间的相互猜忌是区域合作的最大绊脚石,冷战结束后,美国在东南亚的撤军反倒引发了东盟国家的“逆裁军”现象,日本也在积极改变其安全政策,明显提高其军事力量,要求在安全领域发挥作用和有外交自主性,成为“普通国家”。③ 所有这些都源于人们对于这一地区的不安定感,结果却增加了这一地区的不安定因素。作为民族国家聚合的地区主义的发展又会带来另外一个问题,那就是主权。因为地区主义进程一直与民族主义密切相关,它在改造和发展民族主义的同时,自己也成为放大的或者延伸了的民族主义④,这会侵削一些民族的利益,而强化另外一些民

① [日]谷口诚:《没有自主的、多方位的外交,日本没有未来——对日本外交的建议》,《世界经济研究》2003年第4期。

② 肖欢容:《中国的大国责任与地区主义战略》,《世界经济与政治》2003年第1期。

③ 孙承:《日本为何要当“普通国家”》,《环球时报》2003年9月12日。

④ 有关“放大的民族主义”,请参考庞中英:《地区主义与民族主义》,《欧洲》1999年第2期。

族的权利,从而引发抑制行为。东亚地区各国高度重视主权,这一方面源于历史上过重的压迫和奴役,另一方面在于,对发展中国家而言,全球化是经济上的弱化,主权就成了最后一道防线。主权国家的存在是实现人权的先决条件,包括中国在内的东亚国家认为,从没有先于国家的天赋人权,只有国家保障的权利。① 这种思想在全球化的今天应该予以改变,比如欧洲,欧盟国家的主权让渡并没有给予第三方,成员国也并没有丧失对让渡主权的控制,欧盟国家将主权让渡到欧盟层次上,并进而在欧盟层次上行使主权权力,是一种主权的集合与共享。②

(3)建立一个机制性的框架。东亚的区域经济合作一直没能建立起一个机制性的框架,这是在今后区域合作中应重点实现突破的方面。虽然东亚合作中一个重要的特点是金融合作超前,但作为这一领域重要成果的《清迈协议》也不过是一个框架而已,它缺乏一个具体的执行机构,更缺乏一个体制。在 IMF 的框架下提供区域间货币合作和风险预警机制,仍然靠一系列双边的协议来支撑。究其原因,仍然是人们对于政治合作的过于敏感。比较欧盟的扩张与深化,欧盟委员会主席普罗迪曾说:欧盟扩大"不受经济和社会等因素的约束……将延伸到人们愿意加入的地方……这不能从地理上来理解,而是要从政治和文化上来理解,这是一个涉及面很广的进程"③。一个机制的建立的关键不是约束,而是给予各国经济调整的一个指导方向,从而加强一致性。如欧盟的扩大和深化,先给出一个既定的法规要求,各成员国按这个既定的要求约束自己,待条件成熟则入盟就水到渠成。东亚各国差异较大,一个完全一致的法规要求也需要一个耐心等待的时期,但必须首先给出这个机制框架。

该文原刊发于《当代亚太》2005 年第 1 期。

---

① [德]恩斯特·本达:《全球化时代的国家主权》,《世界经济与政治》2004 年第 2 期。
② 刘文秀:《欧洲一体化性质与特点》,《国际问题研究》2004 年第 2 期。
③ 转引自伍贻康:《欧盟东扩和引发的几点思考》,《世界经济研究》2001 年第 1 期。

亚洲价值阻碍亚洲区域经济一体化的进程了吗?

一、引言:经济一体化本质上是一种思维方式

经济一体化是指第二次世界大战以来盛行于全球的区域性贸易安排,其主要表现形态是广泛存在的各类区域经济合作组织,如果给出其国际经济学的定义,就是"单个的民族经济在制度上结合为更大的经济集团或共同体"。从以上定义可以看出,经济一体化所强调的是单个民族经济体在制度上的结合,这种结合对于单个民族经济体而言,往往意味着国家主权的让渡,而一体化组织则通过成员国让渡的主权来对成员国进行有效的管理,并通过一体化组织对外的一致行动来获取最大化的利益。区域经济一体化的理论基础是维纳于1950年提出的关税同盟理论,它从理论上论证了区域经济一体化的条件、必要性及巨大福利来源。而欧盟的组建则是几乎同时伴随这一理论的实践。经济一体化在战后共经历了两个繁荣发展的时期,第一个阶段是指战后初期50—60年代盛行于全球的区域性经济贸易安排,第二个阶段则是指出现于80年代、盛行于90年代的另一轮全球经济区域集团化浪潮。① 由于其所带来的巨大利得,区域经济一体化从一开始

① 张煜:《对新地区主义的一些理论思考》,《国际经贸探索》1999年第6期。但也有人认为应该分为三个阶段,参看王庭东:《论东亚新地区主义》,《当代亚太》2003年第1期。

就没有减弱其迅猛发展的势头。

经济一体化并不是我们对于这一现象的唯一称呼，国内学术界一般以“区域经济一体化”“区域一体化”“区域经济集团化”“世界经济区域化”“世界经济集团化”及“经济区域化”“区域化”等这些概念来替代。在国外学术界则多用地区主义这一称谓，但地区主义与经济一体化的内涵并不完全相同，因为地区主义首先是一个有着地缘色彩的国际政治经济概念，它常常是一些地理位置邻近的国家为了发展共同的政治、经济和战略利益与目标所进行的互动与合作。同时对于地区主义含义的争论也很多，这种争论本身就说明了地区主义在当前所引起的关注及理解上的不一致性。

如果细致观察区域经济一体化在战后的发展就会发现，一体化已经越来越偏离最初维纳所定义的初衷了，特别是 20 世纪八九十年代以来出现的小国以不利条件加入一体化引发人们对此进行深入的思考①，利益的获得是不是一体化的主要目的？如果是，那么这种不一致性又说明了什么？如果我们考虑当前学术界对于一体化的另一种思考可能会理解这种利得的非同一般的意义之所在，即地区主义所强调的地区性已经不是简单的地理意义的地区，而是一个类似“国家性”和“民族性”的概念。马克斯和沃尔夫冈曾对欧洲经济共同体使用了“放大的民族主义”一词；西尔斯也曾明确地把建立诸如欧共体、拉丁美洲地区市场等集团这样的行为看作是一种延伸的或扩大的民族主义；程人乾则把以欧洲共同体为载体的西欧各国联合叫做“联合民族主义”或者“聚合型民族主义”②。显然，源于“制度上结合”的一体化越来越强调“民族性”了，这必然涉及民族、文化与思维方式。

重新审视现实中的一体化发展，欧洲板块与美洲板块的经济一体化已经有了相当深入的发展，但领全球经济高速增长风气先河的亚洲板块在区域合作上仍然是一盘散沙。在既往的分析中，多数学者都不

① 白当伟、陈漓高：《区域贸易协定的非传统收益：理论、评述及其在东亚的应用》，《世界经济研究》2003 年第 6 期。

② 庞中英：《地区主义与民族主义》，《欧洲》1999 年第 2 期。

但倾向于把亚洲(主要是亚洲太平洋国家)的经济高速发展归于亚洲价值的推动,也倾向于把亚洲区域联合的问题也同样归于亚洲价值,"成也亚洲价值,败也亚洲价值",特别是20世纪90年代的东南亚金融危机出现之后,几乎众口一词,认为亚洲价值观是造成东南亚金融危机的根源。亚洲价值观究竟在亚洲的经济增长与区域联合中起到了什么样的作用?和西方价值观相比较,亚洲价值观是否真的阻碍了亚洲的经济联合?如果是,那么我们应该怎样来发展它,使其能成为促进亚洲经济一体化的推动力而非阻力。这些就构成了本文的研究。

二、亚洲价值的价值:一个比较框架

"亚洲价值"这一概念兴起的历史并不是很长,它与20世纪后二三十年东亚①各国巨大的经济成就具有密切的关系。东亚中经济发展取得令人瞩目成就的国家和地区在文化上具有一定的内在联系,韩国、日本都曾深受儒学的影响,"亚洲四小龙"中的中国台湾、中国香港和新加坡等国家或地区则属华人社会,而经济迅猛发展的中国则正是儒家文化的发源地。也许是经济的高速发展与儒学的深厚影响这两种现象在这一区域的不谋而合,让人们对于二者的关系浮想联翩,以儒家文化为底蕴的亚洲价值便成为热门话题。然而什么是亚洲价值呢?如就其所涉及的地理区域而言,指东亚受儒家文化熏染的国家或地区。关于"亚洲价值"的思想内涵,阐释得最为清楚的,当是1991年新加坡政府在白皮书中提出的五大原则:①国家先于社会和社会先于个人;②国之本在家;③国家、社会要尊重个人;④和谐比冲突更能维持社会秩序;⑤种族和睦与宗教和睦。简言之,"亚洲价值"就是李光耀先生所概括的"社会第一,个人第二"(《今日美国报》1994年9月

① 东亚的概念比较宽泛,不但包括东亚也包括东南亚。受研究意义所限,本文所定义的东亚是指包括中国、日本、韩国及东盟诸国在内的长期受儒家文化熏陶而形成具有一定稳定且相近文化底蕴的区域。下文所谈的亚洲的这一概念也仅限于这一地区。

16日)。[①] “亚洲价值”的提出,是有其深刻背景的,由于以个人主义为核心的包括自由、民主、平等、人权等近代西方的价值观念在此之前主宰了世界数百年之久,这种价值观对于发展中国家来说并不是公平的,而亚洲价值区别于西方价值的关键是旨在昭示和凸显东亚“儒家文化圈”的现代化有其独具的价值观念和精神方向。但随着对亚洲价值的理解和争论,其意义已经开始向另外的方向发展。亚洲价值的表述反映的是对于以美国为代表的西方国家长期以来在政治、经济和文化方面强权的反抗及如何有效保护自己。由此有人由“亚洲价值”这个词而推想其涵义:①我们亚洲人有自己的价值观或价值标准;②亚洲人的价值标准要比近几百年来主导世界,也主导了亚洲的西方价值标准更优越;③今后人类的价值观应当以亚洲人的标准为标准。并指出这样的理解同最初提出亚洲价值的意图是一致的,但不免夹杂一些骄矜的成分。[②] 这样的理解也许是基于有人认为亚洲价值的提出者李光耀对于这一概念是一种文化推销的形象出现的,并认为这一做法并不好,因为“在文化推销上,李光耀先生的方式仍然是西方式的,即自己认为好的东西,一定要把它推销给别人”,“实际上蕴含着一个思想:亚洲在经济、政治等方面的崛起,在现在与未来似乎世界将进入‘亚洲时代’,似乎应当推销亚洲的文化和价值”[③]。这种理解并不确切,因为要理解一种价值的价值,不能仅从某一特定的价值本身出发,而必须置于比较的视野。

具有精深和复杂体系的西方文化,既包括中世纪基督教传统也涵盖以启蒙运动为主的近代资产阶级传统,它将两种具有分裂甚至互斥性质的精神——科学理性精神和人文精神融为一体。科学理性精神所导致的工具理性主义使我们确实已经找到了全球一体化的技术手段,但它显然并不是全球一体化的价值基础,因为科学技术成果的社

① 转引自张海晏:《“亚洲价值、西方价值与全球价值”争论的实质》,《当代韩国》1996年第3期。

② 李慎之:《亚洲价值与全球价值》,《太平洋学报》1995年第2期。

③ 文心水:《面向未来的文化思考——亚洲价值问题学术研讨会综述》,《现代传播:北京广播学院学报》1996年第3期。

会应用取决于人文精神对科学精神的支配。而“西方人文精神的内涵和实质主要是个人主义——尊重个人的价值、权利和幸福……西方文化最成功的地方之一是以微观上的个人主义价值观为基础建立宏观上的民主和法律秩序”①。显然西方价值的关键在于强调平等，强调个人能力的发挥及从这种个人能力中获取利益的权利，人们通过社会契约，建立起互相利用又互相制约的公共机制，这便是西方社会强调的市场体制的精髓。由于价值理论是经济学的基础与核心之一，我们可以通过对支撑经济学发展的西方价值理论的演替来观察西方价值的倾向性。英国古典经济学家威廉·配第创立了劳动价值论，他第一次提出商品的价值由劳动时间决定，认为劳动是价值的源泉。此后，经过亚当·斯密和李嘉图的发展，使资本主义的古典劳动价值论得以完成。② 英国剑桥学派创始人马歇尔，在其名著《经济学原理》一书中，建立了“均衡价格论”的理论体系，认为商品的价值或价格是由商品供求双方力量的均衡来决定的。均衡价格论的建立一方面使西方经济学避免因马克思劳动价值论的毁灭性的打击，另一方面也使西方经济学走上了规范发展的新阶段。然而劳动价值论与均衡价格论两者并不是完全对立相互否定的，劳动价值论揭示了市场价格形成的基础是价值，均衡价格论则生动地描述了市场运行的现象，前者是后者的基础，后者是前者的市场表现。20 世纪 90 年代，随着知识经济的兴起，出现了一种新的价值论——知识价值论，美国约翰·奈斯比特认为“在信息社会里，价值的增长不是通过劳动而是通过知识实现的”，“马克思的劳动价值论诞生于工业经济的初期，必将被新的知识价值论所取代”③。这种观点发展的极致是一些人甚至认为知识经济的到来已经把劳动从生产系统中给抹除了，已经不能认为劳动是价值创造

① 孙美堂：《西方价值危机与新帝国主义——伊拉克战争的文化解读》，《中共济南市委党校济南市行政学院济南市社会主义学院学报》2003 年第 2 期。

② 马克思使劳动价值论形成了一个系统的体系，发展成为科学的劳动价值论，从而从根本上质疑了资产阶级的庸俗经济学。但资产阶级古典劳动价值论不论对于早期资产阶级经济学的建立，还是对于后期发展来说都是非常关键的。

③ ［美］约翰·奈斯比特：《大趋势——改变我们生活的十个新方向》，中国社会科学出版社 1984 年 2 月第 1 版。

的源泉了，而应该用知识价值取而代之。① 梳理西方经济学中的价值论，我们发现，西方价值的意义并不在于这种价值本身，而在于这种价值能否为资产阶级服务，“西方价值只是其谋求利益的最冠冕堂皇的手段”②。西方价值的核心及西方价值的发展总能适时地寻找为其利益辩解的手段。众所周知，知识经济是20世纪90年代爆发于美国并随之为西方国家带来巨大经济利益，但由于知识存量并不对称，其利得就必随之不对称，鼓吹知识价值论正是传统西方价值的正统指向：扩张西方利益，且为此而不惜牺牲弱小国家的利益。可见，西方价值本质上是这样的一种东西，它在处理国家内部人与人的关系或处理西方国家之间关系时，强调权利平等为前提的相互制衡，但在处理同其他弱小国家的关系时，则根本不谈什么平等问题，它强调的是弱肉强食、优胜劣汰的“丛林原则”，是西方国家的先发展优势、帝国主义和殖民主义传统，它不可能成为人类生活共同观念基础的价值，充其量只能是一种局限于群体范围的价值，或称群体价值。

从经济意义而言，一种价值的存在价值应该是它的开放性、学习性与包容性，西方价值显然不具备这一点，与之相反，亚洲价值恰恰具备这些要素。一是亚洲价值的开放性。亚洲价值的开放性可以从APEC的地区开放主义体现出来。APEC的地区开放主义，主要是指非歧视原则：“亚太地区投资和贸易自由化的结果将不仅仅是APEC经济体之间，也将是APEC经济体和非经济体之间障碍的减少”（《大阪行动议程》）。亚洲的开放主义虽然是指其投资和贸易自由化方面的非歧视原则，但显然与这一地区奉行的价值观念有关，亚洲价值虽然强调为“我们亚洲人有自己的价值观或价值标准”，然而这只是针对其本土性而言，它并不由此而使自己囿于一隅之地，以开阔的视野看待自己在整体世界中的位置与所应做出的努力。而且这种开放性的非歧视原则与WTO所倡导的非歧视仍有不同，WTO所强调的是“成员国之间”，而亚洲则强调与“非成员国”之交往，这与我们上面所分

① 潘慧然：《西方价值理论主线索的回顾与思考》，《理论月刊》2001年第9期。

② 徐长福：《西方利益与西方价值——五四运动80周年的思虑》，《理论与现代化》1999年第5期。

析的西方价值的封闭性更是有根本不同。二是亚洲价值的学习性。亚洲价值的学习性亦即其发展性。亚洲价值所推崇的国家先于社会和社会先于个人导致了政府干预经济的传统,虽然目前来看政府对经济进行干预在西方国家也是家常便饭,但在亚洲却形成了完全不同于西方的经济体制,本质而言它与西方所推崇的以价格机制为核心的市场经济是对立的,但我们却看到了亚洲国家在前期的发展中经济体制所进行的巨大变革,这种变革便是市场机制的引入,并由此产生了巨大的经济成绩,但是这种市场机制的引入是经过本土化的改造的,是在仍然强调政府干预对于经济的主体作用的前提下发挥市场的力量,这一方面最为典型的代表是日本及韩国的政府主导型市场经济体制。三是亚洲价值的包容性。包容性则体现在亚洲国家的区域联合中,例如东盟地区一体化中的"东盟方式"[①]没有建立超国家的权力机构、强调主权的绝对平等等,这其实是体现了东盟合作方式以其包容性来照顾东南亚国家在政治、经济、文化等方面的多样性,符合东盟国家政治文化传统,而且这种方式在亚洲以后的区域合作中并没有被抛弃,从东盟初建时的六国,到扩大至现在的十国,再到"10+1""10+3"乃至APEC 基本上是沿着这种方式前进的。

亚洲价值的开放性、学习性和包容性完全不同于西方价值的盲目自大和固步自封,在全球化浪潮冲击之下,呼唤全球一体化的价值基础时,二者高下立判。当然,对于亚洲价值而言,目前仍然存在许多尚待改进的地方,尚不能成为全球化的价值基础。李光耀 2001 年 1 月在瑞士达沃斯举行的世界经济论坛上在谈到全球化对亚洲的影响时也曾说:"某些儒家价值已经差不多过时了,遵循儒家传统的社会要紧随全球化的步伐前进。这种价值必须予以改进","我们主动走出去满足全球化的标准",但至少我们可以从中寻找亚洲区域联合的价值基础。

---

① 陈寒溪:《"东盟方式"与东盟地区一体化》,《当代亚太》2002 年第 12 期。

三、亚洲价值对于亚洲区域经济合作的意义

亚洲区域经济合作的方式是一种特有的方式，被冠之以“亚洲方式”“东亚方式”或“亚太方式”。这其实是以坚持互不干涉内政，坚持通过非正式协商来达成全体一致原则为核心的“东盟方式”的扩大与发展，东盟方式要求东盟在组织和决策上具有非正式性、非强制性的特点，不谋求建立具有约束力的超国家权力机构，强调主权的神圣不可侵犯，追求国家间的绝对平等，从而使东盟被塑造成了一个松散、灵活的地区组织。这种特有的组织和决策方式是东盟得以维持和发展的重要基础，而且从亚洲此后的联合来看这种思维方式在其中也起了极其关键的作用。冷战后，东盟自身得到了扩大，又通过参与亚太经济合作组织，建立并主导东盟地区论坛，同中国、日本和韩国建立“10+1”“10+3”机制，加强了东盟内部以及东盟和区外国家的经济、安全合作。

显然东盟方式的形成是以亚洲价值为基础的。20 世纪 90 年代亚洲金融危机之前，人们并没有觉得这种方式有什么不妥之处，相反，多数研究认为正是亚洲价值所生成的东盟方式是这一地区经济得以超越常规发展的根本所在，而且“亚洲各国经济的成功坚定其对自身文化与民主模式的信心”①。亚洲金融危机出现后，对亚洲价值的批评甚嚣尘上，认为亚洲价值正是亚洲金融危机产生的根源，而事实是，这次来势凶猛的金融风暴，“其产生的根源主要是经济，而不可能是文化哲学思想，虽然后者也可能对经济发展产生某种程度的影响”，“一些西方观察家对于亚洲模式批评的同时，也连带否定亚洲价值了”②。亚洲价值的确对经济发展模式及经济体制产生了深远的影响，但经济体的运行却不在它的控制之下，如亚洲价值强调“家长”的权力，它实质上是强调一种集中的机制，这种机制即是集体主义，然而这一机制

---

① 李路曲：《“亚洲式民主”述评》，《当代亚太》2002 年第 7 期。

② 王锐生：《亚洲价值与金融危机》，《哲学研究》1998 年第 4 期。

由于没有发展起一套制约“家长”政权滥用权力的办法而产生了一些负面的效应，如专权与腐败等，但这些都是在亚洲价值框架之外的。换一个角度来考察此次危机，缺乏一套有效的地区合作机制来应付突发危机事件，是人们从此次危机中获得的深切感受。亦即是说，更为紧密的区域合作已成为亚洲各国的共同课题，亚洲金融危机也成了东亚加强合作的加速器。1997 年之后，东盟、中、日、韩领导人非正式会议都把加强地区紧密合作作为重点议题。日本是亚洲区域经济合作的最积极推动者和参与者，先后提出多种模式的经济合作。在韩日东北亚经济自由贸易区的提议无法得到韩国的热情回应的情况下，转而与新加坡谈判，并于 2001 年 10 月签订了双边自由贸易协定。中国也与东盟于 2002 年 11 月签订了《中国与东盟全面经济合作框架协议》，计划在 10 年内建成自由贸易区。此外中、日、韩之间，日本、韩国与东盟之间也都在进行不同程度的接触，同时东盟也在不断强化自身建设。

目前亚洲地区一体化进程的滞后现状主要是源于两方面的原因：一是认识上的误区。人们在谈及亚洲区域经济一体化时总要将其与欧美特别是欧盟的一体化进行对比。众所周知，欧盟从创建伊始就“矢志为欧洲各国人民之间日益紧密联盟奠定基础”并“决心以共同行动消除分裂欧洲的障碍”（《罗马条约》）①。它已于 1999 年底成了一个经济货币联盟，其终极目标也许正像德国外长菲舍尔所言：以“核心欧洲”的方式使欧盟最终成为“联邦制国家”②。欧盟的一体化正如恩斯特·哈斯（Ernst. Hass）所定义的“说服来自不同国家的政治行为体将其忠诚、期望和政治行为转向一个新的中心的进程。这个中心的组织机构拥有或要求掌握对已经存在的各民族国家的管辖权”③，显然这种方式是基于西方价值的，它并不适于亚洲的一体化。而大多数

① 戴炳然译：《欧洲共同体条约集》，复旦大学出版社 1993 年版，第 65 页。

② 菲舍尔于 2000 年 5 月 12 日在柏林洪堡大学的演讲，转引自杨逢民、张永安：《欧盟东扩进程及其困难》，《世界经济研究》2002 年第 1 期。

③ Ernst B. Hass, *The Uniting of Europe: Political, Economic and Social Forces*, 1950 – 1957, Stanford University Press, 1958, p. 16.

人在评价亚洲的一体化进程时，往往将其与欧洲的一体化进程相提并论，盲目赞美欧盟模式并以其为标准限定自己的发展方向，这必然导致错误的结论，亚洲的一体化进程必须基于本地区的价值观念基础之上，寻求适宜自己的道路。二是亚洲区域一体化的特定发展阶段。欧洲的一体化起步远远早于亚洲，而亚洲真正意义上的区域一体化进程实际是始于金融危机的。[①] 亚洲区域首先存在诸多不同于欧洲一体化的内外环境，内部环境最为重要的一条就是亚洲各国各地区经济发展水平的巨大差异，它使经济上的合作变得困难。其次是多样性的政治体制和法律制度也制约了各国对区域合作的认同性。再者是这一区域虽存在文化上的雷同，但并非同质，实质是一种多元化的文化特征。[②] 如日本不认同自己是亚洲国家而是把合作的重点放在欧美区域、中国的"大国意识"及东南亚小国的小农经济等。外部环境关键在于美国，美国和日本的过于紧密的经贸关系及美日战略联盟牵制了日本在本地区的合作，而中美关系的复杂和微妙也分散了中国的地区精力，特别是包容了美洲、澳洲在内的 APEC 合作框架也干扰了亚洲区域经济合作的进展。[③]

可见，影响亚洲区域一体化的因素不在于亚洲价值，而正相反，正是亚洲价值促成了亚洲区域联合的现今成果。20 世纪 90 年代以来，亚洲的一体化正处在一个紧要发展的时期，这要求我们重新审视亚洲价值对于地区合作的意义，至少要关注以下三个方面：

(1)加快各国各地区的结构调整，提高区内经济的互补性。亚洲各国经济的增长取决于全球贸易体系的自由开放，但这必然会对国内经济进行补充，带来新的专业化分工趋势，同时我们注意到亚洲区域内贸易在整个亚洲贸易中的比例仍远远低于西欧内部贸易在西欧贸易中的比例，这要求提高这一地区的经济互补性。为此，各国进行经

① 可参阅梁云祥、赵天：《东盟地区论坛的功能与作用探析》，《世界经济与政治》2001 年第 1 期。

② 陈显泗：《多元化：东南亚社会发展的基本特征》，《学海》2001 年第 2 期。

③ 刘光溪、余盛兴：《亚洲区域经济合作新动态及我国的因应策略》，《国际商务研究》2003 年第 2 期。

济体制改革是必要的，而改革的基本思路是各国的互动，即在充分考虑各自特点的前提下，建立起相互适应的体制。亚洲价值的包容性为此提供了很好的思路与基础，各国各地区要充分吸纳他国的优点，并容纳他国的差别，最终达成地区内具有相容性的互补结构，为进一步的地区联合打下体制基础。

(2)如何约束地区大国。经济一体化离不开政治与安全方面的合作，观察欧洲的本体化我们基本上可以认定这一点，但亚洲在这方面显然有所缺失，这一地区的安全结构是一种由大国关系所造成的单边与双边并存的结构，大国的傲慢与过于强调自身安全对于地区整体观念难以兼顾。同时，亚洲区域经济一体化基本上是按最初东盟六国初建时的模式运行的，在其扩大及整体亚洲的联合上存在诸多局限，需要进行改革，正如东盟秘书长 Rodolf C. Severino 先生所说："随着新国家的加入，东盟自身的改革显得更加紧迫。"①这要求强化亚洲价值所奉行的集体主义，强调区域内的国家和地区应该将地区利益置于更为重要的地位，这种强调不是片面削弱大国在地区安全中的积极作用，而是如吴作栋所言"亚洲国家应警惕内向、排他性的区域经济"，因为"内向、排他性的区域经济会造成地缘政治、各国争夺稀缺资源等不稳定因素"②。

(3)正确处理与世界其他经济体的关系。全球化与区域化在20世纪90年代出现"共生共荣"③之后，世界范围内的经贸关系已经由最初的国家与国家的关系发展为国家与区域的关系、区域与区域的关系。在这种情况下，一个区域的联合和发展就决不仅仅是本区域的事情，而必须考虑同其他经济体，特别是其他区域一体化的关系。我们在上面也分析过亚洲联合中来自美国的障碍因素，事实是，亚洲的合作步伐与来自亚欧合作的推动具有重要关联④，而东盟地区论坛

---

① 梁云祥、赵天：《东盟地区论坛的功能与作用探析》，《世界经济与政治》2001 年第 1 期。

② 新加坡总理：《亚洲区域一体化面临三大全球化挑战》，http://news.vnet.cn/guonei/2003/11/02/1324899.shtml。

③ 张煜：《共生现象——新地区主义与世界多边贸易体制》，《国际贸易》1999 年第 6 期。

④ 张蕴岭：《东亚合作与中国—东盟自由贸易区的建设》，《当代亚太》2002 年第 1 期。

(ARF)的成立和发展也与欧洲安全与合作组织有关。亚洲价值的开放性和学习性完全能够建立起与其他区域合作的有效机制,避免竞争与对抗,在促进本地区内各国经济进步的同时也同步加强区域经济合作。

该文原刊发于《南阳师范学院学报》2005 年第 1 期。

系统论视角的东亚货币合作问题

一、引　　言

自蒙代尔(Mundell,1961)提出最优货币区理论以来,货币合作在区域经济一体化研究中的重要性开始为人们所重视。① 蒙代尔是基于宏观冲击的对称性来研究这一问题的,认为在一个货币区内部,如果劳动力和其他生产要素具有完全自由的流动性,就可以依靠要素的转移消除需求转移造成的冲击,从而提出货币区内应实现单一货币或固定汇率的主张。随后伊格拉姆(Ingram,1962)②、麦金农(Mckinnon,1963)③、凯南(Kenen,1969)④等对这一理论进行了发展,提出了要素流动性、经济开放度及贸易产品多元化等标准。货币区决策研究方

① Mundell,R.,"A Theory of Optimum Currency Areas",*American Economic Review*,1961,vol. 53,pp. 657-664.

② Ingram,James C.,"Regional Payments Mechanisms:The case of Puerto Rico," in Robert A. Mundell and Alexander K. Swobod, eds., *Monetary Problems of the International Economy*. The University of North Carolina Press. 1962.

③ Mckinnon,R. I.,"Optimum Currency Area",*American Economic Review*,1963 vol. 53,pp. 717-725.

④ Kenen,P. "The theory of optimum currency areas:an eclectic view",in R. A. Mundell and A. K. Swoboda (eds), *Monetary Problems of the International Economy* (Chicago, I11.: University of Chicago Press),1969,pp. 41-60.

面,Ishiyama(1975)[①]、Tower 与 Willett(1976)[②]提出从成本收益综合分析的方法,克鲁格曼和奥博斯特法尔德(Krugman & Obstfeld,1998)[③]也对该理论的研究作了总结,并提出了 GG-LL 模型,用于判断加入货币联盟的时机,若一个国家与固定汇率区经济紧密联系在一起,那么该国就会愿意加入这个汇率区。一个国家是否愿意加入汇率区是由加入后的货币效率收益和经济稳定性的损失两者共同决定的。但是从后续的研究来看,在加入货币区成本收益的影响因素及这些因素的相互影响方面存在较多争论。Frankel 与 Rose(1998)从贸易一体化和经济相关性两个重要标准出发指出最优货币区的标准应该随时间的变化而演变,从而提出货币区可能自我强化的"内生性假设"[④]。万志宏和戴金平(2003)又将此动态决策进行了扩展,从而使其在分析具体问题时更具操作性[⑤]。1999 年欧元的成功推出及其后欧元区经济的良性发展实证了货币合作对于区域经济的巨大好处。欧元在推出之初虽对美元汇率经历了短期的下挫,但随之就进入上升时期,不仅带动欧元区经济的快速增长,也促进了区内各国经济联系更趋紧密,宏观经济运行平稳。相较而言,东亚的区域经济合作一直处于较低水平,特别是 1997 年爆发的亚洲金融危机对东亚各国形成巨大冲击,其严重性和传染性既暴露了东亚地区原有货币金融体制的缺陷,也同时提出了东亚货币合作的现实紧迫性。

对东亚货币合作的研究文献极其丰富,主要集中在以下几个方面:

(1)东亚货币合作的必要性。国内外学者都普遍认为东亚货币合

---

① Ishiyama, Y. "The Theory of Optimum Currency Areas: A Survey". *IMF staff pappers*, No. 22, 1975.

② Tower, E. and Willett, T. D. "The Theory of Optimum Currency Areas and Exchange Rate Flexibility". *Special Studies in International Economics*, 1976, No. 11, Princeton Finance Section.

③ 克鲁格曼、奥伯斯特法尔德:《国际经济学——理论与政策》(第四版,中译本),中国人民大学出版社 1998 年版。

④ Frankel, J. A. and Rose, A. k. "The Endogenety of the Optimum Currency Area Criteria". *Economic Journal* 108 (449), July 1998, pp. 1009-1025.

⑤ 万志宏、戴金平:《货币区的动态最优决策:兼谈东亚货币合作问题》,《世界经济》2003 年第 10 期。

作是十分必要的且具紧迫性,如王子先(2000)讨论了欧洲货币一体化的实证经验,认为这对于亚洲的货币联合而言不仅是一种启示,还在于欧元集团的稳定与影响力的扩大必将引发激烈的货币竞争,从而给未加入区域货币集团的国家和地区以大的风险冲击[①]。何帆(2001)则在综述了国内外对东亚金融危机教训及围绕 AMF 的争论的基础上提出东亚货币合作必要性的命题[②]。蒙代尔则从防范危机和东亚区域联合方式来讨论这一问题,认为进行区域货币合作是防范金融危机的有效手段,而且也起到推进软弱无力的东亚区域经济组织深入发展的作用。[③]

(2)对东亚地区是否具备货币合作条件的分析。这方面的研究多是基于最优货币区理论的标准,并结合东亚各国经济发展及经济联系状况来分析东亚货币合作的现实基础,基本结论是东亚目前还不具备货币合作的条件。如 Bayoumi 和 Eichengreen(1994)在区别了需求冲击和供给冲击后发现,东亚的日本、韩国、印度尼西亚、马来西亚、新加坡及中国台湾和中国香港的需求冲击是对称的。[④] Taguchi(1994)计算了东亚国家地区、美国、日本的利率、股票价格和 CPI 相关系数后发现,东亚各国与日本的 CPI 相关性较强,利率、股票价格与美国相关性强,但 80 年代后与日本的相关性增强,结论为东亚地区组成最优货币区的标准还没有完全得到满足,但由于区内经济依存度的提高,货币一体化的可能性在增加。[⑤] Kwan(1998)考察了 1982—1996 年东亚国家的通货膨胀率并将之与西欧各国比较后认为,若按照"通货膨胀率"标准,东亚地区可以说与西欧一样具有最优货币区性质。[⑥] 在要素市

---

① 王子先:《欧元与东亚区域金融合作》,《世界经济》2000 年第 3 期。

② 何帆:《危机之后的亚洲货币合作》,《国际经济评论》2001 年第 1 期。

③ 张林:《中国应保持货币政策的稳定性——访诺贝尔经济学奖获得者罗伯特·蒙代尔》,《中国金融》2003 年第 7 期。

④ Bayoumi,T. and B. Eichengreen. "One Money or Money:Analyzing the Prospects for Monetary Unification in Various Parts of the World?" *Princeton Studies in International Finance*. September. 1994.

⑤ Taguchi,H. "On the Internationalization of the Japanese Yen." in T. Ito. and A. O. Kruege r(Eds.) *Macroeconomic Linkage*,Chicago:University of Chicago Press. 1994.

⑥ Kwan,C. H. "The Theory of Optimal Currency Areas and the Possibility of Forming a Yen Bloc in Asia". *Journal of Asian Economics*,1998,Vol. 9,No 4.

场灵活性方面，Holloway(1990)认为，虽然亚太经合组织和东盟在贸易自由化方面有了一定的进展，但由于所签协议对各国不具备约束力，很难判定其一体化进程，亦即说这一条件也不存在。① 国内学者万志宏(2003)对东亚的实证研究表明，整个东亚地区之间宏观经济波动和冲击的对称性比较低，从而得出东亚整体的汇率合作从经济基础看存在过高代价的结论②，黄梅波(2001)③、熊长江和国世平(2000)④通过对成本收益分析得出了基本相似的结论。

(3)日元国际化及由此所引发的东亚汇率合作及区内外相关因素的讨论。这又有两个角度：一是从东亚角度来看，如何组成以日元为中心的最优货币区；二是从全球角度来看，如何建立美、欧、亚三极货币体制。学界在这一方面的观点比较一致，认为目前来看日元由于兑美元汇率一直不能稳定且与区内各国货币比值不能稳定，难以当此重任。这一问题讨论的展开则是东亚货币合作中的政治经济学问题了。

从以上对于相关文献的梳理回顾我们得到如下认识，东亚货币合作是必然趋势，但目前来看，合作存在困难，合作的条件并不具备，促进合作的因素受到严重阻碍。本文试图变换一个角度，从耗散结构理论和系统论的角度来重新审视这一问题，把东亚地区看作一个系统，这一系统存在一系列相互作用的要素，它们所具有的不同测量标征是我们分析这一系统所处状态的依据，理论上的分析已经指明，东亚最终目标是货币一体化，可以认为，这即为此系统的平稳态，而东亚当前所处状态则是一种非平稳态，这种差距能够使我们从理论上认为系统内部存在干扰系统走向平稳态的非线性因素。本文在第二部分将依据耗散结构理论和系统论发展出一个东亚区域货币合作的动力模型，并估算东亚货币合作中的影响因素，第三部分是结论。

---

① Holloway, N. "Building a Yen Bloc". *Far Eastern Economic Review*, 1990, Vol, 11, October.

② 万志宏：《从宏观经济对称性看东亚地区汇率合作的基础》，《南开经济研究》2003 年第 3 期。

③ 黄梅波：《最优货币区理论与东亚货币合作的可能性分析》，《世界经济》2001 年第 10 期。

④ 熊长江、国世平：《亚洲单一货币的可行性与前景分析》，《国际金融研究》2000 年第 9 期。

二、模　型

（一）东亚货币一体化的动力学模型

尽管平衡状态是社会所追求的，但现实中系统总是处于非平衡状态。非平衡态包括远离平衡态和近平衡态。远离平衡态往往是系统内部存在反常涨落的非线性因素，当这些涨落超过某一临界值时，这些被放大的涨落会产生一个宏观的对流，从而出现一种新的高级的有序，这种新的有序由于同外界的能量交换而被稳定下来，这就是出现以耗散结构为特征的有序，从而使系统远离平衡态失稳而形成新的结构。近平衡态是相对于平衡态而言的，在近平衡态中系统随时以小的涨落来检查自身的稳定性，由于在不稳定点附近的涨落有较大反常，从而驱动了整个系统的平均值，这种近平衡态的微小扰动促使了社会系统的变化往复。但现实社会中，这种变化往往是单向而不可逆的。

把系统定义为有不同测量变量的 $Q_1, Q_2, \cdots, Q_n$ 为标征的相互作用的一系列要素 $p_1, p_2, \cdots, p_n$，则可由任一方程系统规定：

$$\frac{dQ_i}{d_t} = f_1(Q_1, Q_2, \cdots, Q_n), (i=1,2,\cdots,n;\ t\text{ 为时间变量}) \quad (1)$$

设定存在一个定态条件，标征变化为 0，即 $dQ_i/d_t=0$，如果达到定态，则有：$Q_1=Q_1^*, Q_2=Q_2^*, \cdots, Q_n=Q_n^*$（$Q^*$ 为平衡态）。

令 $Q_1=Q_1^*-Q'_1, Q_2=Q_2^*-Q'_2, \cdots, Q_n=Q_n^*-Q'_n$（$Q'_i$ 为当前状态，$i=1,2,\cdots n$）

则有：$$\frac{dQ_i}{d_t} = f_1[(Q_1^*-Q'_1), (Q_2^*-Q'_2), \cdots, (Q_n^*-Q'_n)] \quad (2)$$

由此可见，如果系统要达到定态，其中所发生的变化不仅由现实的条件决定，更重要的是，平衡态的距离概念起更关键的作用，这一距离最终成为一个开放系统转入一个不依赖于时间的定态度量①。

---

① 庞元正、李建华：《系统论、信息论、控制论文献选编》，求实出版社 1989 年版。

据此思路来分析东亚区域货币合作,我们认为,东亚货币合作的现状是由于区内外各方面因素存在从而造成的系统对偏离平衡的自然反应,是一种近平衡状态,而且随时间推移这些因素的自身运动与相互影响会产生负熵流,形成当前货币无序的扰动,最终使系统平衡状态得以实现,即结成货币一体化联盟。现实来看,系统并不如理论分析那样会自发地运行直至货币一体化实现,显然系统内部存在自身的非线性因素。本文定义东亚货币合作的现状为起始态,标识为 Q^0,而实现货币一体化之后的状态为平衡态,标识为 Q^*。W 为势差,$W=Q^*-Q^0$,t 是时间变量。同时引入三个重要的参数作为系统由起始态向平衡态转移的诱导度量指标:R,I 和 C,其中 R 为加入成员国组建货币一体化的单期效用,I 为该时期成员同潜在货币区的经济一体化程度,包括区域内贸易、投资联系的增强和要素市场的融合程度等方面,C 为该时期成员同潜在货币区的经济趋同程度,包括区域内经济体之间的宏观经济结构和特征、经济周期趋同性、对于外在冲击的对称性及通货膨胀和制度的一致性等。在区域经济趋同度 C 和一体化程度 I 之间存在某种联系,例如要素流动增强将对国际产业结构、商品价格以及供给需求产生影响,从而使区域内经济周期的同步性发生变化;而促进要素流动的制度变化,可能使各国的贸易和金融开放制度趋同。因此,区域趋同程度可表示为区域一体化程度的函数,$C=f(I)$,换言之,C 和 I 之间是可以转换的,如果我们单纯地假定函数 $C=f(I)$ 呈线性且其构造不随时间的变化而变换,则取得以下形式:

$$C=\alpha \cdot I+\beta \tag{3}$$

则我们可能用以下函数描述东亚区域货币一体化这一系统的当前态和平衡态:

$Q^0=f^0(C^0,I^0,R^0)$,R^0 是区域货币一体化尚未形成的当前态的收益 (4)

$Q^*=f^*(C^*,I^*,R^*)$,R^* 是区域货币一体化形成后的平衡态的收益 (5)

因为 Q^0 是时间的函数,则有:

$$\frac{\partial Q^0}{\partial t}=\frac{\partial f^0}{\partial C^0}\cdot\frac{\partial C^0}{\partial t}+\frac{\partial f^0}{\partial I^0}\cdot\frac{\partial I^0}{\partial t}+\frac{\partial f^0}{\partial R^0}\cdot\frac{\partial R^0}{\partial t} \tag{6}$$

将(3)式代入(6)式整理可得:

$$\frac{\partial Q^0}{\partial t}=2\frac{\partial f^0}{\partial I^0}\cdot\frac{\partial I^0}{\partial t}+\frac{\partial f^0}{\partial R^0}\cdot\frac{\partial R^0}{\partial t} \tag{7}$$

前面我们曾给出势差 $W=Q^*-Q^0$,并指出当系统转入平衡态后不再依赖时间而变化,则有:$dQ^*/d_t=0$,于是:

$$\frac{\partial W}{\partial t}=0-\left(2\frac{\partial f^0}{\partial I^0}\cdot\frac{\partial I^0}{\partial t}+\frac{\partial f^0}{\partial R^0}\cdot\frac{\partial R^0}{\partial t}\right)=-2\frac{\partial f^0}{\partial I}\cdot\frac{\partial I}{\partial t}-\frac{\partial f^0}{\partial R^0}\cdot\frac{\partial R^0}{\partial t} \tag{8}$$

由式(8)可知,当东亚的货币一体化实现时,则势差为0,即$\partial W/\partial t=0$,系统进入定态,反之,若$\partial W/\partial t\propto+\infty$则说明影响货币一体化的非线性因素趋于强化。逻辑上 R 是 I 的函数,当货币一体化实现时 R 应该赋到最大值,据前面我们对于 I 和 C 函数关系的条件,显然我们能够得到单期收益 R 的表达式:$Q_t=f(I_t,C_t)$,即货币一体化的单期效用的大小取决于该期经济一体化程度 I 和经济趋同程度 C。前者决定区域采用共同货币政策的收益,一体化程度越高,则收益越大,后者则反映由区域差异引起的共同货币的调整成本,区域趋同性越高,则净收益越高。前已述及,区域一体化程度 I 和区域趋同程度 C 之间存在函数关系:$C_t=f(I_t)$,则单期收益可以表示为一体化的复合函数:$Q_t=F(I_t,C_t)=g(I_t)$,对于此函数,满足其一阶条件的 I^* 将成为此系统实现稳态的临界值。

据此模型可以很清晰地理解区域货币一体化的驱动力在于区域一体化程度和区域趋同程度之间的关系,二者从理论上来分析存在相互促进效应,如果前面我们所假定的 $C_t=f(I_t)$ 的构造形式不随时间的变化而改变成立的话,则当$f'\geqslant0$时,意味着货币区的组建具有大而且为正的收益,反之,若$f'\leqslant0$,则说明一体化的提高同时伴随着趋同性的下降,收益在长期内是负的。

(二)实证证据

万志宏和戴金平(2003)通过利用截面数据和时间序列分析,探讨了东亚地区贸易联系和产出增长率的相关性问题①。

对于截面数据的分析，以实际 GDP 增长率的相关系数和产出增长周期性指数的相关系数两项指标为产出相关度，而以对数值的双边贸易比重反映国家间的贸易联系，通过对东亚 1983—1990 年和 1991—2000 年两个阶段 10 个国家和地区的双边交叉数据回归之后发现，尽管东亚地区国家间经济发展相关度和贸易联系之间存在正向的关系，但回归系数缺乏显著性，意味着两者之间几乎是不相关的，由此作者得出结论：东亚地区贸易联系的加强不会降低国家间的产出关联度，亦即不会成为货币一体化的阻碍。

对于东亚区域贸易联系与产出增长率趋同的趋势分析，以区域内部贸易比重反映区域一体化程度，使用实际产出增长率计算区域趋同的特征，计算了 1983—2000 年东亚区域相互出口比重占整个区域各地区对世界出口总和的比重（*TR*）及区域各经济体实际 *GDP* 增长率的标准差（*Y*）。对于数据的处理方法：使用 *ADF* 方法判断两个时间序列的单整性，指标 *Y* 为平衡过程，*TR* 为 $I(1)$ 过程，对其取对数再进行一阶差分，得到平衡序列 *DLTR*，回归式为：

$$Y=3.965-0.121DLTR \qquad \overline{R^2}=0.25 \qquad D.W.=1.41 \qquad (9)$$
$$(13.36) \qquad\qquad (-2.49)$$

基本结论：东亚区域贸易增长与区域产出增长率的发散性之间具有负向的关系，亦即当区域贸易增长率上升时，区域内产出增长率趋同性也增加。这种东亚地区所表现出的贸易和宏观对称性之间的同步发展的微弱证据表明，东亚地区目前所做的货币合作的努力将起到自我强化的作用，从而推进区域经济一体化程度和区域趋同程度的增强，最终达到货币一体化的稳态。

（三）模型的扩展

以上模型分析及文献所做的实证研究已经基本上解释了东亚货币一体化的动力源及努力方向，但仍有两个问题不能在这个框架内得

① 万志宏、戴金平：《货币区的动态最优决策：兼谈东亚货币合作问题》，《世界经济》2003 年第 10 期。

到解决，一是政治、文化、制度等非计量因素，二是区域外因素如美国态度和世界经济政治格局异常变动带来的不可预测效应。为此我们将这一模型做以下扩展。

考虑到前面所定义的区域货币一体化系统势差 $W=Q^*-Q^0$ 是依赖时间变量变化的，然而对于一体化进程而言，由于系统随时间的变化并非一个单调的线性过程，当一国对于一体化的关注程度、区域内各国产业结构相对异常甚或出现经济政治领域内的摩擦时，这一过程的走向将变得难以把握。而且现实来看，一体化在其进程中的每一阶段性的协定都将在协定执行期内具有相对稳定性，而不同阶段之间则具有跳跃性，则我们可以将 $W=Q^*-Q^0$ 扩展为下式：

$$W=R_0+\beta_1R_1+\beta_1\beta_2R_2+\cdots+\beta_1\beta_2\cdots\beta_tR_t \quad (10)$$

W 为势差，R_t 为一体化进程中每一阶段的收益，β_t 为一体化进程中每一阶段净收益的贴现率。由于每一阶段协定的范围和程度差异及经济政治因素变化，每一阶段的贴现率是不同的。由于 β 是由非计量因素确定，且 R 为未来每一一体化阶段的预期收益，以上模型只能做理论分析的基础，而不具有可操作性的意义。

由以上分析我们可得到东亚货币一体化势能图如下：

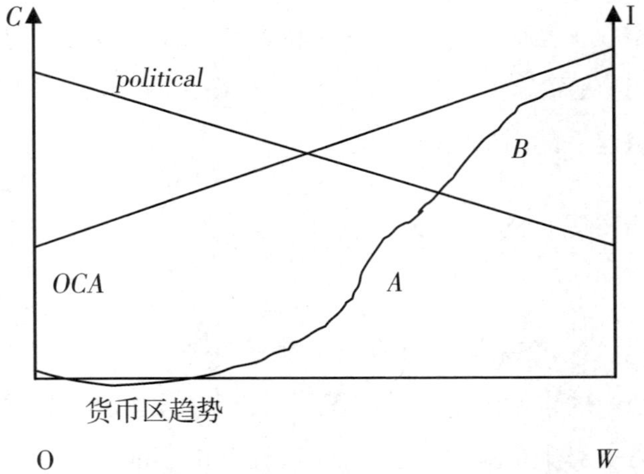

东亚区域货币一体化势差图

图中横轴为势差 W，纵轴为区域一体化程度 I 和区域趋同程度 C，*political* 线为政治意愿，包括区域内各国对于货币一体化的兴趣和努力程度及世界政治经济的影响,随时间变化政治意愿向利于货币一体化的方向发展,则向下倾斜。OCA 为货币区组建从而满足临界 I^* 的区域一体化和趋同性的组合,在 OCA 线下方,说明货币区的现实基础不具备,在 OCA 线以上,存在正的收益。由图可见,随时间推移,区域势差(得自组建货币区的总体收益)是逐渐增加的,这一增加的趋势源于区域一体化程度与区域趋同程度相互促进从而形成的动力机制,在货币一体化趋势线与 *political* 线相交之前,货币一体化程度相当低,C 和 I 通过自我运动及相互促进不断地推进这一进程的向前发展,但由于此时的货币一体化不论是组织上还是功能上都是准备阶段,政治、文化及外在的阻碍力量对于货币一体化的杀伤力较大,因而货币一体化速度缓慢,而且有时反复。但随着时间的推移,区域内各经济体开始认识到货币一体化的巨大利益,并通过一系列谈判和实际政策行为来为货币一体化提供组织和制度上的准备,A 可以视为区域各经济体在组织上和制度上达成一致的临界点,A 点之后 B 点之前,货币一体化进程处于加速趋势,因为区域认识一致及对于协议执行的决心和勇气加快区域各项指标的渐趋一致,B 点即为理论上系统所到达的稳态,亦即满足函数 $Q_t=F(I_t,C_t)=g(I_t)$ 一阶条件的临界值 I^*。考虑到对于一个主权国家而言,其货币政策的制定和执行及实施结果也受各种因素影响,从而系统只能处于一种近平衡态,B 点以后部分则为货币一体化组建后的内部调整过程。

三、结　论

系统论认为,在系统内部存在一定的向本系统内吸引的因素,从而使原系统内的事物脱离此系统需要付出一定的成本,这便是系统所具有的张力。对于东亚这一系统而言,在其由当前态向平稳态过渡的过程当中,也必然存在这样一种张力,利用本文所做模型并结合东亚的现实,本文认为这些阻碍东亚货币一体化的张力因素主要在于以下几点:

1. 东亚货币合作的现实基础差

东亚各国经济发展存在不平衡性，各国各地区的发展水平很不一致，同时多数国家或地区的发展战略和发展阶段具有高度的相似性，产业结构相似，这一方面导致了产品多样化程度的降低，另一方面又表现在对外交往中凸显竞争而非互补关系。这种状况对一体化产生的不利影响：发达国家（日本）占据技术和知识优势却不愿将这些技术和知识向其他国家转移；新兴工业化经济体（如四小龙）则关注欧美发达国家的市场，依比较优势展开同发达国家的交往来获取现实利益；落后国家（越南等）尽力筑高壁垒，以免弱小的国内产业受到外来的强大竞争。

2. 动态约束条件不足

随着各国开放战略的实施，各国的趋同程度从时间趋势来看是逐步加强的，并由此推进了区域经济一体化在功能上和制度上两方面的进程。然而对于东亚而言，这一区域多为发展型的开放经济，除了本区各经济体之间的相互依赖外，更依赖于区域外的大国如美国，这一相互依赖的机制在于：日本在美国市场持续取得巨额贸易盈余，并以购买美国债券和有价证券的直接方式，或以美元记价持有海外债权的间接方式来回笼其贸易盈余，美国则容忍日本进入美国国内市场，为日本出口主导的经济增长提供驱动力，日本也能以其经济增长带动东亚其他国家和地区的出口导向型经济的增长。这使区域货币合作所需要的汇率合作受到影响，东亚金融危机之前，东亚各国多选择盯住美元的汇率制度，金融危机之后又纷纷放弃盯住美元而选择浮动汇率，但仍是以暗中盯住美元，事实和理论都说明，这种盯住单一货币而且是区域外货币的汇率体制安排是不适合东亚的，导致了东亚地区的趋同难以成为东亚区域经济一体化的真实推进力量。

3. 东亚各国推进区域货币合作的政治意愿低

功能性一体化的深入发展最终必然建立制度性的一体化组织，这需要成员各方向一体化让渡主权。东亚地区各国高度重视主权，这一方面源于历史上过重的压迫和奴役，另一方面在于，对发展中国家而言，全球化是经济上的弱化，主权就成为最后一道防线，包括中国在内的东亚国家认为，主权国家的存在是实现人权的先决条件，从没有先于国家的天赋人权，只有国家保障的权利。这种思想在全球化仍未改变，比如欧洲，欧盟国家的主权让渡并没有给予第三方，成员国也并没有丧失对让渡主权的控制，欧盟国家将主权让渡到欧盟层次上，并进而在欧盟层次上行使主权权力，是一种主权的集合与共享。东亚的区域合作一直是按“东盟方式”来进行的，这一方式的核心为协商一致、灵活性原则和政府间合作，从而形成小国主导的合作模式，小国固然愿意长期延续这一框架下从而避免成为大国的附庸，大国也不愿打破这一框架从而面对区域主导权争夺的敏感话题，区域外的力量如美国和欧盟也不愿看到一个联合的东亚崛起成为与之竞争的政治和经济力量。

该文原刊发于《河南社会科学》2005 年第 2 期。

河南外商直接投资的行业分布与绩效评价

一、引　　言

理论与实践均已证实，吸引外商直接投资是促进一国或地区产业升级和经济发展的重要手段，这对于发展中国家或欠发达地区而言具有更为特殊的意义，Pack 和 Westphal（1986）的研究表明，对外国的技术学习和应用而非自主创新形成了欠发达国家工业化的动力源①，几乎所有针对产业升级和技术进步的实证文献均证实了外商直接投资的正溢出效应。

河南省是我国中部的传统农业大省，农业人口多，产业结构调整缓慢，传统的发展模式既不利于结构优化与产业升级，同时又制约了在全球化条件下参与外部竞争的能力提升。改革开放以来的近 30 年间，河南吸引外商直接投资的步伐一直没有停止，利用外资从 1985 年的 1 208 万美元上升到 2004 年的116 261万美元，实际利用外商直接投资从 565 万美元上升到87 367万美元。吸引外商直接投资对于河南的经济增长及产业结构提升都起到了巨大的作用，但和全国其他地区相比，却存在巨大的差距，2003 年，河南省经济总量在全国排名第 6 位，

---

① Park，Howard，and Westphal，"Larry E. Industrial Strategy and Technological Change：Theory Versus Reality"，*Journal of Development Economics*，1986，22：pp. 87-128.

但吸引 FDI 却排名第 14 位,存在巨大反差。这从一个侧面说明,河南省尚须加大吸引外商直接投资的力度,为促进结构调整和经济增长提供外源动力。

二、河南外商直接投资产业分布的现状与特点

(一)河南外商直接投资产业分布现状

截止到 2004 年底,河南省共有登记注册的外商直接投资企业 2 600家,外商直接投资总额为1 486 106万美元。平均规模为 571. 58 万美元,其中投资规模在 1 000 万美元以上的企业为 301 家,仅占全部企业的 11. 6% ,体现了河南省吸引的外商直接投资企业规模仍显过小。分产业来看,第一产业共有外商直接投资企业 74 家,占全部外商直接投资企业总数的 2. 85% ,第二产业共有 2 035 家,占全部的 78. 27% ,第三产业共有 491 家,占全部的 18. 88% 。第二产业是吸引外商直接投资的主要部门,从投资额来看,情况基本一致,第一、第二、第三产业占投资额的比重分别为:1. 34% 、76. 94% 和 21. 72% 。(见本文表 1)

表 1　2004 年底河南省外商直接投资产业分布(个、万美元)

	企业数		投资总额 1 000—3 000	投资总额 3 000 以上	投资总额	
总计	2 600	%	259	42	1 486 106	%
第一产业	74	2. 85	6	0	20 032	1. 34
第二产业	2 035	78. 27	193	33	1 143 365	76. 94
制造业	1 824	70. 15	138	14	780 694	52. 53
第三产业	491	18. 88	60	9	322 709	21. 72

资料来源:《河南统计年鉴》2005 年。

分时期考察,河南省吸引外商直接投资的产业分布存在变动,表 2 选取了 1998 年、2001 年和 2004 年 3 个年份来进行考察。可见,总体来看,仍然是第二产业吸收了大部分的外商直接投资,在最低的年份 2001 年,仍然超过 60% ,到 2004 年则高达 78. 23% 。不同的是,第一

产业吸收直接投资的比例均比2004年底统计的外商直接投资总额比例要高,2004年甚至高达4.94%,基本接近国际上对于第一产业吸引外资的一般比例。(见本文表2)如果考虑统计口径的因素,比一般比例还要高一些。一是因为河南省在吸引外商直接投资方面加大了对于第一产业的倾斜力度;二是因为河南省有一些比较大的涉农企业,这也促使了外资向第一产业进入;三是因为本表使用的数据是协议投资,而非实际投资,第一产业的实际投资比例往往较低。

表2 河南省当年吸引外商直接投资产业分布(个、万美元)

	1998			2001			2004		
	企业数	投资额		企业数	投资额		企业数	投资额	
总计	353	57 333	(占比%)	224	62 188	(占比%)	478	205 383	(占比%)
第一产业	15	1 605	2.79	9	1 406	2.26	19	10 150	4.94
第二产业	272	41 372	72.16	169	38 502	61.91	367	160 674	78.23
第三产业	64	14 356	25.05	46	22 280	35.83	92	34 559	16.83

注:表中资料使用的是当年河南吸引外商直接投资新签协议和协议投资额。

资料来源:《河南统计年鉴》1999年,2002年,2005年。

深入国民经济各部门内部来考察,制造业是吸收外商直接投资最多的行业,2004年底企业个数和吸引外商直接投资的比例分别为70.15%和52.53%。其次是电力、煤气和水的生产与供应业(占22.37%)、房地产业(占8.403%)和交通运输、仓储及邮政业(占5.278%)。值得注意的是,制造业也是企业注销比例最高的行业,截至2004年,制造业共注销512家企业,占全部注销企业633家的80.88%。体现了制造业是外商直接投资最多也是活动最频繁的部门。

(二)河南外商直接投资产业非均衡分布的特点

1. 第一产业利用外资明显不足

由表1可见,河南省第一产业利用外商直接投资明显不足,仅为1.34%,这虽然略高于全国第一产业利用外资1.15%的水平,但一般发展中国家在外商直接投资中,第一产业利用外资的比重为5%,虽然这里面存在统计口径的问题,在国际上统计外商直接投资时,第一产业一般包括两个部分，一部分为农、林、牧、渔业，另一部分为采矿、采石、采油业，而我国统计时将采掘业计入第二产业，从而降低了第一产业利用外资的比重。即使将采矿业加入第一产业，河南省第一产业利用外资所占比重也仅为 1.75%，仅不足 2%，距一般水平仍有很大差距。

2. 第二产业是吸收外商直接投资最多也是外商直接投资活动最频繁的部门

第二产业是河南省吸引外商直接投资最多的部门，这也符合外商直接投资产业分布的一般规律。截至 2004 年底，河南省第二产业吸收的外商直接投资占全部的 76.94%，和全国的 68.93% 相比，处于较高水平。这一方面说明外商直接投资进入第二产业比例较高，第二产业既是国民经济活动最活跃的部门，也是外商直接投资活动最频繁的部门；同时也印证了外商对华直接投资更注重于强调利用我国低成本劳动力的性质。从第二产业部门内部分布情况来看，河南制造业吸收外商直接投资的比例为 52.53%，低于全国 60.35% 的水平，而河南电力、燃气及水的生产和供应业吸收外商直接投资比例却高达 22.37%，远高于全国 5.09% 的水平。电力、燃气及水的生产和供应业是具有高垄断性的行业，换言之，高垄断部门的高垄断收益成为河南吸收外商直接投资的主要力量，这种情况不利于产业的长期发展，也不利于第二产业市场结构的优化。

3. 第三产业吸收外商直接投资略显不足且内部存在不平衡

河南第三产业吸收外商直接投资占全部的比例为 21.72%，低于全国 31.07% 的水平，低了近 10 个百分点，从第三产业总产值比重和全国相比而言，这一比例虽略显不足，但是相对适中的。2004 年，河南第三产业总产值比重为 30.08%，全国比重为 32.01%。由于和东南沿海等经济发达区域相比，河南的第三产业发展水平和质量尚有差距，因而过度吸收外商直接投资的进入对第三产业的发展未必有利。河南第三产业中吸收外商直接投资较高的部门主要在于房地产业（8.403%）和交通运输、仓储及邮政业（5.278%），这两个行业占第三产业吸收外商直接投资的 61.17%，另外住宿和餐饮业（2.195%）和居民服务和其他服务业（2.077%）的比重也在 2% 以上。虽然第三产业吸收外商直接投资尚需要时间,但20世纪90年代以来,世界上国际直接投资的60%都集中在第三产业,这与我国及河南的外商直接投资产业分布仍然存在较大的差距。

（三）河南外商直接投资产业分布结构失衡的深层次原因

1. 外商直接投资产业间非均衡分布的理论解释

从世界经济发展历程来看,国际投资部门的重点具有从第一产业转向第二产业并继续向第三产业转移的趋势,这一世界范围内的普遍现象可从产业结构演变规律得到理论解释:①配第—克拉克定理指出,随着经济的发展,劳动力总是先从第一产业向第二产业转移,再转向第三产业,这是由产业之间附加价值的相对差异造成的。现实经济中第二产业的附加价值高于第一产业,而第三产业的附加价值又高于第二产业,劳动力便具有由低收入产业向高收入产业转移的趋势,则产业结构的转移也出现相应的梯度转移趋势。②国际投资引力定律指出国际投资部门投向的决定主要取决于行业投资密度的高低。据世界银行统计,1952年世界第一、第二、第三产业的投资密度平均比值约为4∶3.8∶3.2,因此,战后国际投资重点必然依次从第一产业向第二、第三产业转移。[①] ③产业内同向投资理论。产业内的同向投资是指一个国家某一行业的企业在对外进行直接投资时,也常把资本投向国外的同一行业。国内产业发展由第一向第二再到第三的梯度发展,导致在对外直接投资时引起相同的效应。

2. 国有经济产业分布的影响

一般而言,国有经济在产业或行业中的分布是影响外商直接投资的一个重要变量。由于中国经济发展的特殊背景,国有经济体系相对成熟,而且在各个方面享有优惠政策,特别是1999年底,中共十五届四中全会确定国有企业退出一部分竞争性领域,积极吸收外资参与国有企业改组改造。同时通过与外资建立合资企业的方式,国有企业还能享受到国家为吸引外资而提供的一系列税收、信贷和原料供应方面的优惠政策,从而成为吸引外资进入的主要原因。并非所有高国有比

① 丁明智:《我国外商直接投资产业分布非均衡结构探析》,《特区经济》2005年第2期。

重部门都成为吸收外资的主要部门,因为受国家《外商直接投资指导目录》的影响,在同一部门内部的不同产业也受到较大影响。[①] 见本文图 1 虽然不能完全显示国有经济对外商直接投资的解释,但总的来看,国有经济比重较高的如制造业、电力、燃气及水的生产与供应业、房地产业同时也是吸收外资较多的部门,但水利、环境和公共设施管理业和公共管理和社会组织等却是受到较多限制的部门。

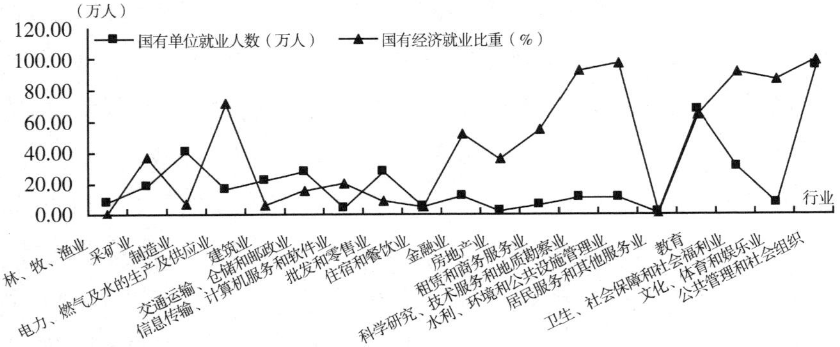

图 1　2004 年河南分行业国有经济职工人数及比重

3. 外商直接投资企业经营目的的影响

从河南吸引外商直接投资的性质来看,截至 2004 年末,外商独资企业 725 家,占总计的 27.88%,而合资和合作企业分别占 61.62% 和 10.35%,合资经营是河南利用外商直接投资的主要方式。但从趋势来看,1995 年中外合资企业登记注册为 3 532 家,到 2004 年为 1 602 家,10 年间减少了超过一半,而外商独资企业则从 1995 年的 606 家上升到 2004 年的 725 家。独资倾向是外商直接投资企业在华投资的一大倾向,这一点在河南表现也很明显。一般而言,独资企业更强调将中国作为一个出口的平台,通过大量使用中国的低成本劳动要素,依托其自身较高的生产技术和全球营销途径,来获取利润。河南虽然是农业大省,但农产品的国际竞争力不高,难以成为吸引外资进入的力量,而河南劳动力资源丰富所导致的工资成本低,和河南劳动密集型

① 王宜喻、陈泽民:《外商投资企业的行业分布特点及其贡献率变化研究》,《改革》2002 年第 5 期。

产业比重高的特点，都为外商直接投资的进入提供了条件。

4. 外商直接投资初始行业分布的影响

理论与实践都已证明，外商直接投资初始分布对后来的外资进入具有强的效应，这一方面在于产业本身的关联，如大量的处于同一行业的外商投资企业之间可以通过人员调动、商业联动等联系来实现"知识溢出"，相互促进。更重要的是，外商直接投资毕竟跨越了不同的地域、不同的体制和不同的文化制度背景，从而会由于存在信息不完全而影响其投资和发展，这些信息包括对劳动力市场的运作、东道国外资政策的具体执行情况、对于合作伙伴的选择策略等，以前的投资无疑能够积累起当地经济和商业环境的知识和经验，从而减少投资成本，降低投资风险。

5. 市场集中度的影响

东道国的行业市场发育情况也会影响外商直接投资的选择，多数文献证实了由于外商直接投资导致了东道国市场竞争不够充分的结果，也有文献认为当东道国行业的市场集中度较高时，会对外商直接投资产生抑制效应，但另外的研究认为，已经形成垄断效应的行业对外商直接投资会带来吸引力，因为跨国公司可以通过兼并东道国的企业而实现快速占领市场的目的。① 事实上，河南省所吸引的外商直接投资规模相对较小，2004 年底，河南外资直接投资的 2 600 家企业中，投资规模超过 3 000 万美元的只有 42 家，而制造业和电力、燃气及水的生产和供应业就占了 33 家，这反映了外商直接投资过于注重短期利益，既不利于技术的获取，也不利于产业结构的长期调整。

三、外商直接投资企业对河南国民经济的贡献

(一)对工业增加值的贡献

2004 年，河南外商直接投资企业增加值为 144.2 亿元，比 2000 年的 85.72 亿元增长了 1.68 倍，年均增长 33.64%。(见本文表 3)同期

① 李永军:《我国外商直接投资行业分布的决定因素》,《世界经济》2003 年第 7 期。

全国外商直接投资企业增长了2.02倍,年均增长40.4%。(见本文表4)从国有及规模以上企业工业增加值中外商直接投资企业的贡献来看,2000年到2004年五年间,河南省分别为7.43%、6.87%、6.67%、6.56%和6.18%,而同期全国则为23.98%、25.16%、25.98%、27.62%和27.81%。和全国相比,河南外商直接投资企业增加值对工业增加值的贡献存在两方面的明显不足:一是贡献率过小,河南省外商直接投资企业对工业增加值的贡献率在10%以内,而全国则高于20%;二是河南省外商直接投资企业对工业增加值的贡献呈逐年下降趋势,而全国则为上升趋势。

表3　河南外商直接投资企业对国有及规模以上企业工业增加值的贡献

(亿元)

	2000	2001	2002	2003	2004
全部工业企业	1 154.39	1 269.97	1 430.75	1 754.08	2 332.68
外商直接投资企业	85.72	87.21	95.45	115.13	144.2
贡献率(%)	7.43	6.87	6.67	6.56	6.18

表4　全国外商直接投资企业对国有及规模以上企业工业增加值的贡献

(亿元)

	2000	2001	2002	2003	2004
全部工业企业	25 394.8	28 329.4	32 994.75	41 990.23	54 805.1
外商直接投资企业	6 090.4	7 128.11	8 573.1	11 599.64	15 240.5
贡献率(%)	23.98	25.16	25.98	27.62	27.81

(二)对固定资产投资的贡献

2004年,河南省全社会固定资产投资总额为3 099.38亿元,其中外商直接投资经济为169.31亿元,外商贡献率为5.46%。值得注意的是这一贡献率尚比2003年的5.39%有所增长,并且比2000年2.69%的贡献率高了一倍,但低于1995年的7.86%的水平。从全国情况来看,2004年外商投资经济对全社会固定资产的贡献率为9.89%。就外商投资经济固定资产投资而言,2004年全国比上年增长了41.94%,河南省则增长了35.96%,仍然落后于全国指标6个百分点。就全国各地区情况而言，全部“三资”企业对总资产的贡献率河南在31个省区市中排名第25位（见本文图2），这与河南经济总量在全国的排序是极不相称的。外商直接投资对于固定资产投资的贡献近年低于往年的情况，一个解释是近年来外商直接投资更注重于第三产业，而第三产业所涉及的科研及技术性服务并不需要过多的固定资产投资。

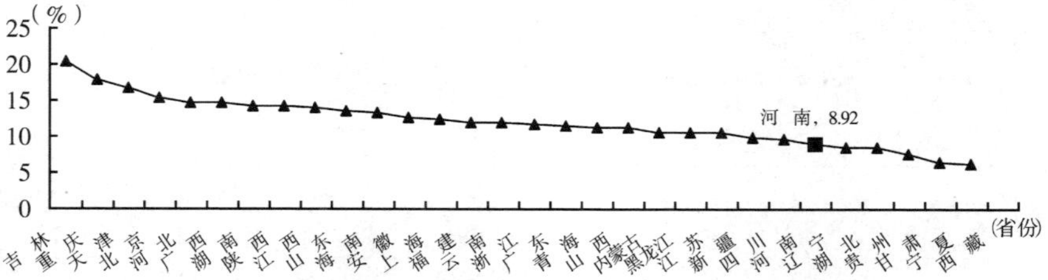

图2　2004年全国各地区“三资”工业企业总资产贡献率

（三）对工商税收的贡献

2004年，河南省外商直接投资企业利税总额为50.51亿元，而河南省国有及规模以上工业企业的利税总额为794.78亿元，外商直接投资的贡献率为6.36%，相比之下，国有及国有控股企业的贡献率为49.04%，集体企业为11.44%，私营企业为19.49%，外商直接投资企业对利税的贡献最低。从全国情况来看，产品销售税金和增值税两项，“三资”企业的贡献率为16.62%，二者虽然并不完全重合，但从一个侧面说明了河南外商直接投资企业对工商税收的贡献率仍显不足。

（四）对出口贸易的贡献

外商投资企业在国际市场有自己的销售网络和渠道，所以为出口商品创造了良好的外部条件，特别是外商独资经营企业对出口商品的贡献率更大。由于政府在审批外商投资项目时，除外资企业生产的产品属于既是国家鼓励又是国家急需的产品，可以全部在国内销售不受限制外，对于一般产品，均要求投资者做出产品全部外销或至少70%以上外销的承诺，否则不予批准，这种规定在客观上决定了外商投资企业特别是外商独资企业较高的出口贡献率。2000年以来，全国外商投资企业出口占全部出口总额的50%以上，且呈逐年上升趋势（见本文表5），然而观察河南，情况不容乐观，2004年外商投资企业出口占总出口额仅16.87%，且在2000年以来呈逐年递减趋势。（见本文表6）

表 5　全国外商投资企业出口对出口贸易的贡献(亿美元、%)

	2000	2001	2002	2003	2004
外商投资企业出口	1 194.41	1 332.35	1 699.85	2 403.06	3 386.07
总出口	2 492	2 661	3 256	4 382.3	5 933.2
贡献率(%)	47.93	50.07	52.21	54.84	57.07

资料来源:《中国统计年鉴》2001—2005 年。

表 6　河南省外商投资企业出口对出口贸易的贡献

(万美元、%)

	2000	2001	2002	2003	2004
外商投资企业出口	30 889	31 396	37 201	53 652.2	70 449
总出口	149 338	171 548	211 876	298 041	417 610
贡献率(%)	20.68	18.30	17.56	18.00	16.87

资料来源:《河南统计年鉴》2001—2005 年。

(五)对城镇就业的贡献

2004 年,河南外商投资企业就业人数为 14.87 万人,比上年的 14.04 万人增加了 0.83 万人,从其所占城镇就业的比例来看,2004 年为 1.71%,比上年的 1.67% 仅提高了 0.04 个百分点,基本持平。但和外商直接投资企业对工业增加值、对固定资产投资和对出口贸易的贡献来看,这已经是较好的表现,而上述各项指标均处于下滑趋势。2000 年外商投资企业就业人数为 15.16 万人,对城镇就业的贡献为 1.76%,这样看来,就业方面在长期基本趋于稳定。但与全国 2004 年外商投资企业对城镇就业 3.90% 的贡献率相比,仍然有较大的差距。而且从趋势来看,全国外商投资企业对城镇就业的贡献一直呈上升趋势,2000 年到 2004 年分别为 2.77%、2.80%、3.05%、3.37% 和 3.90%,相较之下,河南在这方面仍有不足。

(六)对地区平衡发展的贡献

以人均生产总值来粗略地度量地区经济发展水平,则 2004 年人均生产总值最高的是郑州市,人均生产总值达到21 233元,其次是济源市,为18 417元,最低的是周口市,人均生产总值为 4912 元。从本文图 3 可见,除矿业城市济源存在较大差别外,各地区人均生产总值趋势线与实际利用外资走势线基本一致,各地区生产总值走势线和实际利用外资走势线也具有大致相似的关系。这说明外商直接投资对地区经济发展存在重要影响。

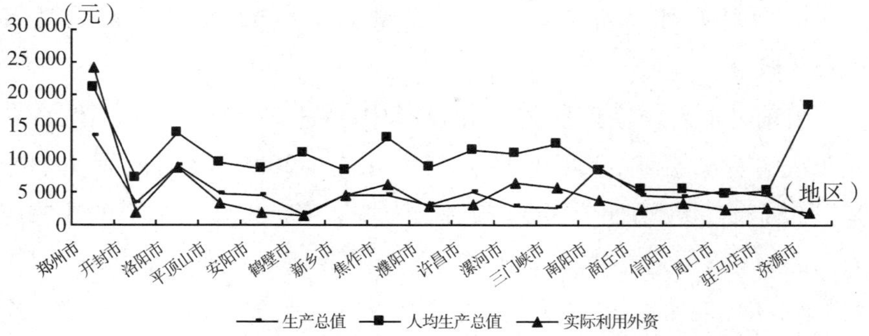

图 3　河南省 2004 年各地区实际利用外资与产值关系

四、加大吸引外资的产业导向性政策建议

通过上述分析可见,河南三次产业结构偏差的主要表现是工业比重过高而第三产业比重过低,产业结构内部的主要问题是工业结构的升级缓慢,因此,今后产业结构调整的重点是加快第三产业的发展和工业结构的升级。从河南产业结构调整和升级的要求和目前外商投资的产业构成及其影响来看,政府部门应从以下几个方面加大对外商直接投资的产业导向力度。

(一)引导外商加大对第一、第三产业的投资力度,相对降低对工业的投资比重

从河南三次产业结构的变动来看,20 世纪 90 年代以来第二产业,尤其是工业的比重升幅过大,第三产业的实际比重下降,使得产业结构偏差变得突出。目前来看,河南外商直接投资中对第一、第三产业的投资比重较之以前已有所上升,对第二产业的投资比重则相对下降,如表 1 和表 2 所示,虽然截止到 2004 年底外商直接投资总额中投向第一产业的比重仅为 1. 34% ,但当年新签协议投向第一产业的比重却高达 4. 94% ,已经体现了这一变化。河南外商直接投资的产业分布和河南当前的产业结构之间仍存在差距,因此,应该引导外商加大对第一、第三产业的投资力度,相对降低对第二产业的投资比重,这不仅

符合产业结构调整和升级的需要,同时也符合国际直接投资的产业结构变化趋势。

(二)引导外商增加对重加工业的投资,相应地减少对消费品工业的投资

目前外商对河南工业的实际投资中,大概有65%的“三资”企业分布在消费品工业,重工业只有35%左右。2004年,河南重工业中“三资”企业工业增加值为80.23亿元,占河南重工业增加值的比重仅为3.27%,特别是在重工业内部,重加工业比重较低,规模以上“三资”企业中,重加工业“三资”企业为91个,占全部规模以上“三资”企业的21.26%,工业增加值的比重为24.33%。河南甚至全国的情况却是消费工业的产品相对过剩和生产能力闲置比重工业更加突出,“十五”期间工业结构调整的基本方向是适度重型化,加强重工业尤其是装备工业,相应控制消费品的投资规模和增长速度。因此,需要引导外商对工业的投资更多地转向重加工业尤其是装备工业部门,相应地减少对消费品工业的投资比重。

(三)引导外商直接投资向第一产业倾斜,包括向涉农第二产业的倾斜

产业结构的优化不仅强调三次产业的比例调整,更强调产业发展与资源要素禀赋的结合情况。河南是我国人口最多的省份,同时也是农业大省,农业产值居全国第二位,第一产业从业人数达3245.66万人,占全部从业人数的58.09%。河南第一产业内部结构存在不平衡性,农业产值占第一产业总产值的比重达54.08%。加大吸引外商直接投资向第一产业的倾斜力度,有助于河南第一产业内部结构的优化调整,提高劳动生产率,并有效地促进第一产业的市场化水平。促进外商直接投资向第一产业的倾斜有两条思路:一是直接向第一产业投资;二是向涉农第二产业投资,特别是那些具有典型示范意义的“公司+农户”型的涉农企业,加大以农产品为原料的加工业的发展,在促进第一产业发展的同时,拓展产业链条,密切三次产业之间的联系。

(四)引导外商增加对技术密集型产业的投资

利用外资的最终目的,是通过引进外资来弥补国内资金缺口,促

进技术管理等方面的进步,从而促进本国产业结构的升级,增强本国产品的国际竞争力。除了大型跨国公司外,目前外商投资过度集中于一般加工工业,而一般加工工业中,有些是生产能力过剩和竞争激烈的产业,包括20世纪80年代中期以来重复建设、引进的产业。外资的大量涌入,加剧了这些产业的过度竞争,造成对国内市场和国内企业的强烈冲击,致使部分国有一般加工企业的处境十分困难。目前,外资工业虽然在机电工业中占有一定的比重,对河南省技术密集型产业的发展起了一定作用,但外资企业同时在加工工业中占有更高比重。而90年代以来,国际直接投资的产业分布具有由资源、劳动密集型产业向资本和技术密集型产业转变的趋势,因此,应利用这一趋势,进一步重视吸引大型跨国公司的直接投资,引导外资更多地进入技术密集型产业和高新技术产业,同时减少对一般加工工业的投资比重。

(五)引导外商投资增加对薄弱的第三产业投资,减少对房地产业和社会服务业的投资

外商对河南省第三产业的直接投资主要集中在房地产和社会服务业,这和全国的情况非常类似。导致外商对第三产业投资波动比较大,并对国民经济的平稳运行产生不良影响。在经济扩张时期,外商对房地产业和社会服务业的直接投资高度扩张,往往导致整个第三产业的外商投资比重大幅度上升;而在经济相对紧缩时期,外商对房地产业和社会服务业的直接投资迅速收缩,导致第三产业的外商投资比重大幅度下降。由于第三产业中投资结构倾斜现象的存在,房地产业和社会服务业的外商投资大幅度波动会直接造成整个第三产业的大幅度波动。显然,只有当第三产业外商投资结构过度倾斜趋势得到逐步改变后,外商对第三产业投资的周期性波动现象才会明显减少。第三产业中,目前外商直接投资比重较低的部门,如金融、保险、卫生体育、社会福利、科研和综合技术服务业以及教育和文化艺术等,多数属于层次较高的服务部门,要提高其发展水平,必须通过相应的外资产业结构导向政策,引导外资合理地向这些行业投资。

该文原刊发于《国际经贸探索》2007年第2期。

中韩贸易中的非一体化贸易转向：机制、过程与结果

一、引　言

中韩正式建交以来，双边贸易持续快速增长，从 1992 年的 50.3 亿美元上升到 2005 年的 1 119.9 亿美元，从而韩国成为中国继欧盟、美国、日本、中国香港和东盟之后的第六个贸易规模超千亿的国家或地区。然而在中韩双边经贸关系趋于紧密的同时，两个现象不容忽视：一是中韩贸易逆差增长快于贸易增长。1992 年中韩贸易逆差为 2.2 亿美元，到 2005 年达到 417.6 亿美元，14 年增长了近 190 倍，特别是，自 2003 年起，中国对韩国逆差额超过中国对韩国出口额，成为中韩贸易逆差中引人注目的特点。二是韩国对华直接投资增长强劲。中韩建交以来，韩国对华直接投资由 1992 年的 1.2 亿美元增长到 2005 年的 51.68 亿美元。据商务部统计，韩国已经成为我国第四大外资来源国。①

国际经济发展到 20 世纪 90 年代，贸易投资一体化的趋势越来越明显，国际贸易和国际投资在区域分布和产业分布上存在高度的一致性，这既反映了贸易自由化对全球资源要素整合的需要，也体现出国

① 商务部：《2006 中国商务发展研究报告》，中国商务出版社 2006 年版。

际贸易分工的基础由比较优势向竞争优势的转移。① 中韩经贸交往中的上述两个特征不是随机的经济现象,而是与可考察的双边贸易投资内涵有着密切的内在关联。作为国际直接投资的主体,跨国公司的数量及其全球进行资源整合的能力已经成为评价一国竞争优势的主要指标,而贸易格局中渐占主流的产业内贸易也越来越多由跨国公司承担,所有这些都要求在评价国际贸易的成效时,必须将与其相关的国际直接投资结合起来进行。中韩贸易在近年来的趋势及其巨额逆差已经引起了学术界和产业界的极大关注,多数学者认为中韩贸易逆差的持续存在是不利的,而且反映了我国加入 WTO 后在与周边国家双边贸易中的不协调。本文认为,中韩贸易逆差的持续存在是有其深远的内在原因的,其核心在于韩国对华直接投资所引致的非一体化贸易转向,即韩国对华形成的巨额贸易逆差其实是韩国在华投资企业对外贸易的转向,这同时也是开放条件下推动比较优势向竞争优势转化的主体间的利益分配问题。本文在讨论中韩贸易逆差的国际直接投资因素的基础上,研究中韩贸易中的非一体化贸易转向,并探讨其中的比较优势利益分配问题。

二、中韩贸易持续逆差的国际直接投资因素

多数学者认为中韩贸易逆差的原因在于韩国过于严格的贸易保护政策。目前来看,韩国对农产品、水产品和畜产品采取的关税壁垒主要有调节关税、配额关税和特殊保障措施关税等。2006 年韩国征收进口调节关税的 18 种产品中,平均调节关税率为 36.2%,其中和中国有关的品种不下 10 种,这严重影响了中国具有相对竞争力的产品的出口。另据中国商务部公布的 2006 年度《国别贸易投资环境报告》,韩国对 63 个大类农产品实行关税配额,并对受配额管理的部分产品征收 200% 以上的配额外关税,从而中国大部分具有竞争力的农产品

---

① 魏浩:《贸易投资一体化与当代国际贸易理论的创新》,《首都经济贸易大学学报》2003 年第 2 期。

都被韩国政府纳入关税配额管理的范围。

中韩贸易结构的变迁所带来的效应也引起了较多的关注。随着中国经济的高速增长，中国对资本和技术密集型产品需求也增加，同时，产业结构调整后的韩国以资本技术为基础的机电产品、汽车、化工产品、钢材等出口大幅增长，两国供给与需求的客观吻合则导致了中国对韩国贸易逆差的快速增长。据李准晔和金洪起（2002）的研究，在过去10年间，中韩贸易问题快速增加中，工业产品的产业内贸易起了主导作用，而且在工业产品的产业内贸易中，与同质产品的横向产业内贸易相比，质量与价格有所差异的垂直产业内贸易起了主导作用，从而表明了中韩贸易仍然保持着由资源禀赋条件所决定的产业间贸易特征。①

事实上，在严格的贸易壁垒和贸易结构背后，导致中韩贸易出现持续性逆差的原因在于韩国对中国的国际直接投资，理由在于以下四点：

1. 韩国对华直接投资与中韩贸易具有一致性

1992年以来，中韩之间的国际贸易和韩国对华直接投资均呈增长趋势，1992年中国对韩国进口额为26.2亿美元，到2005年达到768.2亿美元，15年间增长了29倍，年均增长31.85%；1992年韩国对中国直接投资1.2亿美元，到2005年增长到51.7亿美元，15年间增长了43倍，年均增长43.83%。显然投资增长超过了贸易的增长速度。但分时期考察，2002年前后情况有所不同，1992—2002年间，中韩贸易及韩国对中国直接投资均呈缓慢增长态势，而2002年以后二者的增长速度均大大增加（见本文图1），韩国对中国出口和韩国对中国直接投资在过去的14年中的趋势具有一致性的特征。

2. 韩国对华直接投资与韩国对华出口的行业分布具有一致性

从行业分布来看，韩国对中国的国际直接投资大都发生在制造业中，1999年到2001年三年间累计投资件数比重为86.9%，投资金额比重占到82.4%。而且在制造业行业中，A类即电子通信、石油化工、合

① 李准晔、金洪起：《中韩贸易结构分析》，《中国工业经济》2002年第2期。

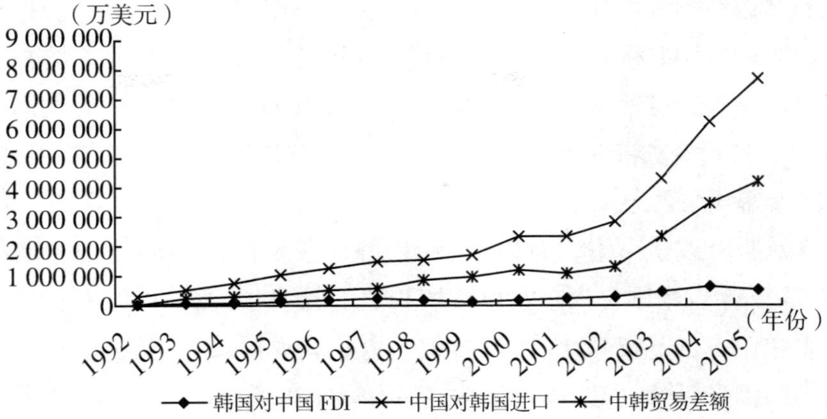

图1　1992—2005 年间中韩贸易及韩国对中国直接投资

资料来源:《中国统计年鉴》1993—2006 年。

金、机械装备等行业投资处于较高水平,1998 年达到历史最高点 3.9 亿美元,亚洲金融危机后有所降低,但近年来一直保持在 2 亿美元以上,而且高出 B 和 C 类行业 1 倍以上。目前来看,韩国对华直接投资最主要的四大行业:电子通信产品、纺织服装业、石油化工业和机械设备,也正是中国发生逆差最突出的行业,同时也是中国向韩国进口增长较快的行业。以 2005 年为例,中国进口额最大的是机电产品,为 438.9 亿美元,同比增长 26.0%,而从韩国进口的该类产品为 331.4 亿美元,同比增长 30.2%,占该类产品总进口的 75.5%。①

3. 韩国在华投资企业以向韩国进口中间品为主

20 世纪 90 年代开始,韩国对华投资中消费品产业的比重开始下降,而电子通信、石油化工、金属、冶金、机械设备等工业原料及配件产业所占比重上升,到 1997 年即超过了 50%,2002 年达到 65%。② 而在华韩资企业主要从韩国进口设备、零部件和原材料,进行深加工,然后再销往韩国和其他国家。据韩国贸易协会 2003 年对 1 180 个在华韩资企业的调查表明,这些企业对韩国原材料的进口依赖度达 40%,而

① 湖南省商务厅. 中韩贸易逆差的成因与对策[R]. http://hunan.mofcom.gov.cn/aarticle/sjgongzuody/200605/20060502199609.html.

② 孙启明、王合兴、孙维仁:《韩国对华投资:发展状况与作用》,《国际经济合作》2006 年第 6 期。

把产品返销到韩国的比率只有16%左右。韩国产业资源部一份报告称,2003年中韩贸易逆差中,加工贸易和设备投资逆差所占份额为57.4%,一般贸易引致的逆差占42.6%,即中韩贸易逆差中的大部分是由于加工贸易和设备投资引致的。

4.韩国在华投资企业具有"市场占有"倾向

从投资规模来看,中韩建交初期韩国投资中国的以中小企业为主,1999年以来则是大企业投资增长速度较快,虽然总体看来仍然是中小企业占据了较高比重,但由于大企业的规模较大,是中小企业规模的两倍多,从而仍然是大企业主导了韩国在华投资的方向。由于大企业更注重市场的开拓,占领本地市场成为韩国企业对华投资的重要方面。据韩国贸易振兴公社(KOTRA)2004年进行的一项对在华韩资企业经营现状问卷调查显示,韩国企业对中国投资的目的在于三个:打开中国的内需市场、原材料和廉价劳动力。KOTRA的调查数据显示,韩国企业投资中国的目的与企业规模有关,投资额低于100万美元的中小企业投资中国的目的:打开中国内需市场(26.8%)、取得廉价劳动力(25.8%)、原材料采购(13.1%)。而对于投资超过100万美元的大企业而言,投资中国的主要目的:打开中国内需市场(34.9%)、原材料采购(18.5%)和取得廉价劳动力(16.3%)。①

三、中韩贸易逆差的实质:非一体化的贸易转向

中韩贸易逆差的持续快速增长引起了多方的关注和评论。一种观点认为中国对韩国的巨大逆差对中国经济是不利的,认为"中国成了韩国最大的提款机"②,对韩国逆差不利于我国的就业,进而影响经济增长,最终危及中国的经济利益。另外一种观点认为,中韩贸易逆差并非韩国的过度贸易保护政策所致,而是由中、日、韩、美、欧之间的

---

① 鲁桐、郑俊圭:《韩国企业在中国的投资与中韩经贸关系展望》,《世界经济与政治》2005年第2期。

② 吴向宏:《中国成韩国提款机,中韩贸易逆差为何被国人漠视》,《南方都市报》2006年10月26日。

国际经济分工体系和全球化时代的生产模式造成的，孤立地看待中韩之间的贸易逆差并因此产生恐慌是不对的。中国经济的高速增长得益于自由的全球贸易体制，而既然中韩贸易逆差源于自由贸易，则我们应该对此冷静看待。事实上，作为国际经济分工和全球化生产模式的表现，中韩贸易逆差对中国经济及东亚区域经济所带来的影响都是非常复杂的，它既促进了中韩两国的经济增长和中韩两国经济交往的深入，同时也影响了东亚区域经济一体化的进程。其实质是一种非一体化的贸易转向。

一体化的贸易转向指的是多个国家由于建立了关税同盟，从而成员国之间的贸易代替了原来成员国与非成员国之间的贸易，从而造成贸易方向的转移。假设世界上存在三个国家 A、B 和 C，B 国和 C 国均生产一种产品 M 且是 A 国的进口产品，由于 B 国生产 M 产品的成本低于 C 国的生产成本，所以价格也低，即 $P_B<P_C$，在自由贸易状态下 A 国向 B 国进口 Q_1Q_4 数量的 M 产品。如果 A 国和 C 国组建了关税同盟并构筑共同的关税壁垒（以 t 表示），从而导致 B 国的 M 产品失去竞争优势而导致其出口减少甚至为 0，A 国转而向其伙伴国 C 国进口 Q_2Q_3 数量的 M 产品。由于组建关税同盟后，A 国向 C 国进口的 Q_2Q_3 部分原来是从关税同盟外的 B 国进口，则称其为贸易转向效应。（见本文图 2）由于这种贸易转移效应的发生原因在于 A 国和 C 国组建关税同盟所致，故将其称之为一体化的贸易转向。

值得注意的是，对于 B 国和 C 国而言，一体化贸易转向对他们的

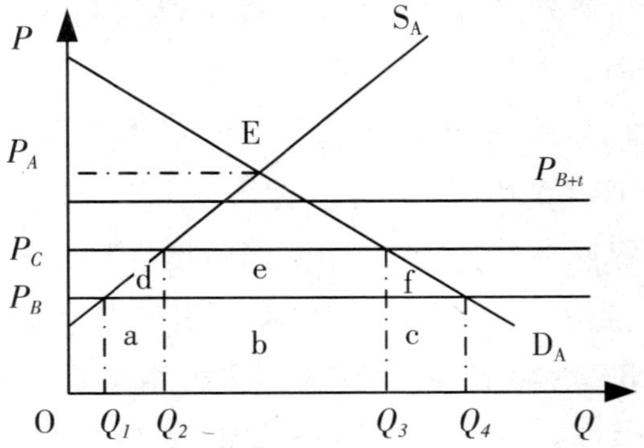

图 2　一体化的贸易转向效应

福利带来了不同程度和不同方向的影响。对 B 国而言,由于原来向 A 国出口的 Q_1Q_4 数量的 M 产品不能出口,则其福利损失包括:①以 Q_1Q_4 数量 M 产品出口度量的静态福利损失;②国内生产削减 Q_1Q_4 数量 M 产品所带来的就业效应和国民收入损失。对 C 国而言,由于增加了 Q_2Q_3 数量 M 产品的出口,则其福利效应相应包括:①以 Q_2Q_3 数量 M 产品出口度量的静态福利增加;②国内生产增加 Q_2Q_3 数量 M 产品所带来的就业效应和国民收入增加。显然,由于 $Q_2Q_3<Q_1Q_4$,则差额部分所带来的福利损失由 A 国承担,其中 Q_3Q_4 数量是由于 A 国需求减少带来的净福利损失,而 Q_1Q_2 部分则用以度量由于价格上升所导致的生产成本高的 A 国国内生产上升带来的资源浪费。

非一体化的贸易转向则是指这样一种情形。对于世界上的三个国家 A、B 和 C 而言,M 产品同时可以由 B 国和 C 国生产并具有向 A 国出口的可能,其中 B 国在生产 M 产品上具有技术的相对优势,而 C 国具有生产 M 产品的禀赋优势,且有 $P_B<P_C$,则 A 国将主要进口 B 国的产品,其进口数量为 Q_2Q_3。(见本文图 3)如果通过 B 国对 C 国进行国际直接投资在 C 国进行生产,则 B 国的技术优势和 C 国的成本优势的结合,M 产品的价格 P_{CT} 会低于 P_B,在 P_{CT} 价格水平上,A 国将较多地进口 M 产品,由原来的 Q_2Q_3 扩张到 Q_1Q_4。此时,原来 A 国向 B 国进口 M 产品转向从 C 国进口,则 Q_1Q_4 即为由于 B 国向 C 国进行直接投资在 C 国生产并向 A 国出口发生的贸易转向效应。由于这种贸易转向并非由于 B 国和 C 国组建一体化所致,而是由于 B 国通过向 C 国的直接投资生产并向第三国出口所致,则本文将这种效应称为非一体化的贸易转向。

在本文中,我们假设 B 国在生产 M 产品上所具有的技术优势是体现在生产 M 产品的中间产品上。在非一体化的贸易转向中,B 国和 C 国同时获取贸易转向收益。其中 C 国的收益为:①扩大生产 M 产品 Q_1Q_4 数量的就业效应和国民收入增加;②出口 Q_1Q_4 数量 M 产品的国际收支效应。B 国的收益为:①在 C 国进行生产 Q_1Q_4 数量 M 产品所需要的中间产品的生产扩张所带来的就业效应和国民收入增加。②向C 国进行国际直接投资生产并向 A 国出口 Q_1Q_4 数量 M 产品的国

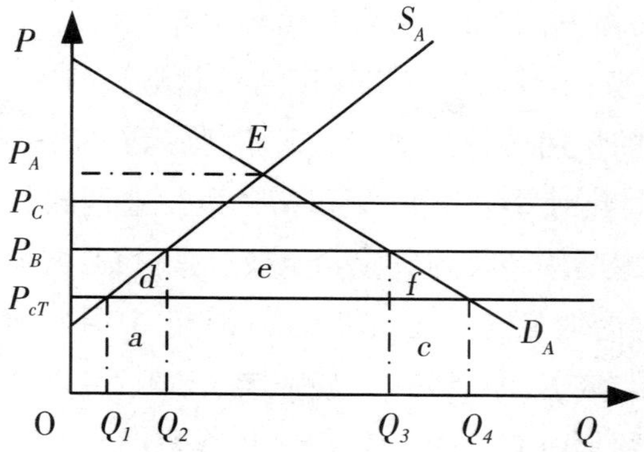

图3 非一体化的贸易转向效应

际收支效应。和非一体化贸易转向前相比，A 国进口增加了 $Q_1Q_4-Q_2Q_3$，其中 Q_1Q_2 部分是由于成本下降所带来的生产增加，而 Q_3Q_4 部分则是由于 A 国需求增加的福利净增。

和一体化的贸易转向所强调的纯价格效应不同，非一体化的贸易转向产生的根本原因在于生产效应。即，技术优势国 B 通过向禀赋优势国 C 直接投资来寻找两国优势的结合，这一结合导致了两个结果：①就全球而言，优势生产国由 B 国转移到 C 国，出口国也随之由 B 国转化为 C 国。这一过程伴随着 B 国和 C 国之间的贸易增长，B 国与 C 国之间的贸易增长主要以 B 国在 C 国的直接投资企业向母国进口中间品为主，可以视为承载技术国际转移的中间投入品贸易。②由于具有禀赋优势的 C 国通过吸引 B 国的直接投资获取了较高的生产技术，从而改变了 M 产品的生产函数，提高了生产率并实现了资源要素的优化配置。

四、中韩非一体化贸易转向中的结构效应与利益分配

非一体化的贸易转向在中国的表现是对韩国进口持续增加，进而导致贸易逆差持续扩大，同时对其他国家特别是发达国家的出口快速增长，伴随这一趋势的是中国的出口结构日益高级化，中国出口结构与向韩国进口结构趋于一致。其背后的实质则是得自非一体化贸易转向的利益在中韩之间的分配。

(一)中韩非一体化贸易转向的结构效应

1991年以来,中国的出口呈快速增长趋势,而这一增长则主要是由工业制成品的快速增长拉动的。工业制成品占出口的比重从1991年的77.53%上升到2005年的93.16%,以工业制成品为主体的贸易结构体现了国内结构转移的效应。但在这一过程中,两个现象不容忽视,其一是中国的加工贸易增长领先,2004年中国的加工贸易出口为3 279.9亿美元,增长35.6%;一般贸易出口2 436.2亿美元,增长33.9%。加工贸易进口2 217.3亿美元,增长36.1%;一般贸易进口2 482亿美元,增长32.3%。二是高技术产品出口也获得了较好成绩,2004年进出口3 269.7亿美元,增长43.8%。出口比重已达27.9%。但我国的高技术出口产品主要还是处在国际产业分工中的低端位次上,仍然是劳动密集型产业。[①] 特别是,中国的高技术产品出口中,通过外商投资企业的出口占据了相当规模,外商直接投资企业的出口占工业制成品的比重从1993年的33.61%上升到2004年的61.62%,显示了外商直接投资企业在中国出口中的巨大作用。

加工贸易领先和外商直接投资企业对出口的带动作用都体现了这种非一体化的贸易转向问题。具体到中韩之间的非一体化贸易转向而言,其结构效应主要在于以下三点:

1.中韩贸易模式由互补转向竞争

在中韩贸易初期,中方出口产品主要是农产品、原材料和劳动密集型产品,进口产品则以工业制成品为主,从而形成垂直的互补关系。随着中韩经贸关系的深入发展,特别是受韩国对华直接投资所带来的非一体化贸易转向的影响,这一关系逐步发展为由产业间的贸易形态转换为产业内的贸易形态。据李准晔和金洪起(2002)统计,中韩贸易的产业内贸易指数以SITC3计算从1991年的18.17%上升到2000年的41.67%,如果只考察工业产品,则1991年为27.12%,2000年则上升到47.35%。值得注意的是,中韩贸易很大程度上是由在中国投资的韩国企业来完成的,2001年外资企业进口占中国从韩国进口比重的

① 裴长洪:《寻求新的突破——我国"十一五"期间的对外贸易》,《国际贸易》2005年第4期。

59.7%,出口所占比重则为49.1%,中韩贸易模式由互补到竞争的变迁成为中韩非一体化贸易转向的主要体现。

2. 加工贸易成为中韩贸易增长的动力

韩国在中国进口市场占有率持续上升,2005年为11.6%,设备投资和加工贸易成为促进进口市场占有率上升的主要力量。据统计,2005年中国对韩出口总额351.1亿美元,一般贸易186.6亿美元,加工贸易164.5亿美元。中国从韩国进口总额768.2亿美元,一般贸易314亿美元,加工贸易428.9亿美元,设备投资25.3亿美元。中韩贸易中加工贸易所占比重由2002年的48.5%上升至2005年的53%。中国从韩国进口中加工贸易所占比重56%,但出口仅为48%,偏差接近10%。中韩贸易结构中与加工贸易相关的对韩贸易逆差额急增。2003年以来加工贸易逆差额增加3倍以上,达289.7亿美元,2005年所占比重近70%。①

3. 中韩出口市场高度重叠

在2004年中韩两国前十大出口市场上,除了双方各自为主要出口市场外,其余九大出口市场上中韩两国有8个出口市场是重叠的(见本文表1);2005年中国位居前三大出口市场的分别是美国、中国香港和日本,占出口比重为48.74%;韩国的前三大出口市场(不包括中国)则是美国、日本和中国香港,占出口比重为28.5%。这一结构特征体现了两国出口结构的相似性,也体现了两国在国际市场上的优势是一致的,这既是促进中韩形成非一体化贸易转向的原因,也是非一体化贸易转向的结果。

表1 2004年中韩主要出口市场比较

	中国(出口总额5 933.7亿美元)			韩国(出口总额2 538.5亿美元)		
次序	国家(地区)	金额(亿美元)	比重(%)	国家(地区)	金额(亿美元)	比重(%)
1	美国	1 249.5	21.1	中国	497.6	19.6
2	欧盟	1 071.6	18.1	美国	428.5	16.9

① 《中韩加工贸易比重持续上升》,《中国贸易报》2006年3月14日。

续表

	中国(出口总额5933.7亿美元)			韩国(出口总额2538.5亿美元)		
次序	国家(地区)	金额(亿美元)	比重(%)	国家(地区)	金额(亿美元)	比重(%)
3	中国香港	1 008.8	17.0	欧盟	378.3	14.9
4	日本	735.1	12.4	东盟	240.2	9.5
5	东盟	429.0	7.2	日本	217.0	8.5
6	韩国	278.2	4.7	中国香港	181.3	7.1
7	中国台湾	135.5	2.3	中国台湾	98.4	3.9
8	俄罗斯	91.0	1.5	印度	36.3	1.4
9	澳大利亚	88.4	1.5	加拿大	33.8	1.3
10	加拿大	81.6	1.4	澳大利亚	33.8	1.4
	合计	5 168.7	87.2	合计	2 145.2	84.4

资料来源:转引自:张玉和:《中韩贸易模式的变迁:从互补到竞争》,《国际经贸探索》2006年第1期。

(二)非一体化贸易转向中的利益分配

在一体化的贸易转向中,由于是同盟国之间通过组建关税同盟产生关税效应来进行的,实质上是将原属第三国的利益转移给了同盟国,伴随这一转移过程则是进口国的福利损失。在非一体化的贸易转向中,由于是通过国际直接投资带来的生产效应,则不存在由于关税效应带来的福利损失,非一体化贸易转向产生的利益通过投资和贸易两个渠道在两个国家间进行分配。

对中国而言,经由投资渠道所得利益主要包括:所吸收的来自韩国的外商直接投资;中国和在华韩资企业的关联企业的产出;在华韩资企业创造的税收等。对韩国而言,经由投资渠道所得利益包括:韩国在华直接投资企业从韩国进口中间品的收益;韩国在华直接投资企业经营利润以及在中国获取低成本生产要素的收益。

经由贸易渠道进行的利益分配涉及两大部分,一是中韩之间的贸易。主要体现为在华韩资企业通过向韩国进口中间投入品并将在华生产的制成品向韩国出口所产生的利益分配问题;二是中国与第三国的贸易。在华韩资企业向非韩国的其他国家出口,一方面形成中国的外贸收入,同时又通过韩资企业向韩国进口和利润汇回的形式转向韩国,而这则是非一体化贸易转向的最关键部分。

该文原刊发于《国际贸易问题》2007 年第 6 期。

策略性贸易政策的结构效应与比较优势发挥

——对我国“加工贸易领先”的一个解释

改革开放以来,我国的对外贸易在持续快速增长的同时,两个现象引人注目:一是加工贸易领先。1991 年加工贸易出口占出口总额的比重是 45. 1% ,到 1995 年上升到 49. 54% ,2005 年这一数字又上升到 54. 66% 。加工贸易一直占我国出口贸易的一半,并且呈逐步上升的趋势。二是外商直接投资企业出口比重逐步上升。20 世纪 80 年代和 90 年代前期,外商直接投资主要进入服装、鞋类、电子元器件等劳动密集型产业领域,促进了中国制造业的发展,同时也促进了中国制造业出口的扩大,外资企业在其中扮演了重要角色。1986 年外资企业进出口占中国进出口总值的比重仅为 4% ,到 1999 年已经突破 50% ,2005 年的比重达到 58. 5% 。这两个现象之间存在内在的联系,又共同反映了我国基于比较优势开展对外贸易的现实。就现阶段而言,低成本的劳动力仍然是我国开展对外贸易比较优势之所在,结构调整和外资进入领域都与此紧密相连。

然而,过于强调发挥比较优势又有悖于我国结构调整的目标。经过近 30 年的发展,我国的制造业虽然已经得到很大的发展,但仍然以低劳动成本取胜,产品技术含量低,出口产品自主品牌少。结构调整则要求进行自主创新,提高产品的技术含量,基于高新技术来全面提升制造业的竞争力。在这样的背景下,加工贸易领先处境尴尬,前景很不确定。本文认为,结构调整和比较优势发挥之间并不存在矛盾,是并行不悖的。结构调整既是实现产业升级的一个目标，同时又是比较优势发挥的过程，加工贸易领先虽然取得了一些短期利益，但长期来看影响了我国结构调整的进程，这需要转换对外贸易战略，由单纯的出口导向型外贸战略转换为保护性出口促进的策略性贸易战略，这应该成为我国转型期对外贸易战略调整的主要内容。

一、我国加工贸易领先的成因与结构难题

改革开放以来，我国的对外贸易一直是遵循发挥比较优势的原则展开的。众多文献论证了我国遵循比较优势开展对外贸易的重要性和意义，如林毅夫指出，发展中国家和发达国家的根本差别主要在于要素禀赋结构的差别，则发展中国家要赶上发达国家，其发展目标应该定位于提升本国的要素禀赋结构，这就取决于一国是否遵循比较优势制定其发展战略。①

改革开放前，我国的对外贸易政策一直奉行进口替代战略，这虽然为今后的发展奠定了重工业基础，但形成了不合理的经济结构，不仅不利于国民经济的协调发展，而且不利于比较优势的发挥。改革开放初期，我国的产业发展水平、生产技术水平和资本拥有量都与发达国家具有较大差距，比较优势集中于丰富而且廉价的劳动力资源上，出口导向型外贸战略符合中国当时的实际。这一贸易政策取向的核心内容是出口退税、鼓励机电产品出口和支持加工贸易的其他配套政策，同时设立了中国外贸发展基金，采取政策性出口信贷和出口信用保险等促进措施，初步形成了一套系统的出口政策支持体系，其累计效应使我国迅速成为世界第三大出口国，外汇储备从 1978 年的 8.4 亿美元上升到 2006 年底的 10 663 亿美元，国民经济对外依存度不断提高。② 伴随着出口导向型外贸战略的实施，我国的开放经济中发生了一些日益突出的变化，并最终促成了对外贸易中加工贸易领先的局

① 林毅夫、孙希芳：《经济发展的比较优势战略理论》，《国际经济评论》2003 年第 11 期。

② 陈文玲：《对调整我国贸易战略几个有争议问题的思考》，《理论前沿》2006 年第 21 期。

面，表现在：

（1）经济结构日益制造业化。改革开放以来，我国的工业快速发展，超出了国民经济增长的速度，在对外贸易中的直接表现就是工业制成品在出口中所占的比重日益上升。1980 年，我国工业制成品出口额为 90.1 亿美元，占当年出口总额的比重仅为 49.7%，到 2004 年，工业制成品出口额达 7 129.2 亿美元，占出口总额的比重为 93.6%，大大超出目前约 75% 的世界平均水平。这种变化引发了世界上对我国成为"世界工厂"的评论，并认为中国制造业的发展将引发全球生产分工格局的重构。实际上，我国制造业占全球的份额只有 5%，远低于日本（15%）和美国（20%）的水平，而且工业制成品出口额也仅占全球制成品出口额的 7.7%，排在美国、日本和德国之后居于第 4 位。出口导向型外贸战略促进了我国贸易自由化程度的不断提高，而中国的资源要素禀赋条件导致了世界产业的重新分布，进而促进了我国制造业的超常发展，但我国规模巨大的制造业处于产品价值链的最低端，产前和产后为制造业服务的高端产业则保留在发达国家，在外贸结构中必然表现为加工贸易占据了主导地位。

（2）外商直接投资持续流入，并逐渐成为我国出口中的重要力量。在"以市场换资金"思想主导下，改革以来我国给予了外资诸多优惠条件，从而促进了外资持续的流入。1985 年到 2005 年中国实际利用外商直接投资规模从 19.56 亿美元增长到 603.25 亿美元，累计利用外商直接投资 6 224.29 亿美元。同时，外商直接投资企业出口比重也持续上升，所占比重已经超过 50%。如前所述，20 世纪 90 年代以前，外商直接投资企业主要进入我国劳动密集型企业，90 年代后期逐步向技术密集型产业转移，2003 年，中国制造业中外资企业的产出占总产出的比重为 31.5%，但在技术密集型产业增加值中占的比重则为 41.7%。值得注意的是，外商直接投资企业出口不但成为中国出口的主体，同时也成为促进我国制成品出口的主要力量，左右了我国制成品的出口结构，在外资大规模出口中，由于外资控制了收益最高的设计、研发、品牌等环节，中国只是其"工厂"所在地，中方得到的只是份额很少的加工费。①

(3)农村剩余劳动力转移速度加快,导致过度工业化的局面。我国改革开放以来农村剩余劳动力的转移既是过度工业化的成因,也是其结果。按阳俊雄的估计,1982 年以来是我国农村剩余劳动力转移最快的时期,其中 1982—1988 年间年均转移速度为 23%,1992—1996 年间年均转移速度为 8%,这是历史上两个转移高峰期。1997 年以来转移速度有所下降,为 4% 左右。② 过度工业化实际上是劳动密集型产业的过度发展,在开放条件下必然产生低技术制成品的出口效应,推动加工贸易的进一步扩张。

可见,导致加工贸易领先的根本因素是我国长期实施出口导向型外贸战略和比较优势战略的累积结果,由于出口导向战略本质上是一种市场导向型战略,意味着通过扩张本国具有典型比较优势的初级品产业或低附加值的加工业。然而从这一战略的实施结果来看,加工贸易领先反映出来的恰恰是深层次的结构问题,并没有达到提升本国结构的目的。这有三个方面的表现:一是国民经济结构高级化进程受阻。经济结构高级化的核心是经济结构由低级形态向高级形态转化的过程和趋势。经过近 30 年的发展,我国的工业化程度有了很大程度的提高,但仍然停留在劳动密集型和低技术密集型阶段,特别是,三次产业之间和三次产业内部的不协调均不同程度存在,劳动生产率增长慢,缺乏对资源要素的结构性整合能力。二是对外贸易结构亟待优化。我国较高的外贸依存度与对外贸易存在严重的不平衡和不对称,从而凸显我国外贸结构的问题,由于我国主要出口低技术的劳动密集型产品,进口资本和技术密集型产品,导致进出口贸易在需求弹性、供给弹性和收入分配等方面均表现出不对称,从而影响我国外贸发展的可持续性。③ 三是区域结构非均衡发展。出口导向型外贸发展战略的

---

① 李恒:《结构性增长、结构贸易与中国农村剩余劳动力转移》,《华中科技大学学报(哲学社会科学版)》2007 年第 2 期。

② 阳俊雄:《我国农村劳动力转移速度放慢》,《中国国情国力》2004 年第 5 期。

③ 尹翔硕:《贸易结构更为重要——中国外贸依存度及进出口贸易的不平衡与不对称》,《国际贸易》2004 年第 3 期。

实施对区域经济发展带来深远的影响，这也为日本和亚洲四小龙等国家和地区的发展所证实。在我国出口导向型外贸战略实施过程中，导致外向型产业向东南沿海开放前沿地区高度集中，也吸引了资源要素向这些地区集中，区域累积循环作用的结果形成了地理二元经济结构，成为国民结构性问题中难以解决的问题。

二、策略性贸易政策及其对发展中国家比较优势发挥的促进机制

（一）适用于发展中国家的策略性贸易政策

策略贸易政策（Strategic Trade Policy）是20世纪80年代在新贸易理论基础上提出的一种新的贸易政策理论，由布兰德和斯宾塞提出，它是建立在不完全竞争市场理论基础上的一种政策分析。根据策略性贸易政策的观点，一个国家可以通过暂时性的保护、补贴、税收优惠和政府与工业部门的合作计划等措施，在对该国整体经济发展有较大带动作用和外部经济的领域创造领先优势，进而带动整体国民经济的发展。[①] 这种政策之所以被冠以“策略性”的标签，主要是因为它是针对寡头市场结构提出来的，在寡头市场结构下，政府对贸易活动干预的目的，是改变市场结构或环境，以提高本国企业的国际竞争力。由于战略性贸易政策强调的市场结构在现阶段具有较强的产业指向性，如半导体、计算机、远程通信等领域，这些产业具有较高风险，从而要求大规模的R&D投入和出口补贴，一般认为战略性贸易政策仅适用于发达国家，而不适用于发展中国家。[②]

实际上，在策略性贸易政策中，除了以布兰德和斯宾塞提出的适用于发达国家的战略性出口政策外，以克鲁格曼提出的保护性出口促

① 方齐云：《国际经济学》，华中科技大学出版社2002年版，第186页。

② 曹雪：《浅析现阶段战略性贸易政策在中国的不适用性》，《世界经济研究》2004年第5期。

进战略政策则是以发展中国家为对象来进行分析的①。保护性出口促进战略是出口导向型战略的有机组成部分，是把保护主义政策融入出口导向的一种有意义的新型贸易战略。它是完全有别于单纯的进口替代或出口促进的贸易战略，它一方面有效解决了进口替代政策所产生的工业无效率问题，也避免了单纯出口促进由于过于强调静态比较优势形成畸形的结构，进而影响经济的独立性。

由于不论是保护还是激励都最终必然在产品的价格优势上体现出来，则对于保护性出口促进政策的理论基础我们也可以以产品的相对价格来进行分析。假设一个经济体具有三个部门：出口部门为 X、进口部门为 M 和非贸易部门为 H。显然贸易不但影响两个外贸部门的相对价格，而且影响贸易部门和国内部门之间的相对价格，在此三部门经济中，假设贸易部门的生产函数分别为：

$$X=f(Pm/h,Px/h),M=f(Pm/h,Px/h)$$

式中，X 和 M 分别为可出口商品和可进口商品的生产，Pm/h 和 Px/h 为 X 和 M 商品对国内商品 H 的相对价格，则在以 Pm/h 和 Px/h 为坐标轴的平面体系中，任一点代表两种相对价格的特定组合，则我们可以找到线 XX'，其上所有点表示可出口商品的产量 X 维持在 X_0 水平上，同理，存在 MM' 线，代表所有可进口商品的产量 M 维持在 M_0 水平上。（见本文图 1）则 E 点处有 $Pm/h=Px/h=1$。

显然，XX' 上方的任何点的价格组合均有 $X>X_0$，下方的任何点的价格组合均有 $X<X_0$。与此相似，MM' 线右方的任何点代表的价格组合均有 $M>M_0$，左方的任何点代表的价格组合均有 $M<M_0$。图 1 可以清楚地看到，在 $M'EX'$ 区域两种可贸易商品的相对价格均大于 1，表示同时存在对进口替代和对出口的刺激，进口和出口均高于自由贸易时的水平（$M>M_0$，$X>X_0$），而国内部门承受了进口保护和出口补贴的负

① “保护性出口促进战略”（Protected Export Promotion Strategy，简称 PEP），也称“进口保护以促进出口政策”（Import Protection as Export Promotion），见：P. R. Krugman. “Import Protection as Exprot Promotion: International Competition in the Presence of Oligopoly and Economies of Scale”. In H. Kierzkowski ed.. *Monopolistic Competition and International Trade*. Oxford University Press, 1984. pp. 180–193。

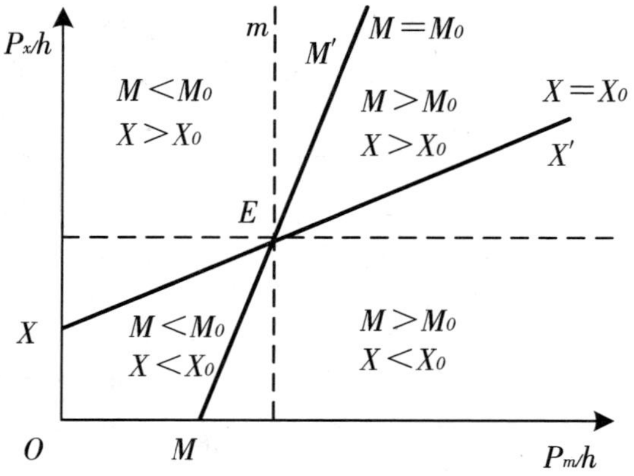

图 1　三部门贸易战略模型

担。在 *MEX* 区域正相反，表示对出口和进口部门都不给予刺激，国内部门得到较多好处。

值得注意的是，由于可进口商品和可出口商品的交叉价格弹性必为负值，则 *XX′* 线具有一个正的斜率，而可进口商品本身价格的作用又导致 *MM′* 也具有正的斜率，从而表现在图 1 中刺激方式与生产方式并不对等，因为通过 *E* 点的垂直线和水平线所划出的 *mEx* 区域均受到了正面的刺激，但并非所有的正向刺激都导致了出口部门的发展，因为只有在 *M′EX′* 区域中，出口与进口的生产才高于自由贸易的水平。可见，系统的政策刺激措施反映了贸易战略的取向，但实际贸易形式则体现了政策运作的结果，通过保护性出口促进政策导致的出口部门生产的增长，以及由此而来的结构效应应该是发展中国家策略性贸易政策的最终目标。

（二）策略性贸易政策对比较优势发挥的促进机制

以上理论分析的一个重要结论：系统的贸易政策刺激会达到出口部门发展的结果，这是利于发挥比较优势的战略选择。和发达国家相比，发展中国家在创新能力、技术水平和资金存量上均存在较大差距，从而其比较优势主要集中于相对丰富而且价格低廉的劳动力上，则策略性贸易政策对发展中国家比较优势发挥的促进机制，是通过调整外贸部门和非外贸部门的相对价格最终达到促进经济结构调整的目的。

贸易政策总是影响价格，从而影响产品的竞争力并最终达到占领市场的目的。由图1可见,在 *mEx* 区域中,由于任一点的价格组合均表示可出口产品和可进口产品的相对价格大于1,则这一区域内即同时存在对进口替代和出口的正面刺激,此时,不管进口和出口是否高于自由贸易时的水平,国内部门都由于相对价格的扭曲而承受了进口保护和出口补贴的负担。在发展中国家,不论是可贸易商品还是不可贸易商品,其成本主要由劳动力成本构成,则产品价格扭曲的最终承担者仍然是劳动要素的所有者。假设发展中国家不同部门的劳动生产率均相等,并且要素能够在不同部门间自由流动,这必然导致劳动力在策略贸易政策的价格扭曲刺激下由国内部门向可贸易部门转移,从而强化劳动力优势在对外经济交往中的发挥。

在促进结构调整的众多因素中,国际劳动力生产率差异的影响对于发展中国家具有更为突出的意义。因为在李嘉图贸易模型中有一个权威的论断:各国的劳动生产率是不同的,那么在给定所有国家贸易商品价格相同的前提下,必然是各国生产这些商品的行业的工资水平存在差异。克拉维斯等进一步指出:贸易商品行业的价格水平将决定该国生产非贸易商品的价格,由于这些非贸易行业的国际劳动生产率要小一些,贸易商品生产行业的低工资水平也将适用于那些劳动生产率并不低的非贸易商品生产行业①,从而导致非贸易商品生产行业的萎缩和贸易部门的扩张,对应于图1,即 *M′EX′* 所表示的区域。

即使假定发达国家和发展中国家在每个产业上具有相同的生产函数,从而假定不存在劳动生产率的差异,也能得到相同的结论。因为发展中国家具有较丰富的劳动要素,这必须降低发展中国家可贸易商品生产中的资本劳动比(K/L)以增加其竞争力,在自由贸易条件下,这需要通过减少资本密集型商品的生产或在生产产品时更多地投入劳动以替代资本的方法来解决②,但随之而来的问题是,发展中国家的结构优化升级由此受到了阻碍。反之,当国家可以运用策略性贸易

---

① Kravis, Irving B., Alan Heston, and Robert Summers, *World Product and Income: International Comparisons of Real Gross Product*. Baltimore: Johns Hopkins, 1982.

② [美]杰拉尔德·M.梅尔、詹姆斯·E.劳赫:《经济发展的前沿问题》,黄仁伟、吴雪明译,上海人民出版社2004年版,第19页。

战略对可贸易商品生产进行正面刺激时，就能够实现比较优势的发挥和结构优化升级的同步进行。

三、我国实施策略性贸易政策的可行性与意义

从本质而言，保护性出口促进的策略性贸易政策强调的仍然是发展中国家比较优势的发挥，它是对进口替代战略和出口促进战略的有机结合。进口替代战略强调了对技术较先进的加工业部门给予更大的优惠，通过保护来建立民族工业体系，是一种产业导向性战略；而出口促进则意味着扩张一国具有典型比较优势的初级品产业或低附加值的加工业，是一种市场导向性的战略。保护性出口促进战略并不是这二者的简单相加，它是将进口替代的产业导向和出口促进中的市场导向有机进行结合，以进口竞争产业为主导产业，以培养出口能力为发展目标，努力在资源配置最优化与促进经济结构变化之间寻找平衡。它最突出的特征是不以采取何种前所未有的刺激措施为重点，而在于它在出口促进和进口替代两套刺激体系之间进行了协调，从而更大限度地推动了生产、出口和增长。对我国而言，保护性出口促进战略的策略性贸易政策已经具备了实施的条件，对我国的比较优势发挥、结构调整和贸易增长方式转变等方面具有重要意义。

（一）提升要素禀赋结构，发挥比较优势

策略性贸易政策仍然是遵循经济发展中的比较优势战略，但避免了过于强调发挥比较优势而陷入“比较优势陷阱”。一国最具竞争能力的产业、技术结构是由其要素禀赋结构决定的，则该经济系统中产业结构和技术结构总体水平的升级依赖于其要素禀赋结构的变化，从这种角度来看，发挥比较优势的关键是提升资源要素的禀赋结构。这要求在最初尽可能地发展具有比较优势的产业，通过具有比较优势产业的发展来提高优势资源的报酬，并通过提高积累率来解决资本瓶颈的约束，最终改善要素结构。这和单纯地进行进口替代战略或出口导向战略是有着根本的区别的。当单纯地实施进口替代战略时，虽然运用关税、数量等手段对国内产业进行保护，由于国家的目标是发展技

术密集型产业，但禀赋优势却在于丰富的劳动力资源，政府只有将有限的资源向少数产业倾斜，其结果是这些产业不但承担不了促进整体要素结构高级化的重任，甚至保证不了自身在世界市场上的竞争力；单纯的出口导向战略也存在相似的问题，过于强调初始的禀赋结构优势，会强化劳动密集型产业的结构，形成发展中的路径依赖，产生出口贫困增长的危险。

我国目前的要素禀赋结构中，低成本的劳动力仍然具有较大优势，但经过几十年的发展也已经有了相当规模的积累，已经和改革开放初期的要素禀赋结构有了很大的不同。特别是工业体系的全面建立，为进一步提升要素禀赋结构提供了必要的前提。在这一背景下实施保护性出口促进贸易战略，一方面不会削弱加工贸易所带来的出口优势，又能够在国内市场上对这些已经具备优势的产业进行有效的保护，运用补贴或税收优惠手段引导它们进行技术创新和产品升级，这不但适合我国当前的发展要求，而且也为在长期内发挥比较优势提供了体制基础。

（二）调整经济结构，转变贸易增长方式

根据发展经济理论，结构转换是推动经济增长的重要因素，结构变化带来的经济增长绩效已经为理论界所证实①，这源于要素由生产效率低的部门向生产效率高的部门进行结构转换的结果。在开放经济条件下，这种结构转换的溢出效应又会通过结构贸易来扩张其动态优势，因为产品贸易会对不可跨国流动的要素产生替代效应，从而强化结构增长对要素部门间流动的力量。和技术进步只在特定部门产生效果不同，结构转换所带来的增长绩效体现为整个产业或经济的效率提高，从而长期以来结构调整都为发展经济学家所关注。

加工贸易领先正反映了我国经济发展中所存在的结构性问题。对加工贸易的认识，必须放在国际产业分工发展趋势和我国的基本国情背景下来考察。随着国际产业转移和要素重组，更多的加工制造环

---

① 西蒙·库兹涅茨：《现代经济增长：发现与思考》，戴睿、易诚译，北京经济学院出版社1989年版。

节还将继续分离、分包和分散，其实质是在全球进行资源优化配置而产生的新的生产组织和流通组织方式，问题在于我国的加工贸易中通过外商直接投资和国际产业转移建立的生产环节，过多消耗本地资源和过低支付劳动力成本，处于价值链的低端，形成不合理的经济结构。这种不合理的结构的形成主要由于原有的贸易体制对低端加工产业的过度刺激，从而使我国的增长高度依赖投入的扩张，在资本和技术对劳动替代越来越突出的今天，低成本的劳动力优势已经越来越不明显了，导致加工贸易领先的贸易模式不可持续。

如前所述，结构调整和发挥比较优势之间具有内在的一致性，因为在当前的经济全球化背景下，一国比较优势并不仅来自资源要素禀赋本身，更来自资源要素禀赋的结构升级过程，这需要政策刺激和经济发展的相互配合。目前来看，我国实施保护性出口促进外贸战略也具备了相当的条件，因为保护性出口促进战略并不是提供一个新的政策体系，是对进口替代和出口导向政策的有机协调。我国在过去半个世纪的经济建设中对这两种战略的实施已经积累了丰富的经验，形成了系统的政策刺激体系，这为实施策略性贸易战略提供了基础。特别是，保护性出口促进战略促进比较优势发挥的机制是基于结构性调整进行的，过于强调初始比较优势的出口导向型发展战略模式虽然在前期促成了加工贸易领先的局面，但也为目前我国制造业的技术改造和产业升级提供了基础，为实施保护性出口促进战略创造了条件。

该文原刊发于《当代经济研究》2007 年第 9 期。

国家利益与国际贸易理论的重构

——西方贸易理论与马克思贸易理论的比较研究

一、引　　言

国际贸易的起因源于得自贸易的巨大利益。一个已经广为接受的观点是贸易能使双方受益，即一国与其他国家互相销售自己的产品和劳务通常总是对双方都有利，而且能够为双方都带来收益的国际贸易范围远比人们想象的要大得多。流行的国际贸易理论也从不同的角度证明了国际贸易利益产生的机制。既然如此，自由贸易政策应该成为各国制定国际贸易政策的不二选择，然而观察国际贸易的现实，贸易保护而非自由贸易却占据了国际贸易的主流。从国际交往的现实来看，从来没有一个时期所有国家都实行自由贸易政策，同时也没有任何一个国家在所有历史时期都采取自由贸易政策，换言之，自由贸易只不过是个别国家在某一特殊时期的暂时现象，贸易保护成为国际贸易长期不变的主题。

对这种现象的一个解释是，发展中国家的制造业具有潜在的比较优势，但由于它们是新建的制造工业，最初不能与发达国家已经成熟完善的制造业相竞争，为了促使其成长并最终建立起发展中国家自己的制造业体系，政府应该给予关税或进口配额的暂时措施，这即是幼稚产业保护理论。它不但具有理论意义，而且已经得到了证明，历史上三个最大的市场经济国家都是在贸易壁垒的保护下开始它们的工业化进程的。但这仍不足以对国际贸易中日益盛行的保护贸易进行解释,因为贸易保护不仅限于发展中国家,事实是,现实中更多的贸易保护是发达国家发起的。发达国家的国际贸易政策表现出两面性,如美国自第二次世界大战以来一直倡导在全球范围内实现自由贸易,但随着国际贸易在美国经济中的地位越来越重要,其自由贸易的主张面临越来越多的压力,一方面美国积极参与了主要的自由贸易协定谈判,诸如与加拿大和墨西哥的北美自由贸易区协定以及所谓的乌拉圭回合谈判,但另一方面,美国在与日本、韩国、中国等国家的贸易争端中变得越来越咄咄逼人。①

显然,左右一国奉行何种贸易政策的根本因素是国家利益,而由于在传统的国际贸易理论中,国家利益处于缺位状态,从而导致自由贸易理论无法准确地解释国际贸易的性质和起因,也无法对现在的贸易格局做出令人信服的解释。② 实际上,以比较利益为代表的自由贸易理论最大的缺陷在于混同了国家利益与个人利益,将个人经济活动的简单加总等同于人类的整体经济活动,从而忽视了由于国家利益的存在而导致的贸易格局变化。由于国家是国际贸易活动的控制者,国家可以借助于国家机器的控制力,以经济或非经济的手段有效地把私人的利益要求加以转化或强行排除,从而贯彻国家的利益目标。本质而言,贸易政策是国家利益的产物,只要世界上有不同的国家,就会有不同的国家利益目标,由于国家利益目标的差异性和非相容性,就必然导致贸易保护的盛行③,从而形成了基于国家利益分析贸易政策的传统。

由此产生的问题是,对贸易政策的研究总是基于国家利益来展开的,但相关分析仍然囿于西方国际贸易理论的框架,而国家利益并没

---

① 克鲁格曼、奥伯斯法尔德:《国际经济学(第四版)》,海闻等译,中国人民大学出版社1998 年版,第 5 页。

② 廖涵:《论国际贸易中的国家利益原则》,《国际商务》《对外经济贸易大学学报》2000 年第 5 期。

③ 连忱蔚、李会明:《论国家利益原则对国际贸易政策的影响》,《太平洋学报》2001 年第 2 期。

有在西方国际贸易理论得到明确的表述，从而导致二者之间出现矛盾，并最终表现为理论与现实之间的巨大反差。本文认为，出现这一问题的原因在于西方国际贸易理论是一种强调个体和纯粹经济技术的静态分析方法，缺乏整体和历史逻辑相统一的总体分析，而这正是马克思国际贸易理论所强调的。本文即期望通过对马克思国际贸易理论和西方国际贸易理论对于国家利益的比较研究，提出对国际贸易理论进行重新表述的一些观点。

二、马克思国际贸易理论与西方国际贸易理论中对国家利益的表述

（一）马克思国际贸易理论中的国家利益

在马克思的经典著作中并没有对于国际贸易理论的完整表述，有关国际贸易的理论分散在他的全部著作中，事实上，在马克思经济学著作的“六册计划”的第5册“对外贸易”和第6册“世界市场”，则是属于国家对外贸易和生产的国际关系方面的内容，它在马克思经济理论体系中具有十分重要的地位和作用，是在对资本主义生产方式的全面分析中，从一国范围通向世界市场总体的中间环节。[①] 在现有的研究和整理中，马克思关于国际贸易理论的论述主要集中在以下五个方面：①国际价值和国际生产价格理论。研究了价值规律在国际范围内的作用，并认为资本主义的生产方式虽然开辟了世界市场，但是一个充分竞争性的世界市场并没有形成，从而价值规律也就不可能在国际范围内充分发挥作用。②国际分工理论。强调了分工的社会属性和自然属性，认为国际分工是资本主义生产方式的必然结果，生产力发展水平及其相应的生产方式是国际分工发育程度和国际分工格局的决定因素。国际分工和国际贸易是相互促进的。[②] ③国际贸易中的货币和信用。围绕资本主义危机进行了论述，认为国际信用使得大规模

---

① 许兴亚：《马克思的国际经济理论》，中国经济出版社2002年版，第61页。

② 许兴亚：《马克思的国际经济理论》，中国经济出版社2002年版，第80页。

商品进出口会突破再生产过程中的各种限制，造成生产和流通的分离。④世界市场理论。即资本主义生产关系在世界规模上的总和。⑤对外贸易政策。各国对外贸易政策是由各资本主义国家生产力相对发展水平决定的，保护贸易政策和自由贸易政策是随着各国经济发展水平而交替变化的。[①] 马克思的国际分工和国际贸易理论不但论述了一国发展对外经济关系的客观必然性，而且论述了国际分工的性质以及国际分工和国际贸易的相互关系。马克思的国际分工和国际贸易理论没有孤立地去研究国际贸易和国际分工现象，而是从整个资产阶级整体出发，把国际贸易和国际分工作为其中的现实要素，研究资本主义生产方式的矛盾运动，研究整个资产阶级社会运动的规律，从而具有强烈的时代性。

由于马克思的国际贸易理论始终把国家的经济活动置于首要位置，则国家利益亦是其关注的重点。马克思曾经指出“关税……在现代国家出现之后……是国库进款的最方便的手段”。特别是，“保护关税制度不仅可以有益于还在继续同封建制度作斗争的尚未充分发展的资本家阶段，而且也可以有益于……新兴资本家阶段”，从而说明保护关税是新兴资产阶级国家建立资本主义经济制度的武器。马克思并不完全反对贸易保护，认为保护关税在不同的历史时期具有不同的作用，它在一定时期对于摧毁封建生产方式和建立资本主义生产方式发挥了重要的作用，但到一定阶段之后，会成为本国经济发展的障碍。[②] 同时，马克思也不是完全反对自由贸易，认为国际贸易能够使过去那种地方的和民族的自给自足和闭关自守状况被各民族的各方面的相互往来和各方面的相互依赖所取代，而这种代替大大地促进了生产力的发展，不但可以扩大整个国际社会劳动范围，发展社会种类，还可以使贸易参加国扬长避短，有利于生产要素的自由流动和自然资源的合理配置。自由贸易的本质是资本的自由，从而为资产阶级倾销商

---

① 刘厚俊、袁志田:《马克思国际贸易理论与西方国际贸易理论的比较》,《当代经济研究》2006 年第 1 期。

② 许兴亚:《马克思的国际经济理论》,中国经济出版社 2002 年版,第 105 页。

品和提高利润开辟道路。显然,在马克思的国际贸易理论中,一直强调的是居于统治地位的资本家在贸易政策制定中的地位,而国际贸易正是为以资本家为首的资本主义国家服务的,是资本主义生产方式在世界范围内的延伸。

(二)西方国际贸易理论中的国家利益

在西方国际贸易理论中,研究的主体对象是私人,理论分析的边界是整个世界,对贸易的获益主要围绕私人和世界两个层次展开,由于对于人的行为的分析是基于利润最大化进行的,个体利益最大化实现的同时公共利益也能随之实现,从而国家不加任何干涉的自由贸易能够实现个人和国家利益的共同实现。以最具代表性的比较利益理论为例,在李嘉图的分析中,假设两个国家都能生产两种产品,则依据“两利相权取其重,两害相权取其轻”的原则,两个国家分别生产其处于比较优势的产品,进而进行交换,则双方都能从交换中获得利益,世界也能获得分工的好处。然而得自贸易的利益如何在各国之间进行具体分配,各国得自贸易的利益如何在个人和集团之间分配,以及这一利益的获取是如何推动一国生产方式的变迁的都没有给予考虑。显然,在西方国际贸易理论中,把国家利益等同于个体的简单相加进而没有给予明确的定位。

虽然国家利益在西方国际贸易理论的表述中没有明确给出,但这不等于西方贸易理论没有强调国家利益,相反,国家利益是被置于优先的位置来考虑的。国家是作为国际贸易的影子主体出现的,国家利益在国家对外交往中的地位是最终的,个人的利益和世界整体的利益都是从属于国家利益的,一切利益集团和贸易活动都不能背离这一利益目标,否则国家就会借助国家机器的力量对贸易行为进行干预,从而保证国家利益。国家是一国国际贸易活动的实际控制者,国家通过制定贸易政策来确定一国在某一时期对外贸易的基本方略,并以政治、外交,甚至是军事手段来保证其贸易政策的执行,实质上仍然是为其国家利益服务的。西方国际贸易理论是以抽象的经济世界为其研究目标的,但这个抽象的经济世界实际是以发达国家为模版的,特别是新贸易理论基本上是研究发达国家的贸易的,这表明了其对发达国家国家利益的重视。最后,西方贸易理论的产生、发展和实践与发达国家的经济发展状况是一致适应的,从而也体现出其服务于发达国家国家利益的本质。

(三)差别与联系

从上面的分析可以看出,马克思国际贸易理论对于国家利益的强调具有三个明显的特征,而这些都是西方国际贸易理论所不具备的,表现在:

第一,马克思国际贸易理论中的国家利益是对经济运动总体的全面考察,这一利益的存在和保障都是基于资本主义生产方式的发展水平来进行的。马克思认为,国际分工是国际贸易产生和发展的前提,而国际分工的形成和发展则是由社会生产力的发展决定的。① 马克思是将对国际贸易的分析置于对资产阶级的社会经济关系之下进行的,而西方国际贸易理论则没有能够经过对资本主义国家经济总体的运行来把握国际贸易,仅是将国际贸易理解为跨越国民经济体的经济交往,将其定义为世界上各个国家或地区之间,商品、劳务和技术的交换活动。② 将国际经济学作为经济学的一个分支学科来看待,是为了研究稀缺资源在国际范围内最佳配置的最优使用的学科。没有能够考察国际贸易的发展与资本主义生产方式发展水平之间的关系。

第二,马克思国际贸易理论中的国家利益是一种动态的考察,这一考察是与国际分工体系的产生、发展和深入相伴随的。马克思认为国际分工是客观的经济范畴,是人类生产力发展到一定阶段的必然产物。国际分工所实现的超越国家边界的社会化大生产把一系列国家和地区纳入一种新的分工和交换体系中,它极大地促进了生产力的发展,扩大了整个国际社会劳动范围,发展了社会劳动种类,有利于生产要素的自由流动和自然资源的合理配置。③ 这种动态考察的逻辑是基于劳动价值论来进行的,“不同国家的工作日相互间的比例,可能像一

① 许兴亚:《马克思的国际经济理论》,中国经济出版社 2002 年版,第 75 页。

② 陈源、高玲珍:《国际贸易》,北京大学出版社 1995 年版,第 1 页。

③ 崔占峰、桑琰云:《马克思分工和贸易理论在当代中国的运用与发展》,《湘潭师范学院学报(社会科学版)》2005 年第 3 期。

个国家内熟练的复杂劳动同不熟练的简单劳动的比例一样”，在国际贸易中国家利益的实现是基于劳动的比例确定的。但西方国际贸易理论则是一种静态的分析，把社会制度看成是一成不变的，在这样的一成不变的社会制度的前提下研究资源的配置问题，而这种分析显然忽略了资本主义制度自身的演化规律。

第三，马克思的国际贸易理论是强调贸易的社会属性而非其自然属性来进行的，国家利益同样是社会属性的一个方面，这样就给予了国家利益在国际贸易理论中的主体位置。而西方国际贸易理论则比较强调国际贸易的自然属性，关注贸易和分工的具体形态，并且对于各种贸易的分工现象及其背后的动力、结构、过程和结果进行深入的分析，这种强调虽然能够对贸易和分工行为进行更为细致的剖析，但过于关注细节反而影响了对国家利益的整体把握。

二者之间也存在一些相似之处和联系，主要表现在：

(1)二者都没有对国家利益的直接表述，但都是隐含着将国家利益置于重要位置。虽然西方国际贸易理论在强调贸易所得时指出国际贸易能够使国家作为一个整体从中获利，但这里所指的利益并非国家利益，而是指国家贸易参加者作为一个整体的利益。马克思的国际贸易理论并没有一个完整的框架和详细叙述，更没有直接对于国家利益的表述。

(2)二者所强调的国家利益其实都是一国的经济利益。事实上，在国际交往中，除了经济利益本身之外，还有政治、外交、社会等一系列复杂的问题相互交织。

(3)二者在某种程度上都把某一时期一国的代表性阶级的利益等同于国家利益。如马克思贸易理论中指出自由贸易是适应资本的自由以及通过贸易来扩张资本积累的，同时，马克思又认为自由贸易在一定时期是对资本主义的产生和发展有利的。

三、现行的国际贸易政策能否保障国家利益

国家利益体现在民族国家对生存和发展的追求，国家利益通常可

以分为经济利益、政治利益和安全利益三个互为依赖的部分，虽然安全利益由于事关国家的生存而一直被置于国家的首要利益，但在不同的历史时期对国家利益有不同的强调。目前来看，国家利益应该是以经济利益为核心的综合利益，则在国际经济交往中，对国家利益的强调其实是和国家经济利益等同的。

现行的国际贸易政策主要有两大主流：自由贸易政策和保护贸易政策。它们的理论基础分别是自由贸易理论和保护贸易理论，自由贸易政策秉承绝对利益理论、比较利益理论、H-O 理论和新贸易理论，坚信自由贸易能够在世界范围内实现资源的优化配置，并扩大贸易双方以及世界整体的福利。保护贸易政策在发展中国家和发达国家有不同的表现，在发展中国家保护贸易政策以幼稚产业保护论为理论基础，认为发展中国家应该通过关税和数量限制的手段保护国内具有潜在比较优势的制造业，以建立完善的工业体系。发达国家则基于不完全竞争和外部效应理论发展出策略贸易理论，认为在不完全竞争条件下，一国政府可以通过贸易政策干预来获取和转移外国垄断企业的利润或租金来提高自身的福利水平。但不论是自由贸易政策还是保护贸易政策，在其实施中均在国家利益的保障方面存在一些共同的问题。主要表现在：

(1)过于强调短期利益而未能顾及长期利益。无论是自由贸易政策还是保护贸易政策大多是基于短期利益来制定和实施的，自由贸易政策强调自由贸易带来的商品自由流动以及由此而来的福利增进，但正如德国历史学派的代表人物李斯特指出的那样，财富的生产比财富本身要重要得多，自由贸易的确能够带来眼前利益，但却是以损失长期的财富生产能力为代价的，所以应该对国内市场进行保护，“保护关税如果使价值有所牺牲的话，它却使生产力有了增长，足以抵偿损失而有余”①。这其实是贸易政策的两难选择：选择自由贸易会损失发展中国家长期的竞争力，但过度保护同样会影响竞争力。因为保护贸易政策的长期实施会给发展中国家的产业带来惰性，不思进取，并非

① 李斯特：《政治经济学的国民体系》，商务印书馆 1981 年版，第 128 页。

一定能够达到成长为具有竞争力的产业的保护目标。

(2)对局部利益考虑过多而难以兼顾整体利益。国家利益是作为一个整体来体现的,但国际贸易政策保障的往往是局部利益,从而对整体利益难以顾及。以发展中国家为例,对某些产业实施的关税保护或数量限制措施实际上形成了产业之间的非均衡发展态势,受扶持的产业获得了优先发展的条件和资源保障,其他产业则受到不公平的待遇,特别是发展中国家由于经济发展水平低,财力有限,难以对大多数产业同时扶持,这导致产业间的非均衡发展更为突出。再看发达国家,发达国家基于不完全竞争和外部效应的策略性贸易政策完全是建立在优势产业竞争的基础上的,必然导致国内产业非均衡发展的国际贸易摩擦效应。以美国为例,美国运用战略性贸易策略的领域中最典型的是农业,由于存在无偿占用知识的问题,导致一些产业发展受到限制。美国的以家庭农场为主的农业体系中,农场主的一项重要革新可能被数以亿计的其他农场主所效仿,这些进行效仿的农场主获得了利益,但不必分担风险,导致美国以此为借口对农业进行干预。长期以来,美国一方面致力于农业技术的研究,另一方面通过农业辅助服务局推广先进的农业技术,并在需要协同行动的大型项目方面发挥政府主导作用,这些措施对促进美国农业发展起到了关键作用。另一个结果是众所周知的,那就是,在农产品贸易领域,美国和其他国家一直摩擦不断。

(3)过于强调经济利益而没有考虑到所忽视的非经济因素对经济利益的影响。由于依据的国际贸易理论抽象掉了不应忽视的社会因素,从而使贸易政策的制定也更倾向于以经济利益为主,实际上,贸易政策从来就与政治、外交、文化等因素密切相关,而且会因为它们之间的相互影响而最终作用于国家利益层面。仍以美国为例,《美国贸易法》中关于知识产权保护和知识产权市场准入的“特别301”条款,作为美国的国内法,却享有相当高的知名度,其关键之处就在于这条法律是国内法凌驾于国际法的典型例子,体现了美国的利益至上的原则。“特别301”条款本是用于保障美国的知识产权在外国得到有效保护,保障依赖于知识产权保护的美国人公平和平等地进入外国市场的。美国可以依据“特别301”条款以美国标准对他国涉及知识产权保护的贸易政策、法规和做法做出单边评估,并实施单边制裁。从美国制定“特别301”条款以来,涉及这一条款而产生的贸易摩擦已经非常频繁和严重。可见,仅仅在WTO框架下以贸易政策来开展对外交流以保障国家利益是难以奏效的。

这些问题的出现并非国际贸易政策本身所致,而是源于其背后的国际贸易理论的缺陷,当前国际贸易领域内最大的矛盾是全球自由贸易理念与单个国家的贸易保护倾向之间的冲突。这源于基于自由贸易理论的全球自由贸易体制框架不能给予单个国家的国家利益保障,从而其完善与执行受到单个国家的阻碍,具体国家的单边保护贸易政策又由于触及其他国家的国家利益而受到对方的针对性措施,从而导致贸易的自由和扩大难以如理论论证的那样顺利进行。

四、重构国际贸易理论:以比较利益论为例

以上分析的初步结论是需要对以往的国际贸易理论进行重新审视,特别是西方国际贸易理论在模型设计愈趋精致的情况下,会由此而抽象掉许多不应简单去除的因素,从而导致基于其上的国际贸易政策的设计在现实应用中出现一些矛盾。当然,建构一个包括所有方面的国际贸易理论体系是不现实的,关键是,如何对已有的国际贸易理论进行讨论,以对其进行重新表述,考察其适用范围,以更贴近国际经济运行的现实。本文以西方国际贸易理论与马克思国际贸易理论相互补充的角度,以比较利益论为例,以说明重构国际贸易理论的一些原则和方法。

比较利益论最早由英国学者托伦斯提出,并由李嘉图发展完善。其表述为:若甲、乙两个国家均能生产A、B两种产品,甲国在生产两种产品上的劳动生产率均大于乙国,其中甲国生产A产品的优势大于生产B产品的优势,此时,两国之间仍能进行贸易,甲国集中生产具有更大优势的A产品,乙国则集中生产劣势较小的B产品,进而进行贸易,则两国均能获取交换的利益,世界也能够由此获取分工的好处。比较

利益论揭示了国际贸易的产生机制,并能够解释大部分的国际贸易现象,由于比较利益论核心观点的正确性,从而一直到现在都是指导多数国家开展对外贸易的重要理论。

比较利益理论也存在诸多的缺陷,主要表现为:

(1)比较优势利益论所揭示的原理与贸易现实之间存在差异。根据比较优势理论,贸易应该在发展水平差别大的国家之间展开,但现实却是贸易主要发生在发达国家之间。

(2)比较利益论是以劳动价值论为基础的,但却出现了同一商品国内价值与国际价值的差异和交换比率不同问题,这违背了李嘉图本人坚持的劳动价值论。

(3)依据比较利益论开展国际贸易应该是发展水平低的国家受益更大,而且这一贸易利益有利于劳动者的收入提高,进而改善其收入分配不平衡状况,然而现实正相反,富国得自贸易的利益往往大于穷国,而且贸易导致了一国内的贫富差异趋于扩大。

虽然新的贸易理论部分解释了比较利益论不能解释的问题,但就比较利益论本身而言暴露了它的缺陷,本文基于马克思的国际贸易理论尝试对其进行解释,以期提出相关研究的深入探讨:

(1)关于贸易为什么主要在发达国家而不是在发达国家和发展中国家之间展开。根据马克思的观点,国际分工并非取决于国家之间的资源禀赋的差异,“自然产品……形成社会分工的自然基础”。真正对分工起决定作用的是资本扩张的本性和资本主义生产方式发展的水平。资本运动是以利润为目标的,各国利润率的差异决定于资本的有机构成及相应的剩余价值率,决定于经济发展的水平差异。由于在资本主义生产方式全球扩张的过程中,对发展中国家来说,所谓的劳动力比较优势其实只是一种虚幻的假象。从国家利益角度而言,发展本国优势产业并将本国已经失去优势的产业向外转移是首要的选择,这一转移过程显然是资本扩张和获取利润的过程,对于发达国家而言,相似结构和相似发展水平的国家一方面是其产业转移的主要对象,同时也是实施产业转移的结果,资本向这些国家的扩张过程才能够达到获取利润的目的。此外,对于发展中国家而言,它们并不存在实质上的劳动力优势，两种类型国家的资本有机构成具有较大的差异，开展贸易并不能获取更大利润。就这一点而言，需要以马克思贸易理论的总体方法来进行考察。

(2)关于商品的国际价值和交换比率问题。国际贸易并非是等价交换的，正是因为这样，才存在和国际不等价交换对应的价值流动。换言之，李嘉图的比较优势论并非根本上揭示国际贸易产生的原因，因为国际贸易和国内贸易都是实现商品的价值的过程，依据马克思经济学的资本流通公式已经深刻地有所揭示：

$$G——W\begin{cases}P_m\\A\end{cases}\cdots\cdots P\cdots\cdots W'——G' \qquad (1)$$

资本家的资本投入 G 最终要获取含有剩余价值的商品 W' 和价值 G'，资本家追求的顺序首先应该是本金的回归，其次是平均利润，最后才是超额利润。对于资本家而言，追求超额利润才是其终极的目的，所以仅有比较利益是不够的，从而国际贸易中并不存在完全意义上的等价交换，发展中国家遵循比较优势与发达国家进行贸易，并不能获取理论表述的价值。当然，对于困扰李嘉图的同一商品国内价值与国际价值的差异问题，马克思经济学也已经给予了充分的解释，那就是在开放经济中，商品交换依据的是国际价值，其衡量尺度是世界劳动的平均单位，则某一国内的平均劳动就已经变成个别劳动了。

(3)关于国际贸易的收入分配问题。按照比较利益论，贸易所得会惠及贸易双方，而且由于国际商品交换的比率是由提供曲线来确定的，在这一国际贸易价格水平下，贸易国家的进出口价值相等，各国商品需求平衡，即一国生产的商品恰恰是另一国所需要的，相互需求的数量正好相等，而各国也正好满足生产在最大生产可能性曲线上和满足国家最大福利水平的要求。而贸易的现实却是，贸易双方并不是总能实现贸易平衡，贸易不平衡进而引起贸易摩擦和贸易争端却是国际贸易的常态，同时，贸易所得也没有真正实现参与国国内的收入平衡，更多的证据表明贸易成为加大一国特别是发展中国家收入分配不平等的重要因素。[①] 出现此类矛盾的根源在于：比较优势理论是以劳动价值论为基础的，但国际贸易的商品价格确定依据的却是一般均衡论，是由供求决定的，从而导致价格并不能真正反映价值本身，均衡价格下的贸易结果必然导致价值分配的不平衡和不对等，引发收入分配的不平衡。

以上分析得到的初步结论是，对国际贸易理论的构建需要强调其对现实的解释能力，同时又必须满足三个符合马克思经济理论的要求，即，对国际贸易过程的考察应该置于社会生产方式的发展水平之下来进行，使用总体的研究方法；对贸易商品的价值决定和利益分配应该建立在统一的劳动价值论的基础之上进行，并使用历史的分析方法；对国际贸易理论中的国家利益的考察应该注重国际分工的社会属性，这是与国际分工体系的产生、发展和深入相伴随的，同时也是与人类生产力发展阶段相适应的。当然，马克思国际贸易理论也需要随时代的发展而发展，促进马克思国际贸易理论与西方国际贸易理论的融合和相互补充以构建适应时代的国际贸易理论是在后续研究中应该着力强调的。

该文原刊发于《国际贸易问题》2007 年第 9 期。

---

① 王云飞：《国际贸易与国内收入分配研究关系综述》，《经济学动态》2007 年第 2 期。

第二编
产业与区域经济发展

交易费用、聚集经济与跨国公司区位

产业集群在当前所取得的巨大成功，不但吸引了学术界的关注，也引起了各国（地区）的浓厚兴趣，地方产业集群战略已经成为一种新的工业化发展政策。一般认为，产业集群是具有柔性生产、密切根植性和复杂机构密度的中小企业网络①。由于区内这些高度专业化小企业之间基于合作的良性竞争，不但促使了产业集群本身的快速发展，而且使其成为一种新的增长核心，推进了区域经济发展的新局面。这来源于聚集经济中企业组织网络体系所带来的资源共享和资源配置有效性，以及以有组织的竞争与合作促进技术进步和产业升级，这正暗合了跨国公司在全球化条件下实现其全球战略的要求。聚集经济已经成为跨国公司获取区位优势的重要来源，并以其为纽带联系起全球范围内的技术创新与生产扩张。从经济组织角度来看，产业集群是一种既不同于市场的完全竞争组织也不同于企业的等级制组织，是一

① Amin A, "The Difficult Transition from Informal Economy to Marshallian Industrial Districts", *Area*, 1994, 26(1), pp. 13-24.

种中间性的体制组织①,这种组织体制对于跨国公司而言应该具有全新的意义。本文即从这一角度探讨产业集群对于跨国公司区位优势的意义。本文在第一部分首先讨论跨国公司区位选择理论的变迁及其聚集指向性,并引出集群与跨国公司天然存在的耦合关系;第二部分则从中间组织的交易特质来分析产业集群的组织属性,着重考察聚集经济中的交易费用与交易频率对跨国公司区位选择的影响;第三部分更深一层分析跨国公司进入集群的成本收益问题;最后是结论。

一、跨国公司区位选择理论的变迁与产业集群指向

Dunning提出其著名的国际生产折中理论后,跨国公司区位选择理论由此成形。按照邓宁的理论,跨国公司之所以进行跨国投资,是因为其拥有的所有权优势、内部化优势和区位优势共同作用的结果。这三种优势在跨国公司跨国投资中的作用并不相同,前两种优势是必要条件而非充分条件,因为跨国公司的所有权优势和内部化优势只能保证其进行生产所获利得和成本节约,而不能保证其跨国投资一定获利。区位优势则是其充分条件,区位优势是指跨国公司能够将其优势与东道国的要素投入进行有效的结合,对于具体东道国而言,能为跨国公司提供在其他任何地区都不能够提供的更为有利的条件。其基本论断:当一个区域所拥有的不可移动、天然或后天创造的禀赋越多,而且这些禀赋能同厂商自身的竞争优势相结合,同时又特别有利于外国厂商而非国内厂商时,外商就越有可能对该地区进行跨国投资,从而将其所有权优势和内部化优势转化为经济利益。② 在全球化条件下,跨国公司的区位因素已经在至少三个方面发生了转移,而这三个方面均与集聚经济有关。

① Williamson, Oliver E., "Transaction Cost Economics", In Richard Schmalensee and Robert Willing, eds., *Handbook of Industrial Organization*, Amsterdam: North-Holland, 1989, pp. 135-182.

② Dunning J H.. "Trade, Location of Economic Activity and Multinational Enterprise: a search for an eclectic approach". In: Ohlon B, Hesselborn P, Wiskman P eds., *The international allocation of economic activity*, London: Macmillan, 1977.

（一）战略变化

跨国公司的对外投资的区位选择，与其全球经营战略息息相关，由于全球化的竞争压力，跨国公司的战略已经从简单的一体化转向了复合一体化，这要求跨国公司将资源在其全球性生产体系中重新配置，将其在地理上分散的国外分支机构和不完整的生产体系转向全球性的一体化生产和营销网络，以寻求公司各分支机构的"协同"优势。对于东道国而言，适应这种战略变化，吸引FDI的重点也在变化。以现代竞争观点来看，倾斜政策、自然资源和劳动力成本优势均成为"低阶"优势，而且比较不稳定，同时在一定程度上是流动的。聚集经济则因为其在特定空间上经济活动的集中而产生正的外部经济效应，从而成为工业成长和区域发展的重要原因。如马歇尔所言，这种集中所产生的经济效益对于一个厂商而言是外部的，然而对于一个区域而言却是内部的。① 这更强调了产业集群对于FDI区位优势的长远吸引力。

（二）技术进步

技术进步对跨国公司的跨国投资分布有着重要和深远的影响，这一方面在于跨国公司本身就是先进技术创新者和载体，另一方面又是技术转移和技术扩散的主体。技术进步推动跨国公司在全球范围内进行扩张，但这种扩张又是以其持续不断的创新为基础的，这保证了跨国公司维持高的竞争力。然而由于研发密集型活动的增长速度快于技术密集度较低的活动，这对于区位提出了相应的技术要求。要求除了为使用新技术所建立的各种各样的新技能和基础设施，还需要为适应技术变化与技术吸收的新组织和相关产业。产业集群中，由于竞争的强化和有序，使得创新成为竞争的主要手段，新技术、新思维和新工艺在产业集群中的出现和传播大大优于其他区域。对于发展中国家来说，产业集群多是该国技术积淀深厚的区域，不但技术先进，而且具有强的扩张能力。能有效地吸收理解跨国公司的新技术，并快速地将其转化为生产能力，这必然成为跨国公司新的区位选择。

---

① 马歇尔：《经济学原理》，商务印书馆1991年版。

（三）自由化的政策

政策环境作为跨国投资的区位选择因素，并不是现在才有的。跨国公司最初为了绕过贸易壁垒而以直接投资的方式进入东道国市场就与政策有关，然而在当前经济全球化的大背景下，跨国公司进行FDI所要求的自由化政策也有了本质上的变化。这一方面源于在经济全球化趋势不断加强的情况下，贸易自由化和投资自由化的迅猛发展已经使跨国公司不必要为跨越关税壁垒或加强现有经营活动中的竞争而进行对外直接投资，从而跨国公司区位选择更倾向于能促其竞争力提高和进行有效的专业化分工与协作的区域。另一方面从东道国角度而言，自由化政策也使其对跨国公司的地位和作用重新审视，将其作为解决发展问题的重要力量。发展中国家开放政策下建设的开发区、自由贸易区及高新技术区等产业集群，正是既迎合跨国公司区位要求的区域，也体现东道国自由化政策的活跃区域。

有关经验研究也为上述论断提供了证明，由于对产业集群的理论研究最初兴起于西方发达国家，这些典型的产业集群内部广泛存在大量的跨国公司，从而使这些产业集群并不是完全彼此独立、封闭的局部系统，而是与全球经济网络之间存在极为密切的联系。对于发展中国家而言，在产业集群的研究中关注跨国公司及其与全球经济的联系，同样是极其重要的。然而由于研究者们过于强调产业集群发展中的内生性资源利用和自主发展能力的培养，将其与跨国直接投资（FDI）之间的关系给淡化了。Storper 指出，产业集群研究过于强调其柔性专业化，过于强调本地的发展，必然忽视集群与外界的联系及其在全球生产分工中的定位。[①] 而且现实来看，跨国公司已经广泛地参与到集群的发展中来，通过其自身的全球网络组织为集群的发展和集群在全球分工中的专业化定位提供纽带。Markusen 也认为，忽略区内外大企业或跨国公司及其相互公司间的联系对产业区的研究来说是不全面的，并认为对于轮轴式产业区（hub-and-spoke）和卫星平台式产

---

① Storper M, *The Regional World: Rerritorial Development in a Global Economic*, The Guilford Press, 1997.

业区(satellite platform)这两种类型的产业集群而言,大企业或跨国公司是集群的主要参与者,并指出在外向型产业集群的研究中,跨国公司应该是研究的重点。① Park 和 Markusen 甚至认为,外资企业特别是跨国公司可以成为产业集群的领导者。② 从跨国公司角度来看,越来越多的研究表明聚集成为跨国公司重要的区位优势来源。Krugman 从规模收益递增的角度研究了产业集群的生成动力,并认为产业集群的积聚经济形成强的区域对外资的吸引力,从而对跨国公司区位选择具有至关重要的影响。③ Enright 分析了集群的地方优势与全球竞争的关系后,指出跨国公司在集群中的独特作用,认为跨国公司与产业集群之间存在协同效应,并区分了跨国公司进入产业集群的不同目的,在于从集群特定的生产和服务优势从事营销,或收集技术与其他信息。④ Dunning 也认为集群本身是为跨国公司获取区位优势的重要来源,应该重新认识跨国公司的区位选择问题。⑤ 在实证研究方面,Wheeler 和 Mody 研究了美国公司在发展中国家的区位选择,发现集聚经济和市场规模起了决定性的作用。⑥ Head 等则根据日本企业厂商从 1980 年到 1992 年对美国直接投资的研究中发现了聚集效应的强烈作用。⑦ Guimaraes 对欧洲厂商在葡萄牙的直接投资进行了研究,也证实了多种聚集效应的显著影响⑧。

---

① Markusen A,"Sticky Places in Slippery Space: a Typology of Industrial Districts", *Economic Geography*, 1996, 72(3), pp. 293–313.

② Park S. & Markusen A, "Generalizing New Industrial Districts: A Theoretical Agenda and an Application from a Non-Western Economy", *Environment and Planning A*, 1995, 27, pp. 81–204.

③ Krugman, P., "Increasing Returns and Economic Geography", *Journal of Political Economy*, 1991, 99, pp. 483–499.

④ Michael J. Enright, "The Globalization of Competition and the Localization of Competitive Advantage, Policies Toward Regional Clustering", *London: Macmillan*, 2001.

⑤ Dunning J, "Location and Multinational Enterprise, A Neglected Factor", *Journal of International Business Studies*, 1998, 29(1), pp. 45–66.

⑥ Wheeler, D. and A. Mody, "International Investment Location Decisions: The Case of U. s. Firms", *Journal of International Economics*, 1992, 33(1), pp. 57–76.

⑦ Head, K., J. Ries and D. Swenson, "Attracting Foreign Manufacturing Investment Promotion and Agglomeration", *Regional Science and Urban Economics*, 1999, 29, pp. 197–218.

⑧ P. Guimaraes, "Agglomeration and Location of Foreign Direct Investment in Portugal", *Journal of Urban Economics*, 2000, (42), pp. 115–135.

二、聚集经济的交易特质与跨国公司区位选择

集群是介于市场和企业之间的一种中间经济组织,新古典框架下并不存在这种组织。从大卫李嘉图开始,经济研究的焦点就已经从经济组织的理论转向了资源配置理论①,由于新古典经济学认为自由竞争的市场机制能够有效实现资源的优化配置,则企业就作为一个"黑箱"来参与经济的运行,经济组织或是企业科层组织或是市场竞争组织。然而现实来看,很多的经济组织既不属于纯粹的企业科层组织,也不属于完全竞争的市场组织,而是处于这二者之间,是一种中间组织。随着越来越多的企业采用这种企业间协调的方式来组织交易和生产活动,它也更多地引起学术界的重视。目前对这种组织形式的术语非常繁杂,诸如网络组织、混合组织、组织网络等。② 一般而言,中间性组织可以理解为市场中的企业关系网络,其存在的必要条件有二:一是存在大量的中间产品,二是企业间中间产品交易的效率要大于企业内部交易的效率。③ 按 Porter 的定义,产业集群是指在某一特定区域中,通常以一个主导产业为核心,大量产业联系密切的企业以及相关支撑机构在空间集聚,形成强劲、持续竞争优势的现象。④ 而产业集群正是一种典型的中间性经济组织。

从集群的内在关系来看,产业集群主要可划分为两大类型:一是非正式集群,这类集群内部企业参与度低,企业生产关联低,相互之间缺乏信任,主要是一种竞争关系;二是有组织的集群,这类集群与前者不同,内部企业参与度高,企业之间不论是生产、技术还是信任度都较高,虽存在竞争关系,却是一种合作的竞争关系。非正式集群是一种

① 杨小凯、黄有光:《专业化与经济组织——一种新兴古典微观经济学框架》,经济科学出版社 1999 年版,第 5 页。

② 杨瑞龙、冯健:《企业间网络的效应边界:经济组织逻辑的重新审视》,《中国工业经济》2003 年第 11 期。

③ 吴德进:《产业集群的组织性质:属性与内涵》,《中国工业经济》2004 年第 7 期。

④ Porter, M. E. , "Clusters and New Economics Competition", *Harvard Business Review*, 1998, (11), pp. 77-90.

空间扎堆型的集群发展模式,虽然由于企业在一定区域空间内的大规模聚集,也会产生集聚效应,但由于企业规模实力及性质均不同,产品关联度低,集体效率低,并不是严格意义上的产业集群,但这种企业的空间扎堆蕴含着将来发展成集群的机遇,一旦条件成熟就会发展成真正意义的产业集群。按威廉姆森的分析,正是集群内部的交易特质决定集群自身的属性,集群正是以其能够以更密切的交易频率加强内部的联结和协同,又能以这种集聚有效降低交易费用从而使集群内部的交易呈现更为确定的稳态。本小节即以威廉姆森对于产业集群组织属性的论述为基础,探讨作为中间组织的产业集群属性,并以此来分析其对于跨国公司选择的影响。

(一)产业集群的组织属性

作为一种中间组织,产业集群并不是一个静态的实体,而是一个动态演进的组织过程。这是由中间组织所表现出来的网络内企业不断重复交易的过程和价值链联系所决定的,从而产业集群的效率边界和长期演进成为考察其交易更具重要性的方面。在考察其效率边界和长期演进之前,必须确定其组织属性。威廉姆森早期曾认为中间组织是不稳定的,但后来改变了这一看法,认为中间性组织也是稳定的。杨瑞龙和冯健认为,与剩余规模有关的生产和与剩余分配有关的交易都是经济组织中不可或缺的过程,而威廉姆森忽略了经济组织的生产属性而只讨论其交易属性是有失偏颇的,当将生产能力引入经济组织的分析框架之后,得出当企业之间的能力是互补但不相似时,交易将通过企业网络来进行,同时产品需求的不确定性也导致企业间网络的出现。[①] 这一方面发展了中间组织的有效性,另一方面也指出了作为中间组织的产业集群长期演进中的约束条件。吴德进也认为,虽然产业集群具有独特的竞争优势这一点是肯定的,但只有深入理解产业集群的组织性质,才能正确理解产业集群竞争优势的相对性以及产业集

① 杨瑞龙、冯健:《企业间网络的效应边界:经济组织逻辑的重新审视》,《中国工业经济》2003 年第 11 期。

群战略的非绝对性和非唯一性。[①] 由于产业集群、科层组织和纯市场组织的效率是可以相互替代的,产业集群并不是唯一有效或最具竞争优势的产业组织,换言之,其竞争优势是相对的,这又依赖于其交易特质。

威廉姆森使用了三个交易特质指标来刻画三种不同经济组织的效率边界,它们是交易的不确定性、资产专用性和交易的重复频率。[②] 当这三个特质指标都处于较低水平时,市场组织是最有效率的经济组织;当这三个特质指标都处于较高水平时,企业科层组织则成为最有效率的经济组织;当交易特质指标处于这二者之间时,中间性经济组织就成为最有效率的经济组织结构。在新古典的框架下,完备信息从而清晰的交易预期使得市场交易变得灵活而且简单,人们之间的关系是纯粹的竞争关系,交易完全是根据完备的契约来完成的。但这种灵活和简单却容易盲目,价格机制虽然能够调节总供给和总需求之间的平衡,但不能调节企业之间的计划,难以保证存在分工的企业的产品在质量和数量上的一致性。而在企业中,由于生产和交易活动都是在雇佣契约下进行,居于中心的企业家对此负相当大的责任,等级组织不具有灵活性,合作和竞争中更容易发生冲突。中间性组织虽然也依赖于契约,但由于信息不完备,从而契约也不完备,经济活动不但受正式契约的约束,同时受非正式契约的约束。中间组织的核心在于合作,这种合作虽然并不意味着成员之间是绝对平等的,但企业之间广泛而不断重复的交易和联系使这种组织显得比市场稳定,又克服了企业科层组织的僵硬作风,从而成为一种富有竞争力的组织。这种富有竞争力的组织形式正是吸引跨国公司区位选择的内因,频繁而又紧密的交易降低了不确定性,且有效地降低了成本,节约了费用。

(二)集群的交易特质与跨国公司区位选择:静态分析

1.资产专用性

资产专用性是指一种资产被其他使用者用于其他可供选择的用

---

① 吴德进:《产业集群的组织性质:属性与内涵》,《中国工业经济》2004年第7期。

② Williamson, Oliver E., "Comparative Economics Organization: The Analysis of Discrete Structural Alternatives", *Administrative Science Quarterly*, 1991, 36(June), pp. 269-296.

途而不牺牲其生产性价值的程度。当其他条件给定时，随着资产专用性的提高，交易的治理机制将逐步从市场过渡到企业。更窄的假定如芮鸿程把由交易的不确定性和交易频率所导致的成本定义为组织结构的治理成本，对应三种组织，随着资产专用性的提高，市场组织的治理成本上升最快，中间组织居中，企业科层组织上升最慢。① 威廉姆森指出，在激励、适应性调整和官僚成本方面，中间组织都介于市场和科层模式之间，与市场相比，中间组织牺牲了激励而有利于各参与人之间的协调，与科层相比，中间组织牺牲了统一性而有利于更大的激励程度。② 但杨瑞龙和冯健指出，当资产专用性很高且企业没有能力进行生产时问题如何解决？他们认为，这可以采用市场契约的形式来通过其他企业进行生产。③ 这种特质对于跨国公司而言具有重要的意义。全球化条件下跨国公司的组织方式与以前相比已经发生了很大的变化，其组织更趋扁平化。这种扁平化的组织管理方式使其具有网络扩展性的特征，也为其与其他企业以市场契约甚或信用维系稳定的交易关系。聚集经济中处于中间的资产专用性正暗合了跨国公司与群内企业交往所需特质，既节约了科层式组织的官僚成本及摩擦费用，也有效规避了纯粹市场交易的搜索费用。

2. 不确定性

不确定性影响组织选择，威廉姆森认为不确定性主要有两种表现：一是扰动的概率分布保持不变，但扰动发生的次数增加；二是由于扰动方差增加而导致扰动的后果更为严重。威廉姆森还认为，从各种组织形式由于受扰动而产生的损害来看，中间性组织是最大的。那么有效消除不确定性，增强组织抵御扰动的能力就显得非常重要。从不确定性的来源看，可能来源于外部，如琼斯等所考察的环境不确定

---

① 芮鸿程：《企业网络的治理边界探析》，《财经科学》2003 年第 5 期。

② Williamson, Oliver E., "Transaction Cost Economics". In Richard Schmalensee and Robert Willing, eds., *Handbook of Industrial Organization*. Amsterdam: North-Holland, 1989, pp. 135–182.

③ 杨瑞龙、冯健：《企业间网络的效应边界：经济组织逻辑的重新审视》，《中国工业经济》2003 年第 11 期。

性[①],也可能来源于内部,如知识和技术的快速变迁,从而打破组织原有的相对稳定的协同关系等。在内部不确定而外部稳定的情况下,网络治理比较普遍;当外部存在不稳定性因素时为应付风险要求网络内部进行更为有效的联结。按 Helfat 和 Teece 的研究,在产品需求可以预测的情况下,即使是温和供给不确定也会使企业采取纵向一体化的组织形式,从而破坏中间组织体制。[②] 在聚集经济中,由于企业在相同产品层面或产业价值链上建立起了深入而又稳定的联系,从而使供给也能够确定,当前全球化条件下,跨国公司的全球生产与创新也面临柔性化的冲击,网络组织内部供需两个方向的确定性使其成为吸引跨国公司区位选择的强大优势,贺灿飞和魏后凯的研究证明了这一点。[③]

3. 交易频率

交易为经常性且重复性时,科层组织比中间性组织更显其效率,如其他维度界定中间组织更倾向于被选择时,维持交易快捷和有序则显重要。如前所述,中间组织相较市场组织和科层组织的一个重要不同是成员基于信任的关系,在面临更开放的环境或更快速的技术变迁时,这种信任关系即成为维系生产与技术集群内外溢的重要机制,当前一个广为认可的事实是,跨国公司在进行跨国投资时具有巨大的技术外溢作用,而这种技术外溢的绩效要考察技术接受者对这种技术的稳定接受能力和转换成生产能力的状况,集群内成员间快捷和有序的交易频率给予此点以较好的保障,从而成为吸引跨国公司的重要因素。

(三)集群的交易特质与跨国公司区位选择:动态分析

将以上分析扩展至动态,其重点在于考察产业集群的长期演进,然而情况并非乐观,Peter Knorringa 和 Jorg Meyer Stamer 在对发展中国家产业集群的研究中,发现不论是以中小企业为主的基于信任关系且

① Jones, Hesterly and Borgatti., "A General Theory of Network Governance: Exchange Conditions and Social Mechanisms", *Academy of Management Review*, Vol. 22, No. 4, pp. 911-945.

② Helfat and Teece, "Vertical Integration and Risk Reduction", *Journal of the Law, Economics, and Organization*. 1987, 3(1), Spring: pp. 47-67.

③ 贺灿飞、魏后凯:《信息成本、集聚经济与跨国公司区位》,《中国工业经济》2001 年第 9 期。

竞争激烈的意大利式集群还是以大规模地方企业为主的具有明显等级制度的轮轴式产业集群来说，其典型的发展轨迹都是停滞、衰退①。事实是根植于集群的企业其演化存在路径依赖的性质，从而使集群在环境适应方面出现问题，如功能锁定、技术锁定和区域锁定等危险。当企业由此失去自身的发展优势之后，集群也可能因此而失去活力，最终走向衰退，显然一个良好的动力机制是集群稳定发展的关键。

从产业集群的发展来看，产业集群的动力机制是核心问题，然而由于此一问题有着复杂的构成和作用原理，其内涵并未最终确定。目前来看，对于产业集群动力机制的研究，主要在于两点：一是产业集群的生成机制，二是产业集群的发展机制。早期研究者较多注重产业集群生成动力的研究，如马歇尔从“外部经济”角度进行了探讨，以劳动力市场共享、中间投入和技术外溢三要素理论对其进行了解释②；韦伯最早提出集聚经济的概念，并从工业论的角度对集群进行了解释③；克鲁格曼则把区位、规模经济、竞争和均衡等联系起来，认为产业集群的生成是规模经济收益递增在起作用。④ 目前来看，对于产业集群动力机制的研究主要在于产业集群的发展动力机制，如 Best 认为产业集群的动力主要在于集中专业化、知识外溢、技术多样化和水平整合等四个方面，而且它们发生作用的过程是依次进行的，从而形成稳定的循环结构，并在此基础上建立了产业集群的动力机制的动态模型。⑤ Baptista 和 Swann 则采用实例比较和研究了多个集群的发展情况，将产业集群的动力机制描绘成包括产业优势、企业进入、企业孵化及文化资本等共同作用的正反馈系统，并建立起企业进入模型和集群增长

---

① Peter Knorringa, Jorg Meyer St, amer. New Dimensions in Enterprise Cooperation and Development: From Clusters to Industrial Districts. Contribution to ATAS bulletin XI, “new approaches to science and technology co-operation and capacity building”, *The Hague and Duisburp*, November 1998.

② 马歇尔：《经济学原理》，商务印书馆 1991 年版。

③ 韦伯：《工业区位论》，商务印书馆 1997 年版。

④ Krugman, P. Increasing Returns and Economic Geography, *Journal of Political Economy*, 1991, 99, pp. 483-499.

⑤ Best, Michael H. Cluster Dynamics (Ch. 3) [A]. in: *The New Competitive Advantage*: The *Renewal of American Industry*[M]. Oxford University Press, 2001.

模型来对其进行深入剖析①,显然企业是产业集群的基本元素,企业之间的行为决定了集群的变迁过程,集群内部的动力因素对集群演化具有重要作用。

动态来看,将产业集群作为区位选择对于跨国公司而言仍然存在费用节约的意义,从集群的企业进入退出机制来看,虽然由于集群内激烈的竞争使企业具有高死亡率,从而潜含交易中断的危险,然而要注意这种企业的进入和退出对于具体企业而言是频繁的,然而对于企业联结,特别是对于处于核心地位的大企业与外围的小企业而言,仍然是连续的;从技术路径而言,封闭的产业集群存在路径依赖的危险,当吸入大企业特别是跨国公司后,其技术学习就已经通过跨国公司与全球的技术与创新紧密地联系起来了,跨国公司通过其强大的技术创新力量打破集群内部的路径依赖,并完全避免锁定的危险。正是集群内企业之间的行为决定了集群的变迁过程,进入集群的跨国公司通过改变这种行为从而为自身营造良好的发展环境。

三、跨国公司集群区位收益分析

(一)强化组织协调,有效实现资源结构性整合

以全球利益为核心的跨国公司的组织结构是与其全球化战略相适应的,这种组织结构要求跨国公司能够将资源在其全球性生产体系中重新配置,其各分支机构从功能上或地理上存在"协同"性质,这种性质既不同于企业等级森严的科层组织,也与自由竞争的市场组织相左,是近乎中间组织的一种组织。由于其具有统一的战略,并在这一统一的战略体系下组织其全球的生产经营活动,比中间组织更具高效率和统筹性质。产业集群作为一种中间组织,其内部各企业之间的基于协作的竞争,及良性的技术创新意识为跨国公司进行资源配置和重

① Baptista, R. (1998) Clusters, Innovation and Growth: A Survey of the Literature, in Swann, G. M. P., Prevezer, M. and Stout, D. (Eds) *The Dynamics of Industrial Clustering: International Comparisons in Computing and Biotechnology*, Oxford: Oxford University Press, reprinted 2002, pp. 13-51.

组提供了平台和基础。跨国公司可以有效地利用产业集群的组织来拓展其组织网络,将产业集群的网络和它自己内部的企业网络联为一体,以更小的投入获取巨大的组织协调利益。

由于集群是由多个具有个体利益要求的独立企业的集合,并不存在一个统一的战略,因而也不存在来源于战略选择的优势,其优势正是在于集群独特组织对资源的结构性整合能力。[①] 由于资源稀缺原则在集群内部仍起制约作用,随企业支付能力的不同,其获得资源的交易成本也不同,跨国公司通过进入集群的途径,从而有效地降低了资源获取和资源转换的障碍。

(二)优化学习机制,减少信息成本

Mariotti 等人的研究表明,信息成本已经成为制约外商直接投资的重要因素[②],因为除对于当地经济和商业环境的公共信息可以为所有的投资者所获得外,多数专用信息难以为外国投资者便捷有效地获得。而聚集经济的交易特质使这种信息的获取和处理成为可能,从而具有对跨国公司强的吸引能力,并已经得到研究的证明。[③] 跨国公司从集群里获取信息的途径有二:一是集群组织本身的非正式交流机制,包括人员之间的非正式流动与交往,企业之间的合作互动与公共性知识群内溢出等,使信息获得便利而快捷;二是优化学习机制,在日常频繁的交易过程中通过行为模仿和"跟进"来获取信息。通过进入集群,跨国公司不但利于减少信息搜寻成本,同时也降低伪信息带来的损失风险。

(三)促进技术转移,减少转换成本

作为国际资本流动的主要形式,外商直接投资对东道国所带来的技术外溢效应已经引起了经济学家的密切关注。虽然现在多数文献

---

① 蔡宁、吴结兵:《企业集群的竞争优势:资源的结构性整合》,《中国工业经济》2002 年第 7 期。

② Mariotti, S. and L. Piscitello., Information Costs and Location of Foreign Direct Investments within the Host Country: Empirical Evidence from Italy, *Journal of International Business Studies*, 1995, 4, pp. 815-836.

③ 贺灿飞、魏后凯:《信息成本、集聚经济与跨国公司区位》,《中国工业经济》2001 年第 9 期。

都认为技术溢出是跨国公司与当地企业之间由于存在技术差距而自动溢出的，但实证研究并不能确定这种技术溢出效应为正。① 这说明跨国公司存在对专利技术的刻意保护，不愿向当地企业转移最新的技术。在分工日益精细、生产日益柔性化、组织日益扁平化的今天，跨国公司子公司之间，跨国公司与当地企业之间存在价值链/产业链的互动关系，向当地企业进行技术转移对跨国公司而言也是有利的。为什么会出现不愿转移技术的现象呢？一个合理的解释是当地企业对新技术过低的吸收能力与生产转换能力，导致过高转换成本，在市场组织中，这种转换成本有一部分要由跨国公司来承担。集群内部所具有的动态优势和良好的集群技术学习机制，极大地降低了这种转换成本，促进了互利的技术转移。

（四）开放条件下对扰动的平复

威廉姆森曾经指出，相对于市场组织和科层组织而言，中间性组织所受扰动的损害是最大的，但这并不能确定三种组织各自对于扰动的反应。在全球化条件下，外部不确定性或技术变迁的速度或剂量比以前任何时候都更强，从而跨国投资也面临更多扰动，而产业集群区位恰恰是对扰动实现了最好的平复。对于跨国投资来讲，产业集群区位首先利于其平复外部不确定性，由于产业集群的生成和发展与制度分割息息相关，来源于政府政策的不可预测变动在这里被降至最低，而又由于企业之间基于信任的协作关系，供给和需求也趋于稳定。其次来说，产业集群区位也最大可能地避免了技术的波动和跳跃，因为产业集群内部各企业的竞争协作虽然尽可能地促进了技术进步，但这种进步是可预见和可调节的，适应跨国公司的创新和吸收能力。由于产业集群本身的创新性质，也客观促进了基于产业集群的跨国公司及其分公司的创新。

（五）制度分割收益

对于发展中国家或地区来说，集群区位还存在制度分割收益。制

① 孟良、宣国良、王洪庆：《国外 FDI 技术溢出效应实证研究综述》，《外国经济与管理》2004 年第 6 期。

度分割是指正式制度决定主体(主要是指政府)通过建立制度壁垒限制或约束制度作用对象的决策行为。任寿根运用我国上海外高桥保税区国际贸易企业群集的实例论证了制度分割在产业集群特别是新兴产业集群生成中的重要作用,认为当政府依据其产业政策规定了新兴产业部门的地域活动范围并给予优惠后,高新技术产业将会在该地区集聚从而追寻区位差别所决定的制度收益。① 不容置疑的是,目前发展中国家的大多数产业集群的形成都与政府的制度分割有关,特别是发展中国家为了进行区域开发、产业升级或对外开放而有意识促成的新兴产业集群,是地区产业政策的直接产物。政府依据产业政策或划定地域,强制有关产业在政府指定区域活动,或政府以优惠条件诱使新兴产业在某区域聚集,并通过适当引导从而生长成新兴产业集群。跨国公司通过在政府指定区域聚集,从而获取制度分割收益。这种收益包括两部分:一是短期利益,如政府给予的税收、土地批租、财政补贴等;二是长期利益。这是指由于政府制度分割造成的同类产业前期扎堆在后期整合中形成的依赖的协同收益。

四、结　　语

产业集群已经成为跨国公司跨国投资的重要区位选择。这一转变一方面在于跨国公司战略在全球化条件下的变化,更重要的是在于产业集群的生成与发展暗合了全球化下竞争优势的组织条件和创新环境。跨国公司区位的产业集群指向转移既明示了当前经济全球化下一国引资战略的转变方向,也为发展中国家制定产业集群战略提供了强有力的导向性建议,那便是产业集群战略最终要能达到促进一国在全球化的世界经济中分工格局的有效提升,这依赖于集群吸引 FDI 的能力。一国应着力强化集群政策制定的前瞻性和系统性,以促进产业集群发展和引资二者的良性互动。

① 任寿根:《新兴产业集群与制度分割——以上海外高桥保税区新兴产业集群为例》,《管理世界》2004 年第 4 期。

本文重点从集群的交易特质分析了其对跨国公司区位的影响,并分析了跨国公司集群区位的收益。既然产业集群和跨国公司二者存在互动的关系,那么产业集群在其演化过程中,必然要受到跨国公司的诸多影响。这些影响对于集群的组织属性和技术创新会带来哪些影响,会否影响集群作为中间组织的稳定性,如何影响集群的创新和适应能力,以及会否由此形成集群参与全球经济分工的新机制等,所有这些将成为本文的后续研究。

该文原刊发于《中国软科学》2005 年第 2 期。

模块化生产的激励机制与产业集群治理

一、引　言

产业集群在当前所取得的巨大成功得益于其作为网络组织的创新与竞争特性,但集群本身也具有潜在的风险。波特指出,产业集群在其动态演化过程中,可能因为外部威胁或内部僵化而失去竞争力。①由于根植于集群的企业其演化存在路径依赖的性质,从而使集群在环境适应方面出现问题,这些危险包括功能锁定、技术锁定和区域锁定等。当企业由此失去自身的发展优势之后,集群也可能因此而失去活力,最终走向衰退。

作为一种中间组织体制,产业集群并不是一个静态的实体,而是一个动态演进的组织过程。这是由网络组织内企业不断重复交易的过程和价值链联系所决定的,产业集群的效率边界和长期演进成为更具重要的方面。威廉姆森(Williamson)指出中间性组织的稳定性依赖于集群对外部扰动的反应,相对于市场组织和企业科层组织而言,中间性组织所受扰动的损害是最大的②,则构建产业集群的治理机制以

---

① [美]迈克·E. 波特:《簇群和新竞争经济学》,《经济社会体制比较》2000年第2期。

② Williamson, Oliver E. "Transaction Cost Economics". in Richard Schmalensee and Robert Willing, eds. , *Handbook of Industrial Organization*, *Amsterdam*: North-Holland, 1989, pp. 135-182.

化解风险显得非常重要。

对集群风险研究的文献很多,蔡宁等从产业集群内在网络关系的视角分析了集群发展中存在的风险,并以集群生命周期为基点提出了促进企业集群持续发展的政策建议。① 孙国强则利用系统科学理论构建了网络组织基于关系、互动和协同的三维治理逻辑模型。② 朱瑞博综述了有关研究,把导致产业集群衰退的潜在风险分为内生性风险和外生性风险两类,并对两类风险的研究现状与研究缺陷进行了归类分析。认为内生性风险是产业集群走向衰退的根本性风险,外生性风险则是产业集群走向衰退的诱发性因素。通过引入模块化理论,分析了模块集群抗集群内生性风险的机理,从而提出化解产业集群内生性风险的途径。③ 本文认为,以上研究虽然注意到了产业集群的网络组织性质,并以此考察了产业集群的风险来源与防范措施,但没有注意到创新这一更为关键的因素在产业集群风险产生与风险化解中的地位。本文同样引入模块化理论,分析模块化生产与创新的激励机制对产业集群治理的意义。

二、模块化生产及其创新激励机制

(一)模块化的生产

模块是指可组成系统的、具有某种确定功能的半自律性的子系统,通过标准化的界面结构与其他功能的半自律性子系统按照一定的规则相互联系而构成更加复杂的系统或过程。④ 模块进行分解或整合的过程即为模块化。把一个复杂的系统或过程按照一定的规则分解为能够独立设计的半自律性子系统的过程称为模块的分解,而按照某

① 蔡宁、杨闩柱、吴结兵:《企业集群风险的研究:一个基于网络的视角》,《中国工业经济》2003 年第 4 期。

② 孙国强:《关系、互动与协同:网络组织的治理逻辑》,《中国工业经济》2003 年第 11 期。

③ 朱瑞博:《模块化抗产业集群内生性风险的机理分析》,《中国工业经济》2004 年第 5 期。

④ [日]青木昌彦:《模块时代:新产业结构的本质》,上海远东出版社 2003 年版。

种联系规则将可进行独立设计的子系统统一起来构成更加复杂的系统或过程则称为模块的整合。一般而言,要使模块化系统高效运行,需要严格界定系统的设计规则。这类规则由结构、界面和标准三个部分组成,结构确定模块的构成;界面则规定模块之间的位置安排、联系方式与信息交流方式;标准则用于检验模块的设计是否合乎设计规则,测定其性能。

在满足产品可分解性和遵循系统设计规则的前提下,产品可以采用模块化的生产方式。由于设计规则是既定的,模块采购商或模块整合商对每一模块的性能都有足够的知识,从而使生产商不能用价格或广告来扩大其市场份额,而只能以产品的内在品质或某一项全新功能的开发来赢得与核心企业的长期合作关系。这直接导致模块化生产中的创新与竞争性质,这种创新与竞争虽然最终由市场来拉动,但对于具体模块供应商而言,为赢得核心企业的信任从而获取更多的外包业务,创新和竞争实际是在某一相对确定的集体中进行的,这也导致竞争与创新扩展到产品研发、工艺设计和生产制造整个过程。

(二)模块化生产中的准信息同一化性质

在模块化生产中,由于生产的分工精细化和产品标准化,以及交易的频繁性、重复性与非正式性,信息是充分的,这种充分信息的存在既是促进集群内部竞争的重要力量,也是促进创新的手段保证。在由系统设计师给定明确规则的模块集群中,信息却具有准同一性的特征。青木昌彦认为这一过程具有信息封闭性的特征,在遵循系统设计师给定的结构、界面和标准的前提下,各模块供应商之间不存在工程环境乃至系统环境方面的信息共享。① 每一模块供应商在信息处理和产品设计上有高度的自主性,它们将自行设计某一具体模块,而不考虑其他模块的设计思路。模块供应商为争取竞争胜利,往往对其个体模块的设计进行个别的研发,并强调技术保密和商业机密,换言之,在模块内部设计和开发的过程中,信息是封闭的。

然而由于模块化生产对信息交流的要求,会在特定区域内集结成

---

① [日]青木昌彦:《硅谷模式的信息与治理结构》,《经济社会体制比较》2000年第1期。

群，形成具有专业化、同进化的系统结构。在集群式的生产中，由于企业之间的交流是经常的，而且具有非正式性特征，这使得信息的完全封闭变得困难，人员的交流特别是核心技术人员的交流甚至是跳槽总会导致技术信息的相互传递。如以模块化生产的硅谷中，信息共享是由创业投资者进行协调的，它自己虽不是信息的携带者，但它却经常协调企业家、工程师和大学科研人员等之间的联系，从而使信息存在一定的共享特征，由于这种信息的共享在质和量上都比互动式研发组织要弱，青木昌彦将其称为准信息同一化。①

（三）模块化生产中的激励机制：研发锦标赛

模块供应商为了在前期研发过程中取得与系统设计师长期而又稳固的供应关系，会分别进行研发创新行为，互相之间进行极其严格的信息保密，但在第一阶段的研发结束之后，只有少数模块供应商胜出并获取市场，其他的竞争者则以失败并退出这一竞争领域而告终。假设一个只有两个模块供应商进行竞争的特殊情形，给定只有一个最终胜出，则一方的胜出直接降低另一方胜出的机会，这里具有典型的锦标赛特征，将其称为研发锦标赛。

下面建立一个简单的研发锦标赛模型来分析这一问题，这一研发锦标赛模型是对周黎安②政治锦标赛模型的简单扩展。设想一个研发博弈，其中系统设计师决定对两个模块供应商 A 和 B 的研发价值进行考核，研发价值较高者将得到认可，并得到进一步合作的机会，否则出局。每个模块供应商的研发价值由 y_i 代表，y_i 的高低不但与其研发努力 a_i 有关，而且也与对方的研发努力 a_j 有关，其关系由如下式子代表：

$$y_i=a_i+ra_j+e_i \qquad (i=A,B;i\neq j) \qquad (1)$$

这一假设是基于青木昌彦对于创新式的企业的努力所创造的总价值比其边际价值高很多的论断来进行的，当努力的弹性很小时，每一企业自身的研发努力将成为决定其研发价值至关重要的因素。每

① ［日］青木昌彦：《硅谷模式的信息与治理结构》，《经济社会体制比较》2000 年第 1 期。

② 周黎安：《晋升博弈中政府官员的激励与合作》，《经济研究》2004 年第 6 期。

一次博弈结束前,系统设计师不能观测到企业的研发努力 a_i,但能够按照预期这一轮研发所创价值的标准来判断 y_i,这也是系统设计师最后进行取舍的唯一依据。企业能够了解自己的研发努力 a_i,但由于准信息同一化的原因,并不了解另一企业的研发努力 a_j,但 a_j 将对自己的研发价值 y_i 产生溢出效应,其中 r 代表了企业 B 的研发努力对于企业 A 的研发价值所带来的边际影响,r 不为 0,本文假设 $|r|<1$,即企业 B 的研发努力对于企业 A 的研发价值的影响要小于企业 A 自身的研发努力的影响。e_i 是一个随机扰动项,且 e_i 和 e_j 相互独立,并假定 (e_i-e_j) 服从一个期望值为 0、独立和相同的对称分布 F。

由于系统设计师在此前已经给出了研发博弈的规则:如果企业 A 的研发价值大于企业 B 的,即 $y_i>y_j$,则企业 A 将胜出,取得与系统设计师合作的机会,并获得市场,其效用为 V(V 为正值)。企业 B 将被淘汰出局,其前期投资将付之东流,效用为 v(v 为负值)。必有 $V>v$。由于 (e_i-e_j) 服从分布 F,则企业 A 胜出的概率如下式所示:

$$P_r(y_i>y_j)=P_r[a_i+ra_j+e_i-(a_j+ra_i+e_j)>0] \qquad i\neq 1 \quad (2)$$

即:

$$P_r(y_i>y_j)=F[(1-r)(a_i-a_j)] \qquad i\neq 1 \qquad (3)$$

则企业 A 的效用函数为:

$$U_i(a_i,a_j)=F[(1-R)(a_i-a_j)]V+\{1-F[(1-r)(a_i-a_j)]\}v-C(a_i) \qquad (4)$$

由上式我们可以得到企业 A 实现效用最大化的一阶条件:

$$(1-r)f[(1-r)(a_i-a_j)](V-v)=C'(a_i) \qquad (i=\mathrm{A},\mathrm{B}) \qquad (5)$$

其中 $f(\cdot)$ 是分布函数 F 的密度函数,在对称性纳什均衡下,上述一阶条件变成:

$$(1-r)f(0)(V-v)=C'(a_i) \qquad (i=A,B) \qquad (6)$$

观察上述一阶条件我们可以发现,由于 $(V-v)$ 必为正值,r 越小对企业 A 的研发激励越大,反之,r 越大,则对企业 A 的研发激励越小。这说明,当企业 B 的研发努力对于企业 A 的研发激励的溢出效应较小时,会对企业 A 的研发带来更强的效果。

由于假定了只有一方胜出的结果,则博弈双方都尽可能地减低对于对手的溢出效应,从而在竞争中取得有利于自己的相对位次。在不考虑使用非经济手段去做不利于对方研发努力从而促进己方胜出的情况下,本文认为其主要手段就是对己方进行研发的技术手段、进展情况及核心技术进行有效的保密,而这也正符合模块集群中准信息同一化的性质。

三、模块化对产业集群治理的意义

集群治理的关键是效率,这也是集群获取竞争优势的必要条件。当集群存在一个良好的治理结构时,就会有效地避免集群在其演进过程中的锁定而保持长期的活力和竞争力。模块化生产的激励机制为产业集群的治理提供了良好的思路,其意义在于以下三个方面:

(一)模块化改变了集群的组成形式和集群的权力分配属性

一般认为,产业集群是指在一定区域聚集的具有弹性专精性质的中小企业网络体系①,分工的精细与专业化,导致集群内各企业之间缺乏互补性而凸显竞争性。集群中的企业对其他企业及集群整体的影响力量较小,在竞争中则表现为企业之间的并行关系,每个企业都不能以个体的力量来左右集群的演化进程,从而导致集群内的权力分配也呈现相当强的平均性和弱化性特征。这类中小企业集群所形成的权力分散化导致其典型发展特征为停滞和衰退,也可能由于内部劳动分工的深化导致一些大规模企业的出现,从而使集群发展成为轮轴式集群,呈现明显的等级制度特征。此时大企业和小企业之间并没有形成内在的技术与组织关联,权力分配虽有所倾斜,但仍是基于市场的分化关系,导致集群的风险维系于居于核心地位的大企业。

模块集群的组成形式表面来看与轮轴式集群有一定的相似性,但内在机理却完全不同,一方面系统设计师居于集群的核心地位,并制

① Amin A,"The Difficult Transition from Informal Economy to Marshallian Industrial Districts", *Area*,1994,26(1):pp. 13–24.

定整个模块化生产的规则，具有相对较强的权力，模块供应商依系统设计师给出的明确规则来进行每一模块的研发，处于外围，这使整个集群的内部联结不仅以非正式联系，而且也以正式联系使其成为一个有机的整体。另一方面来看，由于每一模块的生产具有信息异化的特征，模块供应商对其产品的生产和研发具有自主权，模块供应商在这一体系中并不是完全从属的，每一模块的技术标准和性能将直接影响整个系统的性能和技术水平，这使集群内的权力分配所呈现的集中性又具有相互牵制性和相互依赖性特征，系统设计师和各模块供应商都具有一定的系统权力，但又都不能滥用这些权力。动态来看，作为系统的分工和合作是稳固的，而作为个体的分工和合作则具有竞争性和变动性，这是避免集群衰退的关键。

（二）模块化实现了网络治理与公司治理的同步性和协调性

大量有关网络组织的文献都强调了网络组织的协同效应，但协同效应并不会自动产生。节点的性质决定了网络复杂关系中各个成员之间的关联特质。孙国强分析了网络组织中节点之间的关系及其性质，认为互补与和谐是网络合作的基础，由于在网络关系中一方依赖于由他方所控制的资源，而收益又必须来源于不牺牲他方利益的资源整合过程，这要求网络中的各方为建立和维护这种相互依赖的关系而付出努力。[①] 由于集群中的企业仍是独立存在的，以承诺而非利益为导向的联结难以提供共同治理的激励机制，同时由于资源在网络组织中的分散性，导致网络中的权力也在不同的节点中分散存在，使网络治理也存在必然的分散性特征，从而增加了网络治理的难度。

模块化生产深刻改变了集群的组织结构，将分散化的网络治理和集中化的企业治理有机地结合起来。由于网络组织中的资产专用性较强，这限制了共同治理的效率发挥。资产专用性是指一种资产被其他使用者用于其他可供选择的用途而不牺牲其生产性价值的程度，当其他条件给定时，随着资产专用性的提高，交易的治理机制将逐步从市场过渡到企业。威廉姆森指出，在激励、适应性调整和官僚成本方

① 孙国强：《关系、互动与协同：网络组织的治理逻辑》，《中国工业经济》2003 年第 11 期。

面，中间组织都介于市场和科层模式之间，与市场相比，中间组织牺牲了激励而有利于各参与人之间的协调，与科层相比，中间组织牺牲了统一性而有利于更大的激励程度。① 在模块化生产的情况下，系统的最终形成和长期演进过程中存在一系列无休止的博弈，每一层次的博弈都有一些企业胜出，从而取得稳定的长期节点关系，而被淘汰的企业则退出，重新整合而进入另外的博弈过程，这样来看，个体的企业存在较高的资产专用性特征，而作为整体的系统的资产专用性则很低。特别是，按照模块化理论对产业系统进行分解，使价值链、顺序式的上下游关系转变为模块间平行的立体网状关系，也降低了模块之间的相互依赖，减少了网络依赖带来的治理成本。②

（三）模块化内生地促进了产业集群技术创新

创新是集群的主要特征，也是集群进化的生命线，创新的重要途径是集群内部的知识溢出效应。集群内部交易的重复性和非正式性使得信息呈现显性化，导致技术容易为其他企业便利地获得，这会产生一些负面的效应，较为突出的就是企业在技术上的刻意模仿与生产上的高度雷同，因为在集群内进行成功模仿的几率非常高，较小的成本会产生较大的利润，这对模仿者产生了强刺激效应，导致“围绕专利的发明”频繁出现。③ 这会使集群的创新失去活力而形成技术依赖和技术惰性，最终导致集群衰退。集群内又不能实施完全的知识产权保护，因为完全的知识产权保护虽然维护了创新者的利益，但也杜绝了知识溢出，会极大地削弱集群的资源共享和协同效应，难以吸引企业的进入和竞争，也导致集群的最终衰退。

模块化生产的锦标赛式治理结构提供了解决上述问题的有益思路，当系统中的众多模块供应商为一个有价值的模块进行研发争夺

① Williamson, Oliver E. “Transaction Cost Economics”, in Richard Schmalensee and Robert Willing, eds. , *Handbook of Industrial Organization. Amsterdam: North-Holland*, 1989, pp. 135–182.

② 朱瑞博：《模块化抗产业集群内生性风险的机理分析》，《中国工业经济》2004 年第 5 期。

③ ［美］格罗斯曼、赫尔普曼：《全球经济中的创新与增长》，中国人民大学出版社 2003 年版。

时，锦标赛式的激励机制会促使它们进行创新，因为创新失败甚或创新落后就免不了淘汰的命运，这种激励具有内生性。根据上面给出的研发锦标赛模型，可以直接导出这一结论，即研发努力是胜出的根本源泉。模仿所致的技术路径依赖也能够在这一集群系统中得到有效化解。从上面的模型我们理解到，模块化研发竞争中的研发努力溢出越大，对自己研发价值的确定越不利，这会促使模块供应商进行有效的技术保护，在研发过程中进行信息异化和技术异化，这不但有效避免了技术模仿，也使模仿失去了价值。竞争既跳出了价格竞争的陷阱，也不会在同一层次上进行低水平重复，而呈现台阶式的跳跃性发展。

该文原刊发于《商业经济与管理》2006 年第 5 期。

边界渗透性、企业能力与产业集群治理

产业集群一经生成就处于动态演化过程中,可能因为外部威胁如技术间断、消费者需求变化以及内部僵化如过度合并、企业自身演化路径依赖等失去竞争力而衰退①,则对产业集群进行治理是重要的。文献对于产业集群治理的讨论多基于网络组织治理的逻辑来进行,由于在网络组织中企业间的联结关系及其互动决定了网络组织的性质,则对网络组织的治理也应该落脚在企业之间的关系与互动上。② 然而网络组织中的关系是以互动为导向的,这与层级组织中以任务为导向和市场组织中以利润为导向的关系都有不同。在网络组织内部,是以牺牲激励来促进参与人进行合作并进行协调的,从而导致共同治理的无效率成为网络组织治理中难以解决的问题。

事实上,在网络组织中,除了关系与互动外,处于网络节点上的企业的性质也决定网络组织结构的性质。对于网络组织的一般假设:一方依赖于由他方所控制的资源,而且收益来自资源的整合,合作各方不以牺牲他人利益为代价去谋求自身利益。③ 由此得到的合理推论:

---

① [美]迈克·E.波特:《簇群和新竞争经济学》,《经济社会体制比较》2000年第2期。

② Johanson, J. & L. G. Mattsson, "Interorganizational Relations in Industrial Systems: A Network Approach Compared With The Transaction-cost Approach", in Bengt Johannisson, eds., *International Studies of Management & Organization*, M. E. Sharpe Inc., 1987, pp. 34-38.

③ 孙国强:《关系、互动与协同:网络组织的治理逻辑》,《中国工业经济》2003年第11期。

网络组织的核心问题不在于企业内部合理科层结构的选择和内部生产与外部购买最佳组合的匹配,而在于企业内外能诱发各种交互作用的网络关系及其构造上,网络组织的价值在于通过企业之间的联合,来发挥异质技术、信息、管理经验的互补和协同效果。这种理解并没有问题,但不够完善,因为根植于集群中的企业其自身的演化有一定的路径依赖性质,存在功能锁定(functional lock-in)、技术锁定(technological lock-in)和区域锁定(regional lock-in)等危险,从而不能灵活地适应环境的变化,当企业在面临环境方面的弱势条件可能失去已有的竞争优势时,集群也因此失去活力。可见集群中企业自身的演化会影响集群网络组织治理的效果,并对集群提供良好的治理结构提出了内在的要求。

本文即以此为出发点,认为产业集群的治理逻辑应该落脚到企业自身的演化上来,通过缔造无边界企业以增强集群活动主体的活力,进而提高集群组织的弹性和对外部环境变化的适应性。当企业边界具有足够渗透性时,能够有效避免合作中的机会主义并给予行为主体以激励,从而解决网络组织共同治理的无效率问题。

一、企业能力与产业集群的治理逻辑

集群治理的关键是效率,也是集群获取竞争优势的必要条件。集群治理结构是指集群的组成形式、基于权力及权力分配属性的企业之间的关系,以及建立和维持集群整体竞争优势的目的性明确的集体行为,是包括集群的组织管理、规章制度、激励和约束、决策权和利益分配以及与外界交流、合作和谈判的全部法律、机构、制度和文化的安排。然而共同治理的无效率问题是网络组织治理难以解决的。如何保证避免合作中的机会主义并给予行为主体有效的激励成为网络组织的治理机制设计中的难题。

(一)传统产业集群治理中对于企业能力的处理

产业集群是一种典型的中间性网络组织,则传统研究对于产业集群治理的分析也是基于网络组织的特性来展开的。Messner 等(2000)

概括了网络结构的三个特征:行为主体间的水平联结、跨组织关系和行为主体的互动①,这基本上给出了企业作为网络组织节点的全部意义与内涵,也给出了网络治理的逻辑过程,这与 Johanson 和 Mattsson (1987)②强调将网络节点间的联结关系与其相互作用行为有机联系起来进行组织治理是一致的,但过于强调关系与互动而忽视了企业作为网络组织行为主体的能力问题。

1. 网络组织强联结中的节点

企业是市场活动中独立的主体,企业之间的联结关系具有强联结(Strong Ties)、弱联结(Weak Ties)和自由交易(Arms-length Ties)三种关系,网络组织中节点之间的关系则属于强联结。在产业集群中,企业就是处于网络组织强联结的一个个节点,它的价值是由网络组织的联结关系给出的。集群中的企业是以水平联结为主的,特别是在强调专业化生产的集群中,对于知识及劳动力市场的共享奠定了企业集群的基础,即使在具有垂直分工的集群中,企业之间的联结也限于水平边界的处理,很少有基于企业功能模块的跨边界合作。跨组织关系是以互动而非利润为导向的,虽然由于企业资产专用性的影响单个企业不得不在某些层次上将相应任务交由其他企业来生产,从而加大双方的相互依赖程度,但本质而言,网络组织中成员的行为是彼此独立的。集群中企业之间的互动虽然强调生产和交易,但非生产性的信息沟通、知识传递以及人员的交流也是构成互动的重要方面,这些联结既不是通过纯粹市场的交易来实现的,更不可能通过行政命令来进行,而在这些互动关系中均是将企业作为一个点来处理的。

2. 非一体化合作中的不动点

一体化即企业形成、边界扩大的过程,亦即将原来属于市场交易

---

① Messner D, Meyer-Starmer J. , "Governance and Networks: Tools to Study the Dynamics of Clusters and Global Value Chains", Paper prepared for the IDS/ INEF Project "*The Impact of Global and Local Governance on Industrial Upgrading*", 2000.

② Johanson, J. & L. G. Mattsson. , "Interorganizational Relations in Industrial Systems: A Network Approach Compared With The Transaction-cost Approach", in Bengt Johannisson, eds. , *International Studies of Management & Organization*, M. E. Sharpe Inc. , 1987. pp. 34-38.

的关系活动内部化为企业内部活动的过程。与之相对,非一体化过程则是将原属于企业内部的经济外部化为市场交易的过程。既有文献对于产业集群由于中间组织所导致的非一体化过程的分析多是基于交易成本经济学来进行的。科斯(1937)认为,企业作为价格机制的替代物,也是协调资源配置的手段,一项交易最终由企业还是由市场来组织取决于此项交易在两种组织下的成本比较,更进一步,当追加的交易由企业来组织时,企业就变大,当企业放弃对这些交易的组织时,企业则变小。① 在产业集群内部,非正式交流更为频繁,信息相对完备,从而减少了集群内市场交易的成本,这导致企业规模具有变小的趋势。换言之,企业群集所产生的外部规模效应替代了企业扩大的内部规模效应,从而非一体化合作成为产业集群最为突出的组织特征。

然而随着企业规模变小或者说随企业边界的收缩并不必然伴随着产业集群非一体化合作的效率增进。一个简单的理解是企业边界的缩小涉及两种情形:一是企业收缩战线,将非核心业务进行外包或以其他方式进行剥离;二是企业进行拆分或衍生的形式形成更多数量的小企业,这都会导致资产专业性程度的提高,而随着资产专用性的提高,双边依赖程度就会随之加强,对集群的组织弹性及灵活性提出更高的要求。由于中间网络组织是以牺牲激励来促进参与人的协调的,当资产专用性程度进一步提高时,依赖双方会由于利益调整问题不能对环境做出快速的反应,从而产生调整结果不佳的成本,中间性网络组织反而不如企业科层组织更具效率。基于网络组织非一体化合作进行集群治理的文献为规避这一问题,强调非一体化合作中所提供的必要承诺,以承诺所提供的“未来的阴影”以抑制机会主义行为,意味着合作带来的长期收益超过了防御所带来的短期收益。这里所强调的承诺是基于网络组织给出的,从而低估了企业能力对于承诺的可信度和执行力的价值。

① [美]罗纳德·科斯:《企业的性质》,载盛洪编:《现代制度经济学(上卷)》,北京大学出版社 2003 年版。

3. 组织协调中的"非生产性"单位

集群内企业之间虽属强联结,有别于纯粹市场中企业之间的联结关系,但集群内的每一企业仍然是一个相对独立的组织,企业之间不是通过产权或资本为纽带来集聚,而是以平等的市场交易方式联结的,垂直一体化的刚性组织只存在于企业内部,而不存在于企业网络之间。和纯粹的市场交易的多变性和临时性不同的是,由于企业之间的交易存在一定的反复性和频繁性,从而具有相对长期性和稳定性。然而产业集群内部的多重联结关系并非一个简单的委托代理关系,虽然多数文献论断了网络组织具有显著的协同效应,但协同效应并不会自动发生,需要企业协调其合作关系。

网络组织协调所强调的两个方面均忽视了企业的生产性,一是强调网络组织的交易特质。威廉姆森(Williamson,1991)用交易不确定性、交易频率和资产专用性三个交易指标的不同匹配来解释科层组织、中间组织和市场组织的边界确定。当这三个特质指标都处于较低水平时,市场组织是最有效率的经济组织;当这三个特质指标都处于较高水平时,企业科层组织则成为最有效率的经济组织;当交易特质指标处于这二者之间时,中间性经济组织就成为最有效率的经济组织结构。吴德进(2004)据此指出,如果把由交易的不确定性和交易频率所导致的成本定义为组织结构的治理成本,则组织治理的成本主要与资产专用性有关,随着资产专用性的提高,治理成本也相应上升。① 当资产专用性较高时,企业科层将替代企业网络,从而绕过网络组织治理中对于企业能力的讨论。二是强调网络组织中的非相关尺度联结。在产业集群内部,由于地理近邻的作用,导致除了直接向集群内提供资源并进行有效要素流动的主体间发生联系,也与不直接向集群提供资源但存在利益相关的其他主体发生联系。当这一联系由于频繁性和便捷性而长期稳固后,非正式的和非经济的联结将起重要作用,而这些非正式和非经济的联结即是网络组织的非相关尺度联结。这涉及多个方面,如通过人员的流动创造出联结不同利益主体的社会网

① 吴德进:《产业集群的组织性质:属性与内涵》,《中国工业经济》2004 年第 7 期。

络，行为主体水平联结平面的交织及对于环境达成共识后的行动默契等。这些分析都将集群中的企业作为一个“非生产性”单位来处理，忽视了企业能力在组织协调中的价值。

（二）企业能力对于产业集群治理的价值

过于强调产业集群作为网络组织的交易特质及完全基于网络联结的性质来进行产业集群治理都是不完善的。杨瑞龙和冯健（2003）认为，这一逻辑的形成是由于忽略了知识、经验和技能的影响所致，当资产专用性很高时，如果一个企业自身不具备生产该产品能力时，难道只能放弃生产？这与现实情况是不符的。在他们看来，一个有效率的经济组织的目标是在给定分配规模情况下最大化共同创造的剩余，很显然，与剩余规模有关的生产和与剩余分配有关的交易都是经济组织中不可或缺的过程，一个完整的组织边界理论必然是生产和交易相结合的理论。① 需要相同能力的经济活动被称为相似的经济活动，当几个企业之间在目标市场上相互重叠时，将会导致企业间网络效率低下，而在企业采取多样化经营时，企业间网络效率较高，产业组织应根据各种经济活动可能是互补的这一情况来进行自我调整。产业集群治理中所存在的无效率源于共同治理不能避免合作中的机会主义并给予有效的激励，强调企业能力则能够规避这些问题的出现。

1. 规避机会主义

在不考虑企业能力的前提下，企业为最大化其利益会产生规避风险的内在动力，它们宁愿远离关系而进行重复谈判合约条款，交易中对对方进行要挟，信任往往不可信，而承诺又往往流于形式。声誉机制并非网络组织的专有机制，在自发性的市场交易中也存在着声誉机制。当企业能力维度被加入进来之后，要挟会因为双方能力的考虑而难以付诸实施。当拥有较多稀缺资源的企业能够处于网络组织的核心地位并对其他企业施加影响时，其他企业会围绕这些核心企业来确定自己的战略和行动，则成员间不但可以通过法律来保障正式契约的可实施性，也

---

① 杨瑞龙、冯健：《企业间网络组织的效率边界：经济组织逻辑的重新审视》，《中国工业经济》2003 年第 11 期。

强化如声誉、社会惯例等非正式的社会控制机制和协调机制。

2. 进行有效的激励

以互动而非利益为导向的网络组织关系难以对行为主体实施有效的激励，由于在网络关系中，一方利益的获得不但依赖于自身所控制的资源，也依赖于对方控制的资源及组织整体对于资源的整合能力，当考虑企业能力维度时就能够得到网络组织中互动的利益基础：互动不仅仅是基于水平联结的关系互动，更是基于价值创造和利益分配的互动。特别是，当企业通过能力扩张导致相互联结边界的模糊化和渗透性时，这一互动已经不再是企业与企业之间的联结，更深入到企业内部不同价值模块之间的互动，从而将企业的层级治理与网络组织的利益相关者治理有机地结合起来，解决了激励不足的问题。

3. 应付环境不确定性

应付环境不确定性所带来的扰动涉及两个方面：一是企业本身应对环境变化的能力；二是网络组织的弹性。当外界扰动对于经济活动产生影响时，网络组织所受的破坏是最大的，因为在企业网络中，适应性调整既不能像市场一样由单方进行，也不能像科层组织一样按指令来进行，而是必须相互一致同意才能进行。当考虑到企业能力时，由于企业具有不同的知识和能力，有利于企业吸收更多的知识进行创新，并充分利用对方的认识能力来弥补自己的不足，通过学习和合作来拓展自己的技术选择集，也使网络组织更具灵活性和弹性，削减环境不确定性带来的冲击。

二、边界渗透性与产业集群中企业能力的提升

在新古典经济学的框架里，经济组织只有两种类型：等级制的企业组织和完全竞争的市场组织。由于理论更强调竞争所带来的资源在不同经济单位间的合理配置，而简单假设企业内部存在完全的效率，从而将企业作为一个“黑箱”来看待。这样一来，企业边界的确定对于企业规模的分析，即对于追求利润最大化的企业而言，边际成本和边际收益相等之处给定了企业的最佳规模，从而也确定了企业的边

界。从标准的新古典模型来看,当交易成本为零时,长期平均成本的最低点确定了企业的规模,由于长期内平均成本是固定的,则企业边界的确定就是一个不动点及这个不动点的简单算术叠加。随着团队生产说、资产专用性理论、合约理论及纵向一体化理论对这一问题的深入探讨,对于企业边界的认识基本上从"一个不动点或不动点的简单叠加"变化为"一系列的动点"达成了共识。然而现代经济学仍然不能从理论上给出企业的边界,企业仍然作为一个"黑箱"而存在。

在企业科层组织内部,供给和需求的协调是由管理层通过指令来进行的,任务不但具有高度的专业化,同时又相互依赖,部门及成员的利益与其职能和岗位紧密相连,部门及成员之间的合作使得信息和知识能够在企业内部快速流动,但竞争也导致相互之间存在利益的冲突。长期反复的内部交易及高的资产专用性导致企业的边界也具有刚性的特征,这些利于内部的稳定性,但同时形成了企业边界的刚性,应对外部环境变化的弹性不足,当外部扰动频繁且剂量过大时,内部冲突体现为对企业边界的破坏,最终导致科层组织的衰退。

在产业集群内部,也是将企业作为一个黑箱来对待的,几乎所有涉及产业集群的文献都把企业当成集群的基层单位,而没有考虑企业内部经济活动穿透边界与外界相互作用的关系。马库森(Markusen,1996)曾经讨论了产业集群内部不同性质企业的作用,但其所强调的是具有不同集群权力以及与外界具有不同联系程度的企业的情况,并没有渗透到企业内部来进行考察。① 青木昌彦(2000)②研究了硅谷集群中模块化的生产方式与联赛式的治理结构,基本触及了通过企业价值模块与外界互动的关系,但青木昌彦关注的是这种模式中的信息结构与治理结构,并没有深入研究企业由于模块化生产所带来的企业边界渗透性问题。

从提升产业集群的组织弹性和应对外部环境变化的适应性角度

---

① Markusen A.,"Sticky places in slippery space: a typology of industrial districts", *Economic Geography*, 1996, 72(3), pp. 293-313.

② [日]青木昌彦:《硅谷模式的信息与治理结构》,《经济社会体制比较》2000年第1期。

来考察企业能力提升问题,涉及对企业边界的分析。当企业具有足够渗透性的边界时,信息、资源、关系和活力能够轻易地穿透组织的“隔膜”,从而使得贯穿组织的运转变得更加流畅。阿什克纳斯等(2005)指出了所存在的四种边界:垂直边界(组织的层级),通过等级层次、头衔、身份和地位把组织成员分隔开来;水平边界(内部壁垒),通过职能、业务单元、生产群体或部门把组织成员分隔开来;外部边界(外部壁垒),把企业同自己的供应商、客户、社区以及其他的外部支持者分隔开来;地理边界(文化壁垒),具有其他三类边界的特点,但却可以跨越时空、跨越不同的文化而存在。阿什克纳斯等认为,新的商业环境对管理者提出了新的要求,他们必须从根本上检查组织在结构水平和经营水平上的战略,改变这些边界的性质,使其更具渗透性和灵活性,以便使组织能更快速而富有创造性地适应环境的改变。①

然而强调企业边界的渗透性不是要求企业完全无边界或边界的完全可透过性,而是强调由于通过企业边界渗透性的提高来实现资源整合和信息沟通的需要。对于产业集群内部的企业而言,面临两种环境,一是产业集群内部的环境,包括集群内企业之间的关系,企业与其他相关机构的关系和企业面临的集群制度环境;二是产业集群的外部环境,这涉及外部的市场环境、制度环境及在非相关尺度上与其他经济行为主体的联结关系等。为适应产业集群内部环境,企业可以在某种程度上以不动点的形式存在,不予考虑企业内部演化对集群整体的效应,以获取个体的最大化利益,但为适应外部环境,企业必须做出改变,因为企业与外部的联结更多地体现为集群的共同行为,而且外部环境的任何变化对于企业的影响都将通过网络组织的关系而表现出来,进而影响企业的生存环境。当企业以相对封闭的边界与其他主体进行互动时,企业演化与集群组织演化之间如果存在不协调,则会导致企业利益受损,进而导致整个集群的衰退。如果这些企业是集群中处于主导地位的核心企业,这一效应更为明显。

---

① 罗恩·阿什克纳斯、迪夫·乌里奇、托德·吉克、史蒂夫·克尔:《无边界组织》,姜文波译,机械工业出版社2005年版。

通过企业的无边界治理,促进产业集群的网络组织结构创新,提供了集群进行内部环境调整与适应外界环境变化的弹性空间。打通企业内部层级管理的壁垒以适应企业对于外部信息的吸收与消化,打通企业内部职能的壁垒以适应资源整合的需要,打通企业外部壁垒以巩固价值链,打通地理壁垒以适应文化制度环境的变化,以集群内部的更加灵活性和更具弹性的组织结构化解动态演化中路径锁定的风险。当企业实现无边界时,组织会更具有弹性和灵活性,为人员的快捷流动和知识、信息的传递提供条件。当企业通过自身结构调整影响社会网络的结构与性质时,容易促成利益相关的成员对环境的理解达成共识,从而形成行动默契。此外,可渗透的边界也为企业提高获取并有效整合利用资源提供了可能,从而拥有相对较大的集群权力,运用非经济的力量影响其他节点上的行为主体,使联系更加紧密,也更具有灵活性,避免演化中的僵化。

三、企业无边界能力与产业集群治理的两种模式

通过对企业的无边界改造,将会对产业集群的组织结构产生深远的影响,并形成新的组织结构与演化性质,也带来产业集群治理模式的创新。其中基于模块化生产的集群形式与基于价值链联结的集群形式是较为重要的两种形式。

(一)企业无边界能力与产业集群的模块化治理

模块化已经成为新型的产业结构,众多文献讨论了模块化生产及模块化组织的效率。① 虽然进行模块化生产的企业并不必然在地理上集结成群,但理论与实践均已证明,模块化生产中所需要的信息传递、信任关系及系统设计师或创业投资者对于系统协调的需要,系统设计师和大量的模块供应商及模块整合商具有向特定地理区域集聚的倾向。当特定区域内的集聚形成专业化、同进化的系统结构后,就形成

① 有关模块化的理论请参阅:青木昌彦、安藤晴彦:《模块时代:新产业结构的本质》,周国荣译,上海远东出版社 2003 年版。

一种崭新的集群，这就是模块集群。美国的硅谷、日本的大田是其中的代表。而且考察多数的处于良性发展中的产业集群，均存在模块化生产的迹象。

模块化生产的魅力在于设计规则、界面和标准一经确定，任何企业都可以在遵循这一规则的前提下就某一模块的研发、设计与生产展开竞争，一旦胜出则获取全部的模块价值。进行模块竞争的企业的产生会有不同的模式，雷如桥等(2004)归纳了适应模块化产品设计的三种组织模式：

(1)一体化的企业组织模式。指在企业内部进行模块化产品设计、制造和组装，企业的系统设计师负责确定系统的设计规则，将各模块的设计、制造的决策权力充分下放到各部门，并由专门的部门对模块进行组合形成最终产品。这一过程中，各模块部门具有相当的独立性。

(2)核心企业协调下的网络组织模式。设计规划仍由核心企业制定，各个模块制造商负责设计、制造各模块，最后由核心企业统一整合最终产品，但核心企业与模块制造商需要随环境信息变化进行交流和沟通，以对设计规则进行调整。

(3)模块集群化的网络组织模式。与前两种模式不同的是没有处于支配地位的成员，系统设计规则是由模块制造商、模块整合商、行业组织协会以及其他一些中介机构通过市场选择或共同协商来决定的。① 从企业边界的变动角度而言，三种模式没有差别，都是由最初的或层级式或松散的网络联结形式演变为向边界具渗透性、关系紧密性和利益相关性方向转变。在一体化组织模式下，为适应模块化的设计和制造，企业紧密的层级结构被打破，代之以企业内部灵活的网络组织结构，各个部分既紧密合作又灵活连接，系统设计师则负责信息的充分沟通。而在后两种组织模式下，原来以互动为导向的关系开始向利益导向转变，为了更好地赢得核心企业或模块整合商的信任，各模块供应商将不得不在保留核心技术的前提下，公布进度、生产能力、功

① 雷如桥、陈继祥、刘芹：《基于模块化的组织模式及其效率比较研究》，《中国工业经济》2004 年第 10 期。

能等信息，从而系统设计师及其他模块供应商能够通过对这些信息的观察来掌握整个系统的运行情况，并对自己的行为进行调整，以适应整体组织的演化要求。

和传统产业集群的网络治理机制相比，模块集群由于企业的无边界处理使集群中的信息更为充分，而且在系统设计师的协调下各成员遵循既定规则来进行设计和制造，模块整合商则依据标准和性能选择最优的模块进行最终产品的生产，既避免了由于单个模块设计或质量问题所导致的最终产品成本上升，也降低了各模块制造商要挟的机会主义行为。特别是，模块整合商或核心企业对于模块价值的选择机制对各模块制造商产生了足够的激励。

青木昌彦（2000）以硅谷为例分析了创业资本协调下的准信息同一化创新过程的锦标赛式治理结构，指出由于企业家和投资者都在想要最大化各自的预期价值。虽然这一过程存在一些噪声，但创业投资者会通过对项目外部设计特征的考察来估计各个企业家对最终价值的贡献度，从而制定更高的标准，选择更具有价值的创意，这种体制便是联赛式的治理机制。[①] 在联赛式的治理机制下，创新式企业的努力所创造的总价值比其边际价值高得多，即使分配的份额不变，创业投资的联赛式治理机制也会导致企业家更高的开发努力，足以弥补创业投资重复的初创融资和中期监控成本。本文则基于模块化生产中企业的无边界性质进一步指出，在系统设计师和模块商集合的组织结构中，既具有足够的激励促使成员的竞争，也最大限度地促进了成员的合作，使这一结构个体上具有淘汰赛的结果，整体上具有稳定性和灵活性特征，兼具松散性和层级性。这一体制还有助于形成适应环境变化的产品体系，推动集群良性的动态演化。

（二）企业无边界能力与产业集群的价值链治理

价值链又称物质价值链，是指一种商品或服务在创造过程中所经历的从原材料到最终消费品的主要生产流程，包括采购进货、生产作业、市场营销、售后服务等直接价值创造活动和技术开发、人力资源管

① ［日］青木昌彦：《硅谷模式的信息与治理结构》，《经济社会体制比较》2000年第1期。

理、财务会计、法律咨询等辅助活动。① 企业和价值链具有相互镶嵌的性质，当某些价值链基于企业能力要素在企业内部进行组织时，就形成企业内部价值链；反之，当企业依据自身的核心能力要素与其他企业通过市场关系进行联结时，就形成企业外部价值链。如果仅从价值链角度来看，不论是企业内部价值链还是企业外部价值链均需要处于价值链条上的相关企业将其核心能力要素贡献出来，从而组织具有竞争优势的价值网络，这样不但作为整体而获取利益，每一企业也能够通过对自身所控制的资源要素在价值链上的配置和运用来获取最大化的价值。

在产业集群内部，由于企业网络的形成，信息的及时传递与合作协调，合作企业能够顺利地找到共同使用彼此的资源和能力的方法，使彼此都能够创造出自身的、新的、极难为其他企业所理解和模仿的核心能力时，合作企业就会主动对自身价值链进行分解，并与其他企业一起进行重新组合，形成价值网络。② 值得注意的是，这一解构和重组的过程即是企业边界渗透和融合的过程，此时决定企业边界的因素由传统以市场为基础的边际效应决定企业边界逐步转变为以价值能力要素为基础的核心竞争能力决定企业边界，企业内部市场与外部集群网络组织市场渗透，企业边界趋于模糊。具备核心能力要素、决定整个价值网络竞争力的集群核心企业的边界开始拓展，在企业内部对企业价值链进行解构，并向外拓展到其他与之关联的外围企业。此时企业与企业之间的边界不仅是模糊的，而且是动态变化的，即使一些企业占据价值链上的多个节点，但企业与企业的交往更强调的是价值节点而非企业本身，这也促进了企业边界向更具开放性和渗透性方向发展。

产业集群基于价值链的治理，本质上仍是网络组织的治理模式，不同的是，处于网络节点上的已经不是传统意义上的企业，而是以价值能力要素的面目出现，核心企业只能基于其所占据的节点来获取价

---

① [美]迈克·E.波特:《竞争优势》,华夏出版社1997年版。

② 余东华、芮明杰:《模块化、企业价值网络与企业边界变动》,《中国工业经济》2005年第10期。

值,同时依赖于其他节点所贡献的能力要素与资源。企业能否获取最大化的价值,在于其对于自身掌握的资源整合的能力和贡献的大小。事实上,价值链治理是包含了市场治理、企业治理和网络治理的集合,企业通过边界的渗透性与其他企业在价值节点上进行联结,从而有效应对环境的不确定性。虽然价值链的治理强调不能囿于地理邻近的限制,但产业集群内部的信任关系和重复交易为集群内的价值链治理提供了有利环境,也为具有根植性的地方集群网络融入外部经济提供了可能。

四、结　语

本文认为,要理解产业集群作为中间网络组织的特性及对其进行治理,必须将其与集群中的企业能力结合起来,仅仅从网络组织本身来考察是不够的。由于企业在动态演化中所具有的锁定性质,需要灵活调整企业内部结构并使这种调整与网络组织的结构调整趋于一致,缔造企业无边界以使网络组织的活动主体更具活力,也使得组织整体更具弹性,提高内部互动效率的同时也更利于适应外部环境的变化。本文的一个重要见解是通过提高企业边界的渗透性来实现产业集群的组织创新,并以此建构产业集群治理中的激励机制,提高治理的效率。

与此同时,企业由于无边界所带来的能力扩张可能不囿于产业集群内部,也会在集群外部产生大致相似的效应,特别是基于价值链与外部相关企业的联结一方面会促进产业集群的边界模糊化和外部拓展,另一方面可能由于集群功能转变、结构变化而带来新的问题。当集群由于外部拓展而与其他集群进行跨区联结时,对于产业集群的治理已经不能囿于单个集群内部的企业性质来进行讨论。如台湾新竹高科技园区与美国硅谷的联结已经提出了进行集群治理的新要求,当然,这已经不是本文讨论的范围。

该文原刊发于《软科学》2006 年第 12 期。

消费 DIY、模块化与产业集群治理

一、引　　言

产业集群在当前所取得的巨大成功已使其成为一种新的工业化发展战略。由于产业集群本身的创新与竞争特性,在区域发展中带来强大的外部效应,成为区域的发展极,从而使一个区域的发展与集群创新的长期持续紧密相连。然而观察产业集群的长期演进,情况并非乐观,Peter Knorringa 和 Jorg Meyer Stamer(1998)在对发展中国家产业集群的研究中,发现不论是以中小企业为主的基于信任关系且竞争激烈的意大利式集群还是以大规模地方企业为主的具有明显等级制度的轮轴式产业集群来说,其典型的发展轨迹都是停滞、衰退。由于根植于集群的企业其演化存在路径依赖的性质,从而使集群在环境适应方面出现问题,这些危险包括功能锁定、技术锁定和区域锁定等。① 当企业由此失去自身的发展优势之后,集群也可能因此而失去活力,最终走向衰退。

按波特(Porter,1998)的定义,产业集群是指在某一特定区域中,通常以一个主导产业为核心,大量产业联系密切的企业以及相关支撑

① Peter Knorringa, Jorg Meyer Stamer. "New Dimensions in Enterprise Cooperation and Development:From Clusters to Industrial Districts". 1998,(10).

机构在空间集聚，形成强劲、持续竞争优势的现象[①]。显然产业集群是介于等级组织和市场组织之间的一种中间组织，作为一种中间组织，产业集群并不是一个静态的实体，而是一个动态演进的组织过程。这是由中间组织所表现出来的网络内企业不断重复交易的过程和价值链联系所决定的，从而产业集群的效率边界和长期演进成为更具重要的方面。威廉姆森早期曾认为中间组织是不稳定的，但后来改变了这一看法，认为中间性组织也是稳定的。这种稳定性依赖于集群对扰动的反应，威廉姆森（Williamson，1989）曾经指出，相对于市场组织和科层组织而言，中间性组织所受扰动的损害是最大的[②]。可见，产业集群对于风险的化解是这一问题的关键之所在。

对集群风险研究的文献很多，蔡宁等（2003）从产业集群内在网络关系的视角分析了集群发展中存在的风险，并以集群生命周期为基点提出了促进企业集群持续发展的政策建议。[③] 孙国强（2003）则扩展了 Johanson 和 Mattsson（1987）建立的网络化关系与互动模型，利用系统科学理论构建了网络组织的三维治理逻辑模型。[④] 朱瑞博（2004）综述了有关研究，把导致产业集群衰退的潜在风险分为内生性风险和外生性风险两类，并对两类风险的研究现状与研究缺陷进行了归类分析。认为内生性风险是产业集群走向衰退的根本性风险，外生性风险则是产业集群走向衰退的诱发性因素，并沿用吴晓波等（2003）[⑤]产业集群"自稳性"风险分析理念，引入模块化理论，分析了模块集群抗集群内生性风险的机理，从而提出化解产业集群内生性风险的途径。[⑥]本文认为，以上研究虽然注意到了产业集群的网络组织性质，并以此

① Porter, M. E., "Clusters and New Economics Competition", *Harvard Business Review*, 1998, No. 11.

② Williamson, Oliver E. "Transaction Cost Economics. In Richard Schmalensee and Robert Willing, eds., *Handbook of Industrial Organization*, Amsterdam: North-Holland, 1989, pp. 135-182.

③ 蔡宁、杨闩柱、吴结兵：《企业集群风险的研究：一个基于网络的视角》，《中国工业经济》2003 年第 4 期。

④ 孙国强：《关系、互动与协同：网络组织的治理逻辑》，《中国工业经济》2003 年第 11 期。

⑤ 吴晓波、耿帅：《区域集群自稳性风险成因分析》，《经济地理》2003 年第 11 期。

⑥ 朱瑞博：《模块化抗产业集群内生性风险的机理分析》，《中国工业经济》2004 年第 5 期。

考察了产业集群的风险来源与防范措施，但没有注意到创新这一更为关键的因素在产业集群风险产生与风险化解中的地位。本文同样引入模块化理论，分析模块化集群创新的研发锦标赛机制对集群治理的意义。本文论述如下：一是消费 DIY 与模块化生产，分析由于市场导向从而在集群内生产与创新的竞争性质，而模块化的生产则又使这种竞争具有信息的准同一化性质；二是构建一个研发锦标赛模型，以描述模块集群创新与生产中的激励机制；三是提出基于此的模块化生产与集群治理的机理；四是结论。

二、消费 DIY 与模块化生产

模块是指可组成系统的、具有某种确定功能的半自律性的子系统，通过标准化的界面结构与其他功能的半自律性子系统按照一定的规则相互联系而构成更加复杂的系统或过程（青木昌彦，2003）。① 模块进行分解或整合的过程则为模块化。把一个复杂的系统或过程按照一定的规则分解为能够独立设计的半自律性子系统的过程称为模块的分解，而按照某种联系规则将可进行独立设计的子系统统一起来构成更加复杂的系统或过程则称为模块的整合。一般而言，要使模块化系统高效运行，需要严格界定系统的设计规则，这类规则由结构、界面和标准三个部分组成，结构确定模块的构成；界面则规定模块之间的位置安排、联系方式与信息交流方式；标准则用于测定模块的设计是否合乎标准以及其性能。

模块性设计与生产的最初思想和市场需求有关，例如 IBM PC 的开放性和模块性以及操作系统的普及，由此形成了一个制造与其兼容的巨大产业（周鹏，2004）②。DIY 一般是指在计算机产业中用户根据喜好或预先的功能设定自己选购配件、自己组装、自己升级，而现在随着人们对生活多样化的追求，已经扩展至其他领域。如人们在进行家

---

① ［日］青木昌彦：《模块时代：新产业结构的本质》，上海远东出版社 2003 年版。

② 周鹏：《DIY：企业组织分析的另一个视角》，《中国工业经济》2004 年第 2 期。

庭装修、饰品设计及获取休闲娱乐时所进行的自我设计与安排，都带有 DIY 的意义。对于用户而言，进行 DIY 而非整体消费存在替代经济效应，所谓替代经济是指在需要设计一种高性能系统时，如果现有部分配件比完全重新设计的成本为低，这里面就存在替代经济（Graud 和 Kumaraswamy，1995）。① 其意义至少在于两个方面：一是成本节约，即在原有系统的基础上进行竞争配件的升级替代，节省了具有同样功能的原有配件的重置成本；二是功能升级和个性化，用户可以依据个体对于系统的某项功能的偏好来重新对系统进行升级，不改变原有基本功能的前提下，以突出某项功能，满足用户新的要求，也体现对个性化的追求。

消费 DIY 虽然节约了成本，也实现了功能升级和个性化，但对于配件供应商而言却产生了巨大的影响。这种影响主要在于两个方面：一是由于配件组装更倾向于贴近消费，从而损失了企业在配件组装上的规模经济。按照周鹏（2004）的分析，规模经济的交易成本降低决定了企业产品组装过程的一体化，但对于消费 DIY 情形而言，由于用户需求的多样性和多变性，生产商就无法利用组装上的规模经济，而只能进行纵向分体化，从而引发模块化产品生产。② 二是消费 DIY 所强调的升级对系统的兼容性提出了内在的要求，亦即对于产品的不同配件的单独生产必须明确规定设计规则。也只有这样才能使替代经济具有现实可行性，而这种经由明确规定的设计规则即限定了配件生产的模块化特征，从而也确定了企业的新型关系为系统设计师与模块供应商之间的关系（朱瑞博，2004）③。

以上分析可见，由消费 DIY 必然内生地导致生产的模块化，当模块化的生产在设计规则既定的前提下，必然为扩大其市场空间而进行竞争。值得注意的是，由于是在消费 DIY 推进下的模块化生产，用户

---

① Graud R.，"Kumaraswamy A. Technological and Organizational Designs to Achieve Economies of Substitution"，*Strategic Management Journal*，1995.

② ［日］青木昌彦：《模块时代：新产业结构的本质》，上海远东出版社 2003 年版。

③ 朱瑞博：《模块化抗产业集群内生性风险的机理分析》，《中国工业经济》2004 年第 5 期。

对于每一模块的性能都有足够的知识,从而使生产商不能用价格或广告来扩大其市场份额,而只能以产品的内在品质或某一项全新功能的开发来赢得中心企业的长期合作关系。这直接导致模块化生产中的创新与竞争性质,这种创新与竞争虽然最终由市场来拉动,但对于具体模块供应商而言,这种竞争首先是为赢得系统设计师的稳定供应关系。为赢得这种供应关系,从区域的角度来看,在同一类系统中进行合作与竞争的系统设计师和模块供应商会产生区域聚集效应,从而会形成具有专业化、同进化的系统结构,并演变为一种新的集群。

(一)命题一:模块化的生产与供应由于其间的内在关联从而使其合作具有一般意义上的稳定性,又由于其竞争的激烈性导致个体意义上具有变动性

这种合作和竞争关系又使其创新成为内生化。地域上而言,它们将在一定地域上聚集,从而形成模块集群。

在集群式的创新中,由于企业生产的高度分工精细化和产品标准化,以及交易的频繁性、重复性与非正式性,信息是充分的,这种充分信息的存在既是促进集群内部竞争的重要力量,也是促进创新的手段保证。在由系统设计师给定明确规则的模块集群中,信息却具有准同一性的特征。青木昌彦(2000)认为,创业资本协调下的研发组织具有信息封闭性的特征。在遵循系统设计师给定的结构、界面和标准的前提下,各模块供应商之间不存在工程环境乃至系统环境方面的信息共享。① 每一模块供应商在信息处理和产品设计上有高度的自主性,这给他们进行竞争提供了发挥个性的空间;每一模块供应商将自行设计某一具体模块,而不考虑其他模块的设计思路。模块供应商为争取竞争胜利,往往对其个体模块的设计进行个别的研发,并强调技术保密和商业机密,换言之,在模块内部设计和开发的过程中,信息是封闭的。

然而在集群式的生产中,由于企业之间的交流是经常的,而且具有非正式性特征,这使得信息的完全封闭变得困难,人员的交流特别

① [日]青木昌彦:《硅谷模式的信息与治理结构》,《经济社会体制比较》2000年第1期。

是核心技术人员的交流甚至是跳槽总会导致技术信息的相互传递。青木昌彦(2000)指出,在硅谷,信息共享是由创业投资者进行协调的,它自己虽不是信息的携带者,但它却经常协调企业家、工程师和大学科研人员等之间的联系,从而使信息存在一定的共享特征。由于这种信息的共享在质和量上都比互动式研发组织要弱,所以他将这种情况称为准信息同一化。①

(二)命题二:系统设计师协调下的模块供应商之间的研发竞争具有信息准同一化性质

这种信息的准同一化一方面带来了研发创新的激励机制,另一方面也避免了集群在长期演化中的路径锁定。

值得注意的是,由于模块供应商之间信息准同一化的竞争,可能导致众多模块供应商就同一模块的研发进行大量的前期重复投资。当第一阶段研发博弈结束时,会有少数生产商胜出,从而其前期投资得到回报,而大多数失败者的投资将成为损失。青木昌彦(2000)认为,这一机制下的协调结果会导致企业家更高的开发努力,以至于足以弥补创业投资者重复的初创融资和中期运营的成本。

三、模块化生产中的激励机制:研发锦标赛

以上分析给出了模块集群生产中的一个极其关键的性质,即模块供应商在前期研发过程中的一个重要目标是取得与系统设计师长期而又稳固的供应关系。在研发开始之初,会有多个模块供应商进入这一竞争领域,他们分别进行研发创新行为,互相之间进行极其严格的信息保密。在第一阶段的研发结束之后,只有少数的模块供应商会从这些众多的竞争者中脱颖而出,获取市场,而其他的竞争者则以失败并退出这一竞争领域而告终。更简单地假设一个只有两个模块供应商进行竞争的特殊情形,给定只有一个最终胜出,则一方的胜出直接降低另一方胜出的机会,具有典型的锦标赛特征,这里将其称为研发

① [日]青木昌彦:《硅谷模式的信息与治理结构》,《经济社会体制比较》2000 年第 1 期。

锦标赛。

下面建立一个简单的研发锦标赛模型来分析这一问题,这一研发锦标赛模型是对周黎安(2004)①的政治锦标赛模型的简单扩展。设想一个研发博弈,其中系统设计师决定对两个模块供应商 A 和 B 的研发价值进行考核,对项目的研发价值较高者将得到认可,并得到进一步合作的机会,否则出局。每个模块供应商的研发价值由 y_i 代表,y_i 的价值高低不但与其研发努力 a_i 有关,而且也与对方的研发努力 a_j 有关,其关系由如下式子代表:

$$y_i = a_i + ra_j + e_i \qquad (i = A, B; i \neq j) \qquad (1)$$

这一假设是基于青木昌彦(2000)对于创新式的企业的努力所创造的总价值比其边际价值高很多的论断来进行的,当努力的弹性很小时,努力与研发价值之间具有极为重要的关联,即每一企业自身的研发努力将成为决定其研发价值至关重要的因素。每一次博弈结束前,系统设计师不能观测到企业的研发努力 a_i,但能够按照预期这一轮研发所创价值的标准来判断 y_i,这也是系统设计师最后进行取舍的唯一依据。企业能够了解自己的研发努力 a_i,但由于信息准同一化的原因,对另一企业的研发努力 a_j 也不了解,但 a_j 将对自己的研发价值 y_i 产生溢出效应,其中 r 代表了企业 B 的研发努力对于企业 A 的研发价值所带来的边际影响,由于企业 B 的研发努力将直接产生对于企业 B 的研发价值 y_j,而 y_j 会对于企业 A 的研发价值的认定产生威胁,则 r 不为 0,本文假设 $|r|<1$,即企业 B 的研发努力对于企业 A 的研发价值的影响要小于企业 A 自身的研发努力的影响。e_i 是一个随机扰动项,且 e_i 和 e_j 相互独立,并假定($e_i - e_j$)服从一个期望值为 0、独立和相同的对称分布 F。

由于系统设计师在此前已经给出了研发博弈的规则为:如果企业 A 的研发价值大于企业 B 的,即 $y_i - y_j$,则企业 A 将胜出,取得与系统设计师合作的机会,并获得市场,其效用为 V(v 为正值),而企业 B 将被淘汰出局,其前期投资将付之东流,效用为 v(v 为负值),必有 $V>v$。

---

① 周黎安:《晋升博弈中政府官员的激励与合作》,《经济研究》2004 年第 6 期。

由于(e_i-e_j)服从分布F,则企业A胜出的概率如下式所示:

$$P_r(y_i>y_j)=P_r[a_i+ra_j+e_i-(a_j+ra_i+e_j)>0] \quad i\neq 1 \quad (2)$$

即:$P_r(y_i>y_j)=F[(1-r)(a_i-a_j)]$ (3)

则企业A的效用函数为:

$$U_i(a_i,a_j)=F[(1-R)(a_i-a_j)]V+\{1-F[(1-r)(a_i-a_j)]\}v-C(a_i) \quad (4)$$

由上式我们可以得到企业A实现效用最大化的一阶条件:

$$(1-r)f[(1-r)(a_i-a_j)](V-v)=C'(a_i)(i=A,B) \quad (5)$$

其中$f(\cdot)$是分布函数F的密度函数,在对称性纳什均衡下,上述一阶条件变成:

$$(1-r)f(0)(V-v)=C'(a_i)(i=A,B) \quad (6)$$

观察上述一阶条件我们可以发现,由于$(V-v)$必为正值,r越小对企业A的研发激励越大,反之,r越大,则对企业A的研发激励越小。这说明,当企业B的研发努力对于企业A的研发激励的溢出效应较小时,会对企业A的研发带来更强的效果。

在我们对于研发锦标赛的前提界定中,认为两个企业在争取与系统设计师的合作地位时,一方面在于各自努力争取与系统设计师预先设定的价值标准匹配;另一方面也是最关键的却是努力超出对手,亦即,博弈双方都尽可能地减低对于对手的溢出效应,从而在竞争中取得有利于自己的相对位次。在不考虑使用非经济手段去做不利于对方研发努力从而促进己方胜出的情况下,本文认为其主要手段就是对己方进行研发的技术手段、进展情况及核心技术进行有效的保密。这也正符合上一节所分析的模块集群中准信息同一化的性质。

四、模块化生产与集群治理

集群治理的关键是效率,这也是集群获取竞争优势的必要条件。集群治理结构是指集群的组成形式、基于权力及权力分配属性的企业之间的关系,以及建立和维持集群整体竞争优势的目的性明确的集体行为,是包括集群的组织管理、规章制度、激励和约束、决策权和利益分配、与外界交流、合作和谈判的全部法律、机构、制度和文化的安排等(刘恒江等,2004)。① 当集群存在一个良好的治理结构时,集群在其演进过程中就会有效地避免出现锁定而保持长期的活力和竞争力。模块集群的出现,其内部的研发锦标赛机制本身就是集群一个良好的治理机制。模块化生产对于集群治理的意义主要在于以下三个方面:

1. 模块化深刻地改变了集群的组成形式,从而使集群的权力分配属性也发生了相应的转变

一般认为,产业集群是指在一定区域聚集的具有弹性专精性质的中小企业网络体系,对其判定在于以下四点:①中小企业集聚且它们之间具有密集的联系网络;②区域生产强调专门化,且在整体上形成一体化;③当地根植性密切,即经济活动及其结果受到行为者相互关系和这种关系网络的结构的影响;④区域内具有复杂的机构网络,这些机构网络主要以协调冲突和加强合作为特点(Amin,1994)。② 分工的精深与专业化,导致集群内各企业之间缺乏互补性而凸显竞争性,由于集群的组成以中小企业为主,这些企业作为个体而言对其他企业及集群整体的影响力量是很小的,这在其竞争中则表现为各个企业之间存在并行的关系,每个企业都不能成为组织中的主体,从而不能以个体的力量来左右集群的演化进程。而集群内的权力分配也呈现相当强的平均性和弱化性特征。Knorringa 和 Meyer(1998)的研究表明,这类中小企业集群所形成的权力分散化导致其典型发展特征为停滞和衰退,也可能内部劳动分工的深化会导致一些大规模的企业出现③,从而使集群发展成为轮轴式集群,呈现明显的等级制度特征。由于这种轮轴式集群内的大企业和小企业之间没有能够形成内在的技术与组织关联,权力分配虽有所倾斜,但仍是基于市场的关系来分化,仍不

① 刘恒江、陈继祥、周莉娜:《产业集群动力机制研究的最新动态》,《外国经济与管理》2004 年第 7 期。

② Amin A.,"The difficult transition from informal economy to Marshallian industrial districts", *Area*,1994,26(1),pp. 13-24.

③ Peter Knorringa, Jorg Meyer Stamer.,"New Dimensions in Enterprise Cooperation and Development:From Clusters to Industrial Districts" *Contribution to ATAS Bulletin XI*,"*New approaches to science and technology co-operation and capacity building*". 1998,(10).

免随大企业自身的发展演化而动荡，并导致集群的风险维系于居于核心地位的大企业。

模块集群的组成形式表面来看与轮轴式集群有一定的相似性，但从其内在机理来看却是完全不同的，一方面系统设计师居于集群的核心地位，并制定整个模块化生产的规则，具有相对较强的权力，模块供应商依系统设计师给出的明确规则来进行每一模块的研发，处于外围，这使整个集群的内部联结不仅以非正式联系，而且更以正式联系使其成为一个有机的整体。另一方面来看，由于每一模块的生产具有信息异化的特征，模块供应商对其产品的生产和研发具有自主权，模块供应商在这一体系中并不是完全从属的，每一模块的技术标准和性能将直接影响整个系统的性能和技术水平，这使集群内的权力分配所呈现的集中性又具有相互牵制性和相互依赖性特征，系统设计师和各模块供应商都具有一定的系统权力，但又都不能滥用这些权力。动态来看，作为系统的分工和合作是稳固的，而作为个体的分工和合作则具有竞争性和变动性，这是避免集群衰退的关键。

2. 模块化丰富了单一进行网络治理的模式，将网络治理与公司治理结合起来，实现网络治理与公司治理的同步性和协调性

大量有关网络组织的文献都强调了网络组织的协同效应，则考虑网络的协同效应进而关注网络的节点关系就成为集群治理的重点。节点的性质决定了网络复杂关系中各个成员之间的关联特质。孙国强（2004）分析了网络组织中节点之间的关系及其性质，认为互补与和谐是网络合作的基础，由于网络关系的一个最为基本的假设是一方依赖于由他方所控制的资源，而收益又必须来源于不牺牲他方利益的资源整合过程，这要求网络中的各方为建立和维护这种相互依赖的关系而付出努力。[①] 并在杨士尧（1986）[②]对网络关系定义的基础上指出互赖关系使合作各方的行为具有明显的路径依赖的特征，强化了自我约束的能力，从而使合作节点间的联结领域成为网络治理的最大挑战。

---

① 孙国强：《关系、互动与协同：网络组织的治理逻辑》，《中国工业经济》2003 年第 11 期。

② 杨士尧：《系统科学导论》，农业出版社 1986 年版。

然而由于资源在网络组织中的分散性,导致网络中的权力也在不同的节点中分散存在,从而使网络治理也存在必然的分散性特征。这也增加了网络治理的难度。

模块集群作为一种新的网络组织形式,对集群的治理进行了深化,不但强调分散化的网络治理,也强调了集中化的企业治理,将二者有效地结合起来。由于网络组织中的资产专用性较强,引入企业治理是化解这一风险的重要手段。资产专用性是指一种资产被其他使用者用于其他可供选择的用途而不牺牲其生产性价值的程度。当其他条件给定时,随着资产专用性的提高,交易的治理机制将逐步从市场过渡到企业。更窄的假定如芮鸿程(2003)把由交易的不确定性和交易频率所导致的成本定义为组织结构的治理成本,对应三种组织,随着资产专用性的提高,市场组织的治理成本上升最快,中间组织居中,企业科层组织上升最慢。① 威廉姆森(1989)指出,在激励、适应性调整和官僚成本方面,中间组织都介于市场和科层模式之间,与市场相比,中间组织牺牲了激励而有利于各参与人之间的协调,与科层相比,中间组织牺牲了统一性而有利于更大的激励程度。② 在模块化生产的情况下,系统的最终形成和长期演进过程中存在一系列无休止的博弈,每一层次的博弈都有一些企业胜出,从而取得稳定的长期节点关系,而被淘汰的企业则退出,重新整合而进入另外的博弈过程,这样来看,个体的企业存在较高的资产专用性特征,而作为整体的系统的资产专用性则很低。朱瑞博(2004)指出,按照模块化理论对产业系统进行分解,使价值链、顺序式的上下游关系转变为模块间平行的立体网状关系,也降低了模块之间的相互依赖关系,减少了网络依赖的治理成本。③

① 芮鸿程:《企业网络的治理边界探析》,《财经科学》2003 年第 5 期。

② Williamson, Oliver E. "Transaction Cost Economics", In Richard Schmalensee and Robert Willing, eds., *Handbook of Industrial Organization*. Amsterdam: North-Holland, 1989, pp. 135–182.

③ 朱瑞博:《模块化抗产业集群内生性风险的机理分析》,《中国工业经济》2004 年第 5 期。

3. 模块化内生地促进集群技术创新

创新是集群的主要特征,也是集群进化的生命线,内部知识溢出是促进集群创新的重要途径。然而集群交易的重复性和非正式性使得集群内部的信息显性化,也导致技术容易为其他企业便利获得,同时集群内的知识产权又不能实施完全保护,因为完全的知识产权保护虽然维护了创新者的利益,但也杜绝了知识溢出,会极大地削弱集群的资源共享和协同效应,难以吸引企业的进入和竞争。这会产生一些负面的效应,较为突出的就是企业在技术上的刻意模仿与生产上的高度雷同,因为在集群内进行成功模仿的几率非常高,较小的成本会产生较大的利润,这对模仿者产生了强刺激效应,如格罗斯曼和赫尔普曼(2003)①指出的那样,"围绕专利的发明"频繁出现。这会使集群的创新失去活力,长期来看,容易形成技术依赖和技术惰性,最终导致集群衰退。

模块集群的锦标赛式治理结构是解决上述问题的较好思路,当系统中的众多模块供应商为一个有价值的模块进行研发争夺时,锦标赛式的激励机制会促使它们进行创新,因为创新失败甚或创新落后就免不了被淘汰的命运,这种激励具有内生性。根据上面给出的研发锦标赛模型,可以直接导出这一结论,即研发努力是胜出的根本源泉。模仿的技术路径依赖也能够在这一集群系统中得到有效化解,从上面的模型我们理解到,模块化研发竞争中的研发努力溢出越大,对自己研发价值的确定越不利,促使模块供应商进行有效的技术保护,在研发过程中进行信息异化和技术异化,这不但有效避免了技术模仿,也使模仿失去了价值。竞争既跳出了价格竞争的陷阱,也不会在同一层次上进行低级重复,而呈现台阶式的跳跃或滚轴式的发展。

① 格罗斯曼、赫尔普曼:《全球经济中的创新与增长》,中国人民大学出版社 2003 年版,第 253 页。

五、结　　论

对于传统集群而言,集群的组织形式、权力分配和交易方式都存在集群长期演进的潜在风险,而模块集群对这些方面都进行了改造,使化解风险成为集群内生的机制。本文基于模块化生产的信息准同一化发展出模块集群的研发锦标赛模型,并以此来分析模块集群治理结构的特征,一个重要见解是模块化是化解集群风险进行集群治理的有效途径,这一关键在于模块化中研发锦标赛的激励机制。

然而对一个集群甚至一个地区而言,系统内可能存在多层或多套的生产体系,生产性企业与其他机构之间也存在相互影响的性质,这些都会对上述分析产生影响,从而影响分析的效果。本文的分析是在给定系统设计师明确规则的前提下进行的,系统设计师的激励机制和约束机制如何,也会对上述分析产生深远的影响,理论上来看,这需要一定的制度安排。这两个方面虽不是本文分析的范围,但关联极深,从而也将成为本文的后续研究。

该文原刊发于《科技进步与对策》2007 年第 11 期。

发展高新技术产业集群的国际比较及启示

高新技术的发展直接关系到国家的经济安全,其规划所涉及面相当广、相当复杂,其重要性也尤为突出,从而各国均把高新技术作为发展的重点。大量调查显示,集聚是高新技术产业重要的区位特征。产业集聚不但是经济发展中的重要动向,而且其重要性也得到了理论的支撑。一般而言,传统产业的集聚是由企业的物质联系带来的总成本的节约促成的,然而对于高新技术产业而言,因为技术的先进性和升级换代快的特点及知识溢出性,其集聚的机理与传统产业有很大的不同。王缉慈(2001)总结了高新技术产业集聚的四类因素,即产业的本地前后向联系、新企业从现在企业中衍生出来、高技术产业的劳动过程以及面对面的知识和信息的交流。① 梁琦(2004)也对这一问题进行了探讨。以集群化理念发展高新技术产业已经成为世界各国的普遍做法,但由于技术差距及市场化进程的差异,发达国家和发展中国家的高新技术产业集群的发展也存在较大的差别②。本文比较了发达国家与我国高新技术产业集群不同的发展特点,在此基础上提出发展我国高新技术产业集群的政策建议。

---

① 王缉慈:《创新的空间——企业集群与区域发展》,北京大学出版社 2001 年版。

② 梁琦:《产业集聚论》,商务印书馆 2004 年版。

一、发达国家高新技术产业集群发展的特点

由于发达国家占据世界知识和技术的高点，且这些国家具有相对成熟的市场经济制度，市场机制在其高新技术集群化发展中具有重要地位，同时又由于高新技术对于国家在全球战略中的意义重大，政府也扮演极其关键的角色，但政府除在诸如航天、军事等领域外，一般不直接参与，而代之以公共政策的手段来引导。目前来看，发达国家的高新技术产业集群化发展主要呈现如下特征：

1. 发展成熟，基本上形成知识型和技术型两种形式

就发达国家的高新技术产业集群而言，其起步较早，发展成熟，同时又占据着世界先进的科学技术核心地位，这些高新技术产业集群虽然都具有研发和生产并重的特征，但也存在一定意义的分化，从而在一些集群中更强调知识的研究，如美国的硅谷，这里聚集着世界最先进的科研机构和实验室，新知识的创造和扩散多是从这里开始的。另外一些集群则强调技术在生产中的运用，如日本的大田区的产业机械综合体，这里集中了日本最具规模的电子设备、精密仪器、机床和汽车制造业。

2. 结构复杂，竞争激烈

发达国家的高新技术产业集群具有不同的结构，按马库森(Markusen，1996)的分类，有四种类型：一是马歇尔式产业区，这类集群内中小企业密集，力量分散，企业具有高度的根植性，专业化突出；二是轮轴式产业区，以相当数量的关键企业或设施作为核心，供应商和相关活动集结在其周围，如美国的西雅图、日本丰田；三是卫星平台式工业区，这一般是由跨国公司的分厂组成，区内联系较为松散，也不一定囿于发达国家；四是国家力量依赖型产业区，政治力量在这里起决定作用，如美国的硅谷、洛杉矶和西雅图等。[①] 这一界限也并非明

① Markusen A.，"Studying Regional by Studying Firms"，*Professional Geographer*，1996，46(4)，pp. 477–490.

确，如硅谷，是混合型的产业区，四种特征都是具备的。重要的是，发达国家的高新技术集群中竞争相当激烈，不但在中小集群内，大企业占主导地位的集群内竞争也相当激烈，这与创新的快速度和产品的生命周期有关。

3. 与高校科研机构联系紧密，往往是知识的中心

发达国家的高新技术集群与高校关系很是密切，甚至于一些集群就是依托这些高校诞生的。最为典型的是美国的硅谷，硅谷发展初期，大部分的公司是在斯坦福工业园周围集聚的基础上发展起来的，而在发展的过程中，大学与企业密切合作，大学不仅为企业提供重要的技术成果、高科技人才，并且帮助其培养和培训人才，甚至于大学、科研人员直接投资办企业。目前在硅谷集中了世界上诺贝尔奖获得者中的1/4，除了斯坦福大学外，区内还有加州大学伯克利分校、圣克拉拉等。一流大学和智力人才的集聚，是硅谷诞生和发展的无限动力。

4. 公共机构作用突出

在发达国家的高新技术产业集群中，公共机构的作用，特别是政府的作用不可低估。公共机构是生产的资本联系和交换的基础，其密度对于以集体学习为目标的经济系统，对集群而言，是减少创新过程中的不稳定性的重要保障。高新技术产业集群中公共机构的作用尤为突出，如美国加州多媒体集群，区内有众多的公私联合机构包括企业家联盟及非政府机构，他们为这些产业的发展提供诸多有利的条件，如支持研究与开发活动，提供劳动培训，进行市场调查工作，并提供中介机构的职能，促进集群内的联系。类似的情况还有硅谷，高新技术产业集群中垂直分离趋势明显，公共机构为生产系统的运行提供了能够实现一体化的组织。

5. 非正式交流频繁

非正式交流是高新技术产业集群中另外一个不可忽视的特征，这营造了高新技术产业浓厚的创业精神和乐于合作的文化。由于竞争要求持续的创新，从而合作也成为必需的。如美国的硅谷，合作过程中体现出人与人之间交流合作的平等性和非正式特征，这种非正式的

合作更容易加强人们之间的交流,其相互信任超出想象。这种合作文化所带来的强烈融入性,导致了知识在不同企业间的快速扩散,新的构想在交流中产生,并迅速实施。值得注意的是,这种非正式的交流一方面促进了合作,也使竞争更趋激烈,形成集群内勇于创新、不断进取的独特思维方式。

二、我国典型高新技术重大战略产品集群化发展特点

和发达国家相比,我国高新技术产品集群化发展趋势更为突出,集中体现在国家及地方政府设立的高新技术产业园区,这种以高新技术产业园区形式进行集聚的原因除了高新技术本身的集聚机理外,还与另外两个原因有关:一是政府规划。20 世纪 80 年代后期起,我国开始进行规模的高新技术开发区的建设,这虽然与我国实施高新技术带动发展战略有关,也与各级政府片面追求速度发展有关,从而使高新技术开发区的建设不但速度快,而且规划不尽合理。二是我国是发展中国家,与发达国家相比,技术水平相对较低。实施高新技术带动战略需要对发达国家高新技术的引进,这需要创建能够吸引外国跨国公司前来投资,进行高新技术园区的规划,进行基础设施建设,营造好的引资环境。

外力为主形成高新技术集群从而在其发展特点上具有深刻的规划痕迹,在于以下几个方面:

1. 外向型明显

我国的高新技术产品集群化发展的第一个特点就是外向型明显。首先,高新技术开发区在其发展之初,本地的技术只能处于常规水平,这一时期的重点是吸引外资,学习技术先进经验。而对于跨国公司而言,其更注重全球战略,从某些意义上讲,进入发展中国家只是为寻求生产的区位优势,其产品销售仍然注重国际市场,与当地企业的联系不够密切。其次,我国所建立的多数高新技术开发区,也强调产品出口。强调产品出口所带来的效应,一些高新技术开发区甚至作为地方的技术产品出口基地来建设的,如深圳高新技术出口基地、昆明高新

技术出口基地、武汉光谷等，强调产品用于出口，从而与本地联系较为薄弱。再次，在我国东南沿海等开放区域建立的高新技术开发区，一方面具有国家政策优势，另一方面又具有区位优势，容易吸引外资，同时这些地区的经济也具有外向发展的传统。所有这些都使我国的高新技术集群化发展外向型明显。

2. 技术学习与模仿多，而自主研发不足

发达国家的高新技术集群是这些国家技术研发的中心，也是世界高新技术的重要源泉。但对于发展中国家而言，高新技术集群中的技术自主研发较少，相较而言，技术学习和技术模仿占据了重要地位。一般而言，在高新技术开发区发展之初，外力以及自上而下的作用力占优势，其优势政策带来的技术引进对于本地企业的技术学习和技术模仿也带来了正面的刺激，随着发展的深入，自主研发必将成为高新技术集群技术发展的重点。但是对于高新技术开发区所引进的外资来看，由于来自发达国家的成熟企业不可能转移其关键技术，从而使这种学习和模仿也处在中低水平，这引发了高新技术集群中的低水平重复和价格竞争，带来了一些负面的影响。

3. 内在关联较差

集群内企业之间的关联是集群发展的重要方面，也是集群优势的体现。我国现在的高新技术产业集群在规划中多强调对于发达国家的跨国公司的吸引，跨国公司的分厂经济虽然在一定程度上弥补了当地技术不足的问题，也直观地推动了高新技术开发区的前期发展，然而由此带来的内部关联较差，其原因在于：一是为吸引跨国公司入驻，在技术与产业选择上难以进行合理规划，所吸引的跨国公司往往不是处于同一领域，企业的集聚不是集群而只是扎堆；二是跨国公司的分厂产生的影响是全国性或世界性的，当地联系较少；三是为大型跨国公司所准备的基础设施规格高、价格贵，限制了本地企业的衍生与发展。

4. 研发与生产出现分离趋势

这一特征在北京的中关村科技园区与珠三角之间表现得尤为明显，中关村的信息产业的发展虽然和世界上最先进的高技术集群相比有较大的差距，但已对我国信息技术产业的发展起到了关键的作用。中关村的发展一直依附国外核心技术，其自身技术则主要建立在国外技术本地化的基础之上，从而与国外的高技术也有一定的不同。该地区集聚了我国最早也是最成熟的一大批高新技术企业如联想、北大方正、四通等集团公司，也集中了大批的高技术人才。但随着珠三角特别是东莞、深圳电子信息产业集聚区域的形成，中关村的许多企业都纷纷将其生产基地迁移到珠三角，因为这里地价低、跨国公司云集、具有企业生产所需的熟练工人，从而形成研发与生产相分离的格局。①

5. 对区域带动不强

和发达国家的高新技术产业区相比，我国的高新技术区对区域的带动不强，对区域的带动不但强调高新技术产业的当地根植性，也强调高新技术企业与区域内原有工业企业之间的关联程度，这与不同性质的企业制度有关。一方面来看，高新技术企业也没有形成成熟的企业制度。如中关村的创业环境主要基于民营机制，加之市场机制不够健全，这些企业的最初起步都是靠贸易而非研发和生产开始原始积累的。另一方面来看，本地的原有工业企业的管理体制也相当复杂，既有民营的，也有集体和国营的，体制之间的冲突极大地制约了二者的关联，从而制约了高新技术产业对区域的带动力度。

三、结论及对我国的启示

比较可知，发达国家的高新技术产业已经形成了集群，而我国的高新技术产业虽然取得了集聚的效应，但还没有形成真正意义上的集群。

（一）高新技术产业的集聚并不能带来产业集群的竞争优势，而产业集群的竞争优势主要体现在技术创新能力、网络组织的紧密性和地方根植性，这三方面均存在的不足

---

① 王缉慈、王可：《区域创新环境和企业根植性——兼论我国高新技术产业开发区的发展》，《地理研究》1999 年第 4 期。

1. 技术创新能力不足

技术创新和运用是产业集群保持竞争力的根本,而集群的创新一方面与集群式的创新有关,也与群内企业的研发投入有关。对于集群式创新而言,强调的是集群内企业的协同竞争性、资源共享性和地方结网性。① 而我国的入园企业多以市场竞争为主,协同效应不足,而且,这些入园企业的规模相对较小,研发投入力度不大,难以获得产生重大应用价值的技术创新。

2. 产业关联不强

发达国家的高新技术产业集群内企业多是由初始公司衍生而来,具有内在的产业关联。而我国高新技术工业园的企业多是为获取政策收益而入园的,从本地企业之间及本地企业与跨国公司子公司之间的关系来看,产业关联不够强,作为中间组织的集群组织,应该是建立在产业关联基础之上的。

3. 地方根植性差

强调地方根植性其实是强调对于地方资源的结构性整合与促进地方竞争力的长期效应,发达国家的高新技术产业集群已经做到了这一点,同时还能在更大的范围内整合资源。我国的高新技术工业园区由于规划性质,很难做到这一点,所吸引的跨国公司具有很大的迁移性②,长期来看,形成产业集群的条件不足。

(二)分析发达国家高新技术的形成路径及发展特征,并结合我国高新技术产业集群化发展的现状,我们可以得到促进我国高新技术产业集群发展的启示

1. 发展高新技术产业集群需要政府全方位的政策支持

发达国家的高新技术产业集群发展过程当中,集群政策起到了关键的作用。集群政策是某国或某地区产业政策、科技政策和区域发展政策等的综合和延伸,具有政策集成和政策协调效应,涉及立法保障、

---

① 刘友金:《技术创新集群效应——国外相关的理论研究及其启示》,《湘潭工学院学报(社会科学版)》2002 年第 4 期。

② 徐康宁、陈奇:《外商直接投资在产业集群形成中的作用》,《现代经济探讨》2003 年第 12 期。

优惠政策、中介机构政策、需求政策、培训政策、国际关系促进政策及环境政策多个方面。我国目前虽然也特别注重运用政府政策来促进高新技术的集群化发展,但政策缺乏系统性和集群导向性,特别是过于强调吸引外资而没有建立起吸引外资之后的长远规划,从而没有能够建立外资企业与本地企业之间良好的产业联系。借鉴国外经验,在构建集群政策体系时应该遵循系统性、集群导向性和长远规划性的原则,在培育高新技术产业集群中着力做到立足本地资源确定集群产业定位、吸引外资以促进技术创新、建设企业孵化器以扶持本地企业、提供公共服务以创造外部环境。

2. 导入市场机制从而建立集群内在的增强机制

高新技术产业具有高风险性、高投入性及产品更新换代快的特点,这些使得对政策手段在高新技术产业集群的初始发展阶段中作用突出,但难以保证其在集群的长期演化过程中一直起作用。导入现代市场竞争理念,促进企业之间的协作与竞争,从而建立起集群内部的创新激励机制和组织协调关系是促进集群发展的根本保证,而这些则依赖于公司之间基于市场机制的合作。如硅谷发展的成功因素中,最重要的一条是其鼓励冒险、善待失败和乐于合作的所谓硅谷文化,竞争需要持续创新,而持续创新又必须强调企业之间、企业与其他机构广泛而深入的合作。在发达国家的高新技术产业集群中,企业与大学合作紧密。大学不但对高度复杂的产业和创新活动感兴趣,更热衷于新技术企业的诞生和参与本地产业合作的论坛,大学在进行提供基础科学研究时能够适时紧跟市场走向,信息高科技时代供给创造需求的趋势也使得这种机制获得更为宽广的空间。

该文原刊发于《科技管理研究》2007 年第 2 期。

模块集群的组织特性与进化稳态均衡

模块化的消费与生产从时间上来看并不是最近才出现的,就生产原理而言,其在制造业中的应用已经有一个多世纪了。但模块化对于当今世界范围内的产业结构调整和升级开始起核心的推动作用则与电子、通信与计算机等信息技术革命有关。Badlwin 和 Clark(2000)敏锐地指出模块化对于产业结构变革的革命性意义,并认为当今产业已经进入到模块化设计、模块化生产与模块化消费的大发展时期。① 青木昌彦(2000)更是以硅谷的信息产业为对象发展了模块化理论,并指出新产业结构的本质就是模块化。②

模块化的生产从一开始就具有空间上的集聚特征,而基于信息技术与信息产业的模块化其基本表现就是产业集群。Badlwin(2003)认为正是由于电脑设计与生产的模块化,从而使电脑业在世界范围内发展成产业集群③。青木昌彦(2000)则进一步指出作为高技术集群的美国硅谷就是一种基于模块化的产业集群④。

---

① Badlwin C. , Clark B. , "The Power of Modularity". MIT Press, Cambridge MA, *Design Rules*, Vol. 1, 2000.

② [日]青木昌彦:《硅谷模式的信息与治理结构》,《经济社会体制比较》2000 年第 1 期。

③ Badlwin C. :《模块化的成本与价值》,载青木昌彦、安藤晴彦编:《模块时代:新产业结构的本质》,上海远东出版社 2003 年版,第 53-75 页。

④ [日]青木昌彦:《硅谷模式的信息与治理结构》,《经济社会体制比较》2000 年第 1 期。

本文在第一部分描述了由于模块化生产从而导致的模块集群的形成机理,知识外溢是重要的,信息准同一化的性质会导致模块化的生产呈现同进化的系统结构,并演变为一种集群。随后本文着眼于模块集群的权力分配属性和价值移植讨论了其组织结构和动态演进,试图证明模块集群作为一种准层级网络组织的效率和稳定性。为对这一稳定性进行量化,本文最后用鹰鸽博弈确定了“鹰—鹰”对局是企业在竞争同一价值模块时的进化稳定策略,并根据企业研发努力的外溢效应证明了模块集群中的研发投入与期望利润的稳定性。

一、模块化生产与模块集群的形成机理

模块是指可组成系统的、具有某种确定功能的半自律性的子系统,通过标准化的界面结构与其他功能的半自律性子系统按照一定的规则相互联系而构成更加复杂的系统或过程①(青木昌彦,2003)。模块进行分解或整合的过程则为模块化。把一个复杂的系统或过程按照一定的规则分解为能够独立设计的半自律性子系统的过程称为模块的分解,而按照某种联系规则将可进行独立设计的子系统统一起来构成更加复杂的系统或过程则称为模块的整合。一般而言,要使模块化系统高效地运行,需要严格界定系统的设计规则,这类规则由结构、界面和标准三个部分组成,结构确定模块的构成;界面则规定模块之间的位置安排、联系方式与信息交流方式;标准则用于测定模块的设计是否合乎标准以及其性能。

模块性设计与生产的最初思想和市场需求有关。例如 IBM PC 的开放性和模块性以及操作系统的普及,由此形成了一个制造与其兼容的巨大产业②(周鹏,2004)。DIY 一般是指在计算机产业中用户根据喜好或预先的功能设定自己选购配件、自己组装、自己升级,而现在随

---

① [日]青木昌彦、安藤晴彦:《模块时代:新产业结构的本质》,上海远东出版社 2003 年版。

② 周鹏:《DIY:企业组织分析的另一个视角》,《中国工业经济》2004 年第 2 期。

着人们对生活多样化的追求,已经扩展至其他领域。如人们在进行家庭装修、饰品设计及获取休闲娱乐时所进行的自我设计与安排,都带有 DIY 的意义。对于用户而言,进行 DIY 而非整体消费存在替代经济效应,所谓替代经济是指在需要设计一种高性能系统时,如果现有部分配件比完全重新设计的成本为低,这里面就存在替代经济①(Graud and Kumaraswamy,1995)。其意义至少在于两个方面:一是成本节约。即在原有系统的基础上进行竞争配件的升级替代,节省了具有同样功能的原有配件的重置成本;二是功能升级和个性化。用户可以依据个体对于系统的某项功能的偏好来重新对系统进行升级,不改变原有基本功能的前提下,以突出某项功能,满足用户新的要求,也体现对个性化的追求。

消费 DIY 虽然节约了成本,也实现了功能升级和个性化,但对于配件供应商而言却产生了巨大的影响,这种影响主要在于两个方面:一是由于配件组装更倾向于贴近消费,从而损失了企业在配件组装上的规模经济。按照周鹏(2004)②的分析,规模经济导致的交易成本降低决定了企业产品组装过程的一体化,但对于消费 DIY 情形而言,由于用户需求的多样性和多变性,生产商就无法利用组装上的规模经济,而只能进行纵向分体化,从而引发模块化产品生产。二是消费 DIY 所强调的升级对系统的兼容性提出了内在的要求,亦即对于产品的不同配件的单独生产必须明确规定设计规则。只有这样才能使替代经济具有现实可行性,而这种明确规定的设计规则即限定了配件生产的模块化特征,从而也确定了企业的新型关系为系统设计师与模块供应商之间的关系。③

由以上分析可见,由消费 DIY 必然内生地导致生产的模块化,当模块化的生产在设计规则既定的前提下,必然为扩大其市场空间而进

---

① Graud R.,"Kumaraswamy A. Technological and Organizational Designs to Achieve Economies of Substitution",*Strategic Management Journal*,1995.

② 周鹏:《DIY:企业组织分析的另一个视角》,《中国工业经济》2004 年第 2 期。

③ 朱瑞博:《模块化抗产业集群内生性风险的机理分析》,《中国工业经济》2004 年第 5 期。

行竞争,值得注意的是,由于是在消费 DIY 推进下的模块化生产,用户对于每一模块的性能都有足够的知识,从而使生产商不能用价格或广告来扩大其市场份额,而只能以产品的内在品质或某一项全新功能的开发来赢得中心企业的长期合作关系。这直接导致模块化生产中的创新与竞争性质,这种创新与竞争虽然最终由市场来拉动,但对于具体模块供应商而言,这种竞争首先是为赢得系统设计师的稳定供应关系,为赢得这种供应关系,从区域的角度来看,在同一类系统中进行合作与竞争的系统设计师和模块供应商会产生区域聚集效应,从而会形成具有专业化、同进化的系统结构,并演变为一种新的集群。

产业集聚是空间经济学研究的重要内容,从纯理论角度来看,中心与外围理论和积累循环规律为产业集聚提供了理论解释,一般意义上的集群集聚原理更强调产业的本地联系带来的费用节约,而对于基于模块化的集群而言,特别是联系信息产业的模块集群其形成的机理除此之外尚有更为深刻的原因,主要在于以下几点:

1. 企业的衍生

企业的衍生与知识的外溢和人才的衍生有关,这对于模块集群的形成具有深刻的意义和内涵。例如硅谷的高科技模块集群的形成,企业的衍生既是模块化生产的原因,同时又是集群化发展的原因。人才的衍生与个人天才的设想在受到原有企业规制限制的突破要求有关,英特尔的名誉董事长高登·摩尔认为硅谷的创造与对原公司感到不满的那部分从公司独立出来的衍生人才直接有关。安藤晴彦(2003)认为从电脑巨头 IBM 跳槽后创办新公司的优秀工程师多达几万人。① 例如参与设计制造 IBM360 系统电脑的工程师和他们的继承者们,非常敏锐地认识到了模块的选择价值,又熟知整体系统的设计规则,当 IBM 的最高管理层不肯为工程师们的项目出资时,在公司外实施这一项目的结果就形成了模块化,同时在生产上又形成集群。

① [日]青木昌彦、安藤晴彦:《模块时代:新产业结构的本质》,上海远东出版社 2003 年版。

2. 要素生长性

欧基和库珀(Oakey and Cooper,1989)强调指出劳动的特征是产业集聚优势获得的重要方面。① 企业选址之初较多强调集聚带来的成本降低,但集聚的长期竞争必然带来成本的上升,使最初的成本优势不复存在,此时对于劳动的需求将成为更具重要的方面。模块化研发过程虽然在某一具体模块内部是以黑箱的形式进行的,但人员必须熟知模块设计的规则和界面及可能的弹性变动。这一过程还从产品的研发一直延伸至产品生产甚至销售的全过程。当某一模块发展成熟出现的外包现象和特殊产品的强垂直分工趋势,这直接导致模块化生产的集群化。

3. 知识外溢

由于技术的外在性特征,技术传播和知识外溢对于经济发展的作用已是不争的事实,然而大量的实证又表明,技术传播和知识外溢又具有强的空间局限性,从而集聚成为重要的特征。在模块化研发和生产中,如青木昌彦(2000)所指出的,创业资本协调下的研发组织具有信息封闭性的特征,在遵循系统设计师给定的结构、界面和标准的前提下,各模块供应商之间不存在工程环境乃至系统环境方面的信息共享。② 这里面的信息不是共享的,只是一种准同一化。这种准同一化的信息与信息产业的知识一样,存在较大的缄默和黏着性,其信息往往不具有单独的含义,也难以进行编码。这种知识的传递随距离的增加其边际成本会快速递增,其传播要求面对面的交流和连续的、重复的接触和联系,从而使模块化生产集结成群。

二、组织演进与价值移植:模块集群的结构特征

产业集群是介于市场与企业之间的一种中间经济组织,威廉姆森

① Oakey RP and Cooper SY.,"High Technology, agglomeration and the potential peripherally sited small firms", *Regional Studies*, 1989, 23, pp. 347-360.

② [日]青木昌彦:《硅谷模式的信息与治理结构》,《经济社会体制比较》2000 年第 1 期。

(Williamson,1989)用交易的不确定性、交易频率和资产专用性三个交易特质指标的不同匹配来解释三种体制组织的边界①。认为三个交易特质指标的不同组合,会使不同的经济组织产生不同的经济绩效,市场机制会适时地把最有效率的经济组织选择出来。一般而言,当三个交易特质指标都处于较低水平时,市场组织是最为有效的组织体制,当三个交易特质指标都处于较高水平时,企业等级组织则成为最有效率的组织体制。而当交易特质指标处于中间时,中间组织体制则成为最具效率的选择,而产业集群就是典型的中间经济组织体制。在新制度经济学中,中间性组织被认为是企业与市场相互渗透且相互作用的一种制度安排,是一种效率高的企业合作制度。吴德进(2004)将产业集群的特征概括为:一种介于市场和科层之间,比市场稳定、比科层灵活;资产专用性适中;信用程度中等偏高;既竞争又合作,既相互独立又相互依存;主要依靠关系、信任和承诺来进行协调的一种中间性体制组织。②

产业集群所取得的巨大成功已经引起了各界的广泛注意,这种成功在于产业集群的持续竞争力。波特(Porter,1998)认为,产业集群是指在某一特定区域中,通常以一个主导产业为核心,大量产业联系密切的企业以及相关支撑机构在空间集聚,形成强劲、持续竞争优势的现象。③ 我国学者王缉慈(2004)则认为,产业集群是一组在地理上靠近的相互联系的公司和关联的机构,它们同处于一个特定的产业领域,由于具有共性和互补性而联系在一起。④ 产业集群具有专业化的特征,并区分了“产业集群”与“地方企业集群”两组概念的区别和联系。显然,集群的竞争力不在于使用何种技术或生产何种产品,而源于集群内部的有效组织和良性竞争,从而带来的生产率的提高和费用

---

① Williamson, Oliver E. “Transaction Cost Economics”. In Richard Schmalensee and Robert Willing, eds., *Handbook of Industrial Organization*. Amsterdam: North-Holland, 1989, pp. 135-182.

② 吴德进:《产业集群的组织性质:属性与内涵》,《中国工业经济》2004 年第 7 期。

③ Porter, M. E., “Clusters and New Economics Competition”, *Harvard Business Review*, 1998, No. 11.

④ 王缉慈:《关于发展创新型产业集群的政策建议》,《经济地理》2004 年第 7 期。

节约。波特更进一步指出"所有的集群都是好的",从而强调了集群的组织特征是集群得以成功的根本。

模块集群和传统的产业集群有很大的不同,这一方面是因为模块集群的网络组织模式发生了根本的变化,这种变化使得模块集群的权力方式也相应发生变化,进而改进了集群的运行效率;另一方面在于基于模块的价值移植,避免了传统集群的路径锁定,从而内生性地促进了集群的动态良性演进。

1. 组织演进与模块集群的效率提升

胡晓鹏(2004)认为模块化是经济系统演进的结构性表现,而经济系统的演进是遵循着"规模经济—分工经济—模块化"的基本路径前行的①。模块化构思和设计是一项复杂的系统工程,设计者通过区分"看得见的设计规则"和"隐形的设计规则"来实现模块化,而在遵循看得见的设计规则的经济系统演进过程中,是以中央集权式的方式来进行设计构思的。青木昌彦(2000)在明确指出系统设计师协调下的模块化生产存在准信息同一化的前提下,认为一旦信息封闭体制和模块间界面标准化过程开始结合,二者之间就内生地形成一种相互增强的、共同演进的机制②。昝廷全(2003)则依据系统经济学的观点认为,经济系统具有层次性,不同层次的结构转换是经济系统演进的重要方面。③ 依据上述理念,本文认为,当存在系统设计师和模块供应商相互协调相互影响的模块集群中,集群的组织结构将由此而发展变化,这种变化表面而言仍突出网络组织的特征,其实质内涵则开始向层级式的组织体制演化。由于模块集群中的各企业之间的关系仍是以市场协议并辅之以生产计划的手段来运行,而非依据行政命令来实施,本文将这种组织称为准层级经济体制。

周鹏(2004)将由于产品模块化形成的企业生产组织模式归结为核心型企业网络组织和分散型企业网络组织两种,其划分的标准在于

① 胡晓鹏:《从分工到模块化:经济系统演进的思考》,《中国工业经济》2004 年第 9 期。

② [日]青木昌彦:《硅谷模式的信息与治理结构》,《经济社会体制比较》2000 年第 1 期。

③ 昝廷全:《系统经济:新经济的本质——兼论模块化理论》,《中国工业经济》2003 年第 9 期。

企业之间实力地位和影响力。在核心型组织中存在领导企业,领导企业虽不对模块供应商规定生产细节,但规定接口标准,而且它们之间的关系具有稳定性;而分散型组织中的标准是由配件生产企业的用户通过市场过程或协商来决定,没有一个成员能控制分散网络。① 雷如桥等(2004)加入一体化的企业组织模式后将上述分类扩展至三种②。从模块集群角度来看,这一区分主要在于组织形式的差异,从组织结构的本质来考察则是一致的。传统集群强调成员的非正式交流和竞争性特征,而模块集群已经将这种非正式的交流扩展至成员依据设计规则所进行的正式交流的范畴之内,特别是对于核心型网络组织的模块集群中,由于基于系统设计师确立的设计规则的模块生产在最终产品的形成中具有比例装配的性质,从而供应和需求也存在计划同比例运行的特征,严格按照规则进行设计和生产乃至对市场的分割都存在等级性。即使在分散型组织中,由于各模块生产商所依据的规则仍依据产品技术及市场需求而定,这种合作关系也同样具有相当稳定的特征。

2. 价值移植与模块集群的动态演进

Slywotzky(1996)通过案例分析探讨了价值转移现象,指出企业若要在市场上持续性地保持或提高其产品的价值,就必须因应外部环境改变而重新设计适当的经营模式或战略定位,其中强调的是,产品的收益率和市场价值需随着外部环境的改变而在产业之间、产业内部、公司之间或公司内部进行转移运动。③ 朱瑞博(2004b)分析了价值链分解和模块化所导致的 IC 产业价值转移现象,认为模块化背景下的虚拟再整合是 IC 产业的发展趋势,是促进产业优化和提高竞争力的关键所在。④ 在模块集群中,基于模块的价值链结构及价值移植存在紧密性和准层级特征,正是这种准层级的价值链结构和价值模块的移植成为促成集群动态演进的重要力量。

---

① 周鹏:《DIY:企业组织分析的另一个视角》,《中国工业经济》2004 年第 2 期。

② 雷如桥、陈继祥、刘芹:《基于模块化的组织模式及其效率比较研究》,《中国工业经济》2004 年第 10 期。

③ Slywotzky, A. J. *Value Migration*. Harvard Business School Press, Boston, 1996.

④ 朱瑞博:《价值模块的虚拟再整合:以 IC 产业为例》,《中国工业经济》2004 年第 1 期。

对价值链的探讨是当今学术界研究的一个热点问题，不过这一研究的视角更为广阔，一般是指在全球范围内来有效利用并整合资源的分工与协作的过程。Humphrey 和 Schmitz（2002）将其引入集群分析，并根据集群企业合作交易方式划分了关系型集群价值链的四种形式："短距离"市场价值链、层级价值链、准层级价值链和网络价值链。①这种划分虽然强调了企业的关系，但更注意的是集群的权力分配问题，特别是是否有居于核心地位的大企业并对其他企业支配是其划分的重要标准。黎继子和蔡根女（2004）在注意到集群的发展需要依靠核心企业成长的这一事实，提出集群核心企业型价值链这一概念。②在模块化生产的产业集群中，价值链已经不单单划分成如波特（2001）所定义的从研究开发、设计试制、原材料与设备采购、生产、运输、仓储、营销、服务等环节的简单链状网络结构③，而是基于模块的一种复杂链状网络结构。这种结构的特点和简单结构相比，更具细微化和差别化，避免了由于工序前后顺序而形成的相互干扰，当工序循相关性原则进行整合而成为处理模块后，价值在集群内部将会形成一种相对的稳态的分布，所有模块均将具有其个体价值，而作为一个完整的生产系统，企业整体价值也会在集群中得以体现。

动态来看，集群在其演进过程中的路径锁定也会得到解决。通过模块化所建立的价值移植过程在个体看来具有稳定性特征，但对于整体而言却是一个弹性大的动态反应体系，这一反应由于模块集群的两个机制而得以体现：一是锦标赛式的竞争规则。模块的个体设计规则是看不见的规则，即在遵循系统设计师规定的界面和标准的前提下，模块供应商可对具体模块进行自行设计，白热化的锦标赛机制会促使模块供应商不断创新并产生新的技术，避免锁定。二是"允许浪费"的价值创造。模块的研发是一种允许浪费的价值创造系统，由于信息处

① Humphrey J.，"Schmitz H. How Does Insertion in Global Value Chains Affect Upgrading in Industrial Cluster"，*Regional Studies*，2002，10（5），pp. 542-560.

② 黎继子、蔡根女：《价值链/供应链视角下的集群研究新进展》，《外国经济与管理》2004年第7期。

③ ［美］迈克尔·波特：《竞争优势》，华夏出版社2001年版。

理和操作处理的相互保密,从而模块研发中出现多个主体同时研发的现象,这种重复造成了社会资源的浪费,但却是值得的。青木昌彦(2000)指出因为模块化生产中的更高的研发努力足以弥补初期的创业成本和中期的监控成本。①

三、"鹰—鹰"对局与模块集群的稳态进化均衡

设想模块供应商之间的研发竞争随时间的流失无休止进行下去,但在博弈的不同阶段则具有不同的特征。一般来说,众多关联企业选择集群的形式的一个重要方面是获取集群创新优势,然而对于模块集群来说,由于系统内创新资源不足或时空分布不均从而使各模块的竞争行为大于合作,这种竞争是最大化自身创新优势的行为,严格来说并不是一种理性的博弈,而是生物学意义上的进化博弈。本节应用鹰鸽博弈来分析模块集群的进化均衡问题。

1. 假设

考虑 M($M\geqslant 2$)个企业为一个有价值模块研发而展开竞争,博弈随时间从零开始持续进行,当其中一个企业研发成功则博弈结束。研发成功的企业胜出,并且获得全部的模块价值,其余企业出局,其前期投入全部付诸东流。为了研发成功,所有企业都将投入研发成本并承担风险,这一风险的存在原因与研发成功的日期有关,因为研发的日期是不确定的。

假设1:假定研发成功的日期 r 服从指数分布,在时刻 t 前研发成功的概率 $p(r\leqslant t)=1-e^{-h(x)t}$,这里 x 表示企业在研发中投入的比率,亦即青木昌彦(2000)所指的研发努力,既包括企业模块研发竞争的资金投入和人力投入,也包括为与对手竞争而采取的保密设定等。$h(x)$ 二价连续可导,是研发风险程度函数,它对于每个企业而言都是一样的,但在每个企业之间是相互独立的。

在一个最为简单的研发模型中,我们只选取模块研发博弈的第一

---

① [日]青木昌彦:《硅谷模式的信息与治理结构》,《经济社会体制比较》2000 年第 1 期。

阶段来考察,在这一阶段模块供应商和系统设计师都为模块的开发而进行了大量的努力,相应也获取了一定的研发结果的信息,而且系统设计师也已经能够通过考察项目的外部设计特征从而估计出各个企业对最终价值的贡献度,贡献最大的企业胜出,获得模块价值流为 V,失败的企业则损失其前期投资 v(亦即获得模块价值流-v),考虑到失败企业的损失是企业为竞争模块研发所投入的成本,则如研发成功必有 V>v。

假设 2:每一企业的研发努力对于对方具有溢出效应,这一假设是基于青木昌彦对于创新式的企业的努力所创造的总价值比其边际价值高很多的论断进行的,当努力的弹性很小时,努力与研发价值之间具有极为重要的关联。换言之,系统设计师不能观察到企业的研发努力程度,但能够依据研发所创价值的标准来判断企业的研发价值,在信息准同一化的背景下,企业虽然不能了解对方的努力程度,但能够了解对方研发努力程度对自己研发价值的影响。李恒(2006)将其称作研发锦标赛①,设 y_i 代表模块供应商的研发价值,a_i 代表这一企业的研发努力程度,a_j 为对方企业的研发努力程度,β 为溢出系数,其关系可由下列式子表示:

$$y_i = a_i + \beta a_j + e_i \qquad (i = A, B; i \neq j)$$

其中 e_i 为一个随机扰动项,且 e_i 和 e_j 相互独立,$(e_i - e_j)$ 服从一个期望值为 0、独立和相同的对称分布 F。

2. 鹰—鹰对局

在一个模块集群中,企业为竞争一个有价值的模块研发会展开博弈,在竞争此一创新资源的过程中,企业面对两种对策:鹰对策(H)或鸽对策(D),分别对应于企业研发行为的竞争策略和合作策略。鹰对策者采取竞争策略,绝不妥协,愿冒失败的风险;而鸽对策者则相对灵活,采取合作策略,愿意与对手合作共享资源,一旦对手争夺则撤身而退,不愿损失。依假设 1 可知,在此一竞争中,如果胜出则获得 V 的价值,失败损失为 v,其得分矩阵如下:

---

① 李恒:《模块化生产的激励机制与产业集群治理》,《商业经济与管理》2006 年第 5 期。

博弈方 j

博弈方 i	对策	H	D
	H	E_{HH}	E_{HD}
	D	E_{DH}	E_{DD}

在这一鹰鸽博弈中，如采取“鹰—鹰”对局，由于双方胜败机会相等，胜出者获得全部模块价值 V，失败者损失前期研发投入 v，则平均得分为：$E_{HH}=(V-v)/2$；如采取“鹰—鸽”对局，鹰对策者将获全部模块价值，得分为 $E_{HD}=V$，鸽对策者退出从而不招致损失，得分为 $E_{DH}=0$；如采取“鸽—鸽”对局，双方共享模块价值 V，平均得分为：$E_{DD}=V/2$。

根据 Maynard Smith 关于进化稳定策略（Evolutionarily Stable Strategies，或 ESS）的定义和数学描述，我们可以寻找到这一博弈中的进化稳定策略。Maynard Smith（1982）将 ESS 定义为不能被稀有备择策略侵入的策略。其数学描述为：对于种群行为中的某一个体，当其从策略空间 $u(u^1,u^2,\cdots,u^n)$ 中选择任一策略 u^i 而其对手则采取另一策略 u^j，此时其得分记为：$E(u^i,u^j)$，Maynard Smith 给出了 $n=2$ 时 ESS 的数学定义如下：

定义：一个策略 u^1 是一个 ESS，假如对所有的备择策略 u^2 满足以下两个条件之一：

ESS 条件（Ⅰ）：若 $E(u^1,u^1)>E(u^2,u^1)$，即 u^1 一定是一个关于它自己的最好对策；

ESS 条件（Ⅱ）：若 $E(u^1,u^1)=E(u^2,u^1)$，则 $E(u^1,u^2)>E(u^2,u^2)$，即若 u^2 是关于 u^1 的最好备择策略，则 u^1 对 u^2 一定是一个比 u^2 对自己较好的策略。

分析上述鹰鸽博弈，是一个 $n=2$ 的进化博弈过程，对于 $u=(u^1,u^2)$，$u^1=(1,0)=H$，$u^2=(0,1)=D$，得分矩阵：

$$A=\begin{bmatrix}(V-v)/2 & V\\ 0 & V/2\end{bmatrix}$$

据假设 1 知 $V>v$，则策略 u^1（即鹰策略 H）是一个 ESS，因为 $E(u^1,u^1)=(V-v)/2$，$E(u^2,u^1)=0$；又因为，$v<V$，则 $E(u^1,u^1)>E(u^2,u^1)$，根据 Maynard Smith 的 ESS 条件 Ⅰ，说明 u^1 是一个 ESS，我们认为这是一个纯策略 ESS。

策略 u^2（即鸽策略 D）不是一个 ESS，因为 $E(u^2,u^2)=V/2$，$E(u^1,u^2)=V$，则 $E(u^2,u^2)<E(u^1,u^2)$。根据 Maynard Smith 的 ESS 条件（Ⅰ），说明 u^2 不是一个 ESS。

基本结论是在模块集群中各企业采取竞争型的鹰策略是这一博弈的进化稳态策略。

3. 稳态均衡

确定模块供应商进化稳态策略为鹰策略之后，我们进而来确定每一模块供应商的研发投入在这一策略下的稳定水平。

仍然讨论一个只有两个模块供应商进行研发博弈的最简单情形。给定两个企业的收益都以不变的折旧率 r 折旧，在引入研发努力具有溢出系数 β 的前提下，企业 1 的风险程度函数为 $h(x_1+\beta x_2)$。考虑这一研发过程在任意一个时刻 t 之前，两个企业均没有研发成功的概率，则企业 1 的期望收益：$exp\,|-h(x_1+\beta x_2)|$。给定一个极短的时间段$[t,t+dt]$，在这一时间段里，企业 1 的收益为$(V-x_1)dt$，同时，企业 1 可能以 $h(x_1+\beta x_2)dt$ 的条件概率研发成功，并在时刻 T 获得模块价值 V。则其贴现的净收益值：

$$R=\int_0^T Ve^{-rt}dt=(1-e^{-rT})V/r \tag{1}$$

反之，当在此一时刻 T 企业 2 研发成功，企业 1 以条件概率 $h(x_2+\beta x_2)dt$ 损失其全部的前期研发投入，其损失可反观之以负收益考察，其贴现的净收益值：

$$R=\int_0^T -ve^{-rt}dt=-(1-e^{-rT})v/r \tag{2}$$

则我们可以得到企业 1 的期望净收益的现值：

$$\Pi\,|x_1,x_2|=\int[h(x_1+\beta x_2)R+h(x_2+\beta x_1)F-x_1]e^{-h(x_1+\beta x_2)}e^{-rT}dt \tag{3}$$

对上式积分可得到：

$$\prod|x_1,x_2|=\frac{h(x_1+\beta x_2)R+h(x_2+\beta x_1)F-x_1}{r+h(x_1+\beta x_2)+h(x_2+\beta x_1)} \tag{4}$$

对于两个竞争的企业而言，它们均把对方的研发投入当作既定的，从而来选择自己最适宜的研发投入从而使自己的收益最大化。在此博弈中，数组(x_1,x_2)对于所有企业而言，其一阶条件是能够满足纳什均衡的。由于进行模块研发竞争的企业是相同的，则这一博弈是对称的，满足企业 1 的研发投入水平同时也是其他企业的研发投入水平。用x^n来表示这个研发投入水平，则x^n一定满足一阶条件：

$$f^n(x)=(Rh'+F\beta h')(r+2h)-(R+F)\cdot h\cdot(1+\beta)\cdot h'=0 \tag{5}$$

根据假设条件 1，其二阶条件满足：

$$\varphi''(x)=(1-e^{-rT})\cdot\frac{V-v}{r}\cdot(1+\beta)^2h''<0 \tag{6}$$

可知这一均衡的研发投入水平是稳定的。在这一稳定的研发投入水平下，每一企业的利润水平：

$$\Pi^n=\frac{[h(1+\beta)(R+F)-1]x}{r+2h(1+\beta)x} \tag{7}$$

将模型扩展至 $M>2$ 的情形，可以得到同样的结论。

四、结　　语

本文认为，要理解模块集群不同一般的结构，必须注意到群内企业的两种关系：一是系统设计师与模块供应商之间的关系；二是模块供应商之间的关系。前者给出了模块集群中准层级组织的一般框架，不管这一规则的设计是由具体的核心企业来制定，还是由市场交流来完成，都深化了网络组织的结构，并提升了集群的效率；后者则解决了传统集群的锁定问题，企业在为竞争一个有价值的模块研发过程中，促进技术进步成为内生性的，而且也使系统更具弹性。本文的另一个重要贡献是，通过引入进化稳态博弈理论，明确了模块集群中企业之间在博弈中以“鹰—鹰”对局为占优策略的事实，进而给出了企业研发投入的稳定水平,从另一个侧面证明了模块集群的稳定性与弹性特征。

值得注意的是,模块化的生产在具有更大范围甚至是全球标准的情形中,对同一有价值的模块进行研发的企业可能并不囿于一个集群之中,甚至分布在两个完全不相邻的国家之间。特别是对于信息产业而言,一方面我们看到信息产业的发展更呈现出模块集群的特征,如硅谷、中关村等,同时也正是信息产业在集群化生产的同时又发生分散化的特征,不同集群之间的联系甚于集群内部,如中国东莞与中关村之间、台湾新竹与硅谷之间等。资源的内部整合与价值模块主导要素在更超越群集的范围内转换可能成为模块集群出现后这一网络组织的全新特征。不过,这已经不在本文讨论的范围。

该文原刊发于《上海经济研究》2006 年第 8 期。

组织公平：网络组织的治理结构与组织效率

一、引　言

作为一种中间组织形式，企业间网络具有许多既优于市场组织也优于企业组织的特征，从而使企业网络组织并不仅仅是市场与企业之间的简单补充，而是一种更具竞争力的组织形式。网络组织的潜在利益以及其他关键问题，都与网络组织的结构变量有关，涉及风险、交易、激励、资源构成等多个方面，所有这些都成为网络组织效率的源泉。①

大量文献研究了企业间网络组织的效率，并且证明了，当企业间的生产和交易成本函数存在较大差异时，为了降低资源差异和投资不确定性所带来的协调成本并获取规模经济，企业间网络要优于一体化的企业也优于市场契约。② 企业间网络的效率涉及企业间网络在增强经济系统学习能力、对于互补性资源的共享、减少资产专用性带来的成本上升及适应市场变化诸方面，但随之而来的问题是企业间网络的效率是通过什么途径实现的。对于存在多元帕累托最优解决方案混

① 罗仲伟：《网络组织的特性及其经济学分析》，《外国经济与管理》2000 年第 6 期。

② Eccles, R. J., *Getting to yes: Negotiating Agreements Without Giving In*, Boston: Houghton Mifflin, 1981.

合动机博弈的企业间网络而言,如何在不牺牲激励的条件下使各方获取最大化的价值,格兰多里认为这仅从网络的效率角度来讨论是不够的,而应该注意到企业间网络的公平性质。①

组织公平强调对于参与者在利益分配中行为能力的评价,组织公平理论中所使用的概念主要在于实质公平和程序公平两个方面。实质公平突出强调的是用来确定将有价值的资源分配给网络中不同参与方的标准,从这个意义上也可理解为分配公平;而程序公平则可用实现具体结果的过程和规则来表述,从而可以认为是一种决策过程中的交流制度。格兰多里在评价文献的基础上总结了实质性公平标准的分类,在于投入—产出标准、基于产出的标准、基于需求的标准,并认为,无论是“最优化”还是“令人满意”的标准,都需要通过探索性的实验来替代成本过高或复杂的认识计算,从而减少信息处理的成本和获得适用性的经验。而程序公平则强调在同一过程中博弈的标准对于各方是相同的,而且能够体现各参与方的利害关系,这些都必须建立在信息准确的基础上。②

这些研究一方面为其在网络中的适用提供了思路,但同时也提出了难题。因为对于企业间网络而言,它是由结构、过程和目的等要素予以定义的,就结构而言,它是组织成员在对资产的共同控制下结合起来的;就程序而言,它迫使参与其中的代理人只能通过其在组织中的角色和位置来行动,从而通过联合来强化并扩展他们的影响;就目的而言,网络组织需要在一致的意义上活跃和安排实现战略和目的所必需的资源、代理人和行动。③ 以公平视角研究网络组织有助于寻找到其获取效率的行为性质,但由于网络组织中的信息虽然具有相当的充分性,却并非完全的,只能是一种准信息同一化④,公平的过程并非

① 安娜·格兰多里、玛西莫·纳里:《企业网络的公平特征》,载安娜·格兰多里主编:《企业网络:组织和产业竞争力》,刘刚等译,中国人民大学出版社2005年版。

② 安娜·格兰多里、玛西莫·纳里:《企业网络的公平特征》,载安娜·格兰多里主编:《企业网络:组织和产业竞争力》,刘刚等译,中国人民大学出版社2005年版。

③ 罗仲伟:《网络组织的特性及其经济学分析》,《外国经济与管理》2000年第6期。

④ [日]青木昌彦:《硅谷模式的信息与治理结构》,《经济社会体制比较》2000年第1期。

容易获得。

本文认为,组织公平与组织效率之间不是简单的对立或非此即彼的关系,组织公平是企业间网络组织效率发挥的前提,它对于企业间网络绩效的意义是根本性的。然而并非所有的企业网络组织都具有组织公平的性质,这与企业网络组织的结构有关。本文通过讨论组织公平与组织效率之间的关系,来得出组织公平对于组织绩效发挥的意义和内在机制,并以我国地方产业集群嵌入全球价值链的升级为例来讨论其应用问题。

二、组织公平与组织效率的关系

一般意义上,研究组织公平对于企业网络绩效的意义在于多个方面,例如:很多企业间网络组织存在多元帕累托最优解决方案,仅仅采用效率的标准难以在不同的方案之间进行取舍,从而参与方的冲突会导致效率最终难以实现;在存在不完备合约的企业间网络组织中,合约的效率提高往往需要双方在考虑各自最大化利益的同时,也考虑整体利益的最大化,而这一点并非总是一致,动态来看,资源分配的标准不同会导致总产出的规模也不同,既考虑双方个体最大化,同时选择总产出规模最大的资源分配标准,才能最大限度地提高合约的效率;在企业网络中,谈判的过程是存在成本的,当公平难以保证时,导致合约(包括默示的合约)不可置信,最终破坏中间网络组织存在的基石——信任,则企业网络的效率也不复存在。由此可见,组织公平对于企业网络绩效的意义是根本性的。

(一)组织公平增强了经济系统的学习能力

学习被视为组织的基本功能始于西尔特和马奇(Cyert and March,1963),并于近年来成为理论界研究的主要内容。由于组织中存在知识获取、信息传递、信息转换和组织记忆的过程,Huber 认为这即是组织学习的主要形式,因为通过组织获得的新知识会通过组织惯例或信念的改变保留下来并传递给新成员,所以虽然组织学习是一个超越个体学习的过程,但仍然需要强调个体学习的基础。① 这说明,网络组织学习的优势与组织间的关系有关,网络中广泛存在的合作关系提供了组织学习的条件,信任和长期委托关系则提供了组织学习的基础。

虽然企业在进入网络之后进行组织学习的过程肯定会发生,但这一组织学习的效果却因网络组织的结构不同而不同。当成员之间的联系比较密切时,组织学习可以通过企业之间的联系来实现。当成员之间的联系相对松散时,学习则需要通过中央协调机构来进行。这一中央协调机构由中介机构或者组织中的龙头企业来充当,其结果是一样的,即必须给予成员足够的激励,从而让企业既不放弃进行竞争以保持优势的壁垒,也不放弃合作以促进学习的深入。当把网络组织的资源配置权力交由强有力的网络中介或龙头企业时,也许会促进松散网络中成员之间的交流,但不一定会形成资源分配的公平。显然,只有当网络组织中具有公平性质时,容易形成信任的氛围和稳固的组织学习条件,从而增强经济系统的学习能力。

(二)组织公平促进了企业对互补性资源的共享

在企业间网络组织中,作为这一复杂系统节点上的行为主体,企业不再以个体单独存在,而是为共同维持系统的稳定与发展付出努力,并通过整合资源而获利。值得注意的是,在这一过程中,行为主体获利最多的是依赖于其他企业所控制的资源,使相互依赖成为网络组织的主要特征,也通过共享互补性资源的手段来实现组织效率的最大化。

由于在企业间网络组织中,企业与企业的关系并非如市场中的企业那样以利润为导向,也非层级性组织中以任务为导向,而是以关系为导向。② 这一稳固关系的形成涉及多个方面,也涉及多个过程。它通过任务来传递信息并组织资源,为谋求低生产成本而反复应用自身的生产要素,并寻求内部选择与外部购买的最佳组合。在市场组织

① Huber, G. P., "Organizational learnings: the contributing processes and the literatures", *Organization Science*, 1991(2).

② 孙国强:《关系、互动与协同:网络组织的治理逻辑》,《中国工业经济》2003年第11期。

中,由于企业之间的关系是以利益为导向的,利益随市场环境而变动,从而存在不确定性。相比之下网络组织具有一些不同之处,当网络组织中的主体能够依据公平标准进行分配时,各方所依据的公平程序能够有效地强调网络中各节点的能力,从而也强调网络中关系的持久合作,一方面第三方可能通过交往双方的互动而融入群体,另一方面群体也由于这种多方缔结而形成系统性的结构,从而发挥网络组织技术、信息、管理的互补与相乘效果,实现对互补性资源的共享和利用,从而提升组织的效率。

(三)组织公平减少了资产专用性带来的成本上升

所谓资产专用性是指一种资产被其他使用者用于其他可供选择的用途而不牺牲其生产价值的程度。它是威廉姆森刻画三种不同经济组织效率边界的重要交易特质之一。威廉姆森用交易的不确定性、资产专用性和交易的重复频率三个指标来对不同的经济组织进行划分。当这三个特质指标都处于较高水平时,企业科层组织是最有效率的组织;当这三个特质指标都处于较低水平时,市场则成为最有效率的组织形式;当这三个特质指标均处于中间水平时,企业间组织则成为最具效率的组织形式。① 如果把由交易的不确定性和交易的频率所导致的成本定义为组织结构的治理成本②,则对应三种组织,随着资产专用性的提高,组织治理的成本也随之上升,这要求企业间组织具有相对适中的资产专用性。

然而对于企业间组织而言,与市场相比,它通过牺牲激励而有利于各参与人之间的协调,与科层相比,它通过牺牲统一性来获取更大的激励。③ 问题:当存在过高资产专用性且企业没有能力生产时如何解决?因为在实际中,企业是异质的,从而不能简单地通过支付相应的价格来获取它所需要的技术或投入品。这要求在企业间组织中具

---

① Williamson, Oliver E., "Comparative Economics Organization: The Analysis of Discrete Structural Alternatives", *Administrative Science Quarterly*, 1991, 36(June).

② 芮鸿程:《企业网络的治理边界探析》,《财经科学》2003 年第 5 期。

③ Williamson, Oliver E., "Transaction Cost Economics", In Richard Schmalensee and Robert Willing, eds., *Handbook of Industrial Organization*, Amsterdam: North-Holland, 1989.

有类似于市场契约的企业间合作关系，显然，当网络组织中存在稳定且持久的合作关系时，能够有效地规避这一问题所带来的不利后果。

（四）组织公平提升了企业网络对市场变化的适应性

市场具有不确定性，这会影响到组织的选择问题。威廉姆森认为不确定性主要有两种表现：一是扰动的概率分布保持不变，但扰动的次数增加；二是由于扰动方差增加而导致扰动的后果更为严重。而且威廉姆森还认为，从各种组织形式由于受扰动导致的损害来看，中间性组织是最大的。从不确定性的来源来看，可能来源于外部，如环境不确定性，也可能来源于内部，如知识和技术的快速变迁，从而打破组织原有的相对稳定的协同关系等。在内部不确定而外部稳定的情况下，进行网络治理比较普遍；当外部存在不稳定性因素时为应付风险要求网络内部进行更为有效的联结。按 Helfat 和 Teece 的研究，在产品需求可以预测的情况下，即使温和的供给不确定也会使企业采取纵向一体化的组织形式，从而破坏中间组织体制①，则在企业间网络组织中建立深入而又稳定的联系以保持供给的确定性，是解决组织对外部市场变化适应的重要方面。

当网络组织中具有较高的组织公平特质时，对于组织应对外部市场变化具有重要意义。从分配公平而言，如果网络组织内各成员已经依据各成员的贡献对资源进行了分配，这一分配标准必将是利于资源的最佳配置和企业利润最大化的，市场变化会通过组织成员对资源的动态分配表现出来。当这一公平程序是经由市场本身的波动来反映时，它不会对网络组织内原有的联结关系带来过大的冲击，从而在动态中体现企业间组织的效率。

（五）组织公平利于企业网络组织的内部变革

企业间网络组织在其动态演化过程中面临大量的风险，包括由于面临外部威胁或内部僵化从而失去竞争力②，或由于技术生命周期或

① Helfat and Teece.,"Vertical Integration and Risk Reduction",*Journal of the Law,Economics,and Organization*,1987,3(1),Spring.

② ［美］迈克·E. 波特：《簇群和新竞争经济学》，《经济社会体制比较》2000 年第 2 期。

产品生命周期导致集群过于集中于某单一产品而衰退[①]，或者由于早期成功所导致的集群倾向于发展成为一个封闭的系统，进而逐步丧失应对市场变化的能力从而导致竞争力的下降。[②] 特别是网络组织的演化受企业演化的影响，从企业自身演化的规律来看，具有一定的路径依赖性，存在功能锁定（functional lock-in）、技术锁定（technological lock-in）和区域锁定（regional lock-in）等危险，当网络组织中的企业尤其是核心企业由于锁定而面临环境方面的弱势条件失去已有的竞争优势时，组织也因此失去活力而衰退。因此在组织公平基础上进行内部组织结构的变革是重要的，为规避网络组织过于依赖核心企业或某一类企业锁定带来的风险，需要各行为主体依据"最大化"或"满意"标准遵循已有制度进行组织创新，而这种业已存在的制度即需要对各方是相同的，从而减少组织化的成本并提升组织内部变革的动态效率。

三、组织公平的实质及其实现方式：网络治理结构

公平一词具有可操作性，与某些特定的情境、冲突和谈判相关，它往往具有具体的标准和形式，但在分析一般情形时，又往往难以给出这些具体的标准和形式。当然，当企业间网络中存在多个参与方的分配方案时，总会有一种这样的可能情形，就是在尽可能实现每一个参与者取得较小"馅饼"中较大份额的同时，不排除分配更倾向于那些在可选方案中可能控制更多资源的参与方。可见，组织公平既要考虑市场机制本身作用的发挥，也要强调制度对于行为主体的约束能力，这就涉及了组织公平的实质及其实现方式问题。

本文认为，组织公平的实质在于网络组织的可行性治理结构。从博弈论的角度来讲，它是一组采用纳什原则的契约，这组契约对于组

---

① Tichy, G. Clusters, *Less Dispensable and More Risky than Ever*, *Clusters and Regional Specialisation*, Pubiished by Pion Limited, 207 Brondesbury Park, London NW2 5JM, 1998.

② Markusen A., "Sticky places in slippery space: a typology of industrial districts", *Economic Geography*, 1996, 72(3).

织而言具有至少两个优点:一是它具有稳定性特征。对企业间组织而言最大的威胁就是不稳定性,当人们选择基于纳什原则的契约后,其他的契约都在技术上变得不可行了,即使在实际运作中出现导致整体收益小于初始值的情况,它仍然能够表现出相当的稳定性。二是这些契约形式是可以进行设计的。Grandori 曾经对此有过详细的描述,高效和公平的组织结构是能够被设计出来并在各个不相关的组织架构间按序数效用进行排序。① 更进一步,由于在实际应用中,纳什标准对于参与各方相对力量的差异并不十分敏感,这就给予了一个分配或谈判的具有弹性的区间,一方面因为效用最大化原则的作用,它会对契约的任一改变适时进行反应;另一方面,因为受各参与方外部效应的影响,人们会考虑由于合作的溢价分配,从而可能接受单方受益的方案。②

然而,虽然同样强调主体间的契约关系,但网络组织与市场和层级组织都不一样,网络组织强调的契约更多的是基于信任的隐含契约,而非市场和层级组织基于企业跨边界合作的正式契约,这也对应了三种组织中行为主体的关系:市场中的企业之间是以利润为导向的,层级组织中则是以命令为导向,网络组织中则是以关系为导向,而关系的实质即是基于信任的隐含契约。以此为出发点,则网络组织的治理也最终落脚到行为主体的关系上来。Messner 等(2000)概括了网络结构的三个特征:行为主体间的水平联结、跨组织关系和行为主体的互动。而网络组织治理的最大挑战在于相互之间的关系领域,因而合作关系的治理成为网络组织治理的关键内容。Johannisson(1987)也指出网络结构的一个基本特征是节点及其在联结特性中的表现方式,并应该给予组织过程的演进动力以足够的关注。

这样来看,考察企业间网络组织的公平性质就需要从网络组织的治理结构入手,但如何进行设计和评价却没有统一的认识和标准。如

① 安娜·格兰多里、玛西莫·纳里:《企业网络的公平特征》,载安娜·格兰多里主编:《企业网络:组织和产业竞争力》,刘刚等译,中国人民大学出版社 2005 年版。

② 如 Raiffa 所讨论的公司间联盟方案,分配会倾向于那些控制更多资源的参与方。见:Raiffa,H.,*The Art and Science of Negotiation*,Cambridge:Cambridge University Press,1982.

Alter 和 Hage(1993)提出组织间协调只是一种方法或过程而不应该是结果;Jones 等(1997)则从需求的不确定性、资产的专用性、任务的复杂性和交易频率等四重维度入手提出网络治理的社会机制;其他如从信任角度(Granovetter,1985)、分配角度(Parkhe,1993)、学习机制(Grandori,1998)等。本文则基于青木昌彦(2005)的企业合作博弈理论提出另一种观点,即组织均衡理论,这同时也是组织公平的实现方式。①

这一过程实际上是合作各方通过谈判分享网络组织特质性资源的过程。这需要将网络组织看成是由企业通过竞争和合作而形成的联盟,它们共同构成网络组织特质性资源,通过谈判,分享由网络组织特质性资源产生的组织租,从而达到一种组织均衡,即假设谈判一方以撤出合作博弈作为最有力的威胁,没有任何一方期望在破坏合作的同时,又没有造成损失的情况下获得效用的增进。深入理解涉及三个方面:①网络组织特质资源的构成。对于网络重要性的研究大多使用交易成本和生产成本的分析方法,该分析框架可以用于考察网络组织的互补性资源共享中的价值创造。根据交易成本经济学理论,中间组织效率发挥的关键在于这一组织形式的交易成本最小,这也符合科斯关于经济组织产生的本质是协调资源配置手段的论断。除此之外,网络关系也已经被发现是具有经济效益的资产,而且提供了对产业和企业创新业绩的支持,为参与各方和网络系统提供了整合资源要素的基础,通过对各方控制的资源的整合来消除内部参与者之间存在的资源分配不对称和对外部参与者的歧视问题。②组织均衡形成的过程。这实质上是一个谈判的过程,由于参与各方的目标是互相冲突的,要使它们在一个合作关系的框架中达到均衡状态,这需要进行谈判,即合作博弈。参与方得出一个有约束力的一致同意的协议,所选择的结果应该能满足各方的共同利益。每一参与者不但要对自己的利益负责,也要对组织整体利益负责,这就可能导致拥有较大组织力量的个体承担较多的管理义务,并获取相对的收益。③均衡的效率。在组织

① [日]青木昌彦:《企业的合作博弈理论》,中国人民大学出版社2005年版。

均衡状态下，不可能再有帕累托改善，即每一参与人都不能以另一方利益为代价来增加个体的目标，亦即具有制度性有效结果。但这种制度性有效的均衡可能实现不了资源配置的效率，因为谈判的结果有时会倾向于具有较大组织力量或占有较多资源（新古典意义上的资源）的参与方，从而导致出现"馅饼"变小的局面。

四、组织公平与我国地方产业集群的升级

对企业间网络组织公平性质的研究具有非常重要的意义，它提供了网络组织治理的良好视角，对企业间网络组织动态发展中所出现的组织僵化、路径锁定等问题的解决提供了新的思路，以地方产业集群的发展为例，近年来，产业集群所呈现出来的强劲竞争力使其成为备受关注的研究领域，但产业集群也面临升级的压力。作为一种典型的企业间网络组织，产业集群具有群体竞争优势和集聚发展的规模效益，在经济全球化日益深化的趋势下，发展产业集群已经成为增强地方竞争力的重要而且有效的途径。这对于发展中国家具有更为特殊的意义，因为在当前的全球化竞争中，发展中国家的企业和发达国家的实力强劲的跨国公司之间存在巨大的差距，以产业集群的形式来构造企业间网络以发挥地方优势是发展中国家企业参与全球竞争的有效途径。我国蓬勃发展的产业集群已经在实践上证明了产业集群能够有效地促进区域经济竞争力的提升，浙江、广东、江苏等沿海发达区域所出现的大量产业集群已经成为支撑这些区域经济发展的重要动力，而且产生了强烈的示范效应，许多地区在制定发展战略时，都不约而同地将发展产业集群作为重要内容。

然而我国多数地区的产业集群主要是低成本的产业集群，其竞争优势主要来自低成本的要素投入，特别是以低廉的劳动力要素投入为主，这存在着潜在的危机和风险。一方面来看，过于强调以廉价要素投入的低成本竞争，难以培育集群企业的核心竞争力，导致集群内部的无序竞争，破坏原有的组织合作性质，并最终导致集群的衰退；另一方面来看，低端发展道路也不利于国际竞争的长期持续，并容易引发

国际贸易中的反倾销诉讼，从而寻求产业集群的升级以获得区域长期持续的发展能力成为我国产业集群发展中面临的重大课题。现有的文献均强调通过嵌入全球价值链来实现地方产业集群的升级，全球价值链是指产品在全球范围内，从概念设计到使用直到报废的全生命周期中所有创造价值的活动范围，包括对产品的设计、生产、营销、分销以及对用户的支持与服务等。就全球价值链和地方产业集群来看，二者都关注地方产业的竞争力，但前者强调加入全球价值链对本地企业能力的提升，而后者则认为地方产业竞争力来源于本地企业的密切联系。通过将依赖当地丰裕要素供给的地方产业集群嵌入全球价值链来实现地方产业集群的升级，是解决产业集群良性发展的重要手段。当前的文献都注意到了这一点，而且也注意到了跨国公司在其中所起的关键作用，换言之，吸引跨国公司是进行地方产业集群升级的主要途径。

现实来看，吸收跨国公司之后的产业集群并未都成功地实现升级，而是出现了分化的趋势，跨国公司对地方产业集群的发展所产生的效应存在多面的特征，在某一些方面或某一些阶段具有正向的推动作用，而在另外一些方面或发展阶段反而带来负面影响。如苏州工业园区产业集群的发展得益于跨国公司的推动，但跨国公司并没有有效地促进当地网络的发展①，此外，苏州跨国公司大企业主导的"组群式"IT企业网络中，当地企业只能成为跨国公司的外包供应商，而很难与之结成关系密切的根植性网络。② 童昕等以我国计算机产业集群为例对此进行了深入研究，也发现由于外资的采购和人才本地化程度较低而导致外资企业地方根植性的弱化，本地企业只是这些跨国公司外包网络中的组成部分，未能形成真正的以发挥地方优势为核心的产业集群，而只是形成了跨国公司的外包网络③。值得注意的是，在这一

① 任胜刚：《苏州产业集群与跨国公司互动关系的实证分析》，《中国软科学》2005年第1期。

② 顾永红：《跨国大企业主导与苏州IT产业集群演进》，《上海综合经济》2004年第10期。

③ 童昕、王缉慈：《全球商品链中的地方产业集群——以东莞"商圈"现象为例》，《地域研究与开发》2003年第2期。

外包网络中,本地企业作为跨国公司的供应商,越来越多地融入跨国公司的外包网络之中。一个明显的特征是这些本地企业虽然贡献了核心的业务,并提供了核心的资源,但却是长期被动地承接外包业务,存在被最终锁定在全球价值链低端环节的危险。① 而居于主导地位的跨国公司却获取了最大限度的利润和价值,处于外围的供应商对发包商的依赖性越来越强,受其控制并不能实现自身价值,失去竞争力。

本质而言,这一情形的出现源于组织公平在外包网络中的缺失,外包商和供应商具有完全不同的价值取向和组织权力,外包商和供应商双边交易过程中的机会主义行为,整体协调与管理中所需的知识分享不能有效提供等都导致了有价值的资源的分配难以遵循公平的标准,导致组织公平标准在这一体系中不能被采用,并最终导致外包网络失灵。

这需要遵循以下原则进行治理,以实现组织均衡和组织公平:

(1)分配公平的标准。由于地方网络内各主体对资源的占有是不对称的,为获取整体优势需要各主体将各自核心的资源要素贡献出来,并通过地方产业集群的网络连接将组织内稀缺资源分配给最具效率的参与者,并以此实现要素的分配效率。在跨国公司参与的产业集群中,由于跨国公司倾向于将经营重心向研发、品牌管理等具有高经济租和高进入壁垒特征的价值环节集中,与此同时,加大了非核心业务的外包,在其战略规划下,东道国企业位居价值链的一个或多个环节,成为跨国公司的供应商,不对称的组织权力必然导致分配结果的不对称。基于分配公平的标准要求进入地方产业集群的跨国公司强化其根植性,增加本地采购和人才的本土化,与本地企业的合作不仅是供应商和发包商的关系,而在于核心技术的研发和管理层面合作,从而确立以效率来分配组织内不同资源要素的标准,应用具有有效激励、最大化整体产出的方案,而这正是分配公平所强调的。

(2)谈判公平的标准。产业集群内各主体的互动具有重复性特征,正式或非正式契约关系随环境的变化需要不断地进行调整,进而

① 朱勤:《跨国公司外包网络的治理与供应商的升级》,《国际贸易问题》2005 年第 12 期。

导致各方对于资源的使用、利益的分配或其他关系的处理也进行相应的调整,这就涉及了谈判公平问题。在一个存在谈判公平的组织体系内,总能够将具体的契约谈判进行简化,从而在减少交易费用的同时提高组织效率。本地企业在和跨国公司交往中往往居于不对称的地位,从而导致谈判公平难以实现,而在存在众多参与者的产业集群中,所有参与者都使用相同的契约也是一种公平原则的应用,同时也是降低谈判成本的一种策略。这需要政府在宏观的层面上完善引资政策,对外资进入的标准、进入行业以及中外合资、合作方式进行标准化的管理。

(3)程序公平的标准。对有跨国公司参与的产业集群进行基于价值链节点互动的关系治理,关键在于渗透到外包网络中的关系过程和层级结构来实现程序公平。因为外包网络是一种复杂的关系网络,存在诸多如机会主义和知识共享导致的市场失灵,而机会主义多发生在双边交易过程中,对于复杂的关系网络而言,进行关系治理和结构治理都是重要的,但这些都需要在程序公平的基础上来进行。具体到地方产业集群吸引跨国公司进行升级的这一过程而言,程序公平强调的不是契约本身所带来的成本和收益,而是对契约签订过程的重视,这包括很多特点,如参与方在订立契约的时间上是一致的,给所有参与方同等提供"发言"修正决议的机会来体现各自的利益,对契约一项一项签订以避免契约解释权不对称带来的不公平,以及在对已有契约进行修订上的平等身份等。

五、结　　语

本文认为,要理解企业间网络组织的效率边界,仅从交易费用经济学的角度来进行分析是不够的,因为经济组织潜在的效率需要通过一定的途径才能实现,这便是对于网络组织的公平性质的考察。在企业间网络组织中,由于各企业自身占有的资源、企业对于共用资源的贡献及分享都影响到经济组织作为一个整体的效率发挥,这就要求确定标准,在信息准确的前提下,将有限的资源分配给最具效率的参与方，同时在纳什原则上建立决策过程的交流制度。对于网络型组织而言，组织公平实质上就是一组基于纳什标准的契约，是网络组织的可行性治理结构，它不但是稳定的，而且具有可设计性，从而尽可能实现每一个参与者取得"馅饼"中较大份额的同时，当"馅饼"变大时，会促使人们在新的边界上选择契约以实现新的帕累托最优状态。

对组织公平的研究具有非常重要的现实意义，本文即基于组织公平理论对我国地方产业集群的升级进行了研究，目前来看对地方产业集群升级的研究均是借助于跨国公司的全球战略体系嵌入全球价值链来实现的，当组织公平缺失时，集群中的本地企业往往被动地纳入到跨国公司的资源外包网络中，当这些外包网络中信息编码性较差或不具有可执行的谈判程序时就无组织公平可言，此时发包商和供应商很难具有完全一致的价值取向和组织权力，而且发包商和供应商双边交易过程中会存在机会主义行为，或者整体协调与管理中所需的知识分享不能有效提供，这些都会导致有价值的资源的分配难以遵循公平的标准，并最终导致外包网络失灵，达不到地方产业集群升级的目的，遵循组织公平标准来进行关系治理和结构治理对于促进地方产业集群的升级是必要而且可行的。

该文原刊发于《软科学》2008 年第 10 期。

内陆省份开放型经济发展的动力机制与模式选择

一、引　　言

改革开放以来，中国经济在快速增长的同时呈现出区域发展差距扩大的趋势，内陆省份在经济增长、人均收入和产业结构转换诸方面和沿海开放前沿省份均存在较大差距，而这又源于内陆省份与沿海省份在工业化和市场化进程上的巨大差异。① 中国经济改革研究基金会于2001年对我国各地区市场化进程进行了详细的分析，其结论是中国各地区的市场化进程均有所提高，但中部地区提高幅度最小，特别是在吸引外资、劳动力市场发育和工业化方面，中部地区仍然存在较大的问题。② 这些事实给予的强烈启示是，促进内陆省份经济发展的关键在于扩大吸引外资的力度，促进工业化和市场化进程，转变经济发展模式，走开放型发展道路。

大量文献研究了落后国家（地区）开放型发展道路的方法路径，并在如下方面达成了共识：①吸引外资以促进技术进步和产业升级。由于外商直接投资是包括资金、技术、管理等在内的一揽子要素转移过

① 中国科学院中国现代化战略研究课题组：《2006 中国现代化报告》，北京大学出版社2006年版，第224-235页。

② 樊纲、王小鲁、张立文、朱恒鹏：《中国各地区市场化相对进程报告》，《经济研究》2003年第3期。

程,几乎所有发展经济学的文献都强调吸引外资对东道国发展的重要性,但对于落后的内陆地区而言,其对于技术引进、产业升级和促进区域开放具有更重要的意义。②推进市场化进程以促进农村劳动力的城乡流动。内陆落后农区的经济发展需要城乡经济结构的大调整,这依赖于市场化及其带来的大规模劳动力流动。③推进工业化以实现社会转型。经济发展的核心是工业化,而对于传统农区而言,工业化同时也是实现开放型发展模式的关键。这些结论提供了研究内陆省份开放型经济发展的有益思路,但仍然有一些关键问题没有得到根本解决。对于内陆省份而言,是否应该基于比较优势来吸引外资和推进工业化?一些研究认为基于比较优势来进行技术模仿以发展劳动密集型产业,另一些观点则认为落后地区应该通过制度变迁走技术创新的发展道路。改革开放以来,由于内陆省份不但面临产品流动的开放的外部环境,同时面临一个要素流动的东部经济发达地区,则考察内陆省份经济开放发展的模式,并比较与之相联系的东部地区的制度结构及其增长绩效具有重要意义。

二、内陆省份开放型经济发展的现状与趋势

发展开放型经济这一概念最早在党的十四届三中全会上提出,并在十五届五中全会上被确定为我国建设社会主义市场经济的发展目标之一,在十六大更进一步将建立更加开放的经济体系作为全面建设小康社会目标的内容。我国幅员辽阔,区域发展差异较大,特别是沿海省份和内陆省份不论是在禀赋条件、发展环境和政策支持方面均有很大的不同,这表明促进内陆省份开放型经济发展对于国家整体的开放发展具有非常重要的意义。

改革开放以来,我国内陆省份的开放发展有了长足的进步,以中部六省为例,1993 年六省对外贸易总额为 83. 30 亿美元,外商直接投资企业进出口总值为 18. 28 亿美元,吸引外商直接投资为 22. 32 亿美元。到 2007 年分别为 743 亿美元、217. 4 亿美元、151. 9 亿美元,分别增长了 8. 92 倍、11. 89 倍和 6. 81 倍。然而观察中部六省这三项重要

指标占全国的比重发现中部地区在全国的比重较低，除吸引外商直接投资外，中部六省对外贸易和外商投资企业进出口占全国的比重在过去15年中存在下降趋势，这表明内陆省份的开放发展在全国整体的开放发展中表现不尽如人意。从开放度的角度考察，2008年中部六省对外开放度为10.87%，全国为59.17%，中部地区落后全国近40个百分点，这表明，虽然内陆省份的开放发展有很大的进步，但和全国相比，仍然存在较大的差距。（见本文表1）

表1　中部六省外贸和吸引外资情况　　（亿美元）

	1993		2008	
	总额	比重（%）	总额	比重（%）
对外贸易	83.3	4.26	989.29	3.86
外商投资企业进出口	18.28	2.73	305.9	2.17
外商直接投资	22.32	5.16	211.1	22.85

资料来源：《中国统计年鉴》1994年、《中国统计年鉴》2009年。2008年外商直接投资数据来自中华人民共和国统计公报。

其次来看，内陆省份开放型经济发展的内容与东部地区相比也具有一定的差异。伴随着改革开放的进程，我国的经济结构也有了较大的变动，从三次产业结构来看，1995年全国和中部六省第一产业就业比例均超过50%，分别为52.9%和57.2%，到2008年均降到45%以下，分别下降了13.3和12.5个百分点，第二、第三产业均有了不同程度的上升，但中部地区不论和东部地区相比还是和全国相比，就业比重仍显偏低。第二产业是我国现阶段开放经济的主要内容，其发展水平的高低直接决定不同区域开放型经济发展的阶段和水平。从绝对值来看，2008年全国第二产业总值为148 981.29亿元，中部六省为28 330.7亿元，占全国的19.01%，东部地区为90 082.31亿元，占60.45%。实际上，我国第二产业快速增长，以及对外贸易的大幅增长均与东部地区面向出口的第二产业迅猛发展直接相关，第二产业特别是加工业的快速增长成为当前开放型经济发展的重要方面。（见本文

表2）

表2　中部六省三次产业就业结构　　（%）

	1995			2008		
	第一产业	第二产业	第三产业	第一产业	第二产业	第三产业
全国	52.9	23.0	24.1	39.6	27.2	33.2
中部六省	57.2	19.7	23.1	44.7	25.3	30.0
东部地区	42.5	30.4	27.1	28.2	35.4	36.4

资料来源:《中国统计年鉴》1996年、《中国统计年鉴》2009年。

再次,内陆省份开放型经济发展的外部环境具有不确定性。从政策环境来看,由于东部地区的区位优势和基础优势,经济开发开放较早,从而在前一轮结构调整中占得了先机,通过大力发展加工贸易型产业获得了快速的发展。金融危机以来,出口导向的加工贸易型产业结构被证明具有阶段性特征,虽然在一定时期能够促进经济增长和区域开放发展,但容易受外部经济波动的影响。内陆省份不但面临国外经济环境在金融危机以来的不确定性,而且也面临东部沿海地区产业转型和产业转移的不确定性影响,从而导致内陆省份开放型经济发展的道路不能简单模仿东部地区前期的经验。

三、内陆省份开放型经济发展的动力机制

观察当前我国内陆省份经济发展所呈现出来的特征,以及其与东部地区区域互动的性质,可以发现促进我国内陆省份开放型经济发展的内在动力主要在以下四个方面:

(一)技术进步

技术进步与经济增长之间存在内在的关联关系,而这对于内陆省份而言具有更重要的意义,至少在于两点:一是利于内陆省份发挥比较优势。内陆省份在发展开放型经济中必须基于自身的优势来参与国际分工,而发展劳动密集型产业是符合内陆省份的战略选择,但基于禀赋优势发展劳动密集型产业虽然能够取得静态利益,动态而言不利于建立完善的产业结构,导致产业竞争力不强。促进技术进步以发

挥地方比较优势的关键在于吸引和开发适宜技术。[①] 二是促进内陆省份实现结构转型,转变增长方式。传统经济体系和传统生产方式仍然在内陆省份占据主导地位,这不利于内陆省份经济的开放发展,而实现结构转型的根本推动力是技术进步,通过技术开发和技术引进,促进新产业的产生,或以新技术对传统产业进行技术改造,提高劳动生产率,提高产品的质量和产业竞争力。

(二)劳动力流动

劳动力流动是连接内陆省份和沿海省份的重要纽带,同时也是我国要素跨区域流动连接的主要内容。以农村剩余劳动力流动为例,改革开放以来,我国农村剩余劳动力流动经历了波动增长的过程,阳俊雄估计 1997—2003 年中国农村剩余劳动力转移年均增长 4%,而此前的两个高峰期 1982—1988 年为 23%,1992—1996 年为 8%。[②] 2003 年以来,我国农村剩余劳动力转移规模大致为每年 500 万人,转移速度大致也为 4%。国务院课题组估计,我国转移的农村劳动力中的一半是跨区域转移的,即超过 6 000 万劳动力穿梭于内陆省份与沿海省份之间,成为连接内陆省份和沿海省份的重要纽带,同时也成为促进内陆省份开放发展的重要动力。[③] 其作用至少在于两个方面:一是作为要素流动的连接作用。劳动力的跨区域流动改变了流出地与流入地的要素供给比例,进而改变了其经济发展中的优势关系,使得内陆省份某些原来不具优势的外向型产业具备了发展的基础。二是经由劳动力流动带来的知识和市场意识的扩散。通过劳动力流动促进内陆省份由原来的封闭向开放转变,从而推进内陆省份开放型经济的发展。

(三)结构变动

结构变动是经济增长的重要源泉,而且是经济增长的独立源泉。[④]

---

① 林毅夫、张鹏飞:《适宜技术、技术选择与欠发达国家经济发展》,《经济学(季刊)》2006 年第 4 期。

② 阳俊雄:《我国农村劳动力转移速度放慢》,《中国国情国力》2004 年第 5 期。

③ 国务院研究室课题组:《中国农民工调研报告》,中国言实出版社 2006 年版,第 6 页。

④ 多恩布什:《宏观经济学(第七版)》,中国人民大学出版社 1997 年版,第 226 页。

则结构性增长会成为推动要素在各部门合理配置和最优使用的动力，在开放经济条件下，这种结构性转换的增长溢出效应又会通过贸易结构的转移来扩张其动态优势，因为产品贸易会对不可跨国流动的要素产生替代效应，从而强化结构性增长对要素部门间流动的力量[①]。实际上，改革开放30年来，我国的经济增长、结构变动与开放发展一直是紧密相连的，中国经济已经从一个高度集中的计划经济体制逐步过渡到现代市场经济体制，成为一种准现代化的经济增长结构。[②] 如果分区域来考察这种开放发展与结构变动之间的关系，会发现东部地区经济结构呈现出以外向型发展的加工贸易型为主，而中西部地区则变化缓慢，这表明市场化体制改革进程在不同区域的表现有所不同。刘伟等的研究表明，东部地区已经出现了通过要素私有化能够大量吸纳资本要素和劳动要素的初级市场经济结构特征，而在中部地区的经济结构则表现为很强的非工业化特征，在西部地区经济中则表现出农业化的经济结构特征。[③] 显然，这些特征结构从区域内部而言，不利于内陆省份结构变迁的增长效应，从区域间关系而言，非均衡的结构很难促进内陆省份与东部地区的良性互动，不利于地区间专业化和劳动分工，对其开放型经济发展的推动力不强。

(四)政策因素

政策在我国区域经济发展中的作用是不言而喻的，但对内陆省份的开放发展而言，政策本身以外，政策制定和实施的次序带来似乎更大的影响。从区域开发开放政策的次序来看，从东部沿海开发开放，到西部大开发，再到东北老工业基地振兴规划，最后是促进中部地区崛起。这种政策制定和实施的次序性对内陆省份开放型经济发展的意义不但在于从时间上晚于东部沿海地区，而且由于外部已经形成开发开放的环境，从而导致内陆省份的要素资源向东部地区流动，进而

---

① 李恒：《结构性增长、结构贸易与我国农村剩余劳动力转移》，《华中科技大学学报》2007年第2期。

② 张平：《改革开放30年中国经济增长与结构变革》，《现代经济探讨》2008年第7期。

③ 刘伟、李绍荣：《中国的地区经济结构与地区平衡发展》，《中国工业经济》2005年第4期。

使内陆省份的工业化进程受到一定程度的制约。特别是,内陆省份的优势在于丰富的劳动力资源,但目前已经形成了东部沿海的加工贸易型优势产业体系,这导致内陆省份开放型经济的发展道路已经不可能复制东部沿海地区的已有的模式,必须探求新的道路,这无疑是具有挑战性的。

值得注意的是,以上四方面的作用并非相互独立,而是存在相互作用和内在联系的过程:

(1)结构变动既是内陆省份开放型经济发展的动因,也是开放发展的目标。经济结构的调整存在于多个方面,而且是有层次的,经济结构变动是实现经济持续发展的根本动力,从需求结构来看,强调的是内需与外需、投资与消费的均衡,促进经济增长既信赖国际市场,也信赖国内市场;从产业结构来看,三次产业发展协调,既强调促进工业增加值的增长以扩大出口、发挥比较优势,同时也强调促进第三产业发展,以提高国民经济整体素质,促进就业;从城乡和区域结构来看,内陆省份开放发展的前提是消除城乡差别、促进城乡协调发展,促进区域协调发展,营建承接东部沿海产业转移的平台;从要素投入结构来看,强调比较优势发挥的前提是不能以环境破坏、资源过度消耗和可持续发展为代价。

(2)四种因素的作用存在交互作用的特征,但由于对发挥比较优势的强调,劳动力流动是贯穿的主线。改革开放30年的经验来看,发挥低成本劳动力优势是发展开放型经济的重要方面,我国农村剩余劳动力转移所存在的区域性特征也证明了这一点。农村劳动力流动是适应我国建立市场经济体制的主要经济行为响应,但东部沿海地区和中西部地区存在显著差异,东部沿海地区劳动力转移的模式主要是就地转移为主。如山东省就地转移农村劳动力占76.9%①,而内陆省份农村劳动力则强调跨区域转移为主。根据国务院课题组的调查分析,我国主要劳动力流出大省如河南、四川跨省流动均超过1 000万人,而

① 邸加萍、李玉江:《农村劳动力转移模式与区域非均衡度研究——以山东、河南两省为例》,《西北人口》2008年第1期。

且跨省流动劳动力占总转移劳动力的60%。[①] 这种差异实际上与我国开放发展的区域次序是一致的，东部地区开放较早，建立起大批外向型的劳动密集型企业，从而吸引内陆省份劳动力的流入。显然，劳动力流动既是我国发展开放型经济过程中结构转移、技术进步和政策实施的反映，同时也促进了这一进程。

(3)当这些因素起作用在时序上存在差异时，对内陆省份开发开放的道路安排也存在差异。显然政策因素在我国区域经济发展中起主导作用，并对不同区域开放型经济发展道路的选择产生重要影响，政策倾斜会导致要素价格扭曲，从而形成利于促进区域发展的产业结构，由于这种结构相对于其他区域具有优势，会吸引其他区域的要素流入，进一步拉大与其他区域的差距。内陆省份在发展开放型经济时，会受到来自东部沿海地区的影响，要求内陆省份能够有效地承接东部沿海的产业转移，或者能够吸引新要素的流入，从而形成有别于东部沿海地区的开放发展道路。

四、比较优势发挥的时序选择：生产要素流入型开放发展模式

(一)从外向型经济到开放型经济

改革开放的一个重要任务就是促进东部沿海地区外向型经济的发展，所谓外向型经济是指一国或地区为推动区域经济发展面向国际市场建立的经济结构和经济运行体系。显然，这需要其根据国际市场供需结构建立区域产业结构，并成为国际产业体系的一部分，以国际市场需求为导向，以扩大出口为中心，根据比较利益原则，积极参与国际分工和国际竞争，并通过外贸出口带动整个经济的发展。20世纪80年代我国大力发展的外向型经济其基本形式是以进口替代与出口替代相结合，并以出口替代为主，建立起符合比较优势的劳动密集型产业体系。通过30年的快速发展，中国的制造业已经得到了快速的

① 国务院研究室课题组：《中国农民工调研报告》，中国言实出版社2006年版。

发展，特别是在东南沿海地区形成了大批的现代制造业基地，甚至赢得了“世界工厂”的盛誉。但从本质上看，我国离“世界工厂”还有很大的差距，只是外向型经济发展到一定程度的表现。近年来，虽然我国工业品出口贸易额增长迅速，但和发达国家仍有较大的差距，目前我国出口贸易额仅占世界总贸易额的1/20，不到美国的一半。与发达国家的制造业相比，中国的制造业不论是从产业结构、生产规模还是新技术研发方面均存在较大的差距。① 显然，外向型经济的成功体现了我国丰裕劳动力的比较优势，并在比较优势发挥的初期阶段发挥了重要作用。

但这一模式的成功是基于我国改革开放初期外汇和资本短缺、劳动力和土地资源廉价的背景，经过近30年的快速发展，外汇和资本短缺对我国经济发展的制约已不存在，同时国际环境和国内宏观经济形势也发生了较大的变化，原有的加工贸易带动型开放模式已经不再适合我国的经济发展需求了。必须转变开放发展的模式，强调对资源要素的结构性整合。更重要的是和沿海省份相比，内陆省份除了面临国际竞争和国际产业转移的环境，同时面临东部沿海的结构转换和产业转移环境，这表明了内陆省份开放发展需要走一条不同于东部沿海的道路，要求其通过吸引资本流入的同时，加大对技术、管理和高素质劳动力的流入，并促进流入的高级生产要素与地方禀赋有机结合，从而建立起内陆地区结构性的竞争优势。②

（二）生产要素流入型开放经济的条件与路径

促进生产要素向内陆省份流动基于两个重要的条件，其一是内陆省份结构变动由传统向现代的变革，其二是东部沿海地区产业向内陆地区的转移。实际上，这二者是相互作用的过程，内陆省份经济结构的变动一方面为东部沿海地区产业转移提供了平台，同时又促进了东部沿海地区产业转移的过程。以河南省为例，河南是传统的农业大省，承担着国家粮食安全的重任，河南省粮食生产历史悠久，是我国的

① 杨丹辉：《中国成为“世界工厂”的国际影响》，《中国工业经济》2005年第9期。

② 宁宇：《重庆发展内陆开放型经济的路径选择》，《决策导刊》2008年第5期。

粮食生产大省，粮食生产连续多年位居全国首位，总产量连续迈上400亿千克、450亿千克和500亿千克三大台阶，占全国粮食产量的1/10，是名副其实的农业大省。但河南在粮食生产增产的同时，结构转型也进入了快车道。2007年，河南工业增加值突破7 500亿元，居全国第5位，居中西部省份首位。其中，规模以上工业增加值达5 438亿元，居全国第5位；实现利润1 959亿元，居全国第4位，从而实现了从传统农业大省向新兴工业大省的结构转型。观察河南省经济转型的过程，与其开放发展息息相关，在2009年全球商报经济论坛上，河南省商务厅的负责人表示，将夯实河南六大传统产业根基，提升两大现代产业活力，吸引资本进入，从而促进河南的开放发展过程。河南省在承担产业转移方面具备诸多优势条件，包括人力资本丰富，市场潜力巨大，自然资源丰富，工业水平不断提高、交通网络日趋完善、投资环境不断改善等方面。特别是，河南省是人口大省，一直以来是重要的劳动力来源地，跨省外出务工人员超过1 000万人，占本省全部流动劳动力的50%。2008年以来，由于金融危机的影响，大量农民工失业返乡，据农业部对农民工输出较多的15个省、150个村的抽样调查，2009年春节前返乡农民工占外出农民工的38.5%，其中有60.4%是正常的春节回家探亲，而39.6%的返乡农民工是由于失业返乡，而且没有继续外出务工的意向。据此推算，全国1.3亿外出农民工中，有15.3%即2 000万人成为失业返乡农民工。农民工失业返乡虽然在短期内打击农民收入，并引发返乡农民工就业问题，但这批经历市场经济洗礼、掌握一定劳动技能和知识的农民工的回流客观上成为内陆省份高级人力资源的供给，推动了内陆省份的结构转型，从这种意义上说，农民工向流出地的回流恰恰成为内陆省份承接东部地区产业转移、生产要素流入型开放发展的主要路径。

（三）生产要素流入型开放发展中的比较优势发挥

理论而言，内陆省份开放发展的关键仍然在于发挥地方比较优势，建立利用本地资源要素并在国际市场上具有竞争力的产业体系。这和前一时期东部沿海地区建立面向出口的加工贸易型产业体系具有本质上的不同，加工贸易出口带动型开放体系强调的是对低成本劳动和土地的密集使用,这一战略体系在改革开放初期能够取得成功,当东部沿海地区的加工贸易型产业体系不再具备竞争优势时,内陆省份再建立相似的产业体系同样不具备竞争优势。内陆省份应该是在承接东部地区产业转移的基础上,结合地方比较优势进行产业升级,进一步扩张资源要素整合的效应,这是基于技术进步、劳动力流动、结构升级和政策促进四个方面的共同作用,这四个方面均不同于前期东部沿海开放发展的背景:

(1)内陆开放发展更加强调了技术进步。对于欠发达国家和地区而言,不论是吸引外资还是开展对外贸易都是吸引新技术的重要手段,但由于低附加值的劳动密集型产品已经不再具有国际竞争力,则强调技术进步提高产品质量是重要的。Pack 和 Westphal 的研究表明,对外国的技术学习和应用而非自主创新形成了欠发达国家工业化的动力源①,几乎所有针对产业升级和技术进步的实证文献均证实了外商直接投资对于中国的正溢出效应,这表明对于内陆省份而言,积极吸引外资仍然是获取技术的主要渠道。

(2)我国的农村劳动力流动经过 30 年的发展,已经开始出现回流现象,这将形成内陆省份发展开放型经济的重要人力资源。由于我国劳动力市场的制度分割和就业供给的刚性约束,农民工一旦失业只有返乡。② 这虽然增加了内陆省份农民工二次转移的复杂性和就业市场压力,但也从客观上增加了内陆省份高级要素的供给,由于回流者行为方式的改变,对内陆省份的经济和社会发展影响巨大。③ 在东部沿海务工的农民工所掌握的知识和技能对于内陆省份承接东部沿海产业转移也形成了较为有利的条件。

(3)从结构变动角度来看,内陆省份从传统经济向现代经济的转型已经具备了基础和条件。如前所述,我国的传统农业大省河南已经

① Park, Howard, and Westphal, "Larry E. Industrial Strategy and Technological Change: Theory Versus Reality", *Journal of Development Economics*. 1986(22).

② 彭文慧:《返乡农民工就业的制度设计与政策建议》,《改革》2010 年第 2 期。

③ 王西玉、崔传义、赵阳:《打工与回乡:就业转变和农业发展——关于部分进城民工回乡创业的研究》,《管理世界》2003 年第 7 期。

开始向新兴工业大省实现结构转型,资源大省山西省也在探讨其基于煤炭资源的可持续发展道路,和东部沿海地区前期转型不同的是,内陆省份是基于本地资源要素优势基础上的转型,同时,其广阔的市场也为其转型和增长提供了更大的空间。

(4)政策支持的时序性差异也在内陆省份开放型经济发展中发挥重要作用。改革开放初期国家给予东部的优惠政策并不完全适合于其他地区。1980 年开始,先是设立深圳、珠海、汕头和厦门四个经济特区,1984 年进一步开放大连、天津等 14 个沿海港口城市,到 1988 年设立海南省经济特区,再到 1990 年开发浦东,形成了经济特区、沿海开放城市、沿海经济开放区的开放格局,东部成为承接世界产业转移的主要基地,实现了飞速发展。这就决定了后期西部大开发、振兴东北老工业基地和促进中部地区崛起战略所强调的发挥地方比较优势、实现与东部地区协调发展的重要性。

五、扩展:对区域产业同构的一个解释

不论是国家层面还是区域层面,产业结构趋同现象一直以来较为突出①,导致区域产业分工的效率难以实现。这一方面源于市场化进程在不同区域的差异,政府充当了投资主体,弱化了市场机制在区域产业发展中的作用②,另一方面也体现了地区行政垄断导致的区域恶性竞争。③ 实际是,当政策在区域产业发展中居于主导地位时,区域产业同构化现象很难避免。

进一步分析会发现,区域同构化的一个深层次原因正是地方追求发挥比较优势造成的。由于区域开发开放政策的时序性差异,在改革开放初期,外资在东部沿海区域能够享受到较高的优惠,面向出口的

① 陈建军:《长江三角洲地区的行业同构及产业定位》,《中国工业经济》2004 年第 2 期。

② 周国富、陈玲:《市场化进程中的产业同构演化趋势分析》,《工业技术经济》2005 年第 12 期。

③ 于良春、付强:《地区行政垄断与区域产业同构互动关系分析——基于省际的面板数据》,《中国工业经济》2008 年第 6 期。

企业也能在沿海开放地区得到优惠待遇，从而面向出口的加工贸易型产业体系在沿海开放地区快速地建立起来。同期国家出台了一系列鼓励、引导劳动力跨区域流动的政策，这使得劳动力区域分布不均衡的状况并没有形成东部沿海地区发展基于丰裕劳动力要素禀赋的加工贸易型产业体系的障碍，换言之，低成本劳动力由于可自由地跨区域流动到东部沿海地区，从而成为东部沿海地区最突出的优势。这种外向型发展道路具有很强的示范效应，其直接后果就是内陆省份以更为优惠的条件招商引资，模仿东部地区发展劳动密集型产业，从而形成产业同构现象。

为促进内陆省份建立既具有静态上发挥比较优势，又能在动态上发挥竞争优势的开放型经济体系，避免产业体系与东部沿海地区的同构化和低端重复，从本文的理论分析中可以得出如下三条政策建议：

1. 内陆省份开放型发展应该注重发挥比较优势

理论和实践都证明只有发挥比较优势才能快速建立起完善的工业体系，并能够有效地促进与其他区域的分工体系。由于东部沿海地区在过去30年的改革开放中已经承接了较为完整的制造业体系，这对于内陆地区承接东部沿海地区的产业转移提供了基础。内陆地区承接产业转移以发挥地方比较优势不是一蹴而就的，需要地方政策制定部门细致研究本地的禀赋条件、基础优势和市场前景，其政策含义为政府应该制定有利于地方优势发挥的产业政策。核心是通过工业化来优化地方经济结构、促进经济增长，建立开放型发展需要完善的结构和市场支撑，促进内陆省份的工业化进程，特别是将工业化与农业发展、城乡协调发展一致起来是重要的。政府在前期应该扩大基础设施建设的投入，提供工业化所需的条件，并辅之以适合的财税政策促进工业化。

2. 引进高级生产要素，进行资源要素的结构性整合

具体而言就是引进先进技术和管理经验，完善劳动力市场以利于资源优化配套和人力资本形成，形成促进内陆地区经济发展的动力。这需要做好吸引外资和引导劳动力从东部地区向内陆省份回流两个方面的共同工作。外商直接投资是资金、技术和现代管理的重要载

体,通过吸引外资来引进先进技术和管理经验,在吸引外资过程中要注意产业针对性和地方适用性,形成外资与地方经济结构的良性融合关系。引导外出农民工返乡创业是有效推进农村剩余劳动力二次转移的手段,又是发展非农产业促进地方结构调整和产业升级的重要途径。由于返乡农民工经历外出务工洗礼后已经由单纯的劳动者转变为掌握了一定技能、熟悉市场运行机制并具有创新精神的人力资本,他们不但熟悉当地情况,而且了解东部地区转移的产业,从而提高了内陆省份承接产业转移的能力。通过营建宽松的社会经济环境并给予政策扶持来吸引农民工返乡创业对促进内陆省份开放型经济发展具有重要意义。

3. 开展与东部地区的产业分工,促进区域经济协调发展

促进内陆省份开放型发展,需要强调区域之间的产业梯度转移、经济互相补充与支持、市场的统一与深化,而这要求与邻近区域特别是沿海发达地区处理好区域之间的利益协调关系,避免区域分割和区域封锁,扩大区域交流和区域合作,如建立区域经济合作对话机制,举办区域间经贸合作等,形成相互支撑、优势互补、利益共享的区域合作体系。

该文原刊发于《华中科技大学学报(人文社会科学版)》2011 年第 2 期。

经济开放的区域差异及其增长绩效:1985—2008

一、引　　言

吸引外资或扩大对外贸易以促进落后国家和地区的技术进步和产业升级,从而实现经济快速增长已经为理论和实证研究所证实,但人们在追求经济增长的同时却忽略了增长在区域间所表现出来的巨大差异,从而导致区域经济发展不平衡越来越严重,这种情况在我国的表现尤为明显。改革开放以来,中国经济在快速增长的同时呈现出区域发展差距扩大的趋势,中西部内陆省份在经济增长、人均收入和产业结构转换诸方面和东部沿海地区均存在较大差距,而这又源于内陆省份与沿海省份在对外开放和市场化进程上的巨大差异(中科院,2006)。[①] 中国经济改革研究基金会于2001年对我国各地区市场化进程进行了详细的分析,其结论是:中国各地区的市场化进程均有所提高,但内陆和沿海仍存在较大差距,特别是在吸引外资、对外贸易和劳动力市场发育等方面(樊纲等,2003)。[②] 这表明,改革开放一方面促进了我国经济增长的整体进步,但经过30年的积累,我国不同地区的

① 中国科学院中国现代化战略研究课题组:《2006中国现代化报告》,北京大学出版社2006年版。

② 樊纲、王小鲁、张立文、朱恒鹏:《中国各地区市场化相对进程报告》,《经济研究》2003年第3期。

开放经济体系的发展出现了较大的差异，这些差异已经影响到了区域经济的长期增长。

开放经济体系的核心是吸引外资和对外贸易，但又不限于此。开放型经济是相对于封闭经济而言的，在开放型经济中，要素、商品和服务可以较自由地流动，从而实现最优资源配置和经济效率。一般而言，经济发展水平和市场化程度越高，则经济的开放程度也越高。改革开放以来，我国东部沿海地区的开发开放已经上升到一个较高的层次，形成了较为完整的外向型产业结构，这一区域所形成的现代制造业基地甚至赢得了“世界工厂”的盛誉，但本质来看，我国离世界工厂还有很大的差距。近年来，虽然我国工业品出口贸易额增长迅速，但和发达国家仍有较大的差距，目前我国出口贸易额仅占世界总贸易额的1/20，不到美国的1/2。与发达国家的制造业相比，中国的制造业不论是从产业结构、生产规模还是新技术研发方面均存在较大的差距（杨丹辉，2005）。① 显然，外向型经济的核心是基于丰裕劳动力的比较优势发挥，由于劳动力在改革开放以来具有较自由的流动性，当内陆省份的劳动力流向东南沿海地区时，劳动力优势和政策优势的叠加就形成了沿海地区的比较优势。

可见，如果要了解区域经济增长差异的影响因素，需要深入研究相关区域对外经济联系的内容和性质。当地区间由于政策及区位优势差异导致资源要素流动的背景下，研究区域开放经济体系的结构及其增长效果更显重要。本文通过研究我国东部沿海地区和中西内陆省份之间开放经济体系的差异，来探寻影响经济增长的开放因素，并在此基础上提出促进产业由东部沿海地区向中西部地区转移的政策建议。

二、我国开放经济体系的区域差异

改革开放以来，由于东部沿海开发开放战略的实施，内陆省份的

---

① 杨丹辉：《中国成为“世界工厂”的国际影响》，《中国工业经济》2005 年第 9 期。

经济增长与沿海省份相比表现出较大的差异。(见本文图 1)1978 年以来,内陆省份与沿海省份的经济差距呈平滑拉大趋势。这表明,包括西部大开发战略在内的区域经济协调发展战略制定和实施似乎并没有起到抑制区域发展差距扩大的作用,合乎逻辑的推论是,沿海地区由于其经济开放程度远高于内陆省份,从而成为促进其长期快速发展的主要动力。

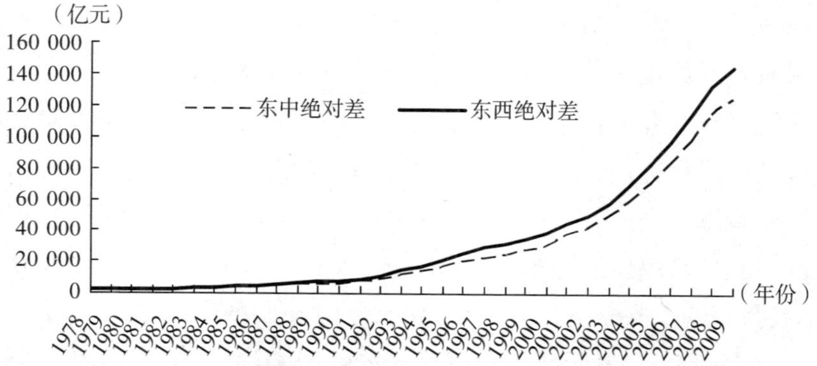

图 1 沿海地区与内陆地区 GDP 总量差距(1978—2009)

注:三大地区的划分为,东部地区:辽宁、北京、河北、天津、山东、江苏、上海、浙江、福建、广东、海南共 11 个省(市、区);西部地区:陕西、甘肃、宁夏、青海、新疆、四川、重庆、云南、贵州、西藏、广西和内蒙古 12 个省(市、区);中部地区:河南、山西、安徽、湖南、湖北、江西、黑龙江和吉林 8 个省(市、区)。

资料来源:1998 年前数据来源于《新中国五十年统计资料汇编》,1998 年以后数据来源于《中国统计年鉴》(2000—2010)。

实际上,改革开放 30 年来,我国中西部地区和东部沿海地区的开放程度存在较大的差异,这种差异的形成既源于两类地区区位的不同,更源于我国对于开发开放战略的次序性差异。我国东、中、西三大地区的划分源于《中华人民共和国国民经济和社会发展第七个五年计划(1986—1990)》,并且明确指出要正确处理好东部沿海、中部、西部三个经济地带的关系,在“七五”期间以至 20 世纪 90 年代,要加速东部沿海地带的发展,同时把能源、原材料建设的重点放到中部,并积极做好进一步开发西部地带的准备。东部沿海地区的开放战略是与我国的改革开放事业同时开始的,实施西部大开发战略则是在 1999 年 9 月中共十五届四中全会上正式提出,到 2003 年 10 月《关于实施东北地区等老工业基地振兴战略的若干意见》颁布实施和2009年9月通过《促进中部地区崛起规划》。我国开发开放战略的区域布局基本完成,同时也指明国家在对三大地区开发开放战略从时序差异、政策差异和导向差异的安排,这些都在三大地区的经济增长中有明显的体现。

这种差异的本质即在于两类地区开放体系的差异,为了直观理解这种差异的程度,本文运用对外开放度来进行度量。对外开放度涉及一国或一地区对外贸易、吸引外商投资和金融体系的开放度,从而在度量对外开放度时也从这些角度来进行。文献来看,既有强调单一指标来度量对外开放度的,如使用贸易开放度指标、金融开放度指标或投资开放度指标的,运用单一开放度指标的好处是简单易于计算,但在国际金融、投资活动兴起之后不能较好地反映一国对外开放程度,则度量对外开放度应包括贸易开放度、投资开放度和金融开放度诸个方面(周茂荣,张子杰,2009)①,由于金融开放度在一国之内是一致的,本文主要以贸易开放度和投资开放度来度量。(见本文图2)1985年到2008年间,我国沿海地区和内陆地区的开放程度具有较大差距。这既符合我国以沿海地区为主的开发开放战略,也体现了改革开放30年来业已形成的沿海地区出口导向型经济增长体系。

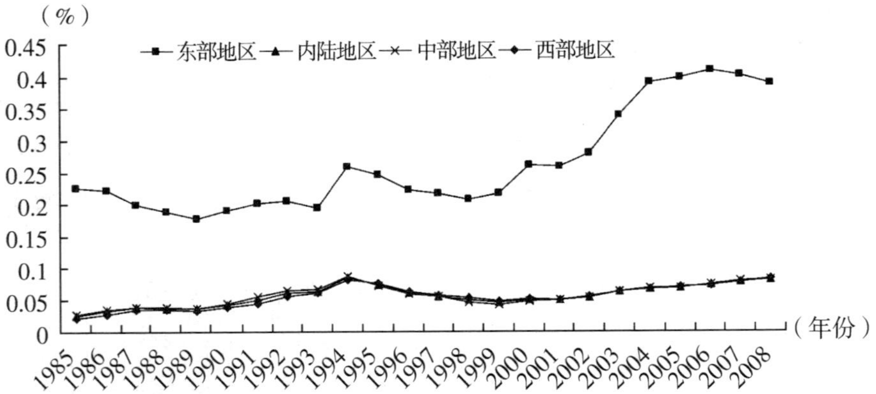

图2 东部沿海地区和中西部地区开放度的比较(1985—2008)

注:开放度为贸易开放度和投资开放度的加权平均,其权重为0.6∶0.4。

数据来源:《新中国60年统计资料汇编》。

① 周茂荣、张子杰:《对外开放度测度研究述评》,《国际贸易问题》2009年第8期。

即使如此,我们仍然认为沿海和内陆地区之间的开放度差异并不能完全解释两大区域迥异的经济增长格局。1985 年到 2008 年间,东部沿海地区开放度存在波动上升的过程,而内陆地区除个别年份以外则处于稳定上升趋势。特别是东部沿海地区的开放度由 1985 年的 22.5% 上升到 2008 年的 38.93%,上升了不足 1 倍,而内陆省份则从 1985 年的 2.57% 上升到 2008 年的 8.18%,上升了 3 倍之多。通过分解东部沿海地区和中西部地区开放度指标我们发现,两类地区在吸引外资和对外贸易方面存在着迥异的情形,即两类地区的外资开放度具有大致相同的走势,但贸易开放度的走势没有一致性。同时,就数值而言,贸易开放度远高于外资开放度。(见本文图 3、图 4)

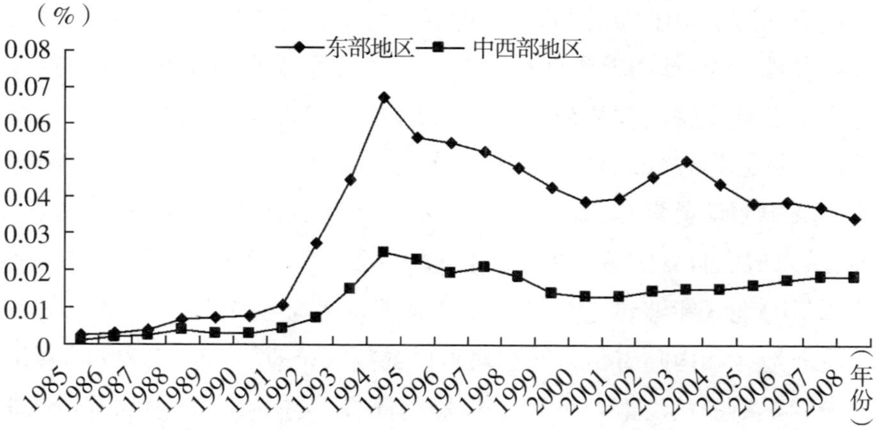

图 3　东部沿海地区和中西部地区外资开放度的比较(1985—2008)

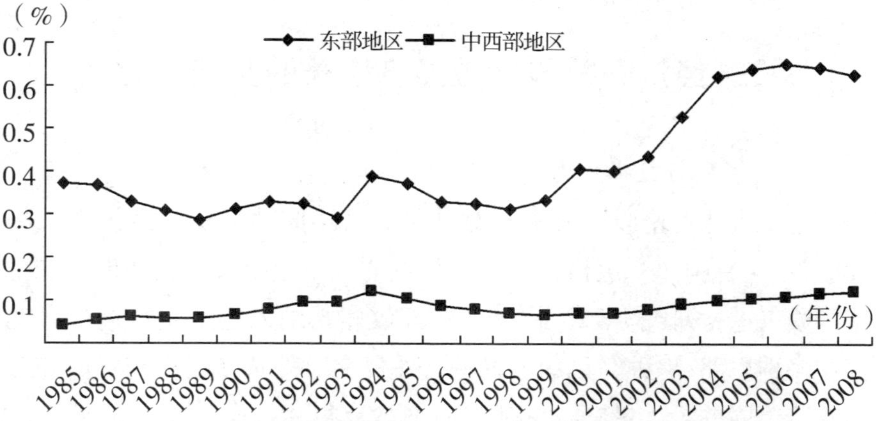

图 4　东部沿海地区和中西部地区贸易开放度的比较(1985—2008)

显然,简单以开放程度促进经济增长来解释沿海地区和内陆省份经济增长差异平滑扩张的过程是不对的。深入思考可以发现,改革开放以来至少两个方面的系统性问题需要在研究两类地区增长差异中予以考虑,一是区域吸引外资和对外贸易作用于区域经济增长的机制。二是两类地区在开放增长中相互作用的性质及其对两类地区的不同影响。前者源于吸引外资和扩大对外贸易既起到了弥补国内资金缺口和市场不足的缺陷,又起到了吸引新技术和中间产品以提高区域经济效率的角色。这二者在不同时期对不同区域经济增长的效应是不同的,对于落后国家而言,吸引外资和扩大对外贸易在初期阶段强调了资金和市场的作用,而在后一阶段强调了技术和高级要素(中间品投入)的作用。我国的沿海地区和内陆省份正好具有时序上的这种阶段性特征,从而导致外资和外贸对两大区域的效果也不同。后者则更多强调了我国改革开放以来的要素流动与市场扩张的性质,东部沿海地区开发开放战略的实施与我国丰裕劳动要素和巨大的市场容量有关。劳动要素的区域分布具有不均衡性质,内陆省份劳动资源丰裕,沿海地区自身的劳动力资源相对于其经济规模而言反而不足。之所以沿海地区能够建立起具有比较优势的劳动密集型产业体系正在于沿海地区和内陆省份之间相对自由的要素流动,而改革开放以来我国持续不断的民工潮对此做了很好的诠释。进一步研究我国区域间开放经济体系的增长效应并对上述问题进行回答是必要的。

三、经济开放与区域经济增长的实证研究

(一)模型与数据

为了具体讨论吸引外资和对外贸易对不同地区开放经济增长的效应,本文在柯布—道格拉斯生产函数的基础上构造开放条件下的生产函数来进行研究。如何将经济的开放体系纳入生产函数进行研究存在多种思路,一种简单的考虑是将外资和对外贸易视作与资本和劳动性质等同的投入量,通过拓展 CD 函数获得:

$$Y(t)=K(t)^{\alpha}[A(t)FDI(t)TRADE(t)L(t)]^{\beta} \qquad (1)$$

其中,Y 表示产出,K 表示物质资本存量,L 表示人力资本存量,α,$\beta\in[0,1]$,A 表示技术、制度等因素。FDI 为外商直接投资,$TRADE$ 为对外贸易。t 为时间。

多数文献的实证结果均证实了外资与外贸对经济增长的促进作用。但由于对开放体系作用于经济增长的机理仍然存在着不同的理解,究竟是将制度视作生产函数中的一个投入量,还是将其视作经济增长的条件因素是正确设定计量模型的关键。从技术进步的角度来看,对外经济联系不但提供了经济增长可供利用的要素投入,更在于其促进了投入要素的效率增进,则认为对外开放既强调其对于全要素生产率的作用,又考虑对于单个要素使用效率的影响是重要的。基于此,本文结合相关文献的做法,将开放体系中的生产函数变换为以下两种形式:

$$Y(t)=A(t)e^{\gamma_1+\gamma_2 OPEN}K(t)^{\alpha}L(t)^{\beta}u_{it} \tag{2}$$

$$Y(t)=A(t)e^{\gamma}[K(t)^{\alpha}L(t)^{\beta}]^{(1+OPEN)}u_{it} \tag{3}$$

其中,式(2)强调了开放对于全要素生产率的作用,而式(3)则强调了对于要素使用效率的作用。其中,u_{it} 为影响增长的制度因素,为突出国家开放战略的区域差异,将其定义为政府参与经济运行的程度。

对(2)和(3)式分别进行取对数处理,从而将上述生产函数转化成线性形式:

$$LNGDP_{it}=a+\beta_1 OPEN_{it}+\beta_2 LNCAP_{it}+\beta_3 LNLAB_{it}+\beta_4 GOV_{it} \tag{4}$$

$$LNGDP_{it}=a+\beta_1 LNCAP_{it}+\beta_2 LNLAB_{it}+\beta_3 OPEN_{it}\times LNCAP_{it}+\beta_4 OPEN_{it}\times LNLAB+\beta_5 GOV_{it} \tag{5}$$

其中,GDP 为国内生产总值,$OPEN$ 为开放度指标,CAP 为资本存量,LAB 为劳动投入,GOV 为政府参与经济的程度。i 和 t 分别表示时间和地区。

本文以 1985—2008 年我国 30 个省市区作为研究样本(不包括西藏),以考查开放经济体系的经济增长差异。实证研究所涉及的变量数据说明如下:

1. 地区生产总值(GDP)

地区生产总值数据直接来源于《建国以来60年统计资料汇编》,由于所获得的是历年名义值,则利用各年GDP平减指数得到实际值。

2. 各地区资本存量(CAP)

由于不能从统计资料中直接得到各省的资本存量数据,则使用永续盘存法进行计算。其公式是:$K_{it}=K_{i,t-1}(1-\delta_t)+I_{it}$。下标$i$和$t$分别代表省份和时间,其中$K$是实际资本存量,$I$表示实际投资,$\delta$表示实际折旧率。当年实际投资数据在相关研究中有多种选取方法,一种是取全社会固定资产投资(Total Social Asset Investment),如王小鲁(2000)。[①] 二是采用积累(Accumulation)的概念及其相应统计口径,如贺菊煌(1992)[②]、张军(2002)等。[③] 三是采用资本形成总额(gross capital formation)或固定资本形成总额(gross fixed capital formation)。从1993年起,我国正式采用新的联合国国民经济核算体系(SNA),以SNA统计的固定资本形成总额来衡量当年投资较为合理,而且存货投资数据波动较大,其折旧率也与固定资本不一致,则在计算中不包括存货。投资价格指数可以直接利用的数据是《中国统计年鉴》公布的1991年以来的固定资产投资价格指数,1991年以前的投资价格指数则参照张军等(2004)[④]的方法,通过估算"固定资产投资隐含平减指数"来作为"固定资产投资价格指数"的替代,其公式为:

$$T\text{年的固定资本形成总额指数}=\frac{T\text{年的固定资本形成总额(当年价)}/T\text{年固定资本形成价格指数}}{1952\text{年固定资本形成总额(当年价)}}$$

3. 各地区劳动投入(LAB)

结合文献主要用法和数据可获得性,劳动投入用各地区历年就业数量来代替。

---

① 王小鲁:《中国经济增长的可持续性与制度变革》,《经济研究》2000年第7期。

② 贺菊煌:《我国资产的估算》,《数量经济与技术经济研究》1992年第8期。

③ 张军、吴桂英、张吉鹏:《中国省际物质资本存量估算:1952—2000》,《经济研究》2004年第10期。

④ 张军、吴桂英、张吉鹏:《中国省际物质资本存量估算:1952—2000》,《经济研究》2004年第10期。

4. 对外开放度(*OPEN*)

本文分别选择各地区历年实际使用外商直接投资与 *GDP* 的比值来度量外资开放度(*OPENF*),选择各地区历年进出口总额与 *GDP* 的比值来度量贸易开放度(*OPENT*)。并以历年人民币对美元汇率将数据进行转换以消除汇率变动的影响。

5. 政策因素(*GOV*)

改革开放以来我国区域经济发展在更大程度上得益于开放政策带来的经济自由,而中国改革开放的起点正是政府对经济参与的逐步退出,在经济增长文献中,以扣除教育和国防经费的政府支出占 *GDP* 的比重来度量政府在经济发展中的作用。本文使用政府管理费用支出占 *GDP* 的比重来度量政府对经济的参与度。

(二)计量结果与初步发现

1. 数据描述

在回归之前,我们先在表 1 中报告了 *GDP* 增长率、外资开放度和贸易开放度的标准差描述性统计结果,由于标准差是度量经济指标波动的重要指标,可以初步理解经济开放与 *GDP* 增长之间的对应关系。1985 年到 2008 年间,东部沿海 11 个省份的增长率波动明显大于中西部地区也大于全国,说明东部沿海地区的开放发展对其影响很大。结合外资和贸易开放度发现,正是东部地区利用外资和对外贸易的波动显著高于中西部地区导致了这一结果。实事上,不论是吸引外资还是对外贸易,东部沿海地区均远高于中西部地区,从而成为推动我国经济增长波动的主要因素。

但对于中西部地区而言,由于国家区域开发开放战略的逐步推进,再加上东部沿海地区产业发展到一定时候向内陆的转移,经济开放对其经济增长的影响强度也在增加。考虑到 1999 年西部大开发战略的实施,我们以 1999 年划分两个时期来考察上述指标,结果发现 1999 年到 2008 年期间,中西部地区的贸易开放度标准差显著高于全国水平,接近东部水平,同时也显著高于 1985 年到 1999 年间的水平。而东部地区在 1999 年以来不论是引资还是对外贸易均表现得较为稳定,波动远低于 1999 年以前时期。这暗示了开放经济体系在我国的区域分布以 1999 年为界发生了较大的变动(表 1)。

表 1　GDP 增长率和开放度的标准差

	GDP 增长率			外资开放度			贸易开放度		
	全国	东部	中西部	全国	东部	中西部	全国	东部	中西部
1985—2008	1. 1276	1. 1359	1. 0099	0. 0349	0. 0455	0. 0128	0. 4064	0. 5741	0. 0427
1985—1999	0. 9511	0. 9416	0. 8458	0. 0392	0. 0541	0. 0136	0. 4193	0. 6237	0. 0382
1999—2008	0. 9813	0. 9233	0. 8448	0. 0269	0. 0268	0. 0106	0. 3691	0. 4535	0. 0449

2. 全样本分析

参见本篇表 2 的回归结果中,方程(1)和方程(2)是对全国 30 个省(市、区)总体样本的回归结果,其中外资开放度、贸易开放度的系数为正,政府对经济参与度的系数为负,符合理论分析的预期。由方程(1)可见,开放度对我国改革开放以来经济增长的解释力是较强的,虽然贸易开放度的系数较小,但其置信度相当显著,说明对外贸易是促进我国开放体系经济增长的主要动力。但方程(2)的结果却表明,虽然贸易对我国经济增长促进效应明显,但并没有有效促进资本和劳动要素的效率提高,结合资本和劳动系数可以理解我国历经 30 年开放却仍然摆脱不了粗放增长的性质。

政府对经济的参与度为负符合理论分析,虽然改革开放的主要任务在于建设具有中国特色的社会主义市场经济体系,但由于政府对经济参与的方面和程度并未见减弱,从而导致经济增长受到牵制。

3. 东部沿海和中西部内陆地区的比较分析

为了深入分析我国开放经济体系在东部沿海地区和中西部内陆的差异,我们分别对东部地区和中西部地区国内生产总值(GDP)增长与其开放体系的关系进行了回归,其中方程(3)和(4)是对东部沿海地区 11 个省份为样本的回归结果,而方程(5)和(6)则是以中西部地区 19 个省份为样本的回归结果。和全国情况一样,资本和劳动要素投入对经济增长的解释力是最强的,说明我国虽然历经 30 年的改革开放,经济增长仍然高度依赖要素投入增长。

中西部地区的经济开放与其经济增长的关系并不显著,表明我国的开放政策并没有在中西部地区的经济增长中显现其力量；同时，观察开放度与要素交互项的检验结果可知，和东部沿海地区相比，对外贸易几乎对中西部地区的增长没有影响，这也与我国加工贸易型产业主要布局在东部沿海地区是一致的。

政府经济参与程度对东部沿海地区并不显著，分地区考察发现，东部地区政府经济参与度并未显著影响经济增长，这一方面反映了东部地区市场化程度和经济活跃程度较高，另一方面也表明对外经济联系是促进东部地区经济增长的主要因素，对东部地区开发开放的促进政策是作为条件因素存在的。但对于中西部地区而言政府经济参与度却非常显著，而且和全国情况一样，其系数为负值，过度参与经济行为已经制约了经济发展。

值得注意的是，不论是全样本分析还是分地区考察，贸易开放度与要素交互项都不显著，但在考察贸易开放度对全要素生产率影响时又是显著的。对这一现象的解释可能需要了解我国对外贸易的结构与性质。我国东部沿海地区加工贸易型产业体系的建立，促进了我国对外贸易的快速发展，这一加工贸易体系本质是劳动密集型产业的规模扩张，所获得的是低成本劳动力从农业向工业转移的结构效应，并没有有效提高要素效率。

表 2　基于 *GDP* 增长的开放度因素回归结果

	(1)FE	(2)FE	(3)RE	(4)RE	(5)FE	(6)FE
样本	30	30	11	11	19	19
观测数	720	720	264	264	456	456
C	-2.789 8 (0.302 1)***	-2.411 9 (0.315 1)***	-2.048 3 (0.282 9)***	-1.914 2 (0.292 7)***	-1.857 9 (0.173 5)***	-1.717 2 (0.417 2)***
OPENF	0.292 4 (0.131 9)**		0.420 9 (0.139 4)***		0.443 5 (0.399 7)	
OPENT	0.058 1 (0.015 8)***		0.054 9 (0.015 3)***		0.234 2 (0.133 1)*	
LNCAP	0.829 7 (0.007 7)***	0.846 0 (0.009 2)***	0.828 1 (0.009 1)***	0.837 9 (0.012 8)***	0.853 6 (0.007 9)***	0.920 3 (0.017 8)***
LNLAB	0.480 0 (0.046 8)***	0.413 2 (0.049 6)***	0.387 0 (0.043 6)***	0.358 9 (0.047 1)***	0.325 4 (0.026 7)***	0.249 8 (0.068 4)***

续表

	(1)FE	(2)FE	(3)RE	(4)RE	(5)FE	(6)FE
OPENF×LNCAP		-0.570 3 (0.161 7)***		-0.287 2 (0.176 9)		-3.707 9 (0.585 6)***
样本	30	30	11	11	19	19
观测数	720	720	264	264	456	456
OPENF×LNLAB		0.609 4 (0.159 9)***		0.353 9 (0.174 8)*		3.372 3 (0.539 9)***
OPENT×LNCAP		0.007 3 (0.011 1)		0.000 2 (0.123)		-0.116 9 (0.124 6)
OPENT×LNLAB		0.001 1 (0.011 6)		0.007 2 (0.012 5)		0.098 2 (0.124 8)
GOV	-1.937 2 (0.525 7)***	-1.778 1 (0.524 3)***	0.678 3 (1.374 8)	1.115 3 (1.468 1)	-2.561 0 (0.562 5)***	-1.363 4 (0.574 6)**
调整的 *R* 平方	0.994 9	0.995 0	0.990 8	0.990 9	0.985 0	0.994 0
Hausman 检验，P 值	0.000 5	0.006 5	0.493 1	0.691 6	0.005 8	0.010 0

注：FE、RE 分别是固定效应和随机效应。

系数下方括号内的值是标准差，***、**、* 分别表示在 1%、5% 和 10% 水平上显著。

四、结　　论

本文通过运用 1985 年到 2008 年的综合数据分析了经济开放对经济增长的影响，由于加入了政府对经济的参与度，从而揭示了我国改革开放以来市场经济发展区域时序性差异中吸引外资和对外贸易与区域经济增长的特征。改革开放 30 年取得了巨大的经济增长成就，但经济增长高度依赖投入增长的局面并没有得到根本的改观，与此同时，外资和外贸在经济增长中的贡献度上升，开放发展是这一时期我国经济发展的主要表现。从区域差异的角度来看，东部沿海地区由于受益于倾斜开放政策的影响，较早建立起加工贸易经济体系，这对其经济发展起到了促进作用。相比而言，中西部地区尚未建立与本地区经济发展适应的开放经济体系，关注市场经济本身对经济发展的调节作用应该是内陆地区在制定发展战略时重点考虑的。

结合我国区域经济运行实际情况来看，由于要素特别是劳动力要素的跨区域流动在过去30年间几乎成为我国经济社会发展中的重要现象，中西部地区的农村富余劳动力在向东部沿海地区转移的同时，也对东部沿海地区加工贸易型经济体系的建立和扩张起到了相互推动的作用，对外经济联系虽然没有显著地促进要素使用效率，但由此带来的技术进步和生产方法改进都有益于全要素生产率的提高，进一步为中西部地区开放经济体系的健康发展提供了思路。

显然，在当前产业国际转移的背景下，关注国际经济联系对经济结构转换的影响应该引起人们的更多关注。随着劳动力成本的不断提升，东部沿海地区已经渐次失去面向出口的加工贸易经济优势，此时，中西部地区应该在承接东部地区产业转移的同时，不应该简单模仿东部地区已有的经验，而是从技术进步和产业升级着手，从更长远的角度考虑经济开放与要素使用效率提高的关系处理。当然，这已不是本文研究的主题。

该文原刊发于《国际贸易问题》2011年第9期。

区域创新能力的空间特征及其对经济增长的作用

一、引　　言

改革开放以来，我国的区域经济发展差距不但没有缩小，反而随着经济的快速增长呈扩大趋势，这种差距不但表现在各省市之间，也表现在三大地带之间。究竟是什么因素导致了区域发展差距的持续存在，学术界进行了深入的探讨，但远未取得一致的意见，如蔡昉和都阳认为这源于东西部地区之间在人力资本、市场扭曲和开放程度方面的差异，[①]而林毅夫和刘培林则强调了我国重工业优先发展战略导致的生产要素配置结构差异和要素禀赋结构差异。[②] 相比而言，更多的文献注意到了吸引外资的作用，由于外商直接投资是包括了资本、技术、管理等一揽子要素的转移过程，对东道国经济增长的作用是强烈的，大量文献讨论了包括吸引外资总量[③]、外资技术溢出效应[④]、外资

① 蔡昉、都阳：《中国地区经济增长的趋同和差异》，《经济研究》2000 年第 10 期。

② 林毅夫、刘培林：《中国的经济发展战略与地区收入差距》，《经济研究》2003 年第 3 期。

③ 魏后凯、贺灿飞、王新：《中国外商直接投资区位决策与公共政策》，商务印书馆 2002 年版。

④ 沈坤荣、耿强：《外国直接投资、技术外溢与内生经济增长——中国数据的计量检验与实证分析》，《中国社会科学》2001 年第 5 期。

的知识资本[①]等对区域经济增长的作用,并认为吸引外资形成了区域发展差距的重要原因。实际上,由于技术和制度已经成为经济增长的主要决定因素,不论实证研究从哪一角度来探讨,如果讨论其作用机制或最终结果,仍然不能偏离技术和制度的框架。

显然讨论区域创新能力及其空间分布是我们能够在一个较为综合的框架内理解长期区域发展差异的重要途径,对于不同发展水平的国家或地区而言,其区域创新体系的结构与能力与其经济增长绩效紧密相连。以巴西为例,从20世纪60年代开始到80年代末,巴西的经济发展已经取得了非常突出的成就,甚至被誉为“巴西奇迹”,这得益于其国家创新系统建设的进步,但从20世纪90年代开始,为了适应“华盛顿共识”的要求,巴西政府采取全面对外开放的政策,忽视了国家创新系统的建设,造成国家科技政策和产业政策失效,无力指导和落实长期科技所需科研活动,教育与实际产业需求脱钩,科研机构在私有化过程中受到冲击,工业产业的附加值普遍降低,带来本地产业发展的滞后和本土创新能力的下降,形成国家创新系统的暗毁(undermine)。[②] 本质而言,虽然巴西是拉美地区综合实力最强、工业体系最完整的国家,但由于其创新体系存在内在的矛盾性和脆弱性,其收入分配和区域发展存在严重的不平等,知识和创新的发展和分配严重失衡。[③]

中国是一个发展中大国,改革开放以来,随着国家一系列促进经济增长的政策的制定和实施,经济以异乎寻常的速度增长,综合实力大大增强,工业体系趋于完整,已经成了世界制造业强国。[④] 但同时,我国也存在着知识和创新的发展和分布的区域失衡问题,而这些或许暗示了收入分配与经济增长区域差异的根本原因。基于此,本文通过

① 陈继勇、盛杨怿:《外商直接投资的知识溢出与中国区域经济增长》,《经济研究》2008年第12期。

② 涂俊、吴贵生:《对“华盛顿共识”的反思——巴西国家创新系统“失落的十年”及其启示》,《中国软科学》2005年第2期。

③ 宋霞:《影响巴西竞争力的深层次原因:国家创新体系的矛盾性和脆弱性》,《拉丁美洲研究》2008年第6期。

④ 杨丹辉:《中国成为“世界工厂”的国际影响》,《中国工业经济》2005年第9期。

考察我国区域创新能力的空间分布，并研究其与区域经济增长之间的关系，以期探讨促进区域经济快速增长和协调发展的方法途径。

二、文献评论和研究假设

创新最早应用于经济的研究始于熊彼特（Schumteper）[①]，他认为创新就是建立一种新的生产函数，把一种从来没有的关于生产要素和生产条件的新组合引入到生产体系中，并最大限度地获取利润。他所指的创新包括采用新产品、采用新方法、开辟新市场、控制新材料和实现新组织五个方面，但西方国家关于自主创新的研究却直到20世纪六七十年代才正式开始。美国经济学家克莱因、罗森堡等人指出，科技创新过程并不一定完全遵循“基础科学—应用科学—制造—扩散与销售”的传统线型模型，而是多种因素交互作用的非线型过程，科学与经济的互动贯穿于创新过程的始终。[②] 这直接导致人们对于自主创新的科技体制环境和经济运行环境的关注[③]，并引领人们从市场结构、组织结构及行为等角度来研究企业自主创新，也由此产生了一些在创新理论方面影响较大的研究，如曼斯菲尔的技术推广理论，卡米恩、施瓦茨关于市场结构对创新绩效作用的理论模型，罗斯维尔基于创新行为而阐释的五代技术创新模型等。

大量文献研究表明，创新活动具有明显的地域化特征，创新活动本身因其构成要素的具体性从而具有时间和空间的形式。随着经济全球化和知识经济的兴起，研究科技活动与经济发展的关系开始引起了人们的广泛关注，因为尽管技术、资金和知识在全球范围内的流动越来越广泛，但国家竞争力的强弱却越来越依赖于具有持久创新能力和产业优势的区域，即地方化的创新能力的存在。着眼于区域发展来

① Schumteper J A:《经济发展理论——对于利润、资本、信贷、利息和经济周期的考察》，何畏等译，商务印书馆1990年版。

② 胡晓鹏:《中国学界关于自主创新问题的观点论争与启示》，《财经问题研究》2006年第6期。

③ 司托克司:《基础科学与基础创新》，周春彦等译，科学出版社1999年版。

研究区域创新是研究此类问题的关键，目前来看，研究区域创新及其影响因素的文献主要在于如下方面：

（1）讨论区域创新中研发和知识溢出的作用。根本而言，创新的最初动因来源于科学家的兴趣，则区域创新的决定因素必然与区域中的大学、科研机构有关。一般来说，研究创新决定因素多在 Griliches①提出的研发（R&D）活动带来的创新和知识溢出过程的知识生产函数框架下展开。由于邻近创新者有利于企业间信息的共享和知识扩散②，而且经验分析表明创新产出与投入之间的关系在总量尺度上较微观经济研究中更为强烈，这意味着外部性的存在。在这一思路的引导下，出现了大量的研究研发溢出的文献，如吴玉鸣运用空间计量方法研究了我国研发、知识溢出与区域创新的关系，结果发现，企业和大学研发投入对区域创新具有明显的贡献。③ 我国作为发展中大国，经过 30 年的改革开放，已经积累了较为深厚的产业体系和可供利用的丰富资源，目前来看，制约经济增长的主要因素是技术水平和产品的科技含量亟待提高，显然，知识生产和技术创新对增长的作用是关键的。

（2）研究区域创新体系中外资的作用。对于落后国家或地区而言，知识进步和技术创新的主要来源是通过吸引外资获得的技术溢出效应，作为新技术开发的主体和传播的载体，跨国公司技术外溢对于东道国经济的发展具有深远的意义。技术外溢的一般定义为，跨国公司在东道国实施外商直接投资（*FDI*）引起当地技术或生产力的进步，而跨国公司无法获取其中的全部收益的一种外部效应。④ 这种影响是最终对东道国的长期增长和结构转换做出贡献，具体而言则是在增加当地就业、提高劳动力总体素质、优化地区产业结构和促进城镇化水

① Griliches，"Issues in Assessing the Contribution of R&D to Productivity Growth". *Bell Journal of Economics*，10（1979）.

② Jaffe A B，Trajterberg M.，Henderson R，"Ggographic Localization of Knowledge Spillovers as Evidenced by Patent Citations". *Quarterly Journal of Economics*，108（1993）.

③ 吴玉鸣：《中国区域研发、知识溢出与创新的空间计量经济研究》，人民出版社 2007 年版。

④ Blomstrom M. and A. Kokko. "Multinational Corporations and Spillovers". Journal of Economic Surveys，8（1998）.

平等各方面。在实证研究中,一般选取当地企业的劳动生产率作为因变量,而选取 *FDI* 与其他环境、产业以及企业特征变量作为解释变量,研究 *FDI* 是否对当地企业的劳动生产率产生了影响,如果 *FDI* 变量的系数为正,则认为是产生了正的溢出效应。对于跨国公司技术外溢的文献主要集中于实证研究,且多以国家为对象的企业面板数据或行业截面数据来验证技术溢出的效应。研究结果既有支持正溢出效应的研究,也有不支持正溢出效应的研究,一般而言,以行业截面数据进行验证的多得到正溢出效应的结论,如 Caves 分别运用加拿大和澳大利亚制造业的行业数据的研究①,Blomstrom 等选用墨西哥 1970 年行业数据的研究等。②而以企业面板数据的实证研究则多显示负溢出效应,如 Aitken 和 Harrison 对委内瑞拉 1976—1989 年间的企业面板数据的研究结果③,Djankov 和 Hoekan 使用捷克制造业的企业面板数据分析结果也显示,当地企业的生产力水平存在负溢出效应。④这表明对外资的溢出效应的讨论需要从外资行为来研究,特别是外资的结构特征。⑤

(3)研究区域创新能力与经济增长的关系。创新对经济增长的推动作用是根本性的,从罗默(Romer)⑥的开创性研究以来,将创新纳入增长模型时行拓展研究的文献极大地丰富了人们对创新与经济增长的理解。新增长理论认为促进经济增长的关键在于知识生产及其对物质生产的促进作用。从区域创新能力的角度来看,高校在创新体系中具有重要战略地位,任义君以高校科技创新选取相关指标实证研究了我国区域创新能力与区域经济增长的关系,发展了二者之间的强相

---

① Caves, R. *Multinational Enterprises and Economic Analyses*, Cambridge: MA Cambridge Univ. Press, 1996.

② Blomstrom M. and A. Kokko. "Multinational Corporations and Spillovers". *Journal of Economic Surveys*, 1998, 8.

③ Aitken J. J. and A. E. Harrison. "Do Domestic Firms from Direct Foreign Investment? Evidence from Venezuela". *American Economic Review*, 89(1999).

④ Djankov, Simeon and Bernard H.. "Foreign Investment and Productivity Growth in Czech Enterprises". *World Bank Economic Review*, 14(2000).

⑤ 郭熙保、罗知:《外资特征对中国经济增长的影响》,《经济研究》2009 年第 5 期。

⑥ Romer, Paul M. "Increasing Returns and Long-Run Growth". *Journal of Political Economy*, 1986, 94.

关效应[1],张迎春和李萍则从企业资源的角度来定义区域创新,并实证研究了二者之间的相互促进关系。[2] 更多的文献从科技投入、研发和技术产出的角度来定义区域创新能力,并通过对科技投入、要素投入的测度来研究区域创新能力与增长的关系[3],这是当前多数文献研究区域创新能力的方法。

三、我国区域创新能力分布的空间特征

(一)我国区域创新能力空间分布描述

本文分别从创新投入、创新产出两个方面来研究我国区域创新的空间特征,创新投入指标选取了我国各省(市、区)R&D 研究经费投入指标,而创新产出则以我国三种专利申请为主要指标。1995 年,我国 R&D 研究经费支出为 348. 69 亿元,到 2009 年达到 5802. 11 亿元。按可比价计算,除 1996 和 1998 年外,其余年份年均增长均超过 15 个百分点。[4] 1995 年,R&D 经费占 *GDP* 的比重为 0. 57% ,到 2009 年这一比重达到 1. 7% 。而从创新产出来看,1995 年,国内专利申请受理和授权数分别为 69 535 项和 41 881 项,而到 2009 年,这一数字分别达到了 877 511 项和 501 786 项,分别增长 12. 6 倍和 12 倍。显示了我国科技创新能力的良好增长态势。但与此同时,区域创新能力存在空间分布差异的趋势,三大地区的区域创新能力倾向于随时间推移扩大的趋势。

(见本文)图 1 和图 2 分别显示了 1997 年到 2009 年我国三大地区 R&D 支出和三种专利申请随时间的变动情况,可以看到,在此 13

---

① 任义君:《科技创新能力与区域经济增长的典型相关性分析》,《学术交流》2008 年第 4 期。

② 张迎春、李萍:《企业创新能力对区域经济增长的贡献分析》,《财经问题研究》2006 年第 9 期。

③ 郝晓燕、刘媛媛、梁晓勇:《内蒙古区域技术创新能力及其与经济增长的关联分析》,《科学管理研究》2010 年第 8 期。

④ 资料来源:《中国科技统计年鉴》2010 年,本文的数据除特别说明外,均来源于历年《中国统计年鉴》、《中国科技统计年鉴》、各省统计年鉴及国家统计局公开发布的数据。

年间，三大地区的科技创新投入和创新产出均呈上升趋势，其中上升最快的是东部地区，其科技创新投入和科技创新产出从1997年的633.19亿元和53 790项上升到2009年的4 052.22亿元和663 205项，分别增长6.4倍和12.3倍。比较而言，中部和西部地区上升较慢，其中科技投入在13年间分别增长6倍和1.27倍，科技产出分别增长7.06倍和7.26倍。第二、第三大地区的区域创新能力对国家整体的创新能力贡献差别较大，全国的科技创新曲线与东部地区科技创新曲线形状是一样的，这表明国家区域创新能力的性质基本上是由东部地区来决定的。和科技创新投入相比，科技创新产出增长速度更快，表明从投入产出比而言，我国的区域创新效率随时间推移在增强。

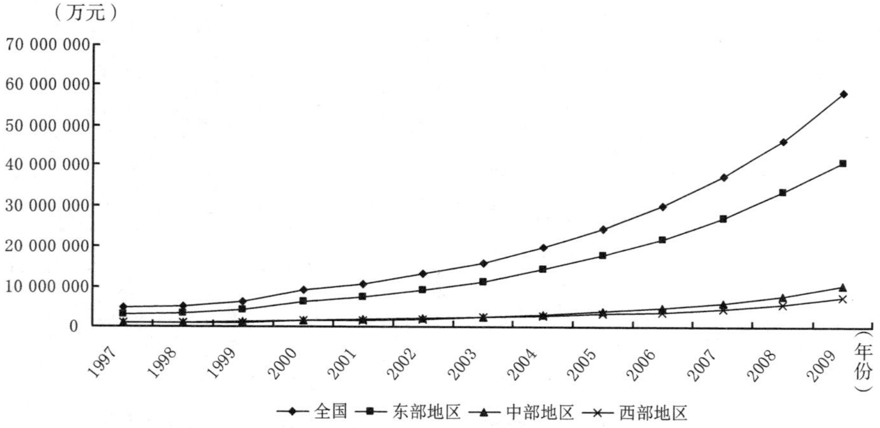

图1　我国三大地区科技创新投入区域分布情况

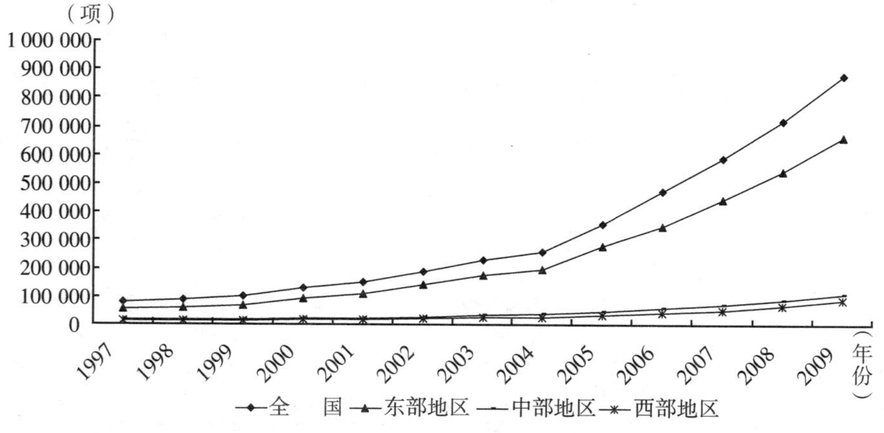

图2　我国三大地区科技创新产出区域分布情况

（二）我国区域创新能力的空间特征

为了深入理解我国区域创新能力的空间特征，我们从省级层面来进行研究科技创新投入和创新产出的空间分布，并重点考察了四个指标的空间结构特征，即科技创新投入和科技创新产出的水平指标和增长指标，水平指标以 2009 年的水平值来代替，而增长指标则以 1997 年到 2009 年 13 年的平均增长率代替。通过计算这 4 个指标的 *Moran'I* 指数，科技创新投入水平值和增长率的空间 *Moran'I* 指数分别为 0.239 2 和 0.215 1，科技创新产出水平值和增长率的空间 *Moran'I* 指数分别为 0.277 3 和 0.223 4，可见，我国科技创新投入和产出的水平值以及增长值均存在不同程度的空间自相关特征。这一结果表明，我国大陆 31 个省份的科技创新能力在地理空间上具有显著的正相关关系，其行为在空间上的分布存在某种内在的必然联系，其行为具有一定的空间集聚性，为进一步理解这一空间集聚性，我们从相关资料分析得知我国区域创新能力在投入和产出两个方面均出现了不同程度的空间集聚现象，而且从区域科技创新的四类指标来看，其空间集聚情况具有一致性，其中江苏省和上海市在各指标中均呈高创新能力高空间滞后特征，而新疆则呈低创新能力低空间滞后特征。

四、模型与数据

为了进一步研究我国区域创新能力的空间分布对区域经济增长的影响，本文在“柯布—道格拉斯生产函数”的基础上构造扩展的生产函数来进行研究。新古典内生增长理论认为，经济增长可以表示为物质资本与人力资本不变规模报酬的 CD 生产函数，即：

$$Y=AK^{\alpha}L^{\beta} \tag{1}$$

其中，Y 表示产出，K 表示物质资本存量，L 表示人力资本存量，$\alpha\in[0,1]$，A 表示技术、制度等因素。

如何将区域创新能力引入方程存在多种思路，一种简单的理解是将创新投入和创新产出视为对全要素生产率起作用的量，则可将式

(1)改写为如下形式：

$$Y=Ae^{\gamma}K^{\alpha}L^{\beta} \tag{2}$$

其中：$\gamma=\gamma_1+\gamma_2 innovation+\gamma_3 con+\varepsilon$ (3)

其中，*innovation* 为区域创新能力，*con* 为控制变量。

对式(2)做取对数处理，从而获得如下的计量模型：

$$\ln Y=a+\gamma_2 innovation+\gamma_3 con+\alpha\ln K+\beta\ln L+\varepsilon \tag{4}$$

当不考虑空间因素时，式(4)的回归应该能够得到确定的结论，否则这一结果会产生偏误，如果将空间因素考虑进来，式(4)需要变换成为如下形式：

$$\ln Y=a+\rho W\ln Y+\gamma_2 innovation+\gamma_3 con+\alpha\ln K+\beta\ln L+\varepsilon \tag{5}$$

$$\left.\begin{aligned}&\ln Y=a+\gamma_2 innovation+\gamma_3 con+\alpha\ln K+\beta\ln L+\varepsilon\\&\varepsilon=\lambda W\varepsilon+\eta\end{aligned}\right\} \tag{6}$$

其中式(5)空间滞后模型，空间滞后项由 $\rho W\ln Y$ 表示，W 表示外生的空间加权矩阵，ρ 为待估空间自回归系数；式(6)为空间误差模型，ε 表示误差向量，λ 表示待估空间误差系数。

实证研究中涉及的变量及数据说明如下：

地区生产总值(Y)。地区生产总值数据以各省份的 *GDP* 来表示。

各地区人力资本投入(L)。由于不能直接得到人力资本的数据，则根据文献的通用方法，以各地区第一、第二、第三产业就业人数来代替。

各地区物质资本存量(K)。由于不能从统计资料中直接得到各省的资本存量数据，文献的通常方法是使用永续盘存法进行计算。其公式：$K_{it}=K_{i,t-1}(1-\delta_t)+I_{it}$。下标 i 和 t 分别代表省份和时间，其中 K 是实际资本存量，I 表示实际投资，δ 表示实际折旧率。对实际投资的选取有多种方法，如使用全社会固定投资、资本形成总额、新增固定资产等。本文沿用张军等的方法，以估计各地区资本存量。①

区域创新能力(*innovation*)。区域创新能力指标根据前述理论研

---

① 张军、吴桂英、张吉鹏：《中国省际物质资本存量估算：1952—2000》，《经济研究》2002 年第 10 期。

究的结果,主要选取科技创新投入指标,即各地区 *R&D* 投入(*R&D*)和科技创新产出,即三种专利申请数(*PAT*)。

控制变量(*con*)。考虑到我国区域发展战略的时序性差异,本文在研究中主要选取三个控制变量:一是地区变量(*region*),以东部地区为1,其他地区为0。二是开放度(*open*),以各地区实际利用外资占 *GDP* 的比重来表示。三是地区城市化水平,以城市人口比重来表示(*urb*)。

本文的数据主要来自《中国统计年鉴》《中国科技统计年鉴》以及各省统计年鉴。

五、实证研究及结果

在理论研究部分我们强调了科技创新能力对区域经济增长的作用,但我们对创新投入和创新产出对经济增长的作用机制尚不清楚。在实证研究中,我们既需要研究创新能力指标对产出的影响,也需要考察不同地区的特征在这一过程中的作用。需要强调指出的是,根据李子奈和齐良书的论述①,模型设定不能舍弃那些必须包含在模型中的因素,因本研究模型由"柯布—道格拉斯生产函数"的基础上构造而来,所以在回归中的所有方程均包含了劳动(*L*)和资本(*K*)。我们分别使用普通最小二乘法(*OLS*)、空间滞后模型(*SLM*)和空间误差模型(*SEM*)三种方法进行了回归。结果发现,不论是 *SLM* 还是 *SEM* 估计结果,都显著优于 *OLS* 估计结果,而且方程的拟合度也较高。比较而言,*SLM* 和 *SEM* 估计的 *LogL* 值均比 *OLS* 有所增长,弥补了新增变量的改进拟合度,而 *AIC* 和 *SC* 则有不同程度的下降,表明空间误差规范拟合度的增加。*SLM* 和 *SEM* 估计结果而言 *SEM* 更显著,回归的系数值比 *OLS* 回归值整体增大,显著程度也普遍提高。其结果如本篇表1所示。

在模型(1)和模型(2)中,我们分别考察了创新投入(*R&D*)和创

---

① 李子奈、齐良书:《关于计量经济学模型方法的思考》,《中国社会科学》2010年第2期。

新产出(*PAT*)对经济增长的作用,结果显示,二者前的系数均为正,而且高度显著,表明各地区的 *R&D* 投入和创新产出均对区域经济产出有重要的推动作用。由于我们以对数的形式研究区域产出,而水平值的对数形式具有增长率的性质,可以粗略地认为,如果不考虑其他因素的影响,在控制资本和劳动投入因素后,*R&D* 投入每变动一个百分点,会对经济增长产生 0.29 个百分点的推动作用,而创新产出每变动一个百分点,会对经济增长产生 0.27 个百分点的推动作用。同时,我们也发现,创新投入和创新产出对增长的作用效果基本上是一致的。

改革开放以来,由于我国开发开放政策的时序性差异,导致东部地区和中西部地区在其开放战略和城市化进程等诸方面均引起了一些变化,特别是,对于发展中国家而言,吸引外资是获得新技术提高区域创新能力的重要手段,为此,我们在模型(3)和模型(4)中通过控制地区、开放度和城市化,来分别观察创新投入和创新产出对区域经济增长的效应。结果显示,*R&D* 和 *PAT* 前的系数符号没有发生变化,同时高度显著,表明 *R&D* 和 *PAT* 对增长的作用是稳定的。*region*、*open* 和 *urb* 前的系数也均为正,表明区域经济增长的区域差异不但与科技创新能力的空间分布有关,而且受国家差别化的开发开放战略作用显著,东部地区的经济增长显著快速于中西部地区,同时,吸引外资规模越大、城市化水平越高的地区也具有较高的经济增长率。

为了进一步讨论科技创新能力对区域经济增长的作用机制,我们注意到开放度这一指标,一般而言,对外开放对发展中国家经济增长的推动作用是显著的,而且吸引外资是获得资金、技术和管理的一揽子要素流入过程。在模型(5)和模型(6)中我们分别加入了 *open* 与 *R&D* 及 *PAT* 的交互项,结果显示,科技创新投入和创新产出与开放度的交互项回归结果均为正而且显著,这表明吸引外资对于区域科技创新能力具有较大的影响,对我国而言,由于吸引外资存在巨大的地区差异,不但影响了区域创新能力的空间分布,而且对区域经济增长也带来了深远的影响。

表1 区域创新能力与经济增长关系的SEM估计结果

	(1)	(2)	(3)	(4)	(5)	(6)
λ	0.2467 (0.22)	0.2356 (0.23)	−0.4422 (0.27)	−0.4415 (0.27)	−0.0878 (0.26)	0.0493 (0.25)
C	−0.2027 (0.16)	0.2329 (0.15)	−0.0173 (0.18)	0.1475 (0.19)	0.5058 (0.29)*	0.5972 (0.26)**
lnK	0.4863 (0.13)***	0.5891 (0.11)***	0.4748 (0.09)***	0.5249 (0.08)***	0.3944 (0.12)***	0.5428 (0.11)***
lnL	0.1659 (0.10)**	0.1191 (0.04)	0.4019 (0.09)***	0.3521 (0.10)***	0.1632 (0.08)**	0.1128 (0.08)
R&D	0.2963 (0.05)***		0.1041 (0.06)**		0.1806 (0.07)***	
PAT		0.2707 (0.04)***		0.1033 (0.05)**		0.1746 (0.07)**
region			0.1508 (0.03)***	0.1280 (0.04)***		
open			0.0053 (0.04)	0.0128 (0.04)		
urb			0.3258 (0.14)**	0.3357 (0.13)***		
open×R&D					0.0222 (0.01)***	
open×PAT						0.0212 (0.01)*
R^2	0.9619	0.9487	0.9788	0.9796	0.9665	0.9694
空间依赖性检验统计值						
LR	1.9194	1.0326	2.3466	2.3095	0.0965	0.0304
LogL	31.9497	34.6021	40.6618	41.3019	34.1585	35.5742
AIC	−55.8995	−61.2042	−67.3237	−68.6038	−58.3172	−61.1485
SC	−50.1635	−55.4682	−57.2858	−58.5658	−51.1472	−53.9785

注：括号内的值为标准误；***、**、*分别表示通过1%、5%和10%水平下的显著性检验。

六、结论与启示

通过上述研究可以得到如下确定的结论：

第一，各地区的经济活动和科技活动具有空间自相关特征。即较高经济发展水平的省份其周围省份也倾向于具有较高的经济发展水平。在过去，我们一般认为这一格局的形成源于我国具有时序性差异的开发开放政策，但对于其形成的内在机制的解释却具有较大的差异。本文通过研究区域创新能力的空间差异性和空间自相关性发现，经济发展水平的这种空间特征与区域创新能力的空间特征是一致的，换言之，由于科技创新具有空间溢出效应，并进而形成了经济增长层面的空间格局。

第二，区域创新能力具有明显的区域经济增长效应。不论是科技创新投入还是科技创新产出均正向作用于区域经济增长，这一结论是符合新古典以来的增长理论的。但本文通过运用空间计量经济学手段研究后发现，由于空间溢出效应的存在，区域创新能力不但对本地区的经济增长带来影响，同时也对其周围地区的经济增长带来影响。

第三，对于发展中国家而言，区域创新能力对经济增长的作用与区域吸引外资的水平有关。本文在研究中加入了开放度指标与区域创新能力的交互项，由于我们使用的开放度指标实际是度量了地区的引资规模，可以得到的确定结论是外资不但对区域经济增长起作用，而且经由区域创新能力来影响经济增长。

基于本文的研究结论，对我国转型时期促进区域创新能力的提升，以及促进区域经济增长的政策启示在于如下几点：

1. 推进区域科技创新能力的均衡分布

我国区域经济呈现出来的非均衡增长格局，已经对我国经济的整体发展和社会转型形成了制约。1992 年以来，我国的区域发展战略已经由非均衡发展向协调发展转变，但观察经济发展的现实，经济发展差距反而呈扩大趋势，显然，探讨增长背后的决定因素并提出控制措施是解决这一问题的关键。经济增长越来越依赖于科技创新能力，加大对落后地区的 R&D 投入,并建立利于创新产出的科技发展规划,提高其区域创新能力,并有计划地促进落后地区与发达地区之间的技术转让和技术交流均是推进区域科技创新能力均衡分布的重要方面。

2. 加大吸引外资的力度,以获取外资的技术创新与技术溢出

对于发展中国家而言,通过吸引外资来获取新技术以提升区域创新能力是一个有效途径,但发达国家的跨国公司容易产生创新内部化倾向,对新技术实施严格的保护,从而导致发展中国家难以获得最新的技术。发展中国家应该制定相关政策,吸引跨国公司的研发部门进入,或者建立合资或合作形式的研发机构,通过吸引外资并有效结合地方比较优势,提高地方科技创新投入和创新产出的水平和质量。

3. 根据不同地区的区域特征,构建利于提高区域创新能力的政策促进体系,建立科技创新的共投平台和共享机制

提高区域创新能力的根本仍然在于自主创新,而这需要建立在区域自身的基础之上,根据我国目前区域发展差异的现状,应该在东部发达地区强化原创性的研发投入,而在中西部地区优化投资环境,吸引外资和东部地区的技术转移。由于区域创新能力具有空间溢出的特征,则着眼于区域协调发展,建立区域合作性质的科技创新投入的共投平台,并建立科技创新产出的共享机制,以扩张区域创新对经济增长的带动作用。

该文原刊发于《河南大学学报(社会科学版)》2012 年第 5 期。

要素禀赋、产业空间分布与我国城镇化的区域差异

一、引　　言

世界上星罗棋布地分布着无数个城市，它们形成的原因各不相同，但发展到现在都具备了较完善的功能，并且在空间上形成了一定的结构，成为区域发展的核心。城市是与乡村相对应的，城市具有非常复杂的内涵，从人类发展的历史来看，城市的发生意味着文明的进步。对传统社会而言，社会整体变迁意义上的进步莫过于城市社会取代农业社会。① 但城市社会对农业社会的取代显然不仅仅是农民向城市的迁移，而是包括了社会结构、产业升级、人口集中、制度结构、文化理念以及聚落景观的转变，特别是，在经济社会发展过程中，城市承担着更为重要的任务，按照"配第—克拉克定律"，产业结构高级化有其内在规律。由于农业社会以第一产业为主，而第二、第三产业主要以城市为其载体，则在产业结构高级化的进程中，是与城市化进程相伴的。后进国家的发展和追赶过程往往以大规模的工业化为手段，推进

① 马克思、恩格斯：《马克思恩格斯全集》第3卷，中共中央马克思恩格斯列宁斯大林著作编译局译，人民出版社1971年版，第41页。

工业化以实现转型和推进城市化也是一致的。

这样来看，城市本应是作为经济社会发展的结果出现的，但正是基于城市的上述功能，大多数的发展中国家政府将城市化作为转型发展的手段，通过城市化战略来推动经济发展和社会转型。在这一过程中，不同区域即根据其区位或资源建设城市，如依托海、河、湖建设港口城市，比较典型的有我国上海、天津、武汉等，也有依托地形地势和位置来建设城市的，如兰州、郑州等，更多的则是依托资源来建设城市，如攀枝花、鞍钢等。当城市在其建设和发展中对当地要素禀赋具有较强的依赖时，会形成基于其上的产业结构，这对城市的发展也会带来一些影响，一种影响是它会强化城市的功能，提供城市的物质基础，另一种影响与之对应，当城市过于依赖某一结构时会由于资源的兴衰而兴衰，如鞍钢这些过度依赖资源的城市在资源枯竭时也就失去了发展的依托，随产业衰落而衰落。

与此同时，我们也注意到了另外一些重要的现象，从全国层面来看，城市的分布和产业的分布虽然受区域要素禀赋的作用，但城市分布和产业分布也表现出一些典型的规律，在人口密集地区城市也较密集，人口稀疏地区城市也较稀疏，这表明城市最终仍然与人口密切相关。而从产业分布来观察，改革开放以来，我国的地区专业化和产业集聚也在逐渐提高，产业向沿海地区集聚明显，产业和人口的共同集聚实际上也是禀赋与产业分布的空间表达，但如果深入到产业内部，产业的集聚与区域要素禀赋对城市发展的作用存在更为复杂的关系，现代产业向大城市不断集中，传统产业则向边远地区转移，即使是依托资源兴起的城市，从产业分布的时序性差异来看也存在诸多复杂的运行机理。为对上述现象进行具体描述，并刻画这些因素之间的关系，本文从如下三个方面展开：一是对我国产业空间分布的专业化和多样化进行描述，并研究其时序性变化情况；二是对不同区域的要素禀赋结构进行研究；三是研究上述二者共同作用下的城市化发展格局。

二、文献评述

从决定人类活动的自然条件来看，地理决定论无疑是从要素禀赋来讨论经济活动的最早理论，地理决定论概念的形成过程可追溯至德国地理学家在写作《古意大利》时的考察[①]，并在随后的不同学科的研究中在不同角度涉及，如马尔萨斯关于人口与环境关系的描述也体现了人口发展受环境约束的观点。Diamond 认为地理因素对经济具有至关重要的影响，地理位置、气候、生态等差异，港口、土地的富饶程度等均是影响经济绩效的内生变量，不但对经济活动带来影响，而且会形成累积循环，决定一国在世界经济中的格局，并从地理因素角度分析了为什么欧亚大陆比非洲更富裕的原因。[②] 在传统经济体系下，农业是经济活动的主体，农业生产受自然环境约束较大，地理决定论有其合理的方面。如果扩展地理因素所包括的范围，则自然资源和区位因素在经济活动的作用至今仍然具有重要影响，一般而言，人们倾向于认为丰裕的资源对经济发展具有促进作用，这在美国、加拿大等国具有明显体现。观察世界经济中不同类型的国家却发现，一些资源贫乏的国家如日本、瑞士等国家在经济上取得了骄人的成绩，而另外一些资源丰裕的国家却陷入贫穷。这导致一些人对资源作为经济发展充分条件提出了怀疑，一些学者甚至使用资源诅咒这一概念来描述这一现象，将资源丰裕作为经济的一种制约而非优势来看待，从而引发了学术界的讨论和争论。实际是，经济发展依赖的要素具有综合性和复杂性，自然资源只是其中的一类，而且其作用还受其他因素的影响。

从生产的角度来看，劳动和资本是最重要的两大要素，这从广为使用的“柯布—道格拉斯生产函数”的结构即可理解，在“柯布—道格拉斯生产函数”中，劳动和资本被重点强调，并描述了二者确定的函数

---

① 谢英彦：《略论近代以来的地理环境决定论与史学研究》，《开放时代》2000 年第 11 期。

② Diamond J.，Guns Germs，Steel.，*The Fates of Human Societies*，W. W. Norton，New York N. Y. 1997.

关系，而其他因素的作用都被归于一个未被数学定义的系数。如果把一个国家看作是一个不动的点，则建立在劳动与资本两大要素禀赋基础上的H-O模型也是对要素禀赋给予足够重视并作为理论研究的核心解释。该理论认为，当两个国家要素禀赋不同时，则相当丰裕的要素在市场供求机制作用下其价格就会相对便宜，则密集使用其作为投入的产品的价格也会相对低从而具有竞争力，这会使其在国际贸易中获利，而这一丰裕要素的所有者也会因此而获得更高的收入。可见，H-O模型虽然是解释两国贸易起因的理论，但同时也解释了要素禀赋和产业分布之间的逻辑关系。

除劳动和资本外，人们越来越发现有很多不能被忽视的要素，包括人力资本、技术、制度等，这些被视为外生给定的因素都需要给予重新审视，在索罗模型中，人力资本还是外生变量，但内生增长理论已经给予其强烈的强调，如 Aghion and Howitt 认为人力资本是影响经济增长的两大方式中的一种，当人力资本具有不同的积累率时，会影响到经济增长率。① 人力资本的界定不如物质资本那么简单，存在一些计量和概念的辨析问题。在 Lucas 那里，人力资本的形成主要来源于教育，则教育投资越多意味着越高的经济增长，教育投资低的地方其经济增长实绩就差②。对于教育投资的研究也存在诸多问题，因为政府对教育的投资是确定的，但家族对教育的投资是无法准确计量的，一些文献试图将区域政府教育投资和非政府教育投资来分析均衡条件下教育投入与增长的关系③，但更多的文献只关注政府的作用。更多的研究则深入教育内部进行分类，如郭庆旺和贾俊雪构建了一个包含基础教育和高等教育的两阶段人力资本积累模型，考察了公共教育支出规模、结构和高等教育可获取对不同教育背景的家庭的人力资本投

① Aghion P. , Howitt, *Endogenous Growth Theory*, Cambridge, Massachusetts: The MIT Press, 1998.

② Lucas R. E. "On the Mechanism of Economic Development", *Journal of Monetary Economics*, 1998(22), pp. 3-42.

③ 于凌云：《教育投入比与地区经济增长差异》，《经济研究》2008 年第 10 期。

资行为、熟练和非熟练劳动力的相对供给和相对效率的影响。[①] 郭志仪和逯进的研究也表明各省(区)人力资本的产出弹性和贡献率较高,而且人力资本的溢出效应较为明显。[②]

人们对技术的作用很早就有较充分的认识,但在技术进步进入经济模型也经历了一些复杂过程,和对人力资本问题的研究相似,在新增长理论之前,人们把技术视为外生,直到内生增长理论的两部门模型才把技术纳入系统来研究。和人力资本不同的是,技术和知识的传播和溢出具有跨区域作用的特征,一国的技术进步和知识增进不但对本国本地区增长起作用,对其他区域的增长也起作用,关键是人们还没有弄清楚哪些技术在跨区域传播时比较突出,而又有哪些技术必须近距离才能溢出。[③]

近来的研究开始向制度对经济作用的方向偏移,诺斯的著名研究不但重新定义了制度,而且给出了制度研究的基本框架和方法[④],较早的学者注重从历史事件和案例对制度变迁进行描述性论述,并讨论制度对经济绩效的关系,随着研究的进展,人们开始利用大量数据,运用计量方法来对二者的关系进行准确分析[⑤],但数据支持的前提是对指标的严格限定,制度作为一种博弈规则,如产权制度、民主宪法和体制等进行度量存在诸多困难,一些学者采用政治稳定性、腐败和法律仲裁执行情况等来作为产权制度的替代变量,也得到了一些较确定的结论,如 Acemoglu and Johnson 对产权安全的研究等。[⑥] 在国家间的比较分析中,对民主宪法、专制体制的研究较多,如总统制、议会制的差别,立法者产生的办法等,一些文献通过对大截面数据的研究发现了政体

---

① 郭庆旺、贾俊雪:《公共教育政策、经济增长与人力资本溢价》,《经济研究》2009 年第 10 期。

② 郭志仪、逯进:《教育、人力资本积累与外溢对西北地区经济增长影响的实证分析》,《中国人口科学》2006 年第 2 期。

③ 李恒:《基于 FDI 的产业集群研究》,社会科学文献出版社,2008 年。

④ 诺斯:《制度、制度变迁与经济绩效》,刘守英译,上海三联书店,1994 年。

⑤ 孙圣民:《制度变迁与经济绩效关系研究新进展》,《经济学动态》2008 年第 10 期。

⑥ Acemoglu D. ,Johnson,"Unbundling institutions",*Joumal of Politcal Economy*,2005 113(5),pp. 949–995.

类型和选举规则对政策的作用是显著的。① 但在一国内部，由于面临的国家政体是一致的，民主宪法和专制体制也是一致的，对制度的研究更多的是市场化的深入程度、法律执行层面的问题。

上述研究列举了要素对增长的作用，以及文献对相关问题的处理方法，但要素禀赋对区域发展的作用是多方面的，包括对城市发展和城镇体系演化的作用，要素禀赋决定地区产业结构的优势发挥，而产业结构及产业空间分布又反映了城镇化的性质和结构，本文力图对这一主题进行分析，以讨论它们之间的关系并解释我国城镇化区域差异。

三、产业空间分布及其专业化结构

地区专业是对产业空间分布的一种最重要的度量方法，它试图解释产业空间分布中广泛存在的现象，一些产业在一些地区集聚，而另外的产业在另外的地区集聚。这种产业空间分布在传统的竞争理论上是很难解释的，因为传统建模的需要没有把收益递增包含在内，但随着新经济地理学的发展，不完全竞争理论、规模经济及企业产品竞争力差异等理论和模型的不断完善，对地区专业化的解释越来越全面，同时也出现了大量的实证研究的文献，如克鲁格曼(Krugman)用区位基尼系数研究了美国产业空间分布情况②，Amiti 则检验欧盟国家在 1968 年到 1990 年间的工业是否更为集中。③ 地区专业化的计算有多种方法，包括产业结构差异系数、地区化专业指数、行业分工指数、地区基尼系数等，每个指数在其度量中均有其差别化的指向，也存在不同程度的不足。④ 从本文研究的出发点而言，要讨论城市化经济的性质及其结果，则应更注重集聚而非分工的作用，在本部分主要讨论两

---

① Pesrson T., Tabelini G., "Constitutional rules and fiscal policy outcomes", *American Economic Review*, 2006, 94(1), pp. 25-45.

② Krugman P. *Geography and trade*, Cambridge: MIT Press. 1991.

③ Amiti M., "New Trade Theories and Industrial Location in the EU: A Survey of Evidence", *Oxford Review of Economic Policy*, 1998, 14(2), pp. 45-53.

④ 樊福卓:《地区专业化的度量》,《经济研究》2007 年第 9 期。

个指标，一个是地区经济密度，即各城市建成区的平均工业增加值来观察各城市的经济密度差异及其变化情况；另一个是工业地区区位熵，以考察地区专业化情况。

1. 经济密度

2015年，我国城市化水平为56.1%，城镇常住人口为77 116万人，比上年末增加2 200万人，而20年前的1996年我国城市化水平仅为30.48%，城市化进展迅速。从城市经济发展来看，2014年城市市辖区生产总值为396 268.19亿元，人均92 255.8元，而1995年则分别为31 203.71亿元和6 530元，分别增长了12.7倍和14.12倍。随着城市化的进程，各城市的建成区面积也有不同程度的扩张，如果从经济密度的角度来看，情况会有不同，2004年我国地级以上城市286个，建成区面积为30 406平方千米，每平方千米产出25 044万元；到2014年地级以上城市为292个，建成区面积为49 772平方千米，每平方千米产出达到79 616万元，是10年前的3.18倍。

但如果观察单个城市的发展变化情况，又有较复杂的局面。过去10年，是我国城镇化快速发展时期，随着城市建设的推进，多数城市的建成区面积均有了大幅度的增长，总体来看，城镇建成区面积在10年间增长了64.88%。一些城市如鄂尔多斯、揭阳等增长在3.9倍、3.4倍的水平，也有一些城市如双鸭山建成区面积反而减少了。以深圳市为例，作为我国开放发展的前沿城市，其建成区在2004年至2014年的10年间增长了61%，与全国总体城市发展情况持平，但从经济密度来看，其每平方千米国民生产总值从2004年的62 119万元增长到2014年的179 795万元，增长了1.89倍，高于全国城市总体的1.62倍的涨幅。值得注意的是，北京和上海两大特大城市的涨幅分别为3.3倍和2.1倍，虽然其经济密度的绝对数值远低于深圳这样的开放前沿城市，但其增长速度远高于中小城市。

为了更全面地理解城市经济密度的结构和性质，我们研究了2004

年至2014年10年间284个[①]地级以上城市的城市经济密度的详细情况,发现如下特征:

(1)省会城市经济密度总体上高于地级城市。在具有有效数据的284个城市中,涉及省会城市30个,总体上看,省会城市的经济密度高于地级城市。2004年284个城市平均经济密度为48 386万元/平方千米,高于平均经济密度的城市为112个,占全部城市的39.4%,但高于平均经济密度的省会城市为23个,占全部省会城市的76.7%。在省会城市中,经济密度最高的是上海市,为94 382万元/平方千米,最低为银川市,仅有14 654万元/平方千米,前者是后者的6.44倍。2014年,284个城市的平均经济密度为75 026万元/平方千米,高于平均经济密度的城市为108个,占全部城市的38%,与2004年相比略有下降。其中,高于平均经济密度的省会城市为22个,占比为73.33%,与2004年基本持平。从增长幅度来看,2004年到2014年10年间城市经济密度平均增长184%,有198个城市低于平均增速,20个省会城市低于平均增速。而建成区在2004年到2014年间平均增长了75%,其中有139个城市低于平均增速,15个省会城市低于平均增速。可见,省会城市经济密度总体上显著高于地级城市,但其增速的优势并不明显。

(2)东部城市经济密度总体上高于中西部地区。城市经济密度的地区差异也非常明显,东部地区总体上显著高于中西部地区。观察30个省会城市,2004年的7个和2014年的8个经济密度低于平均值的省会城市均为中西部地区,省会城市经济密度与其所在地区经济发展水平呈高度相关,基本上呈东、中、西依次递减趋势。(见本文图1)但各城市经济密度的增幅在地区之间的差异并不明显,处于西部地区的西宁、银川、成都、呼和浩特等城市增幅均在200%以上,同时北京、天津、南京这些东部省会城市增幅也在200%以上。但上海、武汉这些特大城市的增幅却排名居末。(见本文图2)

---

① 选取2004年及2014年10年间连续存续的地级以上城市,并剔除数据不全的西藏、青海和新疆的地级市。

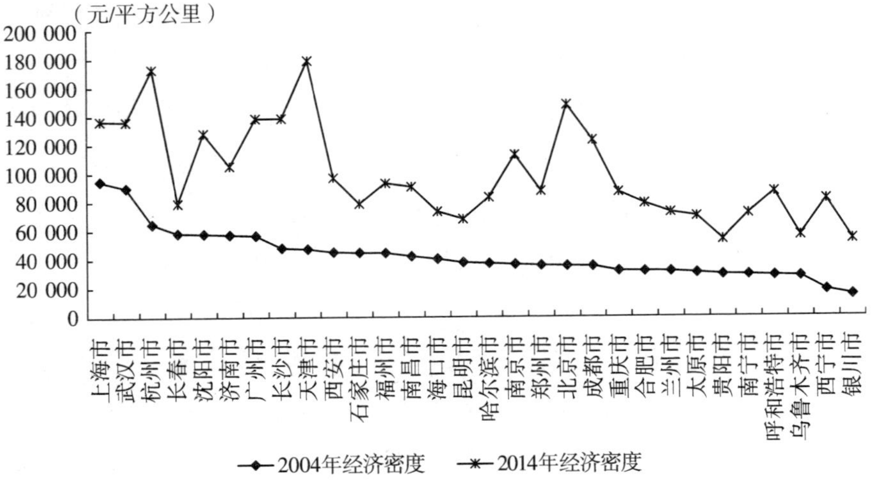

图1 30个省会城市经济密度比较

数据来源:据《中国城市年鉴》2005年、2015年相关数据计算。

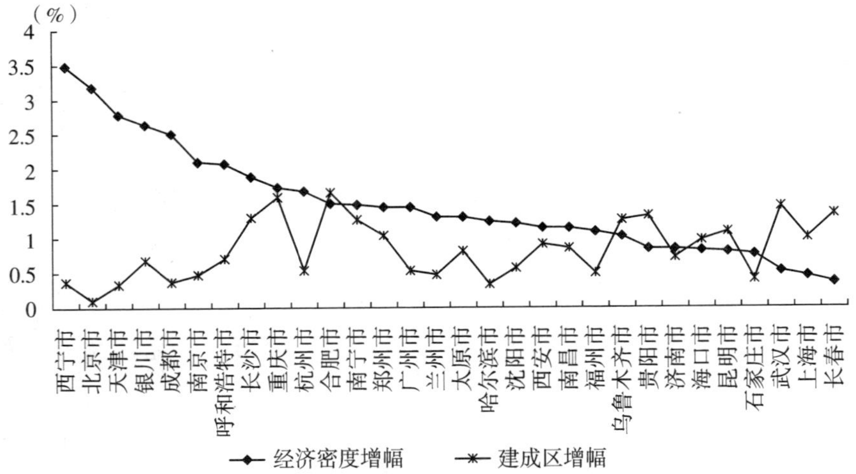

图2 30个省会城市经济密度和建成区增长比较

资料来源:据《中国城市年鉴》2005年、2015年相关数据计算。

2. 工业区位熵

对城市的地区专业化度量有多种方法,但观察我国城市化进程和经济转型的主要层面会发现,制造业的发展已经成为促进一个地区转型发展的主要力量,制造业的结构和性质也决定了一个地区经济发展的结构和性质。基于此,本文以制造业区位熵来度量城市专业化程度。其结构如下:

$$LQ_{ij}=\frac{S_{ij}}{S_j} \tag{1}$$

其中:

$S_{ij}=\frac{E_{ij}}{\sum_{i=1}^{m}E_{ij}}$,如果 E_{ij} 代表 i 地区 j 产业的产值(或就业),则 S_{ij} 代表 i 地区 j 产业的地区产值(或就业)份额;

$S_j=\frac{\sum_{i=1}^{m}E_{ij}}{\sum_{i=1}^{m}\sum_{j=1}^{n}E_{ij}}$,代表 j 产业在全国产值(或就业)中的份额。

一般认为,当区位熵大于 1 时表明地区存在生产的专业化,反之不存在专业化。

分别计算 2004 年和 2014 年 284 个地级及以上城市的制造业区位熵,有如下发现:

(1)地级城市的制造业区位熵高于省会城市。2004 年制造业区位熵大于 1 的城市一共有 112 个,占比为 39.4%,其中存在制造业专业化的省会城市为 10 个,占全部省会城市的 1/3,而地级城市具有专业化的比例则为 40%。到 2014 年,制造业区位熵大于 1 的城市仍然为 112 个,省会城市制造业区位熵大于 1 的城市增加到 11 个。30 个省会城市区位熵的平均值则从 2004 年的 0.87 下降到 2014 年的 0.82。

(2)城市制造业专业化程度总体上呈下降趋势。观察城市制造业区位熵在 10 年间的变动趋势,总体上专业化程度存在下降趋势,284 个地级以上城市中 162 个城市的制造业区位熵是下降的,占比为 57%,其中省级城市下降更多,在观察的 30 个省会城市中仅有杭州市、南京市等 8 个城市的专业化程度在上升,其余 22 个城市均存在不同程度的下降趋势。(见本文图 3)

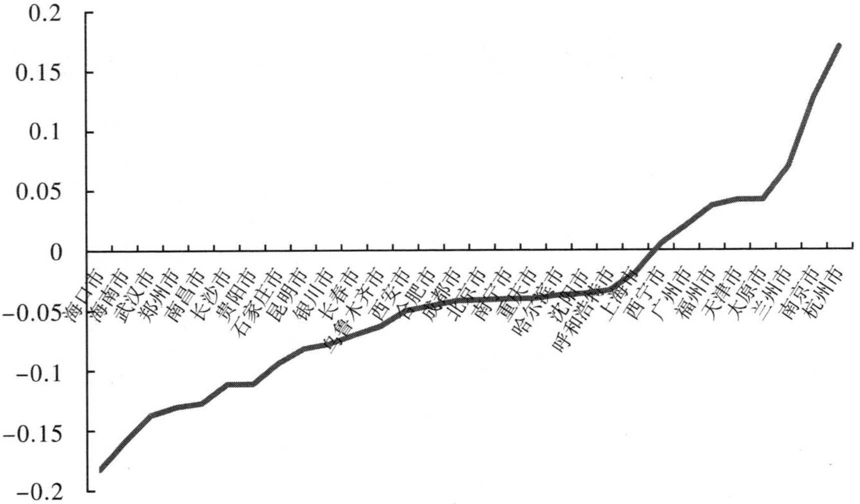

图 3　2004—2014 年间 30 个省会城市制造业区位熵变动趋势

四、要素禀赋结构及描述

究竟是什么因素决定了现代产业的空间分布，这在理论上虽然引起诸多争论，但要素禀赋结构作为影响产业的基本因素得到了一致的认可。从古典经济学开始，人们就发现了投入对产出的决定作用，而投入的主要要素是劳动和资本，这从“柯布—道格拉斯生产函数”的结构上就可以得到较为清晰的体现，此后的研究基本上都是在 CD 函数的基础上扩展得来。从国际经济理论来看，对要素禀赋结构的强调更为突出，国际贸易的绝对优势理论和比较优势理论均强调了劳动生产率的国际差异，以及这一差异带来的交换利益。到要素禀赋理论开始已经从要素禀赋结构来探讨比较优势的来源，并据此分析国家间的产业结构与分工形态。虽然后期的技术贸易理论、需求重叠论、产业内贸易理论等突破了传统国际贸易理论的框架，对国家间技术、需求及规模的差异进行研究，其本质仍然是对要素禀赋结构的拓展。产业是经济的实体部门，产业分布是经济空间布局的直观表达，其背后体现了一个地区要素禀赋的性质及其结构，根据理论和文献的讨论，一个地区的要素禀赋结构主要在于资源禀赋、劳动、资本、技术等诸方面。

（一）资源条件

自然资源和产业分布的关系是最初的，也是最直接的。但从经济发展的实际来考察，资源对产业升级和经济发展的作用存在两面性，一般认为资源禀赋决定了产业分布，则资源越是丰裕的地区其经济发展速度也越快，经济发展水平也越高，但对世界经济发展中的一些现象观察发现，资源贫乏的国家其经济发展未必就差，而资源丰裕的国家反而在结构、速度和水平等诸方面的发展不尽如人意。在一个开放的经济体系内，一国经济由于受贸易的影响，会由于过度开发资源而导致制造业发展受到削弱。如“荷兰病”即表明对于一个已经建立了较为完整的现代产业体系的国家，当其过度开发资源并出口获利时，会削弱其制成品的国际竞争力，从而回归到传统的发展道路上。为了避免这一现象，一些国家会通过价格扭曲来促进技术升级和制度创新。本研究用从事采掘业的职工占全部职工的比重来作为衡量不同城市资源禀赋的指标。

1. 省会城市的资源条件

大部分省会城市的采矿业从业人员都比较低，根据《中国城市统计年鉴(2015)》，除合肥和广州两市无数据外，其余 28 个省会城市中最低的南宁市采矿业从业人员仅 37 人，占比为 0. 046‰，而最高的太原市为 9. 9 万人，占比为 9. 66% ，显然省会城市的资源条件与整个省区的资源条件是一致的。但总体来看，由于省会城市是现代第二、第三产业的集聚地，其采矿业从业人员比例显著低于全国水平。2014 年全国城镇采矿业从业人员占比为 3. 26% ，但省会城市仅有 1. 28% 。

2. 地级城市的资源条件

和省会城市不同，有大量的地级城市因资源而建，其兴衰与资源密切相关，如鸡西、鹤岗、克拉玛依等，采矿业从业人员占比均在 40% 以上。在有数据的 181 个城市中，采矿业从业人员占比在 10% 以上的城市一共有 40 个，这些城市均是地级市，几乎全部是因矿而设的城市。（见本文表 1）

表1 2014年采矿业从业人数占比在10%以上的城市

城市	资源条件(%)	城市	资源条件(%)	城市	资源条件(%)	城市	资源条件(%)
崇左	10.04	唐山	16.20	大庆	25.75	东营	39.30
济宁	10.05	邯郸	16.70	枣庄	26.37	大同	39.76
宿州	10.44	焦作	18.40	鹤壁	27.02	盘锦	41.42
莱芜	10.92	白银	18.54	白山	27.25	松原	41.74
萍乡	11.29	辽源	22.52	阜新	32.05	克拉玛依	43.75
抚顺	11.94	濮阳	23.43	平顶山	33.23	鸡西	45.48
赤峰	13.19	六盘水	23.70	庆阳	33.30	鹤岗	45.78
马鞍山	14.26	朔州	23.98	晋城	34.63	阳泉	46.16
邢台	15.15	乌海	24.29	淮南	37.41	淮北	50.46
呼伦贝尔	15.68	铜川	25.23	双鸭山	38.54	七台河	60.56

资料来源：据《中国城市统计年鉴》2015年计算。

(二)劳动与资本

劳动作为投入和作为禀赋的理解在不同层面上存在差异，在“柯布—道格拉斯生产函数”中，劳动是作为投入要素来看待的，虽然在理论研究中把劳动定义为劳动投入时间，由于劳动的质量在实际中很难观察，而且劳动与劳动者也不可分离，在实际研究中，是用劳动者作为劳动的替代变量的。在生产函数最初的度量中，柯布和道格拉斯选用的是制造业的雇用工人数，在本研究中作为劳动投入的替代变量我们选取职工人数。而作为禀赋的劳动是经济中能够提供的劳动总量，与职工对应，是指适龄劳动人口。

通过计算284个地级以上城市的劳动情况，发现各城市的劳动参与率在较高的同时存在较大差异。2014年我国共有适龄人口9.16亿人，经济活动人口7.969亿人，总体劳动参与率高达86.99%，为了讨论可比性我们取从业人员来代替经济活动人口，则年底从业人员总数为7.7253亿人，劳动参与率为84.33%。由于我国城乡就业存在较大差异，城市劳动参与率低于农村劳动参与率大致在10个百分点左右，分别为78.33%和91.53%。但分城市来看却存在复杂性，由于我国改革开放后东南沿海地区加工制造业的迅猛发展，对劳动的需求快速增长，远超本地劳动供给的水平，在一些城市的就业中有大量的外来劳动力，从而形成从业人员远大于户籍人数的情况，如深圳、东莞和珠海市，年末经济活动人口分别为222.5万、128.2万和73.8万人，但其从业人员却分别高达484.4万、238.7万和75.2万人，高出经济活动人口数量。根据《中国城市统计年鉴》2015年的数据，地级以上城市市辖区从业人员为11 168.29万人，市辖区年末总人口为42 953.2万人。如果仍然按全国平均67%的适龄人口比例来计算，城市劳动参与率为38.81%，则高于平均数的城市为85个，占比仅为29.92%。这体现了多数城市具有人口城市化的特征，人口增长并没有与之匹配的就业增长。全国高于平均值的省会城市为27个，占比为90%，其中北京、上海和广州三大城市的劳动参与率分别高达87.33%、78.19%和65.54%。可见省会城市虽然在过去人口增长快，但就业增长也快，体现出城市规模越大，其经济结构也越完善，经济增长的动力来自经济方面的推动也越突出。

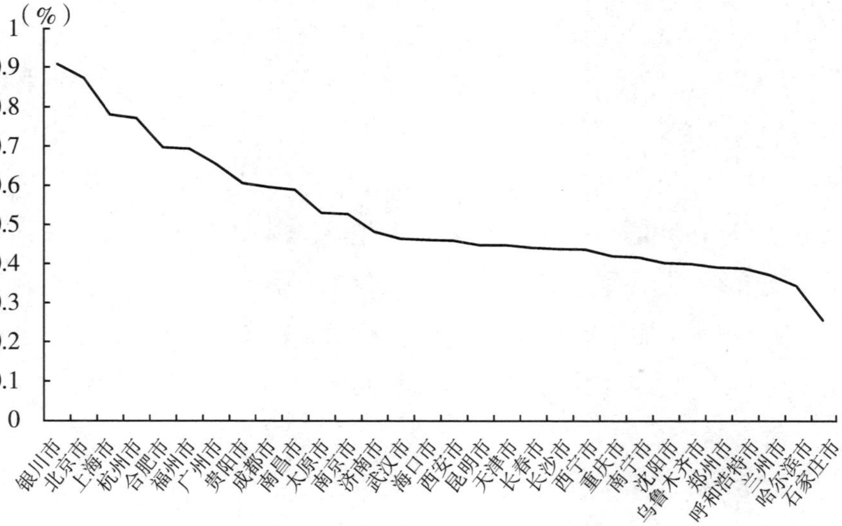

图4　2014年省会城市劳动参与率

资料来源：2015年《中国城市统计年鉴》。

资本则不同，在"柯布—道格拉斯生产函数"的传统研究中，资本是指机器、厂房等固定资产，而且不包括用于生产的流动资本以及土地等。实际上，资本形成由于通过投资实现，则资本存量涉及多种复杂的计算方法，包括每年的投资及折旧，基年确定以及基年资本存量的估算等，一些学者以省为界对我国的资本存量进行了系统的研究，但他们的计算结果也存在较大差异①②③④，由于本文是基于284个地级城市的研究，不论按照上述哪一个方法来对各城市资本存量进行估算均存在较大难度。从资本形成的来源来看，投资受储蓄水平的约束，虽然储蓄在向投资转化过程中涉及多种机制和条件，但储蓄可视为资本形成的禀赋条件。

(三)教育与技术

教育对经济发展和产业分布的作用是显而易见的，正是由于教育的作用才有了知识的积累和技术的进步。虽然人们很早就清楚知识在经济发展中的作用，但在新增长理论以前，知识和技术一直被视为外生变量，并不深入讨论知识对增长的作用机制。新增长理论通过把经济中的部门划分为知识生产和物质生产两大部门来把知识引入增长模型的，并在这一模型中强调了由于人口在不同部门就业所导致的增长后果。实际上，教育对增长的作用主要体现在人上，由于教育的作用使得受教育程度不同的人在生产率方面存在差异，当受不同程度教育的人具有不完全替代性质时，产业发展的基础将存在根本的差异。对一个国家或地区而言，其受高等教育的工人数量越多，则表明其资本密集型和技术密集型产业发展越具备基础，有利于其产业结构的优化升级，更有利于其向更高生产率的经济体系迈进。在本研究中，我们用城市职工平均受教育年限来度量教育水平，同时加入财政支出中用于教育的比例作为教育的控制变量。

技术水平实际上是一个综合概念，在新古典增长模型里通过增长分解把劳动和资本解释之外的部分定义为索洛剩余，即由技术进步来

---

① 王小鲁：《中国经济增长的可持续性与制度变革》，《经济研究》2000年第7期。

② 贺菊煌：《我国资产的估算》，《数量经济与技术经济研究》1992年第8期。

③ 张军、吴桂英、张吉鹏：《中国省际物质资本存量估算：1952—2000》，《经济研究》2004年第1期。

④ Holz Garsten A.，"New Capital Estimates for China"，*China Economic Review*，2006(17)，pp. 142-185.

解释，由于除技术外还有诸多因素影响增长，则索洛剩余只是新古典增长模型严格假定下的一种度量思路而已。在一些研究中把企业的研发投入作为技术投入指标而把专利申请作为研发产出指标来处理，但这些实际上都无法体现一个地区的技术水平，考虑到从禀赋角度来研究技术，本文关注政府对技术的重视程度，仍然选取财政支出中用于科学技术支出的比例来代替。

（四）市场化与对外开放

由于发展中国家在其经济起飞之初大多面临资本缺口，则吸引外商直接投资不但是弥补资本短缺的重要手段，同时也借助于外商直接投资引进发达国家的先进技术。外资进入东道国后对具体的区位选择也具有复杂的理论，在邓宁（Dunning）的国际生产折中理论中，区位优势即是跨国公司向海外投资的三大优势之一，并把区位优势归为四类：市场因素、贸易壁垒、成本因素和投资环境。[①] 这种区位优势一开始被强调的是地理上的区位，如接近供应来源从而有效降低成本等，则近海、河、湖、港成为吸引外资的主要区位禀赋条件。目前来看，除传统的区位优势，投资环境快速上升成为吸引外资的主导因素，投资环境又包括基础环境和政策环境两类，从基础环境来看，一个城市的基础设施建设、原有的产业基础特别是前期外资进入的规模和领域成为主要因素（李恒，2008），而政策因素既包括政府的产业优惠和扶持方向，也包括制度建设、审批手续简化等方面，而这些都体现在引资规模上。在本研究中，用各城市吸引外商直接投资（*FDI*）占国内生产总值的比重来表示开放程度。

五、实证研究

（一）模型和变量

对城镇化发展模式的描述有多种思路，一种简单的方法是从人口城镇化出发，讨论人口城镇化的速度，另一种则关注城镇化的区域差

---

① Dunning J. H. , *Explaining International Production*, Boston: Unwin Hyman, 1988.

异，并把城镇体系的结构及其演变作为研究的重点。实际上，上述研究是两条并行不悖的思路，城镇化与城镇体系二者不论是从概念的内涵还是外延来看都是不一致的，城镇化传统农业社会向现代社会转型的集中体现，是人的就业、生活由农村农业向城市非农业产业转换的过程。而城镇体系则是城市间关系及其结构性质，二者非但不可替代，亦没有必然的互补。

从城镇化的重点来看，强调人向城市地域的集中，还是强调产业向城市的集中会导致不一样的政策后果，但城镇化发展的模式除了人口集中的速度与规模存在差异外，产业分布呈现的特征具有更为重要的经济意义，而且这种产业分布与要素的禀赋条件具有内在的关联，由此我们建立如下计量模型：

$$\ln U_{it}=\alpha+\gamma_1 res_{it}+\gamma_2 lab_{it}+\gamma_3 sav_{it}+\gamma_4 edu_{it}+\gamma_5 rd_{it}+\gamma_6 fdi_{it}+\gamma_7 den_{it}+\gamma_8 lq_{it}+\varepsilon_{it} \quad (2)$$

其中，U 为城镇化的发展模式，res 为资源条件，lab 为劳动禀赋，sav 为居民储蓄余额，代表资本禀赋；edu 为教育禀赋条件，rd 为技术禀赋，fdi 为对外开放度，ε_{it}为随机冲击。i 和 t 分别表示时间和地区。

本文以 2004—2014 年我国 284 个地级以上城市作为研究样本，以考查要素禀赋与城镇化发展的区域差异。实证研究所涉及的变量数据说明如下：

（1）城镇化发展模式（U）。如前所述，鉴于多数文献从人口角度来讨论城镇化，特别是从城市常住人口或户籍人口来度量城镇化，本研究则关注城镇发展的经济过程，分别用经济增长 U_1 和建成区增长 U_2 来表示城镇化发展的区域差异。

（2）资源条件（res）。资源条件用各城市采矿业从业人员占从业人员比例来表示。

（3）劳动禀赋（lab）。劳动禀赋即是一个地区的经济活动人口数量，由于经济活动人口数量与城市规模有关，但本研究讨论的各地区的禀赋条件其实质是一种相对的概念，则劳动禀赋用劳动参与率来代替，即从业人员与经济活动人口的比值。

（4）资本禀赋（sav）。资本形成主要有两个来源，一是国内储蓄，二是吸引外资。考虑到本研究中把吸引外资作为开放度的替代指标，则资本禀赋直接使用居民储蓄余额来表示。

(5)教育条件(*edu*)和技术条件(*rd*)。教育和技术禀赋强调了经济发展中的教育积累和技术水平，从数据可得性来看，本研究分别选取财政支出中的教育支出和研发支出作为城市教育禀赋和技术禀赋。

(6)对外开放度(*fdi*)。对外贸易体现了一个城市的产业结构，但吸引外资对地区资本形成、产业升级和经济发展均具有基础作用，则本研究使用各城市吸引外商直接投资占国内生产总值的比重来度量其对外开放度。

(7)产业空间分布。本研究使用两个度量城市产业集中度的指标作为替代变量，即经济密度(*den*)和工业区位熵(*lq*)，以其作为集聚因素的考量。

(二)回归结果及解释

对公式(2)进行回归，其结果(见本文表2)所示。不论是对于以产出还是建成区度量的城镇化进程而言，劳动和资本禀赋都是重要的，对城镇化起着积极的推动作用。劳动对城镇化的正向效应是显著的，由于本研究是用劳动参与率来度量劳动禀赋的，这也表明在城镇化的进程中，劳动参与率体现出来的经济活跃程度与城镇化进程是一致的。但资本不同，虽然资本也是显著正向作用，但其系数较小，这体现了储蓄向投资的转化中仍然存在一些障碍和问题。与之对应的是对外开放度，对于发展中国家而言，吸引外资虽然具有一揽子吸引资本、技术、管理等要素的作用，但根据双缺口理论，外资对于国内储蓄不足具有较强的替代效应。观察对外开放的作用，对城镇化的作用也是正向，且系数较高，特别是对于产出增长的效应是显著的，在城市总体回归、省会城市回归和地级城市回归上具有一致性。

教育禀赋对城镇化的效应不显著，且系数为负。财政支出中教育支出的比重长期居于稳定水平，教育支出在不同城市具有不同的流向，越小城市其基础教育比重越大，越大城市具有越多高等学校。这导致了教育财政支出对城镇化而言无法观察到确切的关系。但技术财政支出在不同层面均体现显著的正向作用，研究和开发已经越来越受到人们的重视，在产业和城市集中的过程中，研究和开发支出不论是从重视程度还是支出规模来看都在增长。

表 2　要素禀赋与城镇化发展的估计结果

	产出增长	面积增长	产出增长（省会）	面积增长（省会）	产出增长（地级）	面积增长（地级）
C	14.191 (0.235)***	3.834 (0.211)***	16.187 (0.613)***	5.661 (0.618)***	14.046 (0.211)***	3.798 (0.171)***
资源禀赋	-0.136 (0.468)	0.035 (0.421)	-2.032 (3.759)	-1.535 (3.829)	1.067 (0.408)**	1.219 (0.331)***
劳动禀赋	0.671 (0.285)**	0.608 (0.256)**	0.512 (0.567)	0.429 (0.572)	0.525 (0.309)*	0.771 (0.251)**
资本禀赋	0.001 (0.001)***	0.001 (0.000)***	0.001 (0.000)***	0.001 (0.000)***	0.002 (0.000)***	0.002 (0.000)***
教育禀赋	-0.193 (1.076)	-0.151 (0.967)	-3.156 (2.532)	-2.723 (2.555)	0.039 0.915)	-0.076 (0.742)
技术禀赋	4.949 (2.991)*	4.698 (2.687)*	5.120 (6.469)	6.559 (6.528)	5.550 (2.573)*	5.345 (2.087)*
对外开放	4.056 (2.025)*	2.604 (1.819)	3.826 (3.879)*	3.801 (3.915)	3.079 (1.822)*	1.349 (1.478)
经济密度	0.090 (0.012)***	-0.003 (0.011)	0.077 (0.040)*	-0.025 (0.040)	0.070 (0.011)***	-0.029 (0.009)**
工业区位熵	0.311 (0.138)**	0.289 (0.124)*	0.635 (0.299)*	0.585 (0.302)*	0.635 (0.125)***	0.595 (0.101)***
调整 R^2	0.7005	0.5728	0.8727	0.7559	0.7034	0.6057
DW	1.3396	1.5422	1.9203	1.8116	1.3527	1.8389

注：系数下方括号内的值是标准差，***、**、* 分别表示在 1%、5% 和 10% 水平上显著。

自然资源在城镇化进程中的作用具有复杂性质。我国是一个幅员辽阔、资源分布不均的国家，在工业化过程中对资源的依赖较强，这就出现了大批以资源为基础的城市，如前所述，这些城市因资源而建，也因资源的兴衰而兴衰。表 2 可见，城市总体来看，资源禀赋对城镇化的作用是负向的，且不显著，对省会城市而言，资源禀赋不论是对经济增长还是建成区增长均呈负相关，但对地级城市则有相反的表现，在以产业度量和以建成区度量的城镇化发展指标的回归均呈显著正相关。这表明在不同层级的城市建设中，对资源的强调存在差异。总体来看，城镇化进程的推动主要是现代产业，采矿业在经济总体中的比重较小，由于存在一定数量的地级城市是建立在采矿业基础上的，从而体现出上述结果。

经济密度在不同类型城市有不同体现,越大城市其经济密度增长也越快,这表明大城市对城市建设和经济发展方面具有较强的集聚优势。经济密度对城镇化过程中的产业增长具有显著正向效应,对建成区增长的作用不显著,这不但对城市经济增长与集聚的关系做了进一步的阐释,而且也从另外的角度表明,过度关注城市建成区增长,拉大城市框架的城镇化发展其经济意义较低。比较来看,制造业区位熵对城镇化的作用不但是正向的,而且显著,这进一步印证了我国的城镇化与工业化发展具有同步性,同时具有相互促进的特征。

六、结论与政策建议

(一)结论

基于本文的研究,得到如下结论:

第一,我国的城镇化与工业化密切相关,城镇化速度较快、水平较高的地区,其现代产业集中度也越高,经济密度也越大。由于行政力量在城镇化进程中的作用,也体现为不同层级的城市在吸取资源时具有不同的性质,省会城市的经济密度要大于地级城市。经济发展水平高的东部地区的城市经济密度也显著高于中西部地区城市。

第二,城市规模越大其功能也越齐全。从制造业集中度来看,地级城市高于省会城市,这也意味着地级城市层面上的城市化与工业化具有更一致的特征,而省会城市的产业结构具有全面性特征。这也从资源禀赋条件得到了印证,省会城市的资源性特征不明显,而地级城市则较为突出,一些地级城市因资源而建而兴而衰。

第三,劳动参与率不论是对城市经济增长还是对城市规模的扩张而言都是显著的,这既体现了我国经济增长对劳动投入的高度依赖特征,也体现了其对城市化的推动作用。城镇化的本质是人向城市地域的集中,但由于人具有生产和消费的双重性质,城镇化进程也具有生产和消费两种性质,从这一点而言这种契合是有基础的。但改革开放以来近 40 年的增长表明,人口红利的不断释放仍然是最重要的动力。

（二）政策建议

从新型城镇化的内涵来看，以户籍为统计到以人为核心的转变需要对发展理念具有新的认识，虽然在本章的研究中我们发现了要素投入驱动推动工业化以实现城镇化的传统路径，但在政策层面仍需要转变增长方式以促进新型城镇化的导向：

一是转变投入到效率为中心。传统城镇化发展的基础是经济增长，而经济增长依赖投入的增长在短期内的转变尚无迹象，这导致城镇化对劳动参与度具有较强的依赖性。我国的城镇化在很大程度上能够被刘易斯模型解释，既与改革开放以来大量农村劳动力向城市的迁移有关，也与强调投入的粗放增长模式有关，转变投入到效率为中心，要鼓励创新，提高新技术的采用，提高要素的生产效率。

二是从传统工业化向现代产业转变。工业化和城镇化是我国长期以来经济社会发展的两条主线，强调工业化和强调城镇化是并行不悖的，从一开始的城乡隔离到现在城市开发区的建设，实际上都是在给城镇化匹配必要的工业内容。从世界上的经验来看，城市在其快速发展的阶段总是以工业的快速发展为支撑的。但就我国的实际来看，过度依赖工业特别是制造业的发展，削弱了城市的创新功能，当城市过度强调其增长极作用时，虽然能够为经济增长和区域发展提供动力，但长期来看对社会转型和产业升级是不利的，这需要完善城市功能，发展现代产业，特别是高新技术产业，以促进经济社会转型升级。

三是新型城镇化进程中的城镇关系重塑。理论已经证明了城镇在空间布局上有其内在逻辑，城市之间具有严谨的秩序和结构，但这种结构不仅是简单的地理空间上的几何结构，也非简单的规模差异和行政层级，而是城市功能的系统一致，产业间的相互联系。我国多数城市因矿而建、功能单一、产业脆弱、城市与城市之间缺乏必要的产业联系和功能联系，这导致城市的产业基础非常脆弱。政府在产业政策和区域政策的制定时要注重对城镇关系的重塑，着眼于区域和区域城市整体，注重产业关系和功能联系。

该文原刊发于《南都学坛》2018 年第 3 期。

人口集中、城市群经济联系对增长作用的实证分析

——以中国十大城市群为例

改革开放以来,中国经济在40年的时间里保持了高速的增长,同时工业化和城镇化水平也有了较大幅度的提高,但增长是否源于工业化或城镇化的推动并没有得到合理的解释。① 文献来看,人们特别偏爱运用技术进步来解释增长,这不但因为技术是增长理论永恒的主题,更重要的是它得到了广泛的经验研究支持,但用技术进步来解释我国的高速增长显然是难以令人信服的。② 对发展中国家而言,结构变迁对增长的作用更应该得到重视③,这提示我们仍然需要回到工业化和城镇化中去寻找答案。

到目前为止,我们都无法真实地刻画城市化与经济增长之间的关系,一些研究表明了二者之间呈现出较为明显的对数关系。④ 另外的研究却不赞同这一观点,如Fay和Opal的研究发现世界上一些地区的城镇化根本不能用制造业的增长来解释。⑤ 另外的观点甚至认为发展中国家的城市化只是一种为消除农村的贫穷与饥饿的城市偏爱政策,

---

① 陈晓光、龚六堂:《经济结构变化与经济增长》,《经济学(季刊)》2005年第2期。

② 林毅夫:《解读中国经济》,北京大学出版社2012年版。

③ [美]鲁迪格·多恩布什:《宏观经济学》,中国人民大学出版社1998年版。

④ 周一星:《城市体系规模结构分析的两个误区》,《城市规划》1995年第2期;许学强,黄丹娜:《近年来珠江三角洲城镇发展特征分析》,《地理科学》1989年第3期。

⑤ Fay,M.,C. Opal:"Urbanization and Mortality Decline",*World Bank Policy research working paper*,No. 2412,2000.

与增长无关。[①] 一些观察到的现象也提供了上述结论的完全相异的佐证,如印度在1981—1991年、1991—2001年和2001—2008年三个时段,其国内生产总值增长速度分别为5.2%、6.1%和7.7%,但其城市人口增长却分别高达146%、140%和158%。[②] 而日本在战后的1956—1973年间,其实际增长率年平均为9.8%,国民生产总值增长了4.2倍,与此同时,日本的城市化也在这一时期有了快速的增长,1950年,日本的城市化水平为37.3%,到1955年猛增到56.1%,到1973年则增长到75.9%。[③] 显然,简单地讨论经济增长与城市人口增长之间的关系是没有意义的,人口向城市的集中在不同国家可能存在内在的复杂机制,从而导致了迥异的增长结果。仍然观察上述两个国家的情形,印度的城市化主要来源于城市人口的自然增长[④],从而导致原本占城市较大比重的贫民区快于城市增长,并形成城市增长中的贫困压力。[⑤] 日本正相反,其城市人口增长主要源于人口向大城市的集中,同时在地域上形成了具有世界规模的城市群。[⑥] 可见,着眼于人口集中的性质,从城市群经济的角度来进行讨论可能是探寻经济增长背后动力的正确思路。

在中国经济发展的版图上,星罗棋布地分布着658个城市,其中地级以上城市284个。由于我国城市发展受行政力量的巨大推动,城市等级及城市间的关系与城市的行政等级密切相关,并形成了一些具有区域意义的城市群。[⑦] 观察这些城市群及其所在地区经济发展在我国总体经济中的表现会发现,越是经济发展速度快的地区,其对资源

---

① Ades, A, Glaeser:"Urban Trends and Economic Development in China: Geography Matters". *Current Urban Studies*, 1995. Henderson, J. Verson, "Marshall's Scale Economic". Journal of urban Economics, 2003, 53(1): 1-28.

② A. K. Bhattacharya, "India inc's global expansion", India Perspectives, 2011, 25(6): pp. 16.

③ 李通屏:《人口增长对经济增长的影响:日本的经验》,《人口研究》2002年第6期。

④ 任冲、宋立军:《印度城市化进程中存在的问题及原因探析》,《东南亚纵横》2013年第8期。

⑤ O. P. 马瑟:《印度的城市贫困问题》,《国外社会科学》1996年第5期。

⑥ 沈悦:《日本的城市化及对我国的启示》,《现代日本经济》2004年第1期。

⑦ 方创琳、宋吉涛:《中国城市群结构体系的组成与空间分异格局》,《地理学报》2005年第5期。

要素的吸引越显著，城市群发展水平也越高，从而形成城市群经济与区域增长相互推动的结果。本文目的即在于综合考虑城市群经济形成机理及其结构性质，以分析我国城市群经济发展与区域经济增长之间的内在关系。

一、人口集中与城市群经济效应

（一）人口向城市集中的总体趋势

为了讨论城市群发展与增长的关系，需要先对城市化的过程进行总体描述，特别是人口集中带来的城市扩张与区域差异。一般来说，城市化的本质是要素和生产的集中，但更多的时候用人口城市化来代表，改革开放以来，我国的总体城市化率呈现出稳定上升的趋势（见本文图1），从1978年的17.92%稳步上升到2012年的52.57%。值得注意的是，在这期间我国的总人口从9.63亿增长到13.54亿，表明人口向城市快速集中的趋势。1980年，中国有51个50万以上人口的城市，到2010年，增加到236个，据联合国《世界城市化展望2009年修正报告》预测，到2025年，中国将再增加107个50万以上人口的大城市。

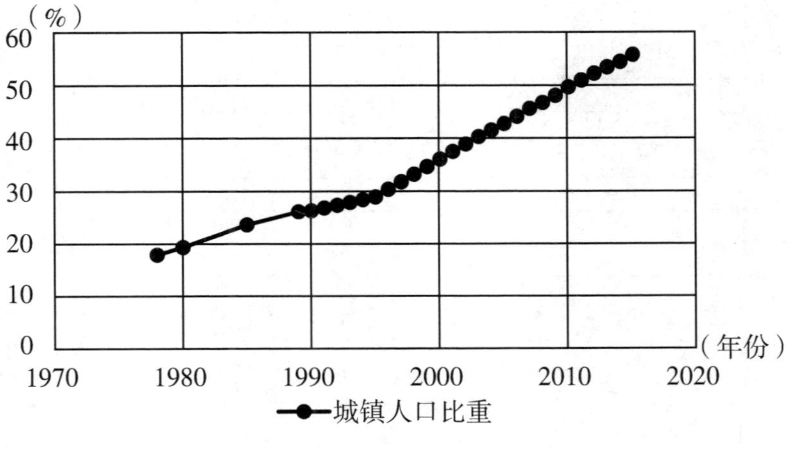

图1　历年城镇人口比重

这种趋势不但在全国存在，而且在各省级层面具有大致相同的性质，我们以生产和人口分布的极化作用来进行具体的描述①，所谓极化是一个同时包含绝对和相对的概念，即在国土面积大致相同的国家或地区选取其核心面积，比较其人口和产出的集中度。在本文中，我们以省区为界，以各省的省会城市和计划单列市为其核心区域进行研究，人口集中度和产出集中度的计算公式根据 Ellision 和 Glaeser(1997)②，如下：

$$G=\sum_{i}(s_i-x_i)^2 \qquad (1)$$

其中，G 为人口(产出)集中度，s_i 为 i 地区某城市人数(产出)占全国城市总人口(总产出)的比重，x_i 为该地区人口(产出)占全国总人口(产出)的比重，显然，G 值越大，其集中程度也越高。通过计算2001—2012 年省会城市和计划单列市的人口集中度和产出集中度并进行比较后发现，过去 10 年人口集中度呈上升趋势(见本文图 2)，这印证了中国人口向城市特别是向大城市集中的总体趋势。产出集中度在 2012 年之前除 2004 年到 2005 年小幅上升外，其他年份均呈现下降的走势，二者的不一致性说明我国的城市化过于强调了人的集聚，并没有形成有效的产业和就业支撑。2012 年之后产出集中度与人口集中度均呈现出上升的趋势，且两者之间的差距在逐步缩小，但人口的集中始终是大于产出的集中，城镇化过程中存在城镇化与工业化不协调的问题。

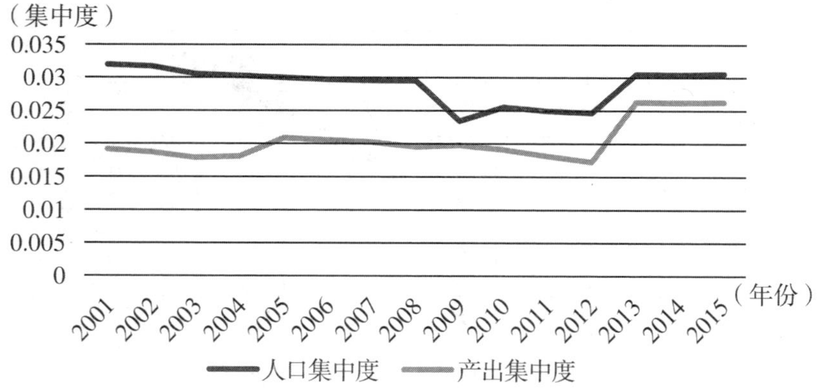

图 2　人口集中度和产出集中度

① 李国平、范红忠：《生产集中、人口分布与地区经济差异》，《经济研究》2003 年第 11 期。

② Ellision, G., and Glaeser, E. L., "Geographic Concentration in U. S. Manufacturing Industries: A Dartboard Approach", *Journal of Political Economy*, 1997(105): 889-927.

（二）城市群经济效应

显然，单独考察城市发展与经济发展之间的关系难以深入理解二者之间的复杂联系，这需要进一步研究城市发展对经济发展的作用机制，特别是对于我国而言，在城市化明显滞后于工业化的背景下，城市化对经济增长的显著促进作用表明讨论单个城市对增长的作用是不够的，而应该从城市群的动态视野来研究。[①]一些研究也表明，20 世纪 90 年代以来我国城市发展中的显著特征是城市集聚增长日益显著和城市间连接性的增强，特别是，从区域层面来看，经济发展水平较高的东部地区的城市间连接性更紧密，而中西部地区则强调单个城市的作用，反映了不同性质的城市极化发展方向。[②]

从经济效应角度而言，城市群还有优于单个城市作用的诸多方面，包括：

第一，城市群经济比单个城市对于区域发展的作用来源于城市间的经济联系。城市间联系与城市内部经济主体之间的联系具有本质的不同，如果给定城市内部没有由于交通拥挤带来的负面效应，则城市在区域经济发展中的作用可以看作一个均质的点，不同等级城市的差别不在于城市内部的结构，而只在于城市规模本身，当不同规模的城市具有不同市场潜能时，市场潜能和产业向城市的集聚会显著地影响地区的劳动生产率，进而影响地区经济发展。[③]城市群就不同，不同的城市间具有不同的经济联系，受城市规模、距离、交通网络、产业联系等的影响，由于中心城市的增长与其获得要素的能力有关，当中心城市间具有良好的经济联系时，就能够加速要素集聚，并扩大经济增长的外部性效应。[④]

---

① 吴福象、刘志彪：《城市化群落驱动经济增长的机制研究——来自长三角 16 个城市的经验证据》，《经济研究》2008 年第 11 期。

② 陈刚强、李郇、许学强：《中国城市人口的空间集聚特征与规律分析》，《地理学报》2008 年第 10 期。

③ 谢长青、范剑勇：《市场潜能、外来人口对区域工资的影响实证分析——以东西部地区差距为视角》，《上海财经大学学报》2012 年第 3 期。

④ 李煜伟、倪鹏飞：《外部性、运输网络与城市群经济增长》，《中国社会科学》2013 年第 3 期。

第二，城市群经济通过提高人力资本积累水平和劳动生产率来促进区域经济发展。城市化进程中地方人力资本积累及知识溢出是最突出的现象，人力资本积累程度越高越利于促进创新和增长，而且这一人力资本积累效应在城市群地区更为明显，Carlino 等通过对美国东部城市群地带的实证研究，证实了上述结论。[①] 城市群经济带来的劳动生产率效应也在肖小龙和姚慧琴的研究中得到证实，[②]城市群大规模基础设施建设的经济效应在全要素增长率(*TFP*)中显现出来，城市群比单个城市的全要素增长率(*TFP*)增长具有更强烈的特征。

第三，城市群经济具有远高于单个城市的技术溢出效应。知识和技术溢出与空间距离有关，虽然人们还没有弄清楚是什么样的技术具有跨距离溢出的机制，但对于聚集带来的溢出有确定的认识。从地理范围来看，集聚带来的技术外部性与空间密切相关。[③] 当空间距离扩大时，知识传递会逐渐消散，表明具有越集聚的空间环境越有利于知识传递和学习，城市不但是空间紧密的实体，也是产业集聚的区域，从而成为知识溢出的良好平台。城市群比单个城市区域具有更大的空间弹性，有更完善的产业体系和基础设施，这些对于技术溢出而言不但提供了渠道，也提供了承载的平台，城市规模扩大与城市群发展的过程伴随着知识的积累和技术的溢出。[④]

理论而言，城市群经济的上述效应体现了人口集中的性质，由于人口地理集中的经济活动外部性使得城市群经济比单个城市能够带来更有效的经济增长效应，在新经济地理学框架中，报酬递增是理解城市发生以及城市对区域增长作用的起点，在 Fujita 等的经典模型里，要素向城市集中而驱动的经济增长解释了城市经济的外部性作用。

---

① Carlino A, Chatterjee S, Hunt R M. "Urban density and the rate of invention". *Journal of Urban Economics*, 2007, 61(3): 389-419.

② 肖小龙、姚慧琴：《中国城市群生产率变迁及差异性考察》，《当代经济科学》2013 年第 6 期。

③ Fujita, M. and, J. Tisse, *The Economics of Agglomeration*, Cambridge: Cambridge, University Press 2002.

④ Black D, Henderson V. "A Theory of Urban Growth". *Journal of Political Economy*, 1999, 107(2): 252-284.

（三）两种类型的城市人口集中性质

对于我国而言，人口向城市的集中伴随着要素的地理集中和就业结构的转换，以及这种人口集中的人力资本溢出效应，在东部地区和中西部地区却存在不同的性质，其原因即在于两类地区城市间的连接性存在显著的差异。

对于一个具有二元结构的发展中国家而言，工业化是其实现转型的重要途径，它需要农村剩余劳动力在城乡间的转移来支撑，则如果一个地区的城市化速度低于其工业化速度，表明其人口向城市的地理集中低于其就业转换，反之则是地理集中高于就业转换。当城市之间具有合意的连接性时，转移人口在城市具有较高的就业转换，区域人口集中反映出城市群经济效应，当城市之间连接性较低时，区域人口集中反映的是单个城市的经济效应，转移人口的就业转换不够明显。其数学描述如下：

$$\pi = G_t / G_e \tag{2}$$

其中，π 衡量了一个地区人口向城市集中的性质，G_t 为城市化速度，$G_t = \frac{\partial T}{\partial t}$，$T$ 为人口城市化率；G_e 为工业化速度，$G_t = \frac{\partial N}{\partial t}$，$N$ 为工业化率，考虑到就业的城乡转换对城市工业化的推动，在本文中用各地城市工业就业比重来代替。

从人口集中度与产业集中度的趋势图中我们观察到，两者在 2013 年出现了趋同的趋势，我们计算了 2013 年我国不同等级城市人口集中的性质，讨论了如下三种情形：（见本文表 1、表 2、表 3）

1. 268 个地级城市①

表 1　地级城市人口集中的性质

π	城市
$\pi>1$	三亚市、海口市、拉萨市、伊春市、乌鲁木齐市等 57 个城市，其中东部地区 11 个，中部地区 8 个，西部地区 29 个，东北地区 9 个。

① 由于南昌市、三沙市、深圳市三个城市数据缺失，共计算了 268 个地级城市的人口集中的性质。

续表

π	城市
$\pi<1$	辽阳市、南宁市、郑州市、长沙市、淄博市等210个城市，其中东部地区67个，中部地区71个，西部地区56个，东北地区21个。

资料来源：《中国城市统计年鉴》2014年。

由表1可知，在地级城市的测度范围内，城市化速度大于工业化速度的城市有57个，占到整个地级城市的21%。按照地区划分，东部地区11个，占整个东部地区地级市的14.1%，中部地区8个，占整个中部地区地级市的10%，西部地区29个，占整个西部地区地级市的34.11%，从这个角度测度，西部地区存在较为明显的人口城市化与经济集聚不一致的情况。城市化速度小于工业化速度的城市有212个，占到整个地级城市的79%。按照地区划分，东部地区67个，中部地区71个，西部地区56个，东北地区21个，绝大多数城市人口的增长还是源于随着经济的发展人口向城市的集中。

2. 省会城市

表2　省会城市（直辖市）人口集中的性质

π	城市
$\pi>1$	海口市、北京市、拉萨市、乌鲁木齐市、上海市、广州市、呼和浩特市、南京市、西安市、沈阳市、天津市、太原市、银川市、兰州市、哈尔滨市、西宁市、成都市、重庆市、武汉市、济南市、杭州市、昆明市、贵阳市共23个城市，其中东部地区8个，中部地区2个，西部地区11个，东北地区2个。
$\pi<1$	南宁市、长春市、郑州市、长沙市、南昌市、石家庄市、合肥市、福州市共8个城市，其中东部地区2个，中部地区4个，西部地区1个，东北地区1个。

由表2可知，在省会城市的测度范围内，城市化速度大于工业化速度的城市有23个，占到整个省会城市的74%，城市化速度小于工业化速度的城市仅有8个，占到整个省会城市的26%，绝大多数城市人口的增长源于人口的自然增长，而非由经济增长带来的人口向城市的集中。这种现象的出现主要是由于我国特殊的行政规划体制，政策上对于城市新区的规划，拉动了人口向城市的集中。

3. 以省为单位的城市总体

表 3 各省人口集中的性质

π	城市
$\pi>1$	海南省、北京市、西藏自治区、新疆维吾尔自治区、上海市、天津市、青海省、重庆市、宁夏回族自治区共 9 个省（直辖市），其中东部地区 4 个，西部地区 5 个。
$\pi<1$	黑龙江省、辽宁省、内蒙古自治区、甘肃省、陕西省、吉林省、广东省、四川省、广西壮族自治区、江苏省、安徽省、山西省、浙江省、山东省、湖北省、云南省、贵州省、湖南省、福建省、河北省、河南省、江西省共 22 个省（直辖市），其中东部地区 6 个，中部地区 6 个，西部地区 7 个，东北地区 3 个。

由表 3 可知，在以省为单位的测度范围内，城市化速度大于工业化速度的省份共 9 个，占全部省份的 29%，城市化速度小于工业化速度的省份有 22 个，占全部省份的 71%，这与我们在地级市范围的测度结果是一致的，从整体上看，城市化速度与工业化速度是相一致的，人口的就业转换是大于其地理集中的，但是也存在部分城市人口的城市化不是由于经济的发展，而是由于城市人口的自然或者某些外部因素的增长。

二、城市群经济的形成机理与结构性质

（一）城市群经济形成机理

对城市群形成机理的研究，从理论上来讲主要有四种观点：一是传统的城市经济学，认为城市群形成的集聚力主要来自于本地化的外部规模经济，产业大量集聚，并通过产业关联或劳动分工等方式逐渐形成了联系密切的城镇，形成城市群。城市群形成的分散力主要来自由于集聚对“地租”产生竞争使土地成本上升而导致的不经济，城市会有一个“最优规模”，随着城市规模的扩大，城市开始扩散，形成以大城市为核心，周围中小城镇密切联系的城市群。二是产业组织理论，从

城市群形成的微观机理出发，认为产品的差异化和产业之间的联系是城市群形成的主要动力。三是新经济地理学，把城市群的形成主要归结为报酬递增、规模经济、运输成本和路径依赖等因素。四是内生增长理论，强调了知识和技术在城市增长中的作用。但是这些理论的研究主要是以发达国家为研究对象，更多地强调了厂商、消费者这两个市场主体在城市群形成中的作用，较少考虑政府的力量，因此并不能完全解释中国这样一个市场机制尚不健全的社会形态中的城市群形成问题。[①] 中国城市群的形成机理，还应该包含以下几方面的内容：

1. 城镇化背景下人口的集聚

1978—2015 年，中国的城镇化率由 17.9% 上升到了 56.1%，人口集聚对非农产业劳动生产率呈倒 U 形影响，我国的人口集聚还处在促进非农产业生产率的阶段。[②] 人口向城市集聚增加了对商品和服务的需求，扩展了城市的市场空间，助推了产业的集聚、第三产业的发展及整体产业结构的升级。这些都促使城市形成规模较大的综合体，然而，人口的集聚由于城市的产业结构、空间结构和经济增长的差异，在核心城市和非核心城市也存在着梯度[③]，这也就构成了城市群的人口分布结构。

2. 企业区位选择

企业是产业组成的基本单元，也是产生集聚的核心力量。企业对于组织和经营活动的选址对城市人口和空间的布局起着重要作用。在企业的选择过程中，除考虑上述规模经济和知识溢出等效应外，还受政策因素的影响，1978 年以来，各地政府在招商引资上各显神通，在土地、税收、资金等方面予以支持，建设开发区、工业园区，健全企业发展所需要的基础设施，吸引企业入驻。这种政府的引导行为使不同的

---

① 赵勇：《国外城市群形成机制研究述评》，《城市问题》2009 年第 8 期。

② 周玉龙、孙久文：《产业发展从人口集聚中受益了吗——基于 2005—2011 年城市面板数据的经验研究》，《中国经济问题》2015 年第 2 期。

③ 许庆明、胡晨光、刘道学：《城市群人口集聚梯度与产业结构优化升级——中国长三角地区与日本、韩国的比较》，《中国人口科学》2015 年第 1 期。

企业共同选择了相同的区位，直接影响了城镇的兴起和发展，并会进一步影响城镇之间的相互联系程度。

3. 政府战略引导

早在2005年，中国发布的《中国城市发展报告（2003—2004）》就提出了“组团式城市群”的概念。[①]同年在《国家“十一五”规划纲要》中明确指出要把城市群作为推进城镇化的主体形态，此后在“十二五”、“十三五”的发展规划中均对城市群的发展进行了具体的战略布局。2014年《国家新型城镇化规划（2014—2020》在京津冀、长三角、珠三角3个传统的城市群外，专门提出了4个中西部城市群的发展目标，包括成渝城市群、中原城市群、长江中游城市群、哈长城市群。截至2016年4月，国家发改委先后审批了京津冀、长江中游、哈长和成渝4个城市群的发展规划，在交通、通信等基础设施上对城市群进行统一规划，提升城市群的功能，加强城市群之间的联系。正是由于政府的支持政策，城市群的空间扩展才能得以保障，城市群的规模和体系更加合理，最终实现了城市群在设施、市场、功能和利益上的一体化。

4. 城市功能集聚和扩散的驱动

在城市化的过程中，单个城市不断扩展，规模扩展到一定程度之后，就会出现拥挤效应[②]，交通拥堵、生活成本（房价）偏高、投资效率下降、环境问题严重、城市治理成本增加等一系列“城市病”。[③]为了削减由于城市规模过大而产生的不经济，疏散城市功能，防治大城市病，城市的发展要进行功能定位，强调大小城市的分工协作，在大城市周围建设卫星城，形成功能完善、联系紧密、协调发展的城市群，使整个区域城市化水平达到均衡状态。

（二）我国城市群结构性质

虽然人们对城市群经济的效应具有一致的认识，但如何对城市群

---

① 陈玉光：《城市群形成的条件、特点和动力机制》，《城市问题》2009年第1期。

② 王俊、李佐军：《拥挤效应、经济增长与最优城市规模》，《中国人口·资源与环境》2014年第7期。

③ 刘静玉、王发增：《城市群形成发展的动力机制研究》，《开发研究》2004年6期。

经济进行测度并没有一个确切的方法。简·戈特曼认为识别城市群要从城市密集度、经济社会联系、交通及城市规模等方面对城市群进行测度。1910 年,美国"大都市区"从人口和就业的角度限定,认为人口规模和就业结构是判定城市群的标准。20 世纪 50—60 年代日本"都市圈"也选取了人口的规模、中心城市 GDP 占圈内的比例及交通运输占比等指标为城市群的判断依据。基于我国城市之间联系的复杂性,1986 年周一星提出了"都市连绵区"即"城市群"的早期概念,用 2 个及以上特大城市、便利的交通条件、人口密度及城市间的联系为标准来测度城市群。20 世纪 90 年代以来,众多学者又对这一标准进一步发展,主要是姚士谋、顾朝林、方创琳等,界定城市群的标准集中在人口、城镇化率、经济体量、产业结构、交通等方面。即使这样,我们尚未从细节上对城市群经济进行刻画,特别是当我们要讨论城市群经济对区域经济增长的作用机制时,需要对城市群进行细致的测度。

基于现有学者的研究,对城市群的分类主要有 4 种,一是中国社会科学院在《中国城市竞争力报告》中提出的 15 大城市群,包括长三角城市群、珠三角城市群、京津冀城市群、山东半岛城市群、辽中南城市群、海峡西岸城市群、中原城市群、徐州城市群、武汉城市群、成渝城市群、长株潭城市群、哈尔滨城市群、关中城市群、长春城市群、合肥城市群。二是中国科学院地理科学与资源研究所《2010 年中国城市群发展报告》中界定的 23 个城市群,在 15 个城市群的基础上,增加了环鄱阳湖城市群、南北钦防城市群、晋中城市群、银川平原城市群、呼包鄂城市群、黔中城市群、滇中城市群以及天山北坡城市群。三是住建部在《全国城镇体系规划纲要(2005—2020)》中划分了三大都市连绵区及 13 个城市群。四是 2007 年国家发改委课题组提出的 10 大城市群,主要包括京津冀城市群、长三角城市群、珠三角城市群、山东半岛城市群、辽中南城市群、中原城市群、长江中游城市群、海峡西岸城市群、川渝城市群和关中城市群。通过对比和测度(缺少部分:具体指标测定城市群),结合要研究的主题,本文借鉴了国家发改委对城市群的界定,将研究的重心放在 10 大城市群(见本文表 4)。

表4　10大城市群及所辖城市

城市群	所辖城市
长三角城市群	上海、苏州、杭州、宁波、南京、无锡、南通、台州、绍兴、常州、嘉兴、扬州、泰州、湖州、镇江、舟山
珠三角城市群	广州、深圳、东莞、佛山、中山、珠海、惠州、江门、肇庆
京津冀城市群	北京、天津、石家庄、保定、唐山、沧州、廊坊、张家口、承德、秦皇岛
山东半岛城市群	济南、青岛、潍坊、烟台、淄博、威海、日照、东营
辽中南城市群	沈阳、大连、鞍山、营口、抚顺、铁岭、丹东、盘锦、本溪、辽阳
中原城市群	郑州、洛阳、许昌、平顶山、新乡、开封、焦作、漯河
长江中游城市群	武汉、信阳、黄冈、孝感、九江、岳阳、荆州、黄石、咸宁、荆门、随州、鄂州
海峡西岸城市群	福州、泉州、厦门、漳州、莆田、宁德
川渝城市群	重庆、成都、宜宾、南充、绵阳、乐山、德阳、泸州、眉山、遂宁、自贡、内江、广安、资阳、雅安
关中城市群	西安、咸阳、宝鸡、渭南、商洛、铜川

城市群空间结构反映了资源、要素以及社会经济活动在空间中的分布与组合状态。按照中心城市的规模和职能,可以划分为单中心和多中心两种模式,我国典型的单中心城市群为长三角城市群,多中心城市群为海峡西岸城市群。城市首位度在一定程度上反映了城市发展要素在最大城市的集中程度。曾鹏和陈芬采用首位城市与第二位城市非农人口的比值来测算,由于非农人口数据缺失,而市辖区人口也在一定程度上反映了城市人口的规模。①

本文主要选取了2个指标,从人口和产出两个侧面来对城市群进行比较:一是二城市指数,即人口(产出)规模最大的首位城市与第二位城市人口(产出)的比值;二是四城市指数,即首位城市与第二、第三、第四位城市人口(产出)的比值,其计算方法如下:

城市首位度(二城市指数):$S_2=\frac{P_1}{P_2}$

① 曾鹏、陈芬:《城市化进程中城市群异速生长关系比较研究》,《云南民族大学学报(哲学社会科学版)》2013年第2期。

四城市指数：$S_4=\frac{P_1}{P_2+P_3+P_4}$

其中P_1为最大城市的人口（产出），P_2、P_3、P_4分别为第二、第三、第四大城市的人口（产出）。（见本文表5、表6）

表5　按人口计算城市首位度

城市群	城市首位度	四城市指数
长三角城市群	1. 882	0. 669
珠三角城市群	1. 949	0. 701
京津冀城市群	1. 119	0. 413
山东半岛城市群	1. 141	0. 412
辽中南城市群	1. 715	0. 671
中原城市群	1. 113	0. 420
长江中游城市群	1. 083	0. 405
海峡西岸城市群	1. 065	0. 472
川渝城市群	2. 746	1. 337
关中城市群	1. 465	0. 555

资料来源：2016年《中国城市统计年鉴》。

从人口的角度，根据"城市的位序—规模"法则，正常城市首位度指数为2，四城市指数为1。从表5中可以看到，我国城市群中城市首位度均大于1，但是离2这个合理的城市规模还存在一定的偏离。其中长三角、珠三角城市群城市首位度与2最为接近，城市规模位序基本比较合理，而京津冀城市群、中原城市群、山东半岛城市群、长江中游和海峡西岸城市群城市首位度与2偏离较远，中心城市在城市群中的核心地位较为薄弱。川渝城市群首位城市指数为2. 746，同时四城市指数也居于第一位，重庆城市规模一家独大。在四城市指数中，大于0. 5的城市群有：长三角、珠三角、辽中南、川渝和关中城市群，其余城市群均为0. 4左右。城市群首位城市规模偏大的城市群为川渝城市群,偏小的城市群为长江中游城市群。

表6 按产出计算城市首位度

城市群	城市首位度	四城市指数
长三角城市群	1.732	0.733
珠三角城市群	1.034	0.570
京津冀城市群	1.392	0.801
山东半岛城市群	1.279	0.492
辽中南城市群	3.308	1.514
中原城市群	2.108	0.960
长江中游城市群	3.778	1.636
海峡西岸城市群	1.092	0.518
川渝城市群	1.455	1.114
关中城市群	2.691	1.072

从产出的角度,城市群首位城市与第二位城市产出的比值大于2的城市群有4个,包括辽中南城市群、中原城市群、长江中游城市群和关中城市群,特别是长江中游城市群,首位城市的产出是第二位城市的3.7倍,排名首位。而在以人口计算的城市首位度中,长江中游城市群的城市首位度仅为1.08,人口和产出的集中情况出现不匹配的现象,这也再次印证了我们前面的观点,人口集中与产业集中并不一致。城市首位度小于2的城市群有6个,包括长三角、珠三角、京津冀、山东半岛、海峡西岸以及川渝城市群。发展越成熟的城市群其城市结构越趋于合理,但综合看四城市指数,山东半岛城市群首位城市的四城市指数仅为0.49,首位城市的辐射带动能力较差。川渝城市群首位城市的产出是第二位城市的1.45倍,人口却是其2.75倍,城市群人口与产出不一致。

三、城市群经济与增长的实证研究

通过对人口集中的性质和城市群经济的形成与性质分析不难发现城市群在经济增长中的重要作用。2015年,沿海三大城市群面积只占3.4%,却集聚了全国27.6%的人口,创造了38.6%的GDP,全国70.3%的货物出口,吸引了55.9%的外国直接投资。从统计指标上来看,早在2005年,中国发布的《中国城市发展报告(2003—2004)》就提出了"组团式城市群"的概念,城市群的各项经济指标均发生了较大的变化,为突出研究的主题并考虑到数据的可得性,本文选取了10大城市群2005—2015年的数据,并将这些城市群的各项指标与全国平均水平进行对比,试图从中找出一些规律性的结论。本文资料均取自历年《中国统计年鉴》和《中国工业统计年鉴》以及《中国城市统计年鉴》。

(一)指标选定与统计分析

1.指标选定

经济增长水平(*rgdp*):通常表示经济增长水平的指标有人均*GDP*和单位资本*GDP*,这里采用了前者。

城市化水平(*rurban*):采用城市人口占城市和农村总人口的比重,即城镇化率来表示。

固定资产投资(*rinvest*):这里用全社会固定资产投资总额及其增长率来表示。

就业人数(*labor*):选择总就业人数及其增长率表示劳动投入。

全要素生产率(*tfp*):衡量经济效率的指标,是产出增长率超出要素投入增长率的部分。通常认为它有三个来源:一是效率的改善,二是技术进步,三是规模效应。现有的文献,通常采用城市总产值占资本和劳动的比重来表示,这里延续了这一做法。

$$TFP_{it}=Y_{it}/K_{it}L_{it}$$

其中,Y_{it}表示城市i第t年限额以上企业总产值,K_{it}表示城市i第t年的限额以上企业固定资本存量,L_{it}表示城市i第t年的限额以上企业劳动力总和。

人口集中的性质(*pi*):采用城市化速度和工业化速度的比值减去1再取绝对值,衡量了一个城市的人口集中与工业化发展之间与协调发展之间的差异,绝对值越大,表示城市化与工业化越不协调。

城市群内部联系(*gravit*):采用城市群联系强度最强的三个城市

的火车班次数据的和及其增长率来表示。

消费水平(*rcons*)及其变化率(*grcons*):采用城市居民人均消费品零售额来表示。

城市首位度(*primacy*):采用产出首位城市与第二位城市的比值。

表 7　变量说明

变量名称	变量定义	计量方法及单位
rgdp	人均国内生产总值	元
rurban	城市化率	%
rinvest	人均全社会固定资产投资	元
labor	城市群总就业人数	万人
tfp	全要素增长率	
pi	$pi=abs(\pi-1)$,表示城市化与工业化的比率与均衡程度的差异	
gravit	城市群内部联系	
rcons	人均社会消费品零售总额	元
primacy	首位城市与第二位城市产出比	%

2. 统计分析

首先经济增长方面的变化。10 大城市群中,无论是静态时点水平还是平均水平,川渝城市群的人均 *GDP* 均处于首位,长三角虽然 *GDP* 总量处于首位,但由于人口超出川渝城市群太多,人均 *GDP* 并没有绝对的优势,除此之外,长江中游珠三角以及京津冀城市群也保持了相对较高的人均 *GDP*。

其次考察城市化率的变化。10 大城市群中,无论是静态的时点水平还是平均水平,长三角和珠三角城市群的城市化率明显高于其他城市群。增长率差异上,城市化率起点高的城市群城市化率增长相对缓慢,城市化率较低的城市群城市化率增长较快。属于前者的包括长三角、珠三角、辽中南、海峡西岸和京津冀城市群,属于后者的包括山东半岛、长江中游、关中、川渝和中原城市群。

在固定资产投资方面。在总量上,10 大城市群中长三角城市群遥遥领先,远超过其他 9 个城市群。在增长率上,2000 年以后城市群固定资产投资呈现出快速增长的态势，增长率均在10%以上。其中长江中游城市群增速较快，与此同时，辽中南城市群从2010年开始，固定资产投资不增反降，甚至出现负增长，在2015年下跌27.5%。在消费方面，长三角、珠三角、京津冀三大城市群消费能力占据优势，但是在增长上，长江中游、关中和中原城市群增速较快，而三大城市群增长乏力，差距逐渐缩小。

在城市群内部联系上，长三角、京津冀、珠三角城市群仍占据了绝对的优势，经济总量排名前三位的城市之间一天的火车班次数量高达数百次。在短距离的城市联系上，火车并不能完全反映出全貌，但也具有一定的代表意义。通常来讲，经济联系密切的地区之间铁路联系更为密切。

在人口集中的性质方面，整体来讲，π 的值是趋向于1的，城市化与工业化逐步走向协调。横向来看，2006—2015年城市群的 π 值可以分为三类：一类是 π 值大于1，城市化先于工业化的发展，包括长三角、珠三角、京津冀，辽中南4个城市群，尤其是京津冀城市群，不仅在横向上位列第一，且在其他城市群逐步趋向均衡的时候，城市化率与工业化率仍然保持着较大差距，造成这种现象的原因可能有两个，一是城市功能导致更高的城市化率；二是第三产业吸纳大量就业，使得第二产业就业情况并没有明显优势。一类是在起始年份 π 值小于1，并逐步提高到2015年均大于1。包括中原城市群、海峡西岸城市群、川渝城市群、关中城市群。一类是 π 值较为稳定，基本趋近于1，包括长江中游城市群。城市化与工业化的协调和同步发展是城市群实现经济效率的内在要求。

将上述的情况加以汇总可以看出，10大城市群中，各项指标的差异正在逐渐缩小，呈现了一定的收敛特征。这一现象正好反映了城市群在2005年以后对经济增长的贡献。贡献程度的大小和方向如何，必须借助计量检验来判断。

（二）模型设定与计量检验

1. 模型设定

根据前面的命题猜想和统计分析，下面构建城市群驱动经济增长的计量模型。

$$rgdp=\beta_0+\beta_1 gravit+\beta_2 pi+\beta_i x_i+\mu_i \quad (3)$$

模型中，$i=2,3,\cdots\cdots$，*rgdp* 表示城市群经济增长水平，*gravit* 表示城市群内部的经济联系，*pi* 表示城市群城市化与工业化协调程度，x_i 为控制变量，分别是 *rurban*、*rinvest*、*rcons*、*tfp*、*labor*、*primacy*，分别表示城市化率、固定资产投资、消费水平、全要素生产率、劳动力水平及城市首位度。

2. 计量检验

下面分别对各模型逐一进行计量检验，如表 8 所示。

表 8　变量的回归结果

	模型 1	模型 2	模型 3	模型 4	模型 5
constant	25 782. 66	−25 849. 420	−6 061. 859	−6 271. 431	−5 212. 991
	(11. 887)***	(−5. 201)***	(−3. 188)***	(−3. 275)**	(−2. 611)**
gravit	133. 128	71. 985	22. 909	21. 998	22. 461
	(10. 317)***	(6. 957)***	(5. 948)***	(5. 543)***	(5. 703)***
pi	−8 147. 837	−9 580. 987	−2 110. 521	−1 983. 562	−2 278. 881
	(−1. 821)0	(−3. 177)***	(−2. 063)**	(−1. 922)*	(−2. 198)**
rurban		1 102. 466	305. 493	297. 718	298. 843
		(10. 867)***	(6. 055)***	(5. 823)***	(5. 903)***
rinvest			0. 109	0. 116	0. 122
			(2. 445)**	(2. 565)**	(2. 717)***
rcons			1. 631	1. 618	1. 605
			(15. 869)***	(15. 6)***	(15. 579)***
tfp			−1 573. 478	−613. 699	−357. 781
			(−0. 940)	(−0. 314)	(−0. 184)
labor				0. 456	0. 362
				(0. 958)	(0. 763)
primacy					−1 657. 717
					(−1. 692)*
R^2	0. 524	0. 786	0. 979	0. 978	0. 979
Adj. R^2	0. 514	0. 780	0. 977	0. 977	0. 977
DW 值	0. 17	0. 2	0. 352	0. 354	0. 375
F 统计值	53. 515	118. 119	709. 618	607. 843	542. 998

注：括号内为对应系数的 *t* 统计量，* * *、* *、* 分别代表 1%、5% 和 10% 的显著性水平。

根据 Hausman 检验，采用固定效应模型（FE）较为合适，综合模型（1）至模型（4）的估计结果和相应检验，我们发现：

第一，在控制了其他变量的影响后，城市群经济联系（*gravit*）系数均显著为正，表明从城市群经济增长的角度来说，城市群密切的经济联系，可以加速要素的流动，降低城市间的运输成本和交易成本，更有利于近距离地交流和知识溢出，提高公共基础设施的使用效率。

第二，城市化与工业化协调指数（*pi*）系数显著为负，这里 *pi* 值取的是城市群城市化率与工业化率比值减去 1 的绝对值，这两个指标的比值在理想化的状态下是 1，也就是城市化与工业化协调发展，偏离 1 的程度越大，说明两者越不协调。该解释变量系数为负，即表明偏离程度越大，对城市群经济增长越是带来不利影响，偏离程度越小，越有利于城市群经济增长。城市化快于工业化的发展，人口由于城市功能或城市政策等因素流入到城市，如果没有完成就业转换，不能有效地发挥劳动力的优势，反而成为城市经济增长的负担。反之，工业化快于城市化的发展，城市人口不能有效支撑工业化的发展进程，会对经济的持续发展产生不利影响。

第三，城市化率（*rurban*）系数为正，城市化率与城市群经济增长之间存在着显著的相关性，城市化作为经济增长的新引擎，分别通过城市人力资本的积累和城市功能的创新两个渠道来实现，共享的基础设施是城市经济增长效率的保证。城市群是城市发展中一种很重要的形式，因此从城市群的角度研究经济增长问题是卓有成效的。

第四，全要素生产率（*tfp*）在模型中的结果并不显著，这也印证了前文提到的用技术进步并不能完全解释我国城市群的经济增长。诚然，技术进步能够带来生产效率的提高，但技术变迁的过程是缓慢的，有时技术作用的发挥也需要一定的社会条件，当社会发展条件与技术进步相适应时，技术才能发挥其在经济增长中的积极作用。

四、结论与启示

本文利用 2006—2015 年中国 10 大城市群的面板数据，利用城市群内部经济联系和城市群城市化与工业化协调程度与经济增长之间的关系进行检验。结果表明,在控制了其他影响因素后,城市群这种城市形态内部经济联系对经济增长具有显著的正向影响,越成熟的城市群其内部经济联系越密切,这意味着共享基础设施,降低了交易成本的城市群是城市发展的有效形式。

与此同时,城市群内部城市化与工业化协调发展对经济增长也具有正向的影响,城市化率、消费等也是影响城市群经济增长的关键因素。但是城镇化本身并不是刺激经济增长的主要因素,而是城镇化过程中占主导的农业向效率更高的工业和服务业转变的过程,进而带动经济增长。① 而城市化只是这个经济发展过程中的伴生物,而不是促进经济增长的主要因素,中国主要城市群城市化与工业化协调指数与经济增长的回归结果也和这一研究结果相呼应。因此在城镇化发展的过程中单纯地将农村人口向城镇集中可能对经济增长的意义不大,甚至可能导致一些失业率增加等社会问题。

本文结论具有重要的政策含义:其一,政府应加大交通和通信基础设施的投资力度,加强城际间资源和功能的整合,提高城市群一体化程度,培育共同市场,降低交易成本,有效发挥城市群集聚经济和规模经济效应。其二,引导人口和资源向城市集中要以产业的发展为基础,以城市的功能和服务来促进城镇化的过程,避免单纯土地和户籍的城镇化,提高城市化与工业化发展的协同效率。其三,在城市群的结构上要合理发展,防止单一城市过度扩张和无序蔓延带来的拥挤效应,降低集聚不经济的因素。

该文原刊发于《河南大学学报(社会科学版)》2019 年第 1 期。

---

① 李佳洺、张文忠、孙铁山、张爱平:《中国城市群集聚特征与经济绩效》,《地理学报》2014 年第 4 期。

第三编 劳动力流动与农村发展

试论农村市场的性质

古典经济学总是把经济体假定为一个统一的市场。在这个统一的市场上，由于产品、资源和要素被假定为可完全流动的，则市场机制的有效性和灵敏性能够优化配置资源要素，以实现社会经济增长的目标。现实来看，这种完全市场并不存在，除了国家制度、政府政策、区域差异、地区封锁、市场强权、意识形态等因素所带来的诸多影响之外，城市地域与农村地域长期发展中所存在巨大的差异甚至是隔离，是这种不完全市场的集中体现。发达国家由于早已完成工业化，兼之市场经济体制几百年的运行，这种差异和隔离已变得非常微小。发展中国家，特别是如中国这样的传统农业国家，由于发展基础差，农村人口基数大，人均收入水平低，兼之改革开放前长期片面工业化战略的负面影响，所建立起来的工业体系主要集中在少数大中城市，农村地域发展滞后。虽然经过改革开放之后 20 多年的发展，农村市场化程度大为提高，但与城市相比，农村仍然体现出诸多落后特征。这种落后具体表现在人均收入、劳动生产率、生活水平、经济结构以及社会意识、文化教育等方面。深层次来看，农村市场化程度低是城乡差异的根本原因。以下从西方经济学对市场的划分，即产品市场、劳动市场和资本市场3个方面来具体分析中国农村市场化落后的性质。

一、农村产品市场具有不完全性和相对封闭性的特征

产品市场的落后性质主要在于农民所面对的不完全市场的不利影响。一般认为，农产品不像工业制品那样容易进行差异化，其产品相对而言是同质的，所以相对于工业制成品而言，现代西方经济学一般都假定农产品市场是完全竞争的，虽然由于农产品需求弹性小，市场均衡的实现远较工业制成品难，但可以用农产品价格支持政策予以解决。但进一步探究事实，我们就会发现，这种假定并不符合实际情形。我国学者张培刚教授早在20世纪40年代对此就有精辟论述。张培刚教授是从“农民作为买者”和“农民作为卖者”两个方面来分析农业市场的不完全竞争性的。从农民作为买者来看，由于工业制成品领域存在较为普遍的垄断力量，导致产品价格较高，且对农民而言，这种所付较高价格之苦，甚于其他领域的劳动者。原因在于农民收入较低，而其所购买的工业产品——包括用于生产的农业器具、化学肥料、运输手段及用于消费的衣着、家庭用品，占其购买预算的比例都很高。从农民作为卖方来看，“除最易腐烂的农产品外，最典型的运销渠道是：‘农民—地方收购商—总批发商—零售商—消费者’，在中间人之中，总批发商正是占据在运销过程的瓶颈或关口上，极可能在不完全竞争的条件下买入及卖出……乡村的收购代理商……在不完全竞争条件下（从农民）购入。[①] 由此可见，无论从买方还是从卖方来看，乡村市场都是不完全竞争的。农民由于处于完全无组织的状态，他们在两个垄断市场的夹缝中求生存，其地位是很脆弱的。张培刚教授的上一论点虽然提出已有半个世纪，但对照中国乡村市场的现实，仍然是十分贴切的。

---

① 张培刚：《农业与工业化》，哈佛大学出版社1949年版，英文版；中译本，华中工学院出版社1984年版。

改革开放以来,随着农村工业的崛起,农村工业在农村市场中也扮演着极为重要的角色,农村工业的发展虽然从根本上改变了农村的产业结构,使农村的经济结构以单一农业(或曰以农业为主)向多样化和合理化方向发展。根本而言,农村工业是根植于农村的,它不但从农业获取资本、劳动,同时其产品销售也主要面向农村市场,产品种类以农用工具和农村日用品为主。由于农村工业的市场范围具有相对封闭性的特征,农民虽然能够从农村工业的发展中获取收入及工业品,但其效用并没有一般分析高。值得注意的是,20 世纪 90 年代以后,一部分农村工业随其规模扩张,产品质量提高,不但涉足新兴产业,其销售范围也脱离农村向世界市场拓展,但这部分农村工业实质上已非农村工业范畴,总体来看,也不影响我们已得结论。

改革开放带来农村的另一重要变化是农村集市的繁荣及服务于农产品的运输业的发展。即使不考虑农村集市上商贸产品的种类与质量,这种集市仍具有极大的地方性特征和无组织性特征。多数农村集市的兴起都与地方聚集的人口所带来的需求有关,集市的发展完全作为地方供给而存在,并不能和全国统一的商业体系成为有机的整体,农民多在农村集市上获取布匹、绳箱等生活用品和生产用的辅助用品,而农用机械、家用电器等"大件"仍需去中心城市购买。而运输业也多以农民自发形成的运输车队组成,多以拖拉机、农用三轮车等为主要工具;组织上以散户为主,其服务对象多为农民地方农产品的外销及生活、生产用品的输入,客户不固定,业务联系则依人际关系而定,服务范围小。

二、劳动市场呈现盲目性、无序性和低素质特征

目前,我国有耕地 14 亿亩,农村劳动力 4.3 亿,按新中国成立初期每人耕种 10 亩左右土地的水平,农村只能容纳 1.6 亿左右劳动力,剩余劳动力达 2.7 亿,如果用发达国家农业就业量在社会总就业量中

的比重低于10%来考虑，则潜在的剩余劳动力总数可达4亿—5亿[①]，这些剩余劳动力实际上已成了“零值劳动力”，其投入并不能增加农业产出。以前，我们依靠行政手段和严格的户籍制度，把农村劳动力控制在农村，以保证城市片面工业化战略的实施。改革开放后，特别是从1984年开始，允许农民自带口粮进城和务工经商，城乡隔离有所松动。同时，农村工业的发展，也吸纳了大约1亿农村劳动力。据农业农村部调查推算，2002年，全国外出就业的农业劳动力超过9400万人，加上农村工业吸纳的约1亿劳动力，共有将近2亿农业劳动力实施转移，从而，大大缓解了农业就业压力。但深入分析农业剩余劳动力转移的背后，我们发现情况并非如我们估计的那么乐观，原因在于转移农业剩余劳动力的目的均未达到：

1. 转移农业剩余劳动力的第一个目的在于提高农业劳动生产率

据有关调查显示，流出农业的人员主要是年龄在16—40岁的青壮年劳动力，文化构成则为有一技之长和文化程度较高的人员，性别构成以男性为主。在我国目前家庭联产承包责任制下，他们是基层承包的主体。这种相对高素质的青壮年劳动力的流出必然导致农业劳动投入的相对不足，降低了农业产出，甚至导致大部分传统商品粮基地出现耕地撂荒的局面。长期来看，我国农业生产一直处于较低水平，虽然联产承包责任制实行之初出现过农业生产的繁荣，但这是土地制度改革引发农民劳动热情所致，可以认为是劳动投入增加的结果，并不是源于农业劳动生产率的提高所致。

2. 转移农业剩余劳动力的第二个目的是为促进农村地区经济社会发展

这应从小城镇建设和农民收入两个方面进行观察。改革开放以来，农民收入有了大幅度的增长，但仍有不尽如人意之处，这表现在两个方面：一是观察这20年的变化，农民人均收入在总体增长的同时，存在波动，特别是近期增长速度放慢，个别年份甚至有下降趋势。据统计，农民收入增长速度最快的时期为1978—1984年间，农民人均纯

① 张晓山：《深化农村改革　促进农村发展》，《中国农村经济》2003年第1期。

收入从 133.6 元增加到 355.3 元,扣除物价因素后年均增长速度为 15.9%;从 1985 年后,农民收入增长速度放慢,1988 年仅为 0.3%,1989 年反而下降了 7.5%,1990 年恢复到 1988 年的水平,1991 年为 0.9%,此后两年是为缓慢增长时期;1994—1996 年是农民收入快速增长时期,3 年平均增速 10.1%;1997—2000 年 4 年又呈连年下降趋势,2001—2002 年重新出现增长势头,但是为恢复性增长。二是城乡差别明显。2001 年,中国城市居民人均可支配收入为 6 869.6 元,而农村人均可支配收入只有 2 366.4 元,二者差距为 4 500 元之多。而这一差距在改革之初的 1978 年为 209 元,1992 年也只有 1 000 元,城乡差距扩大速度增快。① 小城镇化建设是中国独特的城市化道路,一般认为这是解决城乡差别,促进农村地区发展的主要途径。有关研究表明,我国的小城镇建设仍存在不少问题,除了缺乏长远规划,布局不尽合理外,最突出的表现是城市功能不够突出。多数城镇人口增长不过是为城镇化而城镇化,没能发展吸纳农业剩余劳动力的具有根植性的第二、第三产业部门。

3. *农村剩余劳动力转移的第三个目的是提高劳动要素的使用效率*

这不但包括产业角度观察的劳动力由第一产业向第二、第三产业转移和由地域角度观察的由农村地域向城市(城镇)地域转移,也包括时间角度观察的转移稳定性。以往研究多从前两个角度出发,后者分析较为少见。实际情况是,由于农业生产具有较强的季节性,农闲时节,农业剩余劳动力纷纷流向城市及沿海发达地区的城市及城镇,进入第二、第三产业务工,农忙时节又大规模回流,不但对其所进入的产业和地区生产造成波动性影响,更重要的是,这种就业的不稳定状态,影响了要素的使用效率。

以上问题的出现并非偶然,其根本原因在于农村劳动力市场的发育程度较低所致,这既有体制上的原因,也有农业生产季节性的影响,同时又涉及农民素质低的因素。体制上来看,虽打破了城乡极端隔离

---

① 谭秋成:《对当前农村政策与改革的评价》,《农业经济问题》2003 年第 5 期。

的坚冰，但长期形成的不合理的体制并未从根本上得以扭转。计划体制以隔离城乡的户籍制度、婚姻制度、教育制度、用工制度、住房制度等现在仍有很大痕迹，制约了农村劳动力向城市转移的彻底性。仅从“民工”这一称呼上就能感受到其深厚的体制影响，虽为进城务工经商人员，但本质为农民，难以真正享受到城市工业化的好处。从农业生产季节性特点来看，从农业转移出来的这部分剩余劳动力并不能彻底离开农村，进入城市，他们多是农业经营的主力军，候鸟式转移成为农村劳动要素流动的主要特征。从素质条件看，农村教育水平落后导致农民文化素质普遍低下。通过新中国成立以来几次全国大规模的扫盲运动和九年义务教育制的普及及一系列社会教育援助工程的实施，农民文化素质有了很大的提高，和城市相比，仍有很大差距，从而农民即使进入城市，也只能从事累、苦、脏、差的行业工种。可见，农村劳动市场所表现出来的这一系列特征，都极大地制约了劳动力的流动和优化配置。

三、资本市场发育水平差

发展中国家农村金融市场发育极差，这已是不争的事实。原因在于，金融市场的功能在于把储蓄转化为投资，以促进资源要素更合理的分配。然而，位于城市的商业银行，由于缺乏在农村进行有效经营所必需的知识和技能，加之经营成本高，经营风险大，一般不愿到农村去经营信贷业务。同时，农民收入水平低下也决定了储蓄水平低下，难以吸引城市金融机构向农村发展。这种情况下，发展中国家一般由政府出资组建农村银行或农村发展银行，或成立农村信用合作机构。这些农村金融机构，一般带有政府垄断性质，也带有很强的政策性，这决定了农村信贷多以关系信贷和政策信贷为主，不能保证广大农户能通过这一渠道获取足够资金。除有组织的正规机构之外，农村尚存在大量的无组织的金融市场，一般而言利率较高，交易具有非正式性，风险也大，且往往由于其“地下”性质引发大量纠纷，不利于扩大农户据此进行有效融资。然而，和其他部门相比，农业部门更需要金融和信贷的支持,这是由农业生产的特殊性所决定的。农业生产具有很强的季节性,农业经营风险高,以科技进步为基础的农业发展,需要大量的固定资本投资,由于其一次性投资数额巨大,仅仅依靠农民储蓄是远远不够的。

党的十六大报告明确指出,我国要用 20 年的时间实现全面建设小康社会的目标。对于具有占总数 13 亿人口 70% 为农村人口的发展中大国而言,推进农村市场化进程,发展农村经济,提高农民收入是实现这一目标的关键。从改革开放 20 多年的情况来看,中国农村已经发生了天翻地覆的变化,原来从来没有的消费品市场、生产资料市场、劳动市场和资本市场从无到有,已经基本上建立起来。这有效地促进了中国农村经济社会的发展,改善了城乡关系,为我国经济社会发展和市场的统一起到了非常重要的作用。我国的农村市场化进程尚不尽如人意,存在着以上所述流通渠道不畅、体制不顺、机制不够灵活及与城市市场存在严重隔离的问题。本文认为,促进农村经济社会发展的关键在于推进农村市场化进程,实现农村市场资源要素的优化配置。

该文原刊发于《农村经济》2003 年第 12 期。

外出务工促农民增收的机理与实证

——基于河南省49个自然村的调查分析

一、引　　言

促进农民增收是解决“三农”问题的关键，当前文献认为解决这一问题主要依赖三条途径：一是基于税费改革来减轻农民负担，从而切实提高农民收入。税费改革后所产生的实际效应已经表现出来，特别是免除农业税后农民所得的实惠已经成为扩大农业生产的又一轮刺激。但有人认为通过农村税费改革只是促进农民增收的“治标不治本”的手段(秦晖，2001)①，依托农村税费改革来促进农村经济结构调整才是促进农民增收的长远战略(方齐云等，2005)。② 二是调整农业生产结构，改变种植业单一的形式。其理由一方面是在于我国粮食生产已经存在过剩局面，市场需求不足导致基于粮食生产的收益也存在下降趋势(阎占定，2005)③，另一方面在于我国经过近30年的改革开放，人民生活水平已经有了极大的提高，食品结构的多样化对农业生产的多样化也提出了内在的要求，更有人提出，在经济全球化背景下，

① 秦晖：《税费改革：历史的经验与现实的选择》，《中国改革》2001年第10期。

② 方齐云、陆华新、鄢军：《我国农村税费改革对农民收入影响的实证分析》，《中国农村经济》2005年第5期。

③ 阎占定：《当前我国农业结构调整的动力因素分析》，《学术论坛》2005年第1期。

我国粮食生产不占优势，而通过农业生产结构调整来发展具有比较优势的产业如瓜果业和特色养殖业是必然之路（卢布等，2005）。[①] 三是通过离土不离乡的农业产业化和城镇化，实现农村经济结构的转变和社会转型来从根本上解决这一问题。这也是文献最为集中之处，但几乎所有的研究都强调了长期解决“三农”的思路，而没能提供短期内促进农民增收从而为农业产业化和城镇化进行积累的办法。

本文认为，对于我国的情况而言，通过外出务工来实现农民增收应该是一条有效的途径，虽然长远来看它未必是解决农民增收的根本手段，但却是适合当前我国经济社会发展阶段的一个必要且有效的机制，其理论基础在于：在我国当前的经济社会转型期，非农产业特别是第二产业的高速发展产生了对于劳动要素的强势需求，而农村巨大的剩余劳动力资源正好与之形成了互补的局面，农工产业巨大的劳动生产率差正好为实现这些农村剩余劳动力的价值提供了条件。以外出务工手段，促农民增收进而促进农村经济社会发展的内在逻辑为农民工通过外出务工所获得的收入，主要形成了个人发展和所在区域经济社会发展的前期积累，同时也是提高农民实现永久性产业转移和地域转移能力的基础，最终为从根本上解决“三农”问题打下了基础。本文在对外出务工促农民增收的理论分析基础上，通过对河南省 49 个自然村的实地调查，证实了以上的假设。

二、外出务工促农民增收的经济学分析

为了深入理解农村剩余劳动力外出务工与农民增收之间的关系，本文在新古典的框架下建立一个简单的分析模型，以纳入影响农村剩余劳动力外出务工的因素、外出务工的成本与收益，以及务工收入对其他收入的促进效应，从而探讨外出务工与农民增收之间相互强化的机制。这一框架的简单图示如下：

---

① 卢布、陈印军、吴凯：《我国农业结构现状及未来发展变化趋势研究》，《农业技术经济》2005 年第 2 期。

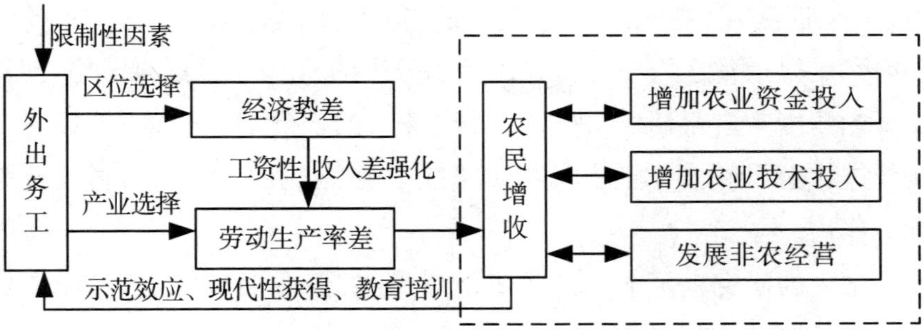

图 1　外出务工与农民增收的相互增加机制

图 1 所示的经济体系由两个子系统构成，虚框内的是农村剩余劳动力流出地的当地系统，而之外的则是其外出务工系统。外出务工系统包含了三层意义：农民外出务工的"推—拉力"因素体系、农民外出务工的收益来源机制和外出务工与农民增收的相互增强机制。当地系统则体现了外出务工所带来的农民增收第二阶段的扩张效应。

（一）收入角度理解的农民外出务工"推—拉力"

促使农民外出务工的因素主要来源于城乡之间、区域之间巨大的收入差距。国内相关研究中，单独强调经营农业收入过低这一因素从而得出农民不得不外出务工的结论不在少数，这些分析解释了外出务工中所存在的盲目性特征，但不能对农民外出务工的区域选择和产业选择给出合理的解释；另一些文献则强调势差，即流出地与流入地之间的经济发展水平差异，如李富田（2003）从经济势差的角度利用四川绵阳的案例分析了其对于农业剩余劳动力转移的影响，认为城乡之间、区域之间的经济势差是影响劳动力流动的主要因素。① 这提供了一个较好的比较研究视角，但显然过于强调经济因素而忽视制度、社会与文化因素也存在一定的缺陷。而考察制度特别是我国传统体制对于外出务工的阻滞，心理因素及文化认同的考察（胡雪萍，2004）②，教育培训及"关系"在外出务工的作用（胡必亮，2004）也进入了研究的视野③，综合考虑以上分析的范围，可以构建一个简单的外出务工的

① 李富田：《经济势差与农村劳动力的流向》，《中国农村经济》2003 年第 1 期。

② 胡雪萍：《提高农民收入的一种有效途径：外出务工》，《农业经济问题》2004 年第 8 期。

③ 胡必亮：《"关系"与农村人口流动》，《农业经济问题》2004 年第 11 期。

“成本—收益”模型,在纳入这些因素的基础上进行深入分析。由于诸多因素难以量化从而在分析农民外出务工的“推—拉力”时,仍只能从实证的角度来进行研究,即给出外出务工的实际观察数值,然后再寻找促进或阻碍外出务工的因素,并据已经观察到的结论来强调某些因素的作用。

本文的研究也基本上是基于上述思路,但在探讨外出务工的“成本—收益”问题时,做出以下简单假设,即只考察关乎农民外出务工可以货币化的收入和支出,并与之在本地经营农业的可货币化的收入和支出相比较,从而寻求外出务工与农民增收的内在机理。当然,这一简单的假设可能把一些重要的因素如外出务工的心理成本、民工工资拖欠的负效应及教育培训和“关系”排除在外,从而削弱结论的可信度,但在分项分析中我们将给出相关因素可能带来的影响。

（二）外出务工收入来源机制

对于农民外出务工获取收入的来源而言,主要在于三点理由:一是区域经济发展水平差异所带来的工资水平差异。这可以从世界范围内不同国家伴随发展阶段导致的劳动力成本上升实证研究文献得到证明,日本在20世纪90年代初的产业空洞化现象的一个重要原因就是其劳动力成本过高所致,而东亚新兴工业化国家和地区新一轮的结构调整也与其劳动力成本快速上升有关。我国东部沿海及大城市发展水平远高于内陆农村,从而工资水平也高于这些地区,这成为外出务工的较大吸引力,也成为务工人员获取较高收入的机制。二是产业间的劳动生产率差异所带来的产出差异,必然从劳动要素的分配上体现出来。上述两者具有相互强化的作用,即使同一产业,经济发达区域的工资水平也高于欠发达区域。三是务农收入已经接近极限,几乎没有增长的空间(方齐云等,2005)。① 工资性收入已经成为促进农民收入增长的核心支持,特别是务工收入成为当前农民工资性收入的主体。

① 方齐云、陆华新、鄢军:《我国农村税费改革对农民收入影响的实证分析》,《中国农村经济》2005年第5期。

（三）农民增收的本地扩张机制

本篇图1的虚框内是农民增收本地扩张机制的简单图示。因为农民工的身份仍然是农民，中国农村传统文化中对于土地的情结使农民更多地关注对农业的投入，务工收入的提高使农业生产的投入增加成为可能，这一投入主要在于资金投入和技术投入两个方面。不过，目前来看，由于受制于传统农业生产形式的限制，资金投入并不因农民收入高低而有所差别，技术投入也没有成为小农户农业生产的主要方面，从而发展非农经营成为务工收入本地扩张的主要机制。

（四）外出务工与农民增收的相互增强机制

农民增收同样对外出务工具有良好的促进机制，从而使外出务工与农民增收成为相互促进的良性过程。这一机制主要通过三个方面体现出来：一是示范效应，务工人员收入增加会在乡邻中产生强烈的示范效应，并通过先期务工人员的渠道带动新加入者。二是农民现代性的获得，通过到大城市或沿海开放前沿地区务工，接触到新鲜事物，理解市场经济的运行规律，更加深对外出务工的理解和实践能力。三是教育培训，对于外出务工人员进行教育培训以利于找寻工作的快捷、稳定，这需要政府、社会和个人共同参与。收入增加则可以支付教育培训的成本，同时也增加农民对针对外出务工培训的热情。

三、外出务工促农民增收的调查分析

（一）调查对象选取的依据及调查方法

本次调查基于2005年暑期对河南省49个自然村的实地调查，以农户为基本调研单位。每个自然村发放问卷21份，其中1份问卷用于调查自然村所在行政村整体的经济社会情况，20份问卷面向农户。考虑到农户隐私及获取资料的真实性，我们对户主姓名及联系方式等相关信息均隐去，对每份问卷以x_{i-j}进行编号，其中$i\in[1,49]$为自然村编号，$j\in[1,20]$为农户编号。

1. 调查对象选择与指标设计的依据

当前文献涉及外出务工及农民收入的实证研究主要在于三个层

面:一是基于全国范围的研究,所使用的数据主要来源于《中国统计年鉴》《中国农业统计年鉴》等国家统计部门发布的权威数据。二是基于省区之间的比较,所使用的数据有依据国家统计部门发布的数据,也有依据实地调查所得,但由于涉及范围相对较大,一般也由省市级的农调队进行。三是基于个体的调查分析,这些分析有基于农户数据的,也有基于劳动者个人的。由于农户是最基本的经济活动单位,以农户为视角进行研究已经成为研究农村问题的重要视角(乔家君,2005)①。

本次调查所涉及的49个自然村分布于河南省的32个县域内,这些县域条件相差较大,既有豫东平原农业主产区,也有豫西丘陵地带,既有富产矿藏的区域,也有民营经济发达的区域。为了照顾到不同地方的地方特色,我们设计了两份问卷,一份针对所调查的自然村所在的行政村域的整体经济社会发展情况,一份则针对农户。

2. 调查方法与数据

由于本次调查涉及村庄较多,且地理位置相对分散,利用经济学系大学生暑期社会实践的机会,由学生回到其家庭所在村庄进行调研。考虑到大多农村家庭并没有准确的家庭财务账,多数数据由农户回忆和估算而来。为了资料获得的可靠性和答卷的后期可识别性,要求调查者对调查对象采取逐个家庭访谈的形式,并根据与农户交谈以取得尽可能准确的数据。参加本人所设计的调研课题的学生一共有56人,且全为农村学生。由于这56个学生中有4人来自外省,有2人没有回家,而在城市建筑工地进行随机调查,所据样本不具有地域相邻性特征,故这6份调查数据予以排除。另有2人系同村,则共同负责此村的调查。从而最终取得49个自然村的调查资料。一共发放针对行政村的问卷49份,回收49份,全为有效问卷。一共发放针对农户的问卷980份,回收问卷980份,其中x_{13-j}组只调查了12个农户,8份空白予以排除。分布于豫西的x_{18-j}、x_{26-j}、x_{30-j}及x_{31-j}共四组问卷中分别有1、1、2、4个农户收入中出现异常,务工收入中出现超出10万元/年

① 乔家君:《典型农区村域人地系统定量研究——河南省三个不同类型村的实证分析》,科学出版社2005年版。

的数据，经过与进行调研的学生进行问话及通过电话向被调研的农户进行核实，发现这些农户的收入其实是其经营企业所得，并非纯粹的务工收入。这些问卷也予以排除，从而有效问卷为964份。

（二）外出务工与农民增收的关系分析

1. 外出务工收入已经成为农民收入中的主体部分

我们对资料进行了三种方法的分析，得到的基本结论是外出务工已经成为农民收入中的主体部分。

我们将964份问卷按有外出务工人员和没有外出务工人员分为两组。其中有外出务工人员的家庭为732个，没有外出务工人员的家庭为232个（二者比例并非普遍的比例，有外出务工人员所占比例较高的原因是调查人员有意识选择的结果）。比较的结果是，有外出务工人员的家庭平均总收入2004年为24 830元，而没有外出务工人员的农户为11 000元，差距很大。有外出务工人员的农户平均务工收入为13 650元，占农户平均收入的55.1%。所调查的732个有外出务工人员的农户中2004年总收入为1 817.8万元，其1 172个外出务工人员所得务工总收入为918万元，占总收入的50.5%。外出务工已经成为农民收入的主要来源。（见本文表1、表2、表3、表4）

表1　两类型农户2004年收入比较　　（元）

种类	平均收入	务农平均收入	人均收入	平均务工收入
务工家庭	24 830	8 200	5 397	13 650
务农家庭	11 000	8 360	2 620	

注：1. 收入为毛收入，除人均收入项外均以农户为单位。

2. 由于调查表设计收入中列了三项：家庭经营收入（包括务农收入和家庭副业收入）、外出务工收入（包括异地务工和本地务工）、其他收入。则表1中的务农平均总收入与务工平均总收入之和并不等于平均总收入。

3. 人均总收入计算公式为：$\frac{\sum(x_{i-j}/n_{i-j})}{\sum n_i}$，$x_{i-j}$为家庭总收入，$n_{i-j}$为家庭人数，$\sum n_i$为家庭总数。

第一，从有外出务工的家庭组内分析来看，情况比较复杂，但仍然支持了上述结论。在732个有外出务工的家庭中，我们将外出务工的类型进行了细分：

（1）地域划分。异地务工（其界定为省外及省内县级市以上城市务工）、本地务工（主要在本村务工）。

（2）行业划分。工业行业、服务业、交通运输业、小本钱生意。

我们发现，异地务工组较本地务工组收入有明显的差距，平均收入高1 620元，而行业划分中交通运输业明显较高，平均为9 000元；其次是工业行业，平均水平为8 660元；收入最低的是服务业，只有4 000元。如果再细分的话，情况又显变化，所调查的资料中从事工业行业的集中于两个方面：一是工厂做工，一是建筑业。工厂做工的平均收入为9 200元，则为收入最高的，但和交通运输业差距不大。建筑工人收入为8 000元，显然工业行业收入低于交通运输业的原因是由于建筑业收入较低而拉下来的。服务业主要集中于超市收银员、宾馆服务员和饭店服务员，且以女性为主，较少的有从事厨师（2 人）和理发行业（4 人）的，后二者收入较高，但样本数很少，只能以个案理解。

表2　外出务工家庭组地域及行业细分收入情况（元）

种类	样本数（人）	人均务工收入
异地务工	851	8 300
本地务工	321	6 680
交通业	176	9 000
做工	733	8 660
工厂做工	493	9 200
建筑业	240	8 000
服务业	140	4 000
小本经营	123	5 600

考虑到异地务工人员与本地务工人员的近家庭性不同，异地务工人员更少从事家庭农业生产，而本地务工人员从事家庭农业生产条件相对较好的特征。我们在问卷中设计了对于本地务工时从事农业生产的调查，答案是农忙时节基本上均回家参加农忙。这也与我们对于村办企业在农忙季节普遍放假的调查相符。数据分析也显示，异地务工（体现务工与务农的相对分离）更突显务工收入的重要性，如表3

所示：

表 3　务工地域划分的收入结构　　（元）

种类	样本数(人)	务工人均收入	家庭平均收入	家庭非务工人均收入
异地务工	512	9 500	26 000	4 500
本地务工	220	7 000	21 500	4 800

注:1. 由于本项分析涉及计算过于繁琐,只取做工一项进行分析。

2. 家庭非务工人均收入的计算公式:(家庭总收入-家庭务工收入)/(家庭总人数-家庭务工人数),由于家庭总收入包括其他收入和家庭经营中除务农收入部分,同时也隐含务工人员非务工对家庭收入的贡献,此项计算相对偏高,据经验分析,大概高估30%左右。

表 4　务工地域划分的收入结构　　（元）

种类	样本数(人)	务工人均收入	家庭平均收入	家庭非务工人均收入
异地务工	512	9 500	26 000	4 500
本地务工	220	7 000	21 500	4 800

2. 外出务工已经成为农民增收中增长最快的部分

本次调查我们对于农民收入和支出的时间段选取涉及2000—2004年5年的数据,在外出务工的732个农户中5年以来数据均有的为112户,占15.3%;有4年以来数据的为103户,占14%;有3年以来数据的为58户,占7.9%;有2年数据的为189户,占25.8%;仅有2004年1年数据的为211户,占28.8%;剩余的59户数据有中间年份缺失的情况,占8%。据对调查人员的问询,未填年份均为未有外出务工情况,也存在极少数的原因是较早年份情况不记得从而未填的情况。分析中,我们将以上数据进行简单的调整,以有5年以来和4年以来数据的两组的4年以来的情况进行分析(见本文表5),可见,三年来,农民人均收入增长中外出务工的贡献一直在50%以上。

表 5　2001—2004 年农户收入增长结构　　（元）

年份	人均收入(增幅)	人均务工收入(增幅)	务工贡献(%)
2004	5 800(200)	3 220(120)	60%
2003	5 600(500)	3 100(250)	50%
2002	5 100(600)	2 850(380)	64%
2001	4 500	2 470	

注:据225户有2001年以来数据农户分析。务工贡献为人均收入增幅中来自务

工增长的比例。

3. 外出务工已经成为促进农民其他收入增长的源泉

外出务工除了直接形成农民收入之外，同时也间接地促进了农民其他收入的增长。2004 年，在 732 户外出务工人员家庭的其他收入平均为 1 200 元/户，而在 232 户无外出务工人员家庭中则为 680 元/户，相差 520 元。这从一个侧面体现了外出务工对于其他收入的促进作用。在调查中由于农民不愿谈及财产等方面的话题，因而在其他收入中不能明确考察财产收入的情况，但通过谈话了解到，在具有长期外出务工人员的家庭普遍认为外出务工收入的积累能够使其在面对需要现金的突发事件上从容应对。同时，从家庭经营收入来看，732 户有外出务工人员家庭的家庭经营收入中除务农收入部分 2004 年平均为 1 780 元/户，而无外出务工人员家庭则为 1 500 元/户，也有 280 元的差距。调查中了解到，有外出务工人员家庭的其他经营种类较多，有进行家庭作坊式的初级品生产、经营小卖部、家庭养殖等业务的，而无外出务工人员家庭的其他经营主要是圈养猪、鸡，从而也体现了市场意识的差距和资金支撑的不同。

（三）外出务工促农民增收的因素分析

1. 外出务工促农民增收的本地因素

通过分析，我们发现外出务工促农民增收的本地因素主要有以下四个方面：

（1）人多地少的矛盾。人多地少是制约我国农村社会发展的主要矛盾，对于河南省而言这一点尤为突出。河南省全省乡村从业人员 4 690. 9万人，居全国首位，但人均占有耕地面积仅为 1. 24 亩，比全国平均水平少 0. 19 亩，而且土地后备资源严重不足，未利用土地仅占总面积的 12. 9%，且多分布于山地丘陵地带，开发利用难度很大（刘旗，张冬平，2005），从而造成河南省外出务工人数呈逐年增加趋势，外出务工人数由 1990 年的 169. 6 万人增加到 2004 年的 1 300 万人。

（2）支出需要与务农收入严重不足。调查中发现，在回答外出务工原因时回答“种地收入太低”或“种地不划算”的有 412 例，占全部调查总数的 42. 7%；回答“结婚需要钱”及“盖房子”的有 138 例，占全部调查总数的 14.3%；回答“供孩子上学”的有 320 例，占全部调查总数的 33.2%。简单回答“想多挣钱”的有 356 例，占总数的 36.9%；而回答其他原因如“跟别人一起去的”等有 78 例，占总数的 8%。总的来看，由于务农收入严重不足以满足支出是促使农民选择外出务工的根本原因。这也可以理解为外出务工的推力因素。

(3)教育培训。调查涉及的 732 例外出务工家庭中一共有外出务工人员 1 172 人，其中 851 人异地务工，321 人为本地务工。异地务工人员中最大年龄为 54 岁，最小的仅 16 岁，平均年龄 30 岁，文化程度以初中最多，占 59%；而本地务工人员中年龄最大为 62 岁，最小的也是 16 岁，平均年龄为 32 岁，文化程度则是小学最多，占 40.6%，初中占 36%(表 6)。这说明，一方面小学及初中文化程度是当前河南省农村劳动力中分布最多的文化段，也体现了务工对文化的需求偏好。

表 6　外出务工人员文化程度构成　　　　(%)

种类	文盲及半文盲	小学	初中	高中	大专及以上
异地务工	4.8	22.5	59	12.5	1.2
本地务工	10	40.6	36	13	0.4

本次调查中将教育培训作为重要项目进行了调查，共设计了 4 个大类 9 个小类的问题，这四个大类：政府组织培训、自发组织、个人有意识学习和务工单位培训。分析结果显示，自发组织培训和务工单位培训居于第一、第二位，个人有意识学习的极少；从农民工的意愿来说，希望政府组织培训的占调查的比例高达 86%，但当前政府有关部门只进行务工信息的发布和外出的组织，进行教育培训的非常少。综合分析来看，自发组织的培训成为促进农民外出务工中位居第一的本地因素，这也与下面要分析的“关系”因素密切相关。对于教育培训与农村剩余劳动力转移能力的研究我们将另文分析。

(4)“关系”。胡必亮(2004)通过对一个村庄的调查，探讨了“关系”这种非正式制度在人口与劳动力流动中的作用，认为在中国农村现代化发展过程当中，“关系”起到了功能性社会资源的重要作用。①

① 胡必亮：《“关系”与农村人口流动》，《农业经济问题》2004 年第 11 期。

本项研究通过调查也发现了“关系”对于农民外出务工的作用。上面列举的农民对外出务工原因回答“跟别人一起去”的 78 例,就是“关系”的一个表现。此外,通过对问卷进行整理,组 x_3 的 20 份问卷中,20 户农民家庭全部有外出务工人员,而且全部在天津同一个建筑工地务工;而组 x_{41} 中有 6 户共 9 人同在珠海一家电子产品工厂做工。

2. 外出务工促农民增收的非本地因素

促使农民选择外出务工的非本地因素主要有三个:

(1)国家宏观经济形势。虽然从改革开放以来特别是 20 世纪 90 年代以来农民外出务工就一直呈上升态势,但在国家经济发展扩张与紧缩的不同时期,农民外出务工的形势也存在与之对应的升降变化。我国制造业的迅猛发展已经形成了“世界工厂”的趋势,这必然推动对劳动力的强势需求,从而为农民外出务工创造了外部条件。

(2)政策环境。政策环境对于农民外出务工的影响非常大,通过访谈了解到,农民外出务工最担心的问题有两个:一是能不能顺利找到工作,相应而言能不能找到“能挣大钱”的工作却排在了第二位;二是能不能顺利地拿到工资,相应而言务工中的其他如社会保障等却不太给予关注。对第一个问题来说,调查中 x_3 组到天津从事建筑业工作就是由当地政府组织劳务输出。现在河南省已经在逐步建立外出务工的组织体系,这极大地促进了外出务工的有序性。对第二个问题而言,温家宝总理替民工讨要工资的新闻报道及当前政府对于民工工资的相关政策措施农民都相当熟悉,而且也是促使农民外出务工的重要保证。

(3)务工地的环境。调查发现,多数农民对愿意选择在本地务工还是到东部沿海城市务工大致两分,选择在本地务工的理由主要有能照顾家庭、务农和工资有保障三个,选择外出务工的理由主要有挣钱多和见世面两个,这说明务工地的政策环境和社会经济环境对于农民外出务工的影响是比较大的。对于中间年份缺失的家庭谈话了解到,其中一大部分人之所以在某些年份中断外出务工,就是因为不能适应务工地的文化及工资拖欠。而中断后重新选择的务工地多是已有老乡务工的环境较好区域。

（四）外出务工收入的支出结构

本次调查中我们预先设计了一些项目以考察农民外出务工收入的支出结构，以期通过这一视角来分析外出务工对农村社会可持续发展的支持作用。考虑到农民家庭是以总收入和总支出的形式进行的，实际中并不能必然地区分支出来自务工收入，则对于外出务工收入的支出分析从比较的视角来进行。通过调查和走访，得到的结论是，外出务工导致的收入提高对于农村家庭的支出以重要性而言，依次在于以下几个方面，即供子女上学及结婚、盖房子、农业投入、储蓄、发展非农经营、消费。

（1）教育投资。调查中回答外出务工原因为"供孩子上学"的有320例，占调查总数的33.2%。在回答外出务工收入主要用于哪方面的支出中（问卷中设计了五项备选项：子女教育、农业投资、非农投资、消费、储蓄），在732份有外出务工的问卷中，高达411份问卷选择了子女教育这一项，占56.1%。在调查中我们并没有严格区分农民子女上学的层次，但通过访谈得到的印象是，供子女上大学及为预防上大学占据了较高比例。这也符合当前总的形势。我国农民人均纯收入2004年为2 936元①，而大学学费一般为4 500元/年，这尚不包括生活费、住宿费等其他费用。显然以一个四口之家的农村家庭供养一个大学生是很困难的。一方面随社会发展，农民对于教育投资越来越重视，而务农收入严重不足，通过外出务工来获取子女教育的资金已经成为重要途径。在参与这次调查的56名学生中，有12人坦言自己的上学费用就是父母或兄弟外出打工赚取的。

（2）盖房子及结婚。排在第二位的是盖房子及子女结婚，在回答外出务工原因为"结婚需要钱"及"盖房子"的有138例，占调查总数的14.3%。在732份有外出务工的问卷中，则有213份选择了非农投资这一项，结合另外一项问题，即外出务工取得收入后是否发展了其他非农经营，只有58份回答了是，可以得到粗略的结论是有155例主要用于这方面的支出。农村生活水平的提高、城市生活方

① 据2005年暨南大学"高校可持续发展管理论坛"有关数据。

式对农村的影响及攀比不良风气的影响，导致了这一方面的支出增加。

(3)农业投入。732 份有外出务工人员的问卷中有 426 份选择了增加对农业投入这一项，占比例最高，为 58.1%。通过访谈了解到，虽然农户对农业投资选择的比例较高，但大家并不认为这些投资与没有外出务工前有什么差别，因为种子、化肥、农药等农业生产必需的投入对于农业生产来说都有一定的比例，而科技、机械的投入也并没有因为收入提高而增加。另外，从有外出务工人员家庭和没有外出务工人员家庭农业投入的比较来看，二者也没有明显的差距，调查得知，以亩为单位，农业投入在 500 元左右。

(4)储蓄。732 份有外出务工人员问卷中，有 520 份选择了储蓄这一项，比例更高，达 71%。由于家庭财产属敏感的隐私问题，考虑到被调查者不会据实回答这一问题，因而此次调查没有设计这一项。在访谈问题设计中有关于储蓄的话题，反馈的总体印象是农村家庭普遍存款较少，这也符合当前金融机构对于存款城乡分布的结构。又考虑到农户对于教育投资及盖房子与子女结婚这两项的回答可信度较高，而这两项投资已经基本耗去了几乎全部务工收入，则认为储蓄项被高选择只是农户对于储蓄的欲望及我国传统文化中注重节约的体现，并不成为务工支出的主要部分。

(5)发展非农经营。从统计结果来看，732 份有外出务工人员的问卷中，虽有 201 例选择了这一问题，占 27.4%。根据另外一项针对发展其他非农经营的具体问题的回答来看，仅有 58 例真正地发展了非农经营，则此项实际所占比例应为 7.9%。农户之所以较多地选择这一项，可能原因是被调查者将家庭养殖及农闲时的简单家庭手工业也算在了里面。

(6)消费。选择消费一项的仅有 64 例，占 8.7%。从统计结果上来看处于末位，但考虑到节约光荣等传统思想的影响，此项结果准确性不高，而且通过与无外出务工人员家庭的消费支出比较，明显发现两类型家庭之间存在较大的差别(见本文表 7)。

表7　两类型农户消费支出比较　　（元）

年份	有外出务工人员农户	无外出务工人员农户
2004	6 000	5 200
2003	5 500	4 500
2002	5 000	4 000
2001	4 000	4 000

注：1. 有外出务工人员农户并非取自732户样本总数，而选择表4年涉及农户。

2. 此表数据并非由所选样本统计所得，考虑到农户对于此项支出以大致估算，则在两组中选择典型家庭考察。

3. 支出以家庭计。

（五）外出务工促农民增收的可持续性分析

我们设计了三项问题以考察外出务工促农民增收的可持续性，一是基于2004年中央决定在五年内全部取消农业税的信息问询农民的务工意向；二是考察外出务工人员是否基于务工收入而进行其他非农经营；三是考察外出务工人员在城市居留的情况。结果不容乐观。

1. 农业税的取消对农民外出务工具有抑制效应

对于外出务工意向问题中，原有外出务工人员多数回答还要继续外出务工，但取消农业税后却有一部分人选择否。对尚未外出务工的人员而言，几乎都无一例外地选择了在农业税取消后不考虑外出务工。基本情况见本文表8。

表8　取消农业税后农民外出务工意向

种类	外出务工	曾考虑外出务工	不考虑外出务工	未选择
已经务工人员	889(75.8%)		215(18.3%)	68(5.8%)
尚未务工人员		420(44%)	832(86.3%)	12(1.2%)

注：1. 已经外出务工人员以人为单位，732户有外出务工人员的农户共有1172人外出务工，但由于问卷是以农户为单位，简单假设同一家庭外出务工人员持同样态度。尚未外出务工人员的考察包括全部964份问卷，每份问卷简单假设以一人计。从而统计结果与实际存在一定的误差。

2. 已经外出务工人员对于（是否）外出只能单选；而尚未外出务工人员对于曾考虑外出（是否）和不再考虑外出（是否）存在复选择情况。

方齐云等（2005）实证研究了我国农村税费改革对农民收入的影响，基本结论是由于目前我国农民收入已经接近极限，工资性收入增长才是促进农民收入增长的根本来源,税费改革对农民收入影响非常有限。由此推理,取消农业税不应该成为影响农民选择是否外出务工的主要因素,但由于税费改革的短期效应及农民难以理性地进行决策,本次调查仍证明了这种巨大的负面影响是存在的。

2. 发展非农经营并没有真正进入务工人员的视野

在有外出务工情况的732份问卷中,仅有58份回答由于外出务工取得了收入从而发展了其他非农经营。这一低比例说明农民外出务工获取收入并没有基于发展的考虑,而且分析这58例情况发现,大部分人所进行的非农经营仍与农业有关,其中发展家庭养殖业(养鹿、养猪、养鸡等)、蔬菜大棚最多,其次是购买车辆跑运输的,也有开办面粉加工厂和办预制板厂的。从投资额来看,最多投资20万元(预制板厂),最少的投资3 000元,平均投资规模1.5万元。从资金来源看,除开办面粉加工厂和预制板厂的两家有向亲友借钱外,其余全部是自己投资。向银行贷款全部回答为无。农民尚没有适应市场经济运行的规则,发展非农经营并没有真正进入务工人员的视野,开拓市场的勇气与风气远未在一般的农民中形成。

3. 实现农村剩余劳动力的永久性转移仍然是一个漫长的过程

在所调查的全部1 172个外出务工人员中,没有一人在城市购买住房,而在访谈中,对于所设计的在城市购房定居的话题,多数人表达了“愿意”的美好愿望,但没有人真正进行计划。只有21人拥有城镇户口,而这些城镇户口也多是在20世纪90年代前期户籍管理改革时花钱购买的,并没有真正地在城镇工作和生活,也没有享受过城市居民的社会保障,仍然是地地道道的农民。

四、结论与政策建议

通过以上分析,可以得到以下基本结论:目前来看,外出务工已经成为农民收入中的主体部分,而且是农民增收中增长最快的部分,并成为促进其他收入增长的源泉。农民通过外出务工解决了子女教育、住房投资等大问题,从而也促进了农村社会的发展和区域发展,为解决“三农”问题提供了一条行之有效的途径。外出务工受政府政策和经济社会环境影响较大,政策的变动及制度环境的改善与否直接关系到外出务工的情况。基于此,本文提出促进农民外出务工以实现增收和促进农村社会发展的政策建议:第一,中央政府及各级政府应制定系统的促农民外出务工的政策体系。包括用工信息发布制度、农民外出务工教育培训体系、农民工工资保障制度和外出务工人员信息登记制度等。第二,加大宣传引导,在农村区域设立咨询部门,增强农民市场意识,以市场机制引导农村剩余劳动力的有序转移。第三,政府引导,建立外出务工民间机构或组织,避免分散性外出务工所带来的盲目性、随意性和可能出现的社会问题。

该文原刊发于《农业经济问题》2006 年第 7 期,发表时有删节。

结构性增长、结构贸易与中国农村剩余劳动力转移

一、导　论

中国1978年的改革是在严重的二元结构背景下开始的，几乎所有有关改革的文献都定位于解决这一问题，但这一过程时至今日仍未消除，甚至在更为复杂的宏观经济背景下有加重的趋势，并产生了一些新的问题。这些问题较为突出的在于两个方面：一是城乡收入差距随改革的深入不但没有缩小，反而呈扩大趋势①；二是城市和乡村"双失业"并存，并呈现长期化。② 更为重要的是，改革所要实现的缩小二元结构的目标在就业市场的统一方面几乎没有取得实质性的进展，就工业行业就业而言，从农村转移出来的大量剩余劳动力并没有成为推进中国工业结构进步的力量，只是扩大了低成本、低技术传统工业的

---

① 所用数据除特别说明外，均来自历年《中国统计年鉴》和国家统计局公开发表的数据。一个例证是城乡收入差距，按郭兴方的估计，1978年城乡收入差距为3.28∶1，但到2001年扩大到4.92∶1，见郭兴方：《城乡收入差距的新估计——一种动态解释》，《上海经济研究》2004年第12期。邱晓华则认为这一差距为6∶1，见2002年10月21日14:53.中新社北京十月二十一日电。

② 城镇登记失业率1996年到2004年分别为3.0%、3.1%、3.1%、3.1%、3.1%、3.1%、3.6%、4.0%、4.3%、4.6%，2000年以来呈上升趋势。发改委估计今后两年仍将有800万需要安置的下岗职工，2006年城镇新增劳动力900万人；而农村需要转移的剩余劳动力目前估计为1亿人，同时每年新增农村劳动力500万人，但当前每年转移的规模低于500万人，为460万人。

比重。随着国家经济结构高级化战略的推进和实施,解决农村剩余劳动力转移问题成为更显棘手的难题。

评价政策对于农村剩余劳动力转移的效应要注意改革的阶段性和时序性,党的十六大明确提出要在20世纪头20年完善社会主义市场经济体制、推动经济结构战略性调整的目标。根据改革与发展的情况来看,1998—2004年正是一个非常重要的转折点,改革的阶段和思路都发生了重大的变化①,对于结构性增长的重视将提供我们研究农村剩余劳动力转移的全新思路。在迄今为止近30年的改革历程中,我国农村剩余劳动力转移的情况也具有阶段性的变化,改革之前,政策性充分就业下是农村和城市均存在大量的隐性失业。随着改革的逐步推进,隐性失业显性化,但这一过程在城市和农村之间以及在不同性质的行业之间并没有同时进行。始于农村的改革由于联产承包责任制的实施调动了农民的积极性,扩大了农业投入并提高了生产效率,这在一定程度上扩大了就业的规模,同时也导致农村富余劳动力获得流出的动力和倾向,1984年起蓬勃发展的乡镇企业为吸收这一部分富余劳动力起到了适时而关键的作用,但这一时期的农村剩余劳动力以就地转移为主,远未形成跨区域流动潮流,基于城乡之间的就业变动更由于城乡隔离制度的存在尚未进行。与此同时,城市改革也于1985年起开始进行,以市场为导向的改革促进了城市工业部门的生产效率,虽然这一阶段增长并没有技术进步的成分②,但短缺经济带来的巨大市场需求仍然导致了城市工业部门的快速扩张,从而降低了失业率,城镇登记失业率1985年降为1.8%,并在随后的三年内维持在2.0%的低水平,而1978年则为5.3%。更为重要的是,改革前的隐性失业也因此而得到了部分纠正。③

值得注意的是,截至1989年的改革历程并没有结构增长的成分在内,改革的就业效应在短期内呈现的表面现象影响了人们对于这一

① 吕炜:《转轨过程的最终费用结算与绩效评价》,《中国社会科学》2005年第1期。
② 吴敬琏:《增长模式与技术进步》,《中关村》2005年第10期,第11期。
③ 陈仲常、金碧:《中国失业阶段性转换特点及对策研究》,《财经论丛》2005年第3期。

问题的深入思考，到1991年改革全面铺开之后，城市和农村的就业问题开始渐次表露出来，一方面是需要转移的农村剩余劳动力数量逐年增加，另一方面，城市失业问题在1996年及以后的几年内成为难以解决而又制约经济社会发展的头等大事。这里面所具有的深层次矛盾：对于农村劳动力就业而言，就业压力伴随着农业生产效率的下滑和农民工务工工资水平的呆滞化。[①] 对于城市劳动力就业而言，就业压力则伴随着工业结构和增长方式转变的压力。尚未消除的旧有体制约束又制约了两个劳动力市场的统一，成为阻碍结构变动和结构性增长的因素。

根据发展经济理论，结构转换可以成为推动经济增长的重要力量，这源于要素由生产效率低的部门向生产效率高的部门进行结构转换的结果。[②] 合理的推论是，结构性增长会成为推动要素在各部门合理配置和最优使用的动力。不论谁为因谁为果，二者的相互关系已经为人们所认识，并成为决策者制定政策的重要理论依据。如何推动二者相互作用的过程，却是对政府的最大考验，因为在开放条件下，一国竞争优势的获得既需要强调对于比较优势的把握，依赖于政府正确的战略和针对性的政策体系构建，也受制于外国的结构和政策。通过对于过去近30年我国改革过程中结构政策包括产业结构政策与结构贸易政策的回顾与分析，并结合中国与外国结构贸易的绩效来评价这些政策的得失，将会为下一轮改革中有针对性地解决就业问题特别是农村剩余劳动力的转移提供有益思路，这也是本文论述的主题。

在一个相对长期的时段内来研究农村剩余劳动力的转移问题，既考虑到这一过程在不同产业部门阶梯性转移的有序与优化，又要考虑到这一转移过程与国家结构转换的契合，同时又不影响国家自由贸易政策的实施，存在诸多的困难。因为实现农村剩余劳动力有序和永久性的转移并不是目的，当我们将其作为目的来进行研究时，会出现要

---

① 调查显示，农民工的工资水平在过去的十余年间几乎没有增长。见劳动和社会保障部课题组：《关于民工短缺的调查报告》，2004年9月9日。

② 钱纳里：《增长与转变》，载H. 钱纳里，S. 鲁宾逊和M. 赛尔昆：《工业化和经济增长的比较研究》，中译本，上海三联书店1989年版，第22–25页。

求客观经济运行符合主观愿望的悖论，甚至会在进行政策评价时面临因子选择与角度选择的难题。本文主要是给予基于结构性增长、结构贸易来对中国农村剩余劳动力转移的绩效进行方法论的研究，尝试在给定结构转换的目标与时序的前提下，把要素配置与优化的过程与政策实施的过程结合起来，以探讨农村剩余劳动力转移的方法论问题。

二、结构性增长、结构贸易对劳动要素产业转移的推动

结构变换从而带来的增长绩效很早就受到了理论界的关注，库兹涅茨通过对结构变化趋势的两个方面的实证研究证明结构变化是促进现代经济增长的重要因素。[①] 多恩布什也指出，在短期内，结构变化会对经济产生重要作用。[②] 传统经济理论认为，劳动力与资本投入是拉动经济增长的根本要素，经济的增长又会带动投资的增长，投资的增长反过来引致对劳动要素的需求从而促进就业量的增加，从而建立起增长与就业相互促进的分析框架。这一过程的顺利推进要求结构发生相应的变动，否则基于要素投入的增长会最终由于要素约束而停止，并会由于特定社会要素禀赋与既定生产函数所要求的要素组合不一致而导致低效率的情况发生。依据新古典增长理论，在自由竞争的经济制度下，一国内相同产业的生产效率或生产函数是相同的，即投入一定数量的生产要素只能生产出一定数量的国民收入。从要素投入增长模式来看，一个国家在既定时期的既定产业的国民收入由一定比例的资本和劳动两种要素决定，从而在没有技术进步的情况下，增长最终会停止，也会引起要素使用效率的低下。对于不同的产业部门来说，由于它们之间的生产效率不同，相同数量的生产要素从低生产效率的部门转移到高生产效率的部门会带来结构性的增长溢出，从而也成为推动要素部门间转移的力量。值得注意的是，这一过程表面上

① 这两大方面：总产值中各部门份额的截面考察和长期趋势考察；劳动力各部门份额的截面考察和长期趋势考察。见西蒙·库兹涅茨：《现代经济增长：发现与思考》，戴睿，易诚译，北京经济学院出版社 1989 年版。

② 多恩布什：《宏观经济学》（第七版），中国人民大学出版社 1997 年版，第 226 页。

具有特定部门技术进步的效应,却具有完全不同的内涵,一是特定部门的技术进步往往局限于劳动节约或资本节约,仍会遇到要素存量的约束,并且技术进步的不确定性和跳跃性也导致增长的不确定性和非均衡性。二是技术进步产生的效果往往在特定部门发生,而结构性增长则体现为整个产业或经济的效率提高。更为重要的是,技术进步需要其他经济因素的配合,而结构变化则是增长的独立的源泉,结构变化所带动的要素特别是劳动要素在不同部门的转移也同时促进了这些部门间就业结构的优化,这一过程具有不可逆的特征,从而高生产效率部门的发展也为低生产效率部门的发展提供了动力。

然而结构性增长具有一些约束条件,一是经济制度环境。要素由生产效率低的部门向生产效率高的部门转移需要追求利润的市场化动机来推动,而僵化的经济制度则会约束要素流动,从而使结构效率不能够实现。二是外国的结构环境。当前的世界经济是全球化的,一国不可能脱离世界而单独发展,一国的结构效率实现要考证与外国结构之间的对应关系。一般而言,在单个独立的国民经济体内部,不同产业部门之间的生产效率的差别相对较小,因为总能够在其他国家找到大于一国内部的效率差别。这里面就存在结构性增长的悖论:对于要素而言,通过在一国内由低生产效率的产业部门向较高生产效率的产业部门转移可以实现绩效提升,但在全球贸易自由化的环境下,外国具有相对更高生产效率的生产部门则形成了更强的势能。这一势能虽然由于劳动要素的跨国流动约束不能实现劳动要素由国内向国外的转移,但可以通过产品的贸易替代效应来实现,从而阻碍了国内结构性转换的过程。

对于中国即将成为“世界工厂”的讨论,渐次反映了这一悖论的解决思路,即通过强化一国比较优势在本国结构中的优势,并通过出口结构的相应调整来扩大国内结构增长的效率。中国自改革开放以来,制造业的增长是全球最快的,远高于发达国家如美国和日本,这得益于中国成本低廉的劳动力要素供给,以及在发展过程中不断提高的劳动力素质。[1] 大量外资涌入中国的制造业，从而也为中国制造业的进一步发展提供了必要的资本支持。1985 年中国实际利用外商直接投资仅为 19.56 亿美元，2004 年增长到 606.3 亿美元，20 年间增长了 31 倍。1992—1998 年连续 7 年成为全球利用外商直接投资第二的国家，2003 年超出美国位居第一。这些外商直接投资主要流入中国的制造业，从而中国的制造业也获得了快速的增长，1978 年至今，中国工业总产值增加了 32 倍，年平均增长速度为 15%，超出 GDP 增长速度近一倍，制造业增速尤其迅猛，已经成为工业的主体，制造业在工业总产值的比重占 88%、增加值占 78%、资产占 75%、销售收入占 86%。与此同时，中国的出口结构也发生了相应的变化，1980 年，中国工业制成品占当年出口总额的比重仅为 49.7%，到 2004 年，这一比重已经上升到 93.2%，远超过目前 75% 的世界平均水平。值得注意的是，在中国制造业的发展中，外资起着重要的推动作用，2002 年，外资企业占中国工业增加值的 25.7%，占出口的 52% 和进口的 54%。特别是增长越快的行业，利用外资的比重也越大。[2] 由此得到一个初步的结论是，外资流入促进了中国制造业的发展，而这又成为这一时期中国出口的主体力量。

结合中国劳动力优势来分析这一过程，国内大致有两个方面的认识，基本上反映了中国学者对于开放条件下中国结构性转换对于优势劳动要素利用的两种态度。一是认为通过结构转换进而贸易结构相应转换有利于中国优势劳动要素的使用。由于国际间的经济联系已经成为一国发挥特定优势的重要手段，通过调整出口贸易结构实现与贸易伙伴国的结构互补能够有效扩张本国国内的结构优势，并能够有效地将本国的优势资源转移到结构具有优势的产业中去。对中国而言即是实现劳动力在传统劳动力密集型制造业中的高就业比重。[3] 产业间劳动力收益的差异是促进劳动力流入制造业的根本动力，这也促

---

① 于蕾、沈桂龙：《“世界工厂”与经济全球化下中国国际分工地位》，《世界经济研究》2003 年第 4 期。

② 孙元勋：《中国成为制造中心的潜能巨大》，《现代制造》2004 年第 24 期。

③ 季铸：《结构贸易政策是最优的吗?》，《财贸经济》2004 年第 4 期。

成了我国就业的产业间分布的显著差异①,贸易结构的相应调整会强化产业间的劳动力收益差异,从而促进劳动力向优势制造业的转移,提高要素使用效率并获得其最大化的收益。② 二是认为结构转移虽然利于我国经济结构优化和就业的扩大,但长期来看不利于参与国际竞争。中国的产业结构与发达国家存在明显的差距,技术密集型产业的落后将导致我国在未来长期的国际竞争中处于不利地位,劳动密集型制造业的发展虽然扩大了当前的就业,但更容易形成在将来难以改变的分工格局。③ 当这一分工格局形成后,与发达国家纵向一体化产业的贸易会变得复杂,如果采取自由贸易,则发达国家总会向本国出口中间品,从而削减本国最终产品的附加价值,如果采取策略性贸易政策,关税则又会减弱消费者福利④,发展技术密集型产业应该是中国冷静的选择。

事实是,中国的结构转换在朝着既发展劳动密集型产业又发展技术密集型产业的两个道路前行。一方面来看,发展劳动密集型产业是我国国情的客观要求,是我国经济发展不可逾越的阶段。针对我国的劳动力资源特点,部分存在技术不可替代性⑤。1998—2002 年,中国工业 39 个行业中,就业略有增加的仅有 4 个行业,其中两个是典型的劳动密集型产业,即服装及其他纤维制品制造业、电子及通信设备制造业,分别增加就业 3 万和 21 万人。从经济类型来看,国有和集体经济的就业普遍下降,而非公有制经济的就业则大幅上升。1998—2002 年,国有工业和集体工业分别减少就业 1 175 万人和 419 万人,而非公有制工业增加就业 570 万人。这些非公有制工业绝大多数属于劳动

① 蒲艳萍、吴永球:《经济增长、产业结构与劳动力转移》,《数量经济技术经济研究》2005 年第 9 期。

② 季铸:《中国结构性增长的经济选择》,《财贸经济》2003 年第 5 期。

③ 吕政:《中国能成为世界的工厂吗?》,《中国工业经济》2001 年第 11 期。

④ 王艳、杨忠直:《产业结构与策略性贸易政策研究》,《数量经济技术经济研究》2005 年第 1 期。

⑤ 万宝瑞:《大力发展劳动密集型产业——现阶段农村发展和农民增收的战略选择》,《人民日报》2002 年 10 月 12 日,第 5 版。

密集型产业。[1] 另一方面来看,从20世纪90年代起,我国技术密集型产业的增长速度明显高于整个制造业的平均水平,2003年与1993年相比,技术密集型产业在制造业中的增加价值比重从33.7%上升到43.7%,上升了10个百分点。在制造业增速回落的1998—2001年,高技术密集度产业继续较快增长,但就业水平一直较低,2003年占制造业比重为37.5%。[2] 如果单纯地从吸纳就业的角度来看,仍然是劳动密集型产业承担了就业的主要力量,技术密集型产业的发展反而约束了就业的增长。

考虑劳动供给结构、劳动生产率及结构出口带动的因素来看,二者是并行不悖的。

第一,中国劳动供给结构的不协调性导致了结构增长中劳动密集型产业以创造就业岗位为主、技术密集型产业以提升国际竞争力为主。中国近13亿的人口规模为经济发展提供了充足的劳动供给,但劳动供给结构并不足以保证技术密集型产业战略的实施。截至2004年,中国共有适龄劳动人口7.68亿人,其中农村4.87亿人,占比重为63.4%,而农村受过高中以上教育程度的比例只有8.46%。据发改委预计,2006年劳动力供给增量中有60%为农村新增劳动力,加上今后2年内预计下岗的近800万城市下岗职工[3],就业压力十分突出,这些都预示了今后的工作重点仍然是以提供就业岗位为主。发展劳动密集型产业以吸纳农村剩余劳动力和城市下岗职工,是基于我国当前的结构优势的战略选择。因为从劳动供给结构而言,劳动密集型产业的生产率是这些劳动要素能够发挥其最大效用的部门。发展技术密集型产业则起到除优化结构提升国际竞争力之外的两个作用:一是避免相对高素质的劳动力与一般劳动力争夺就业岗位,二是构建产业间的结构势能,为一般意义上的劳动力下一步转移创造转移空间和转移动

① 陈耀:《劳动密集型产业能否承载就业之重?》,《瞭望新闻周刊》2004年7月5日第27期。

② 郭克莎:《我国技术密集型产业发展的趋势、作用和战略》,《产业经济研究》2005年第5期。

③ 2006年中国劳动力总量仍严重供过于求,《河北日报》,2006年2月16日。

力。

第二,中国不同行业部门之间的劳动生产率差异与相应行业部门的增长存在不一致性,这是短期内国情所限,但长期来看会随贸易结构的相应变动得到解决。从增长角度看,制造业年均增长率长期在15%,产值占工业产值的88%,但2003年制造业的相对劳动生产率却比整个工业行业低4个百分点,制造业中技术密集型产业的相对劳动生产率却高于制造业平均17个百分点。[①] 然而贸易结构并没有反映国内的增长结构,虽然在20世纪80年代,我国已经实现了出口商品结构由初级产品向工业制成品的转变,工业制成品占出口商品总额的比重在1992年已达80%。出口制成品技术含量不高,以劳动密集型产品为主,这些产品虽然在国际市场上占有较大份额,但由于附加值不高,需求弹性小,出口增长并没有带来收益的相应增加。目前来看,这些产品的出口增长也面临困境,作为中国出口主力的服装产品,在2005年初由于国际进口配额取消而出口激增,但出口增长率只有两成多。换言之,中国的劳动密集型产业承载了吸纳劳动力的主要力量,但这一部门并没有表现出结构性增长的相应绩效。其原因在于,中国制造业的结构优势没有通过提升部门内劳动生产率和自主品牌来扩张其结构效应,一味强调劳动密集型产业的粗放增长及其吸纳劳动力的功能,而将出口竞争的重任交由技术密集型产业来承担是不合适的。

第三,中国的国内结构转换与贸易结构之间存在严重失衡,技术密集型产业已经得到了快速的发展,但在贸易结构特别是出口中仍然以劳动密集型产品为主,这一失衡与中国结构转换中的外资作用和外资出口有关。改革开放以来,中国低廉的劳动力成本和巨大的国内市场吸引了大量的外资进入,20世纪80年代和90年代前期,外商直接投资主要进入服装、鞋类、电子元器件等劳动密集型产品,促进了中国制造业的发展,同时也促进了中国制造业出口的扩大,外资企业在其

---

① 郭克莎:《我国技术密集型产业发展的趋势、作用和战略》,《产业经济研究》2005年第5期。

中扮演了重要角色,1986 年外资企业进出口占中国进出口总值的比重仅为 4%,到 1999 年已经突破 50%。20 世纪 90 年代中后期开始,外商直接投资已经由劳动密集型产业向技术密集型产业转移,2003 年,中国制造业中外资企业的产出占总产出的比重为 31.5%,而其在技术密集型产业增加值的比重则为 41.7%。① 同时外资企业对于中国出口产生了举足轻重的影响,商务部官员在最近举行的全国自主出口品牌建设工作会议上透露,虽然中国已经成为世界第三大贸易国,但出口自主品牌少,低端产品比重大,高技术产品和机电产品比例过低,在外资企业的大规模出口中,中国获得的真实收益并不算高。由于外方控制了收益最高的设计、研发、品牌等环节,中方得到的只是份额很少的加工费。

因此,研究中国结构优化的战略设计与实施问题,首先要研究中国优势劳动资源的配置与利用绩效,这要结合中国的结构性增长、结构贸易来进行考察,中国呈逐年增长的农村剩余劳动力向工业部门转移和跨区域转移问题应该成为这一研究的重点。通过系统考察前一时期改革过程中结构性增长与农村剩余劳动力转移的绩效,反思产业政策与贸易政策,来确定未来结构调整的原则是必要的。

三、中国结构性增长与农村剩余劳动力转移的绩效

农村剩余劳动力转移的绩效评价思想在理论界并没有被正式提起过,但相关的分析一直在进行着,而且相当庞杂。归结来看,这些研究主要是或基于产业结构变动对于农村剩余劳动力转移的带动及转移的规模、空间流向及农民收入进行分析,或基于农村剩余劳动力流动对于产业结构的推动作用进行分析,远未统一和系统,缺乏方法论的研究。

回顾经典作家对于二元结构下农村剩余劳动力转移的理论分析,

① 郭克莎:《我国技术密集型产业发展的趋势、作用和战略》,《产业经济研究》2005 年第 5 期。

可以发现理论界早已触及转移绩效评价的思想。刘易斯在其劳动无限供给模型中所概括的工业扩张与劳动力转移过程强调了两点：一是工业部门由于在生存工资水平下吸收农村剩余劳动力从而积累起生产扩张的剩余，当这些剩余全部用于再投资后会加速下一轮吸引农业剩余劳动力的规模。二是一旦农村剩余劳动力转移完成后，农业劳动生产率就会提高，收入水平也会随之增加，最终促成二元结构转换为一元结构。① 第一点实质上涉及了农村剩余劳动力的转移速度，由于可用于再投资的剩余并不完全取决于前期所吸收的农村剩余劳动力数量。例如当资本家的再投资采用资本密集型技术时，就业就可能不会增加②，如果放松农业劳动生产率在劳动力转移完成之前不会提升的前提假定，也会影响工业部门的吸收速度。③ 第二点则将结构性增长过程与人口流动过程紧密地结合在了一起，这也同时开辟了研究发展中国家经济发展的结构主义思路，特别是结构主义在 20 世纪 80 年代以来在国家干预理论、收入分配理论和国际贸易理论三个领域所取得的一些新的进展，为进行结构性增长下的农村剩余劳动力转移绩效评价提供了新的思路。结构主义国家干预理论重新审视了政府政策的作用，认为政府对于资源配置的效用不在于政府行为对于市场机制的扭曲，而在于没有提供一个市场机制运行所必不可少的制度结构，或者是因为所具有的制度结构设计不够合理，或者是在其履行过程中绩效不佳。④ 结构主义收入分配理论则批评了新古典理论从充分就业假定所导出的生产资料支配不平等不会对资源配置产生后果的论断。认为财富分配与资源配置的关联总会发生，而且是与同通过市场进行资源配置过程相关联的诸多难题产生的根源，但分配的不平等可以通

---

① 阿瑟·刘易斯：《劳动无限供给下的经济增长》，载郭熙保主编：《发展经济学经典论著选》，中国经济出版社 1998 年版，第 152—153 页。

② 毕世杰主编：《发展经济学》，高等教育出版社 1999 年版，第 143 页。

③ 黄泰岩：《"民工荒"对二元经济理论的修正》，《经济学动态》2005 年第 6 期。

④ Bardhan, P. , 1997. "The Economics of Corruption in Less Developed Countries: A Review of the Issues", in *The Role of Gnvernance in Economic Development*, OECD Development Centre Studies, Paris, OECD, pp. 15-44.

过政策手段予以解决。① 结构主义国际贸易理论则指出,来自贸易的动态收益和出口促进战略并非对每个国家都适用,出口导向战略的成功则取决于给定的结构条件,历史证明,工业化并不是在完全的自由市场体制下能够达到繁荣的。②

因此,本文在结构性增长的框架下研究农村剩余劳动力的转移绩效,其基本思想是从动态的角度来研究中国优势资源的配置和使用问题,农村剩余劳动力转移的速度、就业结构、就业状态,以及由此带来的收入分配效应和劳动生产率效应,都需要与伴随这一过程的结构性增长一致。对其的评价则基于政策来进行,这在于三方面的考虑:一是在中国渐进式改革的进程中,结构性增长源自于政策的推动,基于政策的评价不但有利于分析过去的改革进程得失,也为将来的政策方向确定提供依据。二是由于农村剩余劳动力转移所产生的成本和收益虽然在劳动者个体、行业和社会三个方面进行合理分担,但可能由于政策偏差或市场机制的不完善而存在未按成本收益对称的原则进行,这些偏差在未进行纠正之前需要由政府来承担。三是在完善社会主义市场经济体制的过程中,需要政府干预逐渐淡出,但作为弱势群体的农民工的问题仍将在较长时期内存在,这包括剩余劳动力的产业转移、城乡转移问题,已经转移之后的农民工就业保障和社会保障问题,这些只能由政府来承担,基于政策的转移绩效评价可为政府下一步改革中政策重点的转移提供思路。

表 1 列出了中国农村剩余劳动力转移的绩效及评价思路,对于转移绩效在于五个方面:直接绩效、结构绩效、社会绩效、贸易绩效和区域绩效。值得注意的是,虽然结构性增长通过产业间增长和贸易的差异促成了农村剩余劳动力转移的相应改变,但同时农村剩余劳动力也通过自身的转移对其产生作用。为避免陷入循环无穷的陷阱,本文将农村剩余劳动力转移与结构性增长不适应部分归于政策因素。以下

---

① Lao, J. M., 1986. Agriculture in Recent Development Theory. *Journal of Development Economics*, Vol. 22, pp. 41–86.

② Shapiro, H. &Taylor, L., 1990. The State and the Industrial Strategy. *World Development*, Vol. 18, No. 6, pp. 861–878.

进行具体分析。(见本文表1)

表1　农村剩余劳动力转移的绩效及评价思路

绩效指标		结构适应	政策适应
直接绩效	转移速度永久转移比率 回流创业率 农民增收	工业再投资率、技术进步性质、城乡收入差、城乡劳动市场统一、产业间工资差	针对结构优化的政府生产性支出、投资政策和研发政策;针对农村剩余劳动力转移的培训政策、就业政策、创业政策;财政支农、税费改革
结构绩效	劳动力供给结构 就业结构 技能结构	结构转换、劳动生产率差异、技术进步性质	基础设施、基础产业建设;科技教育投入;培训政策
社会绩效	收入分配 城乡收入差 城市化率 农村建设	劳动密集型产业存量扩张;工农劳动生产率差异;区分劳动者身份的工资水平;务工收入支出结构;一产结构转换	稳定物价的货币政策;农民工子女教育、农民工社会保障;户籍制度改革;农业技术推广、取消农业税、万村千乡市场工程、农村"三通"工程;价格体系改革;农村医疗体系改革
贸易绩效	贸易结构 贸易条件	出口结构、外资行业进入结构、劳动密集型产业国际市场占有率、出口自主品牌结构	产业结构优化战略、企业出口自主权、外汇管理改革、自由化政策、反倾销政策、特区政策
区域绩效	跨区流动 区域增长趋同 区域就业结构	区域产业结构、产业内区域劳动生产率结构、外资区域分布结构、区域贸易结构	区域开发中的优惠政策、西部大开发与中部崛起、打破区域分割的政策、务工高峰期的交通疏导、劳务市场建设

(一)农村剩余劳动力的转移速度

精确测度农村剩余劳动力的转移速度是困难的,一种简单的估算方法是以农村剩余劳动力年均转移增长率来替代,如阳俊雄估计1997—2003年中国农村剩余劳动力转移年均增长4%,而此前的两个高峰期1982—1988年为23%,1992—1996年为8%。[①] 如果以城乡收入及生活水平趋同来测算,中国农业人口的比重应该保持在20%[②],国家统计局估算,到2020年,中国人口将达14.6亿,其中劳动力规模

---

① 阳俊雄:《我国农村劳动力转移速度放慢》,《中国国情国力》2004年第5期。

② 钟甫宁:《我国能养活多少农民——21世纪的"三农"问题》,《中国农村经济》2003年第7期。如果只考虑现行农业生产所需投入劳动力来测算,农民数量应该为1.5亿,见张金生:《我国农村剩余劳动力构成之分析》,《兰州学刊》2003年第5期。

为10亿,而对于农村剩余劳动力的估算为当前已经转移1.4亿,农业仍然存在2亿需要转移的剩余,到2020年农村将增加需要转移剩余1亿人①,则基本可以认为从改革到2020年,共需要转移农村剩余劳动力4.4亿人,则1978—2020年需要年均转移1100万人,这一规模大致与转移高峰期1982—1988年持平,即需要约20%的年转移增长。而考察1997年以来的情况,每年转移的规模仅为500万人,年增长率仅为4%,实现到2020年完成转移是相当困难的。

农村剩余劳动力转移受结构性增长的强影响,以1991—1996年为例,第二产业对GDP的拉动率非常之高,处于峰值(见本文图1),其走势与GDP增长率趋于一致。第二产业特别是工业部门的扩张为农村剩余劳动力的转移提供了强劲的动力,但1997年以来的转移速度较低,且呈下滑走势,即受宏观经济走势的影响,同时从结构性增长来看,与第二产业劳动生产率和内部结构变化有关。1991—1996年中国工业的劳动生产率处于较高水平,但"资本—产出"比却正处于低谷,"资本—产出"比增长率在1991—1994年为负值,农村剩余劳动力转移的快速增长是中国过度工业化造成的。②

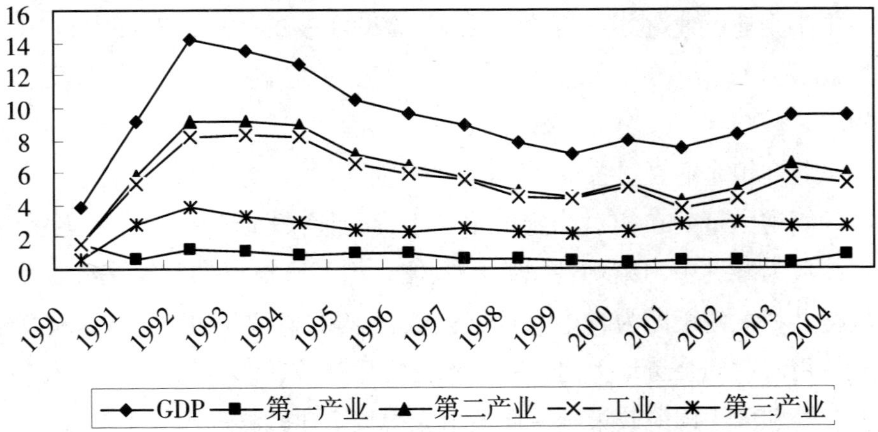

图1　三次产业对GDP拉动率(%)

注:资料来源:《中国统计年鉴2005》。

---

① 中华人民共和国中央人民政府:《中国人口现状》,http://www.gov.cn/test/2005-07/26/content_17363.htm.

② 张军:《资本形成、工业化与经济增长:中国的转轨特征》,《经济研究》2002年第6期。

（二）农村剩余劳动力转移的就业结构

越来越多的文献或媒体将农村剩余劳动力转移用“外出务工”或“进城务工”来替代，这体现了农村剩余劳动力转移的就业以第二产业为主的现实，也符合二元经济理论关于人口转移的一般规律。从我国就业结构来看，第三产业就业长期以来处于较低水平，就业比重虽然在1995—2004年10年间增长了5.8个百分点，由24.8%增长到30.6%，但长期稳定在26%—27%的低水平，和欧美发达国家60%—70%的就业比重相比，具有相当大的差距。程永宏的研究表明，服务业的发展虽然能够吸收由第二产业转移及新增的劳动力，但与扩大就业并没有必然的关系①，特别是我国的多数服务业为国家垄断经营，另外一些重要领域如教育、医疗、文化艺术等具有的进入门槛根本吸纳不了农村剩余劳动力。② 从结构性增长角度来看，第二产业在改革开放以来增长率远远超出GDP增长率，从而成为吸纳农村剩余劳动力的主要部门。实际上，以工业为主体的乡镇企业自1995年起一直保持超亿人的就业规模，到2004年达1.38亿，体制的约束及城市失业问题的存在，农村剩余劳动力进入城市务工仍受到一定的限制，主要在中小企业就业，据劳动和社会保障部2004年的一项调查显示，在平均规模611人的中小企业中，农民工占企业员工的比例已达59.8%。③

但乡镇企业在过去的10年间发展不尽如人意，对农村剩余劳动力的吸纳力量处在相对稳定的水平上，而且乡镇企业技术进步迟缓，不能成为推进中国结构性增长的主体。国家所推行的乡镇基础建设战略及相关政策即为对这一问题的修正，而农村社会教育的投入则为提高用农村剩余劳动力向中高技术密集型产业转移进行修正，户籍制度改革和同工同酬政策则为向城市大中型企业转移进行修正。

---

① 程永宏：《服务业就业比重与失业率的关系研究》，《中国软科学》2005年第2期。

② 袁志刚：《现代服务业与中国经济增长质量》，《解放日报》2006年1月22日。

③ 《农民工已占企业员工总数60%左右》，北京农业信息网：http://www.agri.ac.cn/manager/22941001/2004414111955.htm。

（三）农村剩余劳动力转移的收入分配结构

1990年代以来，中国的经济增长一直靠第二、第三产业拉动，第一产业处于停滞甚至萎缩状态，但农民人均收入却没有下降，反而有所上升，一个解释就是农民外出务工收入做出了贡献①，由于没有农村剩余劳动力非农就业的详细统计资料，我们无法精确测度剩余转移的收入结构，但可以从农民工务工工资水平和转移规模进行大致估算。据有关统计，2004年农民工年均工资为8 000元，而农村流动人口达1.4亿，按每人年均务工8个月计，共取得务工收入8 960亿。2004年农村居民人均工资性收入为998.46元，则全部农民工资性收入总额为7 558.84亿元，虽然二者并不必然重合，但反映了农民工资性收入主要来源于外出务工收入。从比重来看，1999年到2004年，农民工资性收入占人均纯收入的比重分别为：28.5%、31%、32.6%、34%、35%和34%，处于稳定小幅上升情形。但2004年城乡人均纯收入分别为9 421.6元和2 396.4元，相差3.93倍。这一差异存在的一个重要原因即是农民工的工资水平过度压低所致，2004年城市工人年平均工资约为15 000元，高于农民工工资水平近一倍。2004年城镇就业人员为2.65亿，农村流动人口为1.4亿，加上已经在乡镇企业就业的约1.5亿人口，二者大抵持平。可以认为，中国结构性增长中农民工做出了相当的贡献，但分配结构中处于不利的地位，这也同时成为制约农村剩余劳动力转移的主要因素，将在后面详细分析。

（四）贸易结构与农村剩余劳动力转移

多数文献论述了中国现阶段不宜开展策略性贸易政策，因为中国不具备实施策略性贸易政策的前提条件。② 加入WTO后，中国的对外贸易自由化程度不断提高，从而中国的资源要素禀赋条件导致了世界产业的重新分布，中国正在逐步成为“世界工厂”，但是中国规模巨大的制造业处于产品价值链的最低端，产前和产后为制造业服务的高

① 郭兴方：《城乡收入差距的新估计——一种动态解释》，《上海经济研究》2004年第12期。

② 舒鹏：《发展中国家实施战略性贸易政策的可行性探讨》，《国际贸易问题》2003年第6期。

端产业则在国外发达国家。前已述及,中国出口产品主要以劳动密集型产业为主,中高技术产品则多为贴牌生产,或由在中国生产的外国企业出口,从而难以获取较大的价值。缺乏创新能力和自主品牌的中国产品只能通过降低成本在国际市场上竞争,必然不利于收入的提高,从而制约了传统制造业的发展。而国家是否运用就业政策、减免税收、劳动成本补贴等政策来刺激劳动密集型产业发展以促进用农村剩余劳动力转移的方略,也存在两难处境:实施积极政策以促进农村剩余劳动力转移有助于解决二元结构,但传统制造业的广泛发展和出口又会恶化贸易条件,降低收入,不但在短期内不利于国际竞争力的提高,长期内也阻碍结构的进一步优化。

(五)农村剩余劳动力转移的区域结构

农村剩余劳动力转移的区域结构是产业结构在空间上的表现,据劳动和社会保障部的调查,2005 年农村外出务工人员中有 42% 在省内城市就业,其中在省会城市就业的占 20%;在珠江三角洲地区、长江三角洲地区就业的分别占 20% 和 14%。[①] 就业的区域差异既反映了结构的区域差异,同时又推进了这一差异的扩大。

总之,从结构性增长与结构贸易的角度来评价中国农村剩余劳动力转移的绩效,可以看到的是,在已经取得较好结果的表面下,转移的速度、就业结构、收入分配结构和区域结构都存在一些问题。改革至今的近 30 年间,由于改革的阶段性和时序性,农村剩余劳动力转移也相应存在变动,但结构性增长与贸易结构作为最深层的作用力量已经显现,并将在今后较长的时间内起作用。以上的分析表明,中国当前的增长结构和贸易结构在促进农村剩余劳动力转移的同时,也暴露出一些问题,增长结构和贸易结构虽然促进了优势劳动资源的比较优势发挥,但难以有效培育竞争优势。即使如此,转移与结构增长之间仍存在不适应,这与同期社会制度与经济政策调整没能完全适应这一转移过程有关。

---

① 劳动和社会保障部:《农村外出务工人员就业情况和企业 2006 年春季用工需求调查分析》,http://www.lm.gov.cn/gb/news/2006-02/16/content_106713.htm。

四、2004—2005 年农民工短缺对农村剩余劳动力转移绩效的纠正

无论是强调结构调整中的政策设计，还是强调经济运行的内在机制，事实是，由此带来的农村剩余劳动力转移结果必将由于劳动者个体的成本收益评价而得到纠正，进而作为整体而反映出来，并影响结构性增长的进程，要求政策进行相应的调整。2004—2005 年出现的“民工荒”问题即是这一问题的集中反映，据劳动和社会保障部的调查，企业缺工主要发生在珠三角、闽东南、浙东南等加工制造业聚集地区，重点地区缺 10% 左右，仅珠三角地区缺工规模就达 200 万人。[①] 民工短缺已经成为制约这些地区经济发展的因素，并且局部缺工所造成的矛盾已经对周边地区的同行业生产产生了一定的影响。这一问题不但引起了决策者的注意，也引起学界的广泛讨论。本文认为，这一问题既是对中国结构性增长和贸易结构产生的不适应问题的纠正，同时也是体制转换滞后于结构性增长要求的必然反映。

（一）对结构性增长的纠正性质

农民工短缺对于结构性增长的纠正既在全国性的产业结构层面有所反映，同时也对中国结构性增长的区域格局做出了应有的反映。一是结构性增长的本质涉及优势资源要素由低生产效率部门向高生产效率部门的转移，并伴随着优势要素的供给结构与质量的相应提高。从中国的现状来看，第二产业的发展长期以劳动密集型产业为主体，产量提高和就业扩大依靠的是市场拉动的投资增加，企业的投入主要在生产领域，技术投入不足，产品自主技术含量和自主品牌比例低，缺乏优化提升，从而强调对于一般意义的劳动投入，对劳动力的培训不够，既不利于企业增长方式的转变，也制约了劳动要素向更高生产率的产业部门转移。二是从产业结构的区域差异来看，我国的制造业特别是强调劳动投入的制造业在东南沿海发达地区具有聚集性，金

---

① 劳动和社会保障部课题组：《关于民工短缺的调查报告》，2004 年 9 月 9 日。

属制造业、普通机械制造业、电气机械及器材制造业、电子及通信设备制造业和仪器仪表及文化办公用品机械制造业这五个重要的制造业产值占全国前四位的省市主要是江苏、广东、上海、浙江和山东①,这些产业在中国仍然以熟练劳动投入为主,制造业空间布局的非均衡性引致了就业流动的方向。

农民工短缺的产业体现是从事"三来一补"的劳动密集型企业,又集中在产品竞争比较激烈的制鞋、玩具制造、电子装配、服装加工、塑料制品加工等行业,其中部分台资企业和中小型私营企业缺工更为严重,结构体现是18—25岁的年轻女工和有一定技能的熟练工。② 由于长期以来依靠低技术含量的劳动密集型产业的高速增长来获取利润,必然陷入靠扩大劳动投入来扩张企业发展的道路。同时,企业用工不规范,缺乏长远意识,大多企业以使用短期工和临时工为主,劳动者的高流动性导致企业低构扩张时难以依据劳动供给进行合理规划,也引发市场竞争的无序。

(二)对贸易结构的纠正性质

改革开放以来,中国的对外贸易呈现高速增长的势头,但这一增长是建立在劳动密集型产业的超常规增长基础之上的,由于产品技术含量不高,在国际市场上竞争力不足。中国贸易结构所具有的特点体现了这一问题的严重性,一是中国的加工贸易增长领先,2004年中国的加工贸易出口为3 279.9亿美元,增长35.6%;一般贸易出口2 436.2亿美元,增长33.9%。加工贸易进口2 217.3亿美元,增长36.1%;一般贸易进口2 482亿美元,增长32.3%;二是民营企业出口增长快,民营企业出口2004年首次超千亿,达到1 011.6亿美元,比2003年增长68.6%,出口比重已达17%。民营企业正是劳动密集型产业的主体。③ 三是高技术产品出口也获得了较好成绩,2004年进出口3 269.7亿美元,增长43.8%。出口占出口比重已达27.9%。但我国的高技

① 梁琦:《产业聚集论》,商务印书馆2004年版,第257-263页。

② 劳动和社会保障部课题组:《关于民工短缺的调查报告》,2004年9月9日。

③ 陈耀:《劳动密集型产业能否承载就业之重?》,《瞭望新闻周刊》2004年7月5日第27期。

术出口产品主要还是处在国际产业分工中的低端位次上，仍然是劳动密集型，而且通过外商投资出口也占据了一大部分。[1] 作为竞争性行业的劳动密集型产业，过度出口必然恶化贸易条件，从而压缩产品的利润空间，也导致工资水平长期止步不前，甚至有下滑的压力。有关研究表明，珠三角地区12年来月工资只提高了68元[2]，而这些年来消费物价总体水平已明显提高，导致外来务工者工资水平实际处于下降趋势。

农民工短缺虽然集中于东南沿海地区，但这些地区正是我国劳动密集型产业出口的主要区域，低技术含量、低利润空间产品出口的贸易结构必然不利于工资水平的提升，沿海区域的外来务工工资水平与内陆省份相比已经不占优势，再考虑跨区流动成本，出现农民工短缺是不可避免的。"民工荒"正是对于低技术含量的劳动密集型产品贸易结构的纠正，从而提出了转移增长方式，扩大技术含量高、利润空间大的技术密集型产品出口从而提高工资水平的内在要求。

（三）对体制转轨滞后于结构性增长的纠正性质

中国的体制转轨兼承经济体制转轨和经济发展双重任务，而且特别强调经济结构转换对于体制转轨的意义与价值。在评价中国体制转轨时也过于强调发达国家成熟市场体制下的评价标准和思想，从而对于农村剩余劳动力转移的阶段性和效果评价也从市场化程度、工业化水平和城市化水平来进行，必然缺乏对于体制转轨的客观评价。[3] 这些认识上的偏向也造成了对于工业化的片面追求，使工业化在改革以来的近30年里持续增长，然而体制转轨却具有阶段性特征，在不同的阶段又存在不同的性质。特别是1998—2004年存在一个长达7年的体制转轨过渡期，在此期间，体制转轨的进展很不明显，政策主要在于对经济运行中出现的一些局部问题进行针对性的解决，然而工业的扩张和农村剩余劳动力流动却在这一时期没有停止的迹象，形成体制

---

① 裴长洪：《寻求新的突破——我国"十一五"期间的对外贸易》，《国际贸易》2005年第4期。

② 劳动和社会保障部课题组：《关于民工短缺的调查报告》，2004年9月9日。

③ 吕炜：《转轨过程的最终费用结算与绩效评价》，《中国社会科学》2005年第1期。

转轨滞后于结构性增长的局面并进而积累起对于农村剩余劳动力转移的一系列问题。

转轨滞后带来的四个方面的问题导致2004—2005年“民工荒”的出现:一是国有及国有控股企业改革进程迟缓。旧体制打破和新体制建立需要一定的时间,技术创新机制、现代管理体制和适应市场的运营机制尚未建立,不能成为吸引高技能工人和相对熟练工人进入的力量。具有较高素质的劳动力在技术含量低的劳动密集型产业的滞留促进了这些产业的过度扩张。二是高垄断国有部门大量存在。这些部门劳动生产率低,但垄断利润丰厚,农村剩余劳动力不能进入,只能在非公有制部门就业,从而压低了工资水平。三是农村剩余劳动力跨区域流动倾向明显,而且主要进入非公有制企业。转轨时期尚未建立起规范的用工制度和就业市场,导致农民工就业环境恶化。四是社会保障体制建设滞后,包括农民工医疗保障、住房、子女教育等问题也制约了农民工的转移积极性。农民工短缺即是对于工业增长超出体制保障的一种纠正。

(四)对政策适应性的纠正性质

针对结构性增长的一系列政策的完善与实施也存在问题,农民工短缺也兼有对其进行纠正的性质。这包括对倾斜产业政策的纠正。如国家对于一些垄断性行业的过度保护,限制了市场竞争机制的发挥,抑制了创新与技术进步,阻碍了劳动生产率的提高;对收入分配政策的纠正,强调货币化的收入分配政策,虽然在显性的方面解决了收入分配的部分不平等,但大量隐性的问题没有解决,减低了货币收入特别是工资收入的效用。对国家解决“三农”相关政策的纠正。如国家为解决农民负担促进农民增收出台并实施了一系列的政策,包括逐步取消农业税、制定农产品收购指导价等,农业比较利益的提高刺激了农民务农的积极性。反过来则抑制了务工的积极性;对引资政策的纠正,国家引资从“以市场换资金”到“以市场换技术”的战略转变,说到底是为解决技术水平低下、产品技术含量不高的问题。事实是,一味地追求以牺牲市场的“换取”并没有达到预期的目的,外资以低技术含量的产品占领了国内市场甚至是属于中国的国际市场,这些更增加我国劳动密集型产业的发展难题:限制劳动密集型产业发展不利于劳动力转移,发展劳动密集型产业又不利于长期的结构优化与竞争力提升,长期来看仍然不利于劳动力的有序转移。

五、未来结构调整的原则与促进农村剩余劳动力转移的思路

通过以上分析可以得到基本的结论:以结构性增长和结构贸易来促进农村剩余劳动力转移应该是在今后一段较长时期遵循的思路,但结构性增长不会自动产生,特别是对于我国当前的转轨阶段和所面临的贸易环境而言,单纯依靠市场机制本身的发挥来实施结构性增长和结构贸易是难以奏效的。建议的思路是:既着眼于优势劳动资源的合理配置与最优使用,又考虑到培育竞争优势以扩张比较优势的绩效,进行合理的政策安排来实施产业结构升级和结构贸易的优化,并将这一过程与农村剩余劳动力转移的有序性结合起来。既总结已有成绩,又注重吸收农村剩余劳动力转移过程中出现的问题对于结构、政策、体制不适应的纠正,以下提出政策调整的原则和转移思路:

(1)加快体制转轨进程。虽然不能放弃强调经济结构调整在体制转轨中的意义和地位,但应该建立起有别于成熟市场体制国家对体制转轨绩效评价的标准和思路,避免过于强调工业化从而形成过度工业化的局面。通过系统考察农村剩余劳动力转移对于体制转轨与结构性增长时序契合不适应的纠正,有重点地解决以下三个方面的问题:一是加快国有及国有控股部门的体制改革进程,避免由于行政垄断或过度干预形成劳动就业市场的人为分割,从而导致农村剩余劳动力转移就业主要囿于经济新增部分。二是加快社会保障制度建设,并避免由于劳动者身份的差异而出现的制度差别。三是建立城乡统一、区域融合的就业市场和就业政策,建立和完善用工制度和就业信息提供制度。对于前期体制对结构性增长不适应所产生的成本和费用分摊问题,也需要在这一时期进行核算和处理,通过中央及地方政府的统筹,以财政手段予以支付,并有远见地制定费用在国家、行业、地区及劳动

者个体之间的分摊规则，以在体制转轨与结构性增长适应之前进行防范。

(2)有计划、有目的地进行产业结构优化升级。以结构性增长推动农村剩余劳动力转移的时序性和递推性。由于我国第一产业中大量的隐性失业存在，提高农业劳动生产率并不能提高第一产业的就业，而扩大就业的唯一途径是发展第二、第三产业。① 结构性增长所强调的是三次产业劳动生产率的渐次推进，及由此带来的农村剩余劳动力渐次转移。日本在20世纪50—70年代的农村剩余劳动力转移经验表明，优化农业生产结构提高农业劳动生产率是促进农村剩余劳动力转移的前提，而大力发展工业则提供了转移的空间。② 由于国情不同和所面临的国际环境不同，中国在实施这一过程中应该强调三次产业的同步发展，但仍然需要强调时序性特征，即强调农业劳动生产率提高和农业生产结构优化以提高农村剩余劳动力的素质和转移能力，大力发展第二产业以保持经济高速增长的就业效应，特别是，在发展第二产业时要注意部门扩张与绩效提升的同步性，简单的部门扩张虽然在短期内具有较强的就业效应，但长期来看容易形成同构，阻碍结构优化。通过鼓励创新，优先发展技术密集型产业，从而构造结构势能，既为劳动力的递推性转移提供动力，也为这一过程的持续性奠定基础。同时应该注重发展与制造业适应的产前、产后高级服务业，提升不同环节的价值增值，创造工资空间。

(3)调整贸易结构。将其与国内的结构性增长对应起来，并通过结构贸易强化结构性增长的溢出效应，调整结构效率，将劳动要素的比较优势转化为国际竞争中的动态优势。美国是世界上制造业最发达的国家，却通过建立以现代服务业为主体的贸易结构来确立其优势地位，并获取最大的价值，它并没有因为强大的服务贸易弱化国内制造业的发展，反而有效地提高了制造业的劳动生产率，获得更大的结

① 蒲艳萍、吴永球：《经济增长、产业结构与劳动力转移》，《数量经济技术经济研究》2005年第9期。

② 隋忠诚、殷立春：《日本经济高速增长时期的农业剩余劳动力转移》，《东北亚论坛》2005年第11期。

构溢出效应。对于中国而言,要素禀赋所导致的全球化条件下国际分工的重构难以模仿美国的模式,但仍有一些启示值得汲取,通过自主创新和促进技术含量高的制造业产品出口,并通过国内劳动密集型产业和技术密集型产业之间的结构势能来实现价值联动,提高劳动密集型产业的劳动生产率和利润空间,从而强化结构溢出是有益的思路。这一进程的推行虽然存在一定的困难,但配合积极的产业政策、宏观政策、贸易政策和灵活的就业政策,应该具有操作的空间。

(4)重新审视引资政策。吸引外商直接投资的目的是获取技术以提升国内企业的竞争力,但外商直接投资对经济活动的影响是多方面的,包括技术进步、结构转换、市场结构、经济增长、就业、贸易等,这些会对农村剩余劳动力转移产生直接或间接的影响。虽然从理论上看,FDI会带动就业的增加,但对中国就业的贡献却呈减弱态势,在1986—1990年、1991—1996年、1997—1999年、2000—2002年四个阶段,外商带来的就业机会只占全部新增就业岗位的0.43%、9.62%、6%和4%。大量文献研究了外商直接投资对中国技术进步、经济增长及贸易的相关关系,然而通过这些渠道间接影响就业的效应也极其弱化,一个重要原因是,中国所吸引的外商直接投资并没有真正融入中国经济,没有成为推动中国经济增长与结构转换的内生力量。结合中国发展阶段和特点,制定产业针对性和技术针对性的外资政策,限制外资追求市场及效益的短期行为,并通过内资企业与外资企业基于价值链的产业关联来促进外资真正融入中国经济运行是必须考虑的。

该文原刊发于《华中科技大学学报(社会科学版)》2007年第2期,发表时有删节。

外出务工、消费导向与区域产业结构升级

一、引　言

解决“三农”问题的关键在于实现农村工业化和促进农村剩余劳动力的转移,这其实是一个问题的两个方面,即以农村工业化来促进农村剩余劳动力的转移。文献对于这一问题的解决大致沿着两个思路进行:一是基于农村工业化的思路,其理论基础是“配第—克拉克定理”,“配第—克拉克定理”指出,随着经济的发展,人均国民收入水平不断提高,劳动力首先由第一产业向第二产业移动,当人均国民收入水平进一步提高时,劳动力便向第三产业移动。后来库兹涅茨又对“配第—克拉克定理”进行了深化,阐明了劳动力和国民收入在产业间分布结构演变的一般趋势。这一产业结构变化的规律基本上是符合我国的情况的①,显然不同部门间的收入差异促使了劳动力的部门间转移,而收入差异又来源于部门间的劳动生产率的不同,则以工业化来促进农村剩余劳动力的转移起到解决“三农”问题和促进整个社会发展的双重效果。这一思路的文献既有理论上分析我国情况农村工业化的可行性、必要性及解决问题的直接性,但更多是政策建议。第

① 董晓波:《我国农村剩余劳动力转移的成因与对策分析》,《安徽农业科学》2004 年第 32 期。

二条思路则是从要素供给的角度来研究这一问题，大量文献讨论了我国劳动力供需结构的失衡状况，并据此分析了其对于产业结构升级的不利影响，并提出相关政策措施[①]，由于技术变化和市场竞争是供给变化的重要原因，对于劳动力要素的供给也是如此，在强调外出务工人员通过在发达地区务工获得知识和技能从而为欠发达地区进行人力资本积累方面，文献也给予了相当的关注。如潘晨光等和邱海盈都分析了外出务工人员智力回流对流出地经济结构升级的影响。[②]

这些研究探讨了农村工业化与剩余劳动力转移之间的直接关系，也为解决"三农"问题提出了有益的思路和政策措施，但忽视了一个重要方面，那就是由于外出务工带来消费结构与消费理念的变化对区域经济结构变动的影响。生产的目的是为满足人们的需求的，因此需求结构的变化必然影响到产出结构的变化。特别是当消费结构由解决生存向享受生活变动时，对工业化的发展及工业结构的升级将带来根本的促进。根据恩格尔定律，随着人均收入水平的提高，食物性消费在生活消费支出中的比例不断下降，非食物性消费在生活消费支出中的比例不断上升，通过消费对生产的导向作用，结果必然是农业产值和就业份额下降，工业及第三产业份额上升。本文沿着这一思路出发，探讨外出务工对区域消费结构的影响，以及由此带来的区域产业结构升级问题。

二、外出务工对农村消费结构的影响

消费结构是指在商品或劳力消费支出占总消费支出的比例。对于农村居民而言，其生活消费支出是农村居民家庭全年用于日常生活的全部开支，包括食品、衣着、居住、家庭设备与服务、医疗保健、交通通信、娱乐教育文化服务及其他杂项。总的来看，农村居民人均生活

① 胡军、向吉英：《论我国劳动力供需结构失衡下的产业结构转换》，《当代财经》2002 年第 12 期。

② 潘晨光、娄伟：《中国农村智力回流问题研究》，《中国人口科学》2003 年第 5 期。邱海盈：《农村劳动力回流与劳动力密集型产业的开发》，《人口学刊》2001 年第 3 期。

消费支出在改革开放以来呈上升趋势,特别是自1985年以来,农民消费升级很快,人均生活消费支出由317.4元增加到2001年的1741.09元,增长了5.49倍,恩格尔系数也由1985年的57.79%下降到2001年的47.71%,下降了10.08个百分点。与此同时,消费支出结构也相应发生了变化,农民的娱乐教育文化消费、居住消费及交通通信消费提高较大,分别上升了4.64、7.17和3.13个百分点①,消费结构已经由温饱型向小康型迈进。对于农民各项消费品的边际消费倾向分析来看,从1980年到2000年20年间,我国农村居民8大类消费品的边际消费倾向除食品和文教娱乐用品及服务存在下降趋势外,其实6大类均是增加的。其中食品由0.326减至0.241,减幅最大,为26.0%,文教娱乐用品及服务的减幅为10.19%;其他六大类消费品的增加幅度分别为居住(55.42%)、交通和通信(26.53%)、医疗保健和服务(6.82%)、家庭设备与服务(10.26%)、衣着(191.67%)、其他商品和服务(12.50%)。两项指标表明的结果是一致的,即农村居民的消费结构由生存型向享受型转变。②

农村居民消费结构的变化有多方面的原因,其中最重要的是收入增长、消费观念变化、教育观念变化和二元结构变化四个方面,这些变化都正向地带动了农村居民消费结构的变动,更进一步分析,则与农村剩余劳动力跨区域务工有关:

(1)外出务工促进农民收入增长。从农民收入结构来看,家庭经营性收入仍然占据较大比重,但从收入增长部分来看,则主要来源于劳务收入,最典型的是2000年,农民家庭劳务收入和经营性收入占收入的比重分别为31%和63%,但对收入增长的贡献则分别为106.88%和0.85%。在农业之外寻求增加收入的途径即意味着寻求非农就业的机会,这主要在于两个方面:一是在当地寻求非农工作机会;二是到发达地区寻求务工机会。据张车伟和王德文的分析,农民

① 唐淑云:《论我国农村消费特征的常规及拉动消费的对策》,《消费经济》2003年第3期。

② 李锐:《我国农村居民消费结构的数量分析》,《中国农村经济》2003年第5期。

更倾向于在本地非农产业就业，不得已才到外地非农产业就业[①]，换言之，本地的乡镇企业吸收了相对更多的农业转移劳动力。另据此文研究，乡镇企业工人收入的变化格局与城市工业就业人员的收入变化格局大致相同，从而农民收入增长的变化具有缩小城乡差别的巨大作用。这些方面都引发农民消费结构向城镇居民趋同的效应。另外的研究表明20世纪末开始随着乡镇企业发展困难，农民外出到省外非农产业务工的比例开始大幅增长，由于沿海发达区域工资水平相对较高，从而对这一时期农民收入的增长起到拉动作用。这些都极大地带动了农民消费结构向更具弹性的耐用消费品升级。

(2)外出务工促进农民消费观念的转变。外出务工也有力地促进了农民消费观念的转变，从而带动农民消费结构的升级。我国农村居民由于生活方式和传统习俗的影响，消费观念保守，具有强烈的后顾意识。这在于农民收入长期增长缓慢，收入更多依赖于农业，而农业的高风险性和低收入性使农民的消费观念更多地表现为量入为出，虽然收入偏低，但储蓄倾向偏高。从上述对于农民消费结构变化的数据中也可以明显地看到这一痕迹，随着农民收入的提高，居住和衣着仍占据较大比重，且边际消费倾向更高。而居住则更体现农民对于安定的需求。对于交通通信及文教娱乐上升的情况来看，反映其消费观念已经发生了转变，贷款消费在农村也开始发展。这与外出务工人员在经济发达地区接触新的消费观念、接受新的生活方式有关，并将这种方式融入自己的生活与消费观念之中。消费观念具有强大的溢出效应，外出务工人员自身消费观念的转变会对当地其他人员的消费观念带来影响，导致消费观念由传统保守的理念向新式的消费观念转变。

(3)外出务工人员更注重于教育。虽然目前外出务工的农业劳动力所选择的就业部门仍以简单劳动为主，但教育方面在外出务工人员就业选择和对务工收入的影响已经是越来越大了，从而受教育程度的不同所带来的收入差异也影响了农村居民对于教育的重视程度，从而教育支出在农民消费结构中也有大幅的上升。这一教育支出主要在

① 张车伟、王德文：《农民收入问题性质的根本转变》，《中国农村观察》2004年第1期。

于两个方面:一是农民对于子女学历教育的支出。值得注意的是,90年代中期教育收费制度的改革增加了学历教育的成本,从而也拉动了农民教育消费支出水平;二是外出务工的职业教育培训。虽然各级政府不断加大职业教育培训投入,但农民为了能够找到更好的、收入更高的工作,也有意识地参加各种社会培训班。由于教育消费和收入之间存在的正相关性,二者具有相互加强的特征。

(4)外出务工促进了城乡交流。作为一个发展中国家,我国的城乡二元结构表现非常突出,二元结构成为制约农村消费结构升级的瓶颈,同时也影响了政府作为公共物品的供给方,其产生明显重城市轻农村的偏好。这种偏好表现在财政对于农村支出及农村基础设施投入方面均显不足,从而制约了农村消费结构的进一步升级。而外出务工人员通过到城市务工,所带来的资金流动、意识流动、知识技术流动及由此带来的城乡人际关系网络的变化,都有缩小城市二元结构的意义。特别是,这种流动所带来的城市市场与农村市场的扩大与融合,也对于农村消费结构的升级带来深远的影响。

三、农村消费结构变化对产业升级的促进机制

消费结构变化对于区域产业结构的变化具有导向性的促进作用,这一机制最简单的理解是当市场机制发挥作用时,市场供求机制将更多地提供消费结构中趋于上升的产品,从而扩大这些产业的市场。由于随着收入的提高,消费结构的变化规律是从满足人们存在所需要的食品和轻纺工业产品向满足人们对耐用消费品的需要发展,从而基础工业和重加工工业将得到发展,拉动了产业结构的升级。深入来看,这一机制与不同类别消费品的弹性有关,由于初级品弹性较小,收入变动对这些产品的需求变动影响不太,而耐用消费品的弹性比较大,收入变动会引起对这些产品需求的较大变动,从而带动这些产业的发展。人们对于耐用消费品的消费需求具有联动效应,也就是说,对于一种耐用消费品的需求增长会带来其他相关耐用消费品的需求增长,比如高档住房带来的居室装修需求、家具需求与家用电器的需求等。

除此之外,考虑到我国农村地域的特征,农村消费结构变化对产业升级的促进还存在以下几个方面的效应:

(1)促进农业产业化,带动农村地域基于比较优势的工业化。农村消费结构变化对于农村地域的产业结构带来影响,这一影响既包括农业内部结构的变化,也包括对于产业间结构的变化。对农业内部结构的影响在于,农民食品消费结构由以粮食为主向更多的消费蔬菜、肉蛋食品转换,从而使农业结构以粮食种植业向粮食种植和蔬菜瓜果种植、家庭养殖并重转换。对产业间结构的影响则是基于农业结构变化的基础上进行的,农业产量的提高和消费比重的减少,必然促使农产品深加工产业的出现和发展,而农业生产结构的多样化也为具规模性的农产品深加工企业的发展奠定了基础。以农产品深加工为主的生产、运输及服务业也随之发展,从而提升农村地域的产业结构。特别是,这一农业产业化和农业工业化的过程是基于农村地域的比较优势进行的,不但利用了农村地域丰富的农副产品原料,也有效地利用了低成本的劳动力优势,而且迎合了农村巨大的消费市场。这方面河南省有一些典型的案例,如科迪食品、白象食品和双汇企业,以一家龙头企业带动数千家农户,形成产供销有机链条,农业产业化与农业工业化之间形成相互促进机制。

(2)促进区域产业升级,扩大城市工业带动效应。本质而言,区域产业结构的升级是建立在区域城市产业体系的完善与升级的基础上的,这体现了作为区域增长核心的城市对于整个区域的辐射和带动作用。农村消费结构的变化同样会对城市产业体系带来影响。我国长期存在城乡二元结构突出的现象,城市产业体系的发展更多关注城市而忽略了农村,企业更多地把注意力放到了城镇,在生产产品时更关注城市居民的消费能力、消费需求与消费偏好,这容易导致产品标准的趋同和结构的雷同,而在市场中又更多地表现为竞争而非互补,影响了产业结构的升级。农村消费结构的升级使企业开始关注农村市场,由于农民的消费理念与城市居民不同,更注重产品的性能、价格、耐用性和实用性,为企业提供了更宽阔的产品结构,丰富了企业产品生产的种类,也扩大了企业的市场空间。这种变化将通过两种途径改变区域产业结构:①城市的企业内部分化,一部分企业关注农村市场,另一部分企业关注城市市场,从而细化分工,也使企业有精力和资金进行技术进步和产品升级的研究;②由于城市企业的扩散和辐射,在农村地域发展并生产适合农村消费需求的替代性产品。

(3)促进农村市场扩张与农村消费环境改善。长期以来,由于国家对于农村基础设施建设投入不足,农村的水、电、路、通信等基础设施发展严重滞后,完全不能满足农村消费条件的需要,制约了农村居民对现代化工业产品的消费。同时,农村商品销售网络和服务体系严重滞后,如送货、安装及售后服务等在农村市场难以保障,加之农村居民购买力弱,这导致了知名企业不愿将其销售网络向农村地域延伸,从而给假冒伪劣商品留下了空间,也严重影响了农民的消费信心。

农村消费结构的变化既反映了农村消费环境的变化,也促进了农村消费环境的改善,这源于农民本身消费需求带来农民消费方式的改进,如农民购买摩托车、汽车等高档消费品等。同时,政府也开始注重加大对农村基础设施的投入力度,如村村通公路等;另外,企业也开始关注农村市场的巨大潜力,开始有意识地在农村地域扩建销售网点。

四、结论与对策建议

区域发展角度来看,产业转移具有依次递推的规律,即从经济相对发达地区向落后地区转移。目前我国正处在产业由东部沿海发达地区向内陆地区转移的时期,如何有效地承接东部产业并借此推进本地区的产业结构升级是协调区域发展的重要课题。市场经济条件下,区域产业结构的升级和优化应该着力培育区域自生能力,建立能够发挥区域比较优势的产业体系,则通过消费结构的升级来拉动产业升级是一条重要的途径。

本文探讨了农村消费结构变化对于区域产业结构升级的促进机制,特别强调了外出务工在农村消费结构中的决定性影响。这同时也给出了优化区域产业结构的对策思路,那就是着力推进农村剩余劳动力转移,促进农民增收和消费观念的转变,由此建立农村消费结构和产业结构之间良好的相互促进机制。政策角度而言主要在于两个方面：

(1)建立促进农村劳动力跨区域转移对策体系。促进农村剩余劳动力转移并不只是一句口号,而需要建立包括前期培训、促进转移、产业选择、智力回流、本地消费升级一系列的对策体系。其基本理念:以促进农业劳动力转移来进行人力资本积累和培育新型消费群体。这就需要强调有效地引导外出务工的区域、产业方向,使其能够有效获得较高的收入、具有比较优势产业的知识和技能与市场理念,并通过政策引导促使其回流,让其在外出务工中获取的收入形成本地的消费能力,也让其在外出务工中接受的消费观念在本地形成外溢效应,从而带动消费结构的升级。

(2)优化农村消费环境。农村消费环境差是我国城乡二元结构的重要表现,也强化了二元结构,制约了农村消费结构的升级。优化农村消费结构需要农民自身意识转变、企业经营理念与政府支持三方共同的努力,这里面政策引导和政策支持起非常关键的作用。优化农村消费环境的基本政策构想包括:加强农村基础建设,改善交通通信状况和供电供水设施;加大财政支农力度,繁荣农村集贸市场;规范市场秩序,加大坑农害农处罚力度;鼓励企业销售网络向农村延伸,制定政策优惠措施;完善农村社会保障制度等等。

该文原刊发于《平顶山学院学报》2007年第10期。

产业集聚与农村剩余劳动力转移：转移能力、转移模式与绩效评价

一、引　　言

工业化是发展理论的核心内容，是指一个国家或地区由以农业经济为主向以工业经济为主过渡的现代化进程中不可逾越的发展过程，实际也是工业结构不断优化升级的过程。① 对落后的农业地区工业化而言，这一过程也应该是产业发展和农村剩余劳动力转移相互促进、有机结合的过程，因为资源配置的效率问题是新型工业化要解决的重要问题，是高级化的核心内容，即促进生产要素向更高的部门转移，推进产业升级，提高资源配置效应和国际竞争力。② 目前来看，由于农村剩余劳动力转移能力的严重不足，从而极大地制约了欠发达地区的工业化和经济发展。

目前来看，解决农村剩余劳动力转移能力不足主要有三种思路，一是以政府为主体建立农村劳动力转移教育培训体系。这一思路虽然强调了政府统一规划和实施的重要性，但学者们也都注意到了遵循

① 张培刚、张建华、罗勇、李博：《新型工业化道路的工业结构优化升级研究》，《华中科技大学学报（社科版）》2007 年第 2 期。

② 吕政：《工业结构调整任务的变化》，《经济理论与经济管理》2000 年第 1 期。

市场机制的重要性。[①] 而且从国际上看，制定合适的劳动力转移教育培训体系是美国、日本等发达国家促进城市化进程的重要措施。[②] 近年来，我国中央政府也高度重视农村劳动力的转移培训工作，制定了一系列政策来推进农村劳动力转移培训，各地政府也具体实施了一些培训项目，取得了一定成效。但这一思路的实施仍存在诸多困难，建设全国性的教育培训体系既不现实也缺乏可操作性，而我国农村剩余劳动力数量大、结构复杂和区域差异大的特点又制约了统盘规划的可能。二是以企业为主体进行职业教育培训。从理论角度而言，以企业为主体进行的教育培训更具有具体性和针对性，从而也具有稳定性特征，这不但有利于企业进行人力资本积累，培养所需人才，而且也有利于劳动者快速获取技术。但这一思路的实施也存在困难，因为在我国现有的体制下，农村剩余劳动力的流动性特征增大了企业人才流失的风险，企业过于追求短期利益的动机也难以对企业培训进行有效的激励。三是基于经济组织本身的教育培训功能来进行的。由于中间性企业网络组织自身的人力资本积累功能，能够有效地吸聚劳动力并通过组织内的非正式学习机制对其进行教育培训。这一机制目前已经引起了国际组织和发达国家的高度重视，如芬兰、德国和爱尔兰等国已经制定了基于产业集群的培训政策体系，多数集群已经建立起了提供职业培训的专门机构。理论界也给予了足够的关注，通过众多学者的研究，已经建立起产业集聚人力资本积累的理论体系，成为区域经济学和产业组织理论的规范性文献。

最早对集聚经济非正式学习机制给予关注的是英国经济学家马歇尔（Marshall，1920），20 世纪初，他在对意大利设菲尔德和兰开夏郡的研究中，发现这里小公司集聚且它们之间具有密切联系，规模经济较低，区内生产活动具有明显专业化特征，他将这样的区域称为产业

---

① 许昆鹏、黄祖辉、贾驰：《农村劳动力转移培训的市场机制分析及政策启示》，《中国人口科学》2007 年第 2 期。

② 李少龙：《国外农村劳动力转移教育培训的经济借鉴》，《比较教育研究》2005 年第 7 期。

区(industrial district)(Harrison,1992)①,并在经典著作《经济学原理》中研究了产业区内专业劳动力市场的存在以及知识溢出带来的学习效应。② 此后,劳动力素流动一直被集聚经济研究者认为是知识溢出的最重要机制,比较普遍的观点是,稳定的当地劳动力市场为技术交流提供了重要的机会,劳动力在企业之间的流动促进了知识在成员企业之间的扩散,而且外部劳动力的流入为外部知识传入及其与集群创新系统内部原有知识的重新组织提供可能(Antonelli,2000)③,Lorenz(1996)据此指出发展共同和共享的知识基础是解决劳动力技术提升和组织化的根本,并指出其实现方式是通过该组织内员工从大公司或学校获得共同的工作或者培训经历④,或当地劳动力市场对本地中小企业间劳动力流动的影响来进行的(Lorenz, 1999)。⑤ 卡佩罗(Capello,1999)则从教育的社会性出发研究了集群知识累积的社会化过程,扩展了集群吸聚劳动力的分析框架,并且分析了产业集聚区域劳动力高流动性的原因,在于中小企业生命周期短所导致的波动性,这会导致员工在企业间进行流动,而员工由于自身技能具有地区特殊性和产业特殊性的原因,他们寻找外部机会受到限制,限于产业集聚区域内部的流动也加深了知识和技能的相互传递⑥。这一机制已经为实证研究所证实,如凯伯等(Keeble et al. 1999)通过对剑桥地区产业集群的实证分析,发现了产业集群中三种技术学习机制的存在:显性技术和管理技能以企业家的形式在本地的流动和企业衍生;企业网络

---

① Harrison B. ,"Industrial Districts:Old Wine in New Bottles?",*Regional Studies*,1992,(26).

② 马歇尔:《经济学原理》,商务印书馆1991年版。

③ Antonelli C. ,"Collective Knowledge Communication and Innovation: The Evidence of Technological Districts",*Regional Studies*,2000,34(6).

④ Lorenz,"Collective Learning Process and the Regional Labor Market, Unpublished Research Note, Europe Network on Networks", Collective learning and RTD in Regionally-clustered High Technology SMEs. 1996.

⑤ Lawson C. ,"Lorenz E. H. Collective Learning, Tacit Knowledge and Regional Innovative Capacity",*Reg. Studies*,1999,(33).

⑥ Capello R. ,"Spatial Transfer of Knowledge in High Technology Milieux: Lesrning Versus Collective Learning Processes",*Regional Studies*,*June*. 1999,33(4):353(1).

交互活动;研发人员在当地企业之间的流动。① 所有这些研究都表明了一个重要机制,即由于产业集聚区域存在正式和非正式的网络,而非正式网络对集群具有更加重要的意义,因为企业隐性知识的溢出主要是通过非正式网络实现的(Freeman,1991)。②

这些研究证明了产业集聚所具有的人力资本积累效应,探讨了产业集聚非正式网络对于这一效应的促进机制,提供了相关领域深入研究的基础,但这些研究仅给出了一般意义的理论框架,缺乏结合区域实际的分类研究。特别是,国外的文献大多是针对发达国家来进行研究的,这些国家一般都已经实现了工业化,从而更强调对于产业集聚人力资本积累机制本身的研究,而未能就这种机制在农村劳动力转移过程中的作用进行深入探讨,从而低估了这一机制的价值。本文认为,以产业集群教育培训内在机制发挥为重点,经济组织视角研究农村剩余劳动力转移问题具有重要的理论意义和实际价值,它实现了产业发展、区域发展与人力资本积累的有机结合,不但是顺应市场的机制过程,同时也具有产业针对性和区域关联性,有效地实现欠发达地区经济发展中的产业发展与劳动力转移的相互促进。本文即以此为出发点,研究集聚经济提升农村剩余劳动力转移能力的内在机制,并结合我国典型案例研究基于产业集群的农村劳动力转移模式及其绩效,其结论不但有助于决策部门制定农村劳动力转移促进政策和工业化战略提供理论基础,同时也有助于拓展素质教育与经济发展相结合的理论。

二、产业集聚对农村劳动力的吸聚机制与教育培训机制

(一)产业集聚对农村劳动力的吸聚机制

马歇尔总结了产业集聚的三个原因:专业劳动力市场的存在、中

---

① Keeble D., Lawson C., Moore B., Wilkinson F., "Collective Learning Processes, Networking and "Iinstitutional Thickness" in the Cambridge Region", *Regional Studies*, 1999, 33(4): 319(1).

② Freeman C., "Networks of Innovators: A Synthesis of Research Issues", *Research Policy*, 1991, (20).

间品投入和技术外溢。由于产业集聚与劳动要素集聚具有同向变动的特征,也成为对集聚经济吸引劳动力的一个解释。事实上,产业集聚本身就是吸聚劳动力的重要因素。

1. 中小企业集聚

产业集聚的结果是中间性企业网络组织的形成,因为企业是以集约的形式来组织并使用资源的,特别是多数的产业集聚更强调弹性专精和制造业为主,从而突出了对于劳动要素的需求。虽然产业集聚具有多样性的类型和结构,并不必然由中小企业构成,但中小企业是产业集聚中最具广泛性的企业规模。理论和实践均已证明,中小企业是提供劳动岗位的重要力量,这一方面得益于中小企业灵活的用工制度,中小企业更贴近劳动市场,双向交流使得对工人的雇用程序大大简化,缩短了招聘时间,减少了由于繁琐手续和刻板制度带来的误解,双方容易达成合约。另一方面则得益于中小企业的生产方式,和大企业相比,中小企业的生产方式更具有弹性,随市场需求变化快速调整其生产能力,从而对劳动力的需求也具有灵活性,同时,中小企业更倾向于使用简单的技术,其劳动市场更面向一般意义上的劳动力,这一点在发展中国家表现得尤为突出。

2. 劳动力市场共享

劳动力市场共享一直为集群研究所强调,一方面,地域性的劳动力市场共享可以减少雇主和雇员双方的搜寻成本。搜寻成本包括为获得信息所花费的时间成本和交通费用等,经济活动的集中程度越高,劳动力市场就越大,劳资双方的搜寻成本就越低,搜寻活动的效率也就越高。另一方面,地域性的劳动力共享市场可以降低劳资双方的风险。对雇主而言,无论就业率高低,较大的劳动力市场总保持着绝对量较大的求职者。因此,当面对不确定的市场时,可以采取富有弹性的生产方式,而无需保持一定的劳动储备。在劳动力市场较小的区域,尽管市场是不确定的,雇主也必须保持足够的劳动力储备。否则当需求上升时,他就很难在短期内找到足够多的合适人选。对工人而言,在经济活动集中的区域尽管会面临着较多的竞争,失业的可能性随时存在,但同时也会拥有较多的就业机会,一旦失去工作后能够在更短的时间内找到新工作。与之相比,在经济活动分散的区域内,工人一旦失业就很难再找到另一份合适的工作,所以,当劳动力需求不确定时,无论雇主还是雇员都倾向于选择经济活动集中的区域。

值得注意的是,在不同的产业集群中存在着不同的劳动力市场网络,其性质取决于劳资协商确定的雇佣关系。劳动力市场网络有两种基本类型:一是高薪的高技能人员组成的网络,它使区域的劳动力市场表现出职业灵活性特征;二是低薪的低技能工人组成的网络,它使区域的劳动力市场表现出数量灵活性特征。然而在现实中,产业集群中的劳动力市场网络往往是复杂的,是职业灵活性与数量灵活性的结合体,而且这二者又不具有绝对的分界线。这源于产业集群中企业之间纵向一体化的存在,职业灵活性的劳动力市场与数量灵活性的劳动力市场也是紧密相连的。在发展中国家,由于劳动力的供给相对充足,产业集群对于劳动力市场的吸聚作用不但对于集群的发展起到了关键的作用,也为劳动力提供了良好的就业渠道和培训机会。

3. 外部效应

经济学中的外部效应是指行为主体的行为给其他主体所带来的非市场性影响。外部效应是产业集聚的一个重要特性,在对劳动力吸聚方面主要体现为示范效应和连带效应。前期向产业集聚区域流动的劳动力会对后期转移的劳动力产生示范效应,这种效应可以通过对前期转移劳动力的收入、获取工作的可能性以及所获取工作的性质的观察来传递,也可以通过前期转移劳动力的宣传来进行。当这些观察和宣传是在具有相同居住地域、具有相似生活背景甚至具有较密切的社会联系时,就形成连带效应,即前期转移的劳动力成为后期劳动力转移的带动力量。本质而言,这是产业集群内部的劳动网络和产业集群外部的社会网络联结的过程,其结果便是原来由社会网络联结的农村劳动力通过产业集聚的外部效应进入产业集聚内部的劳动网络,这一机制在我国的表现较为突出。

(二)产业集聚的教育培训机制

1. 直接培训

指通过集聚经济中的专门教育培训机构来进行的一种手段,这包括三种具体形式:一是集聚经济体内的大学、教育科研机构等专业部门,这些部门是知识积累和传播的主要部门,但能够从这些部门获得教育的大多是已经具备一定文化素质或技能的技术人才;二是通过相关行业协会、职业中介等进行,这些机构往往提供一些基本的就业培训和专业知识;三是产业集群内的企业对员工所进行的职业培训,这种培训具有针对性,往往注重对专业技能的培训,但由于产业集聚专业化所导致的企业同构化突出,单一企业所提供的专业技能培训在区域内来看仍然具有普适性的特征。同时集群内专业化和企业纵向一体化发展,企业之间的联系导致直接培训所带来的劳动力素质提高会对集聚区域整体产生好处,这种溢出效应的存在也制约了企业对员工进行培训投入的积极性。

2. 劳动过程

劳动过程既是产业集聚的决定因素,同时又是产业集聚提升人力资本的有效途径。斯科特(Scott,1992)研究了劳动过程在产业集聚中的作用,其原因大致有单一生产受技术限制,难以达到规模经济;特殊产品垂直分离生产的趋势、转包关系的发展等。[①] 欧基和库泊(Oakey and Cooper,1989)则深入研究了产业集群中由于劳动过程所促进的企业技术提升和人力资本积累情况。按照他们的观点,当一个产业或企业最初进行选址时,劳动力成本成为企业选址决策中的重要因素,从而依托较低的劳动力成本来获取最大利润,这一过程就是最初的集聚过程。[②]。集聚一旦完成,接下来厂商之间为了争夺有限的资源进行激烈的竞争,其结果必然是推动成本特别是劳动力成本的上升,最初吸引企业决策的种种优势不再存在,低成本的劳动力也不再成为推进企业获取利润的决定因素,企业必须寻求其他的优势源泉。当然,由于产业集群本身对于劳动力吸聚的功能,单纯劳动力的供给不会由此停止,然而随着集群的发展,新进入的劳动力和原有的劳动力已经存在

① Storper M, Scott A (eds.).,"Pathways to Industrialization and Regional Development". London:Routledge,1992.

② Oakey,R., Cooper, S."High Technology Industry, agglomeration, and the Potential for Peripherally Sited Small Firms",*Regional Studies*,1989,(23).

质的差别，此时熟练劳动力就成为争夺的对象。高技术的运用、高素质的劳动力将成为企业重获活力的唯一源泉，这一过程实质上也是劳动要素生长的过程。

3. 知识搜索和运用

产业集聚提供了良好的知识平台，由此产生的知识搜索和知识运用超出了简单的干中学而成为更为复杂的学习过程。所谓知识搜索是指劳动者由于所处的特殊环境提供了评估和识别知识的机会，而对知识的应用则突出表现为劳动者对所搜索到的新知识的运用能力。它不仅是干中学中对具体技能的积累和运用，更包括了对知识的选择和再组合，以及开发新产品或提出新思维的动态过程。产业集聚是一定区域内特定产业的众多具有分工合作关系的不同规模等级的企业和与其发展有关的各种机构、组织等行为主体通过他们之间纵横交错的网络关系紧密联系在一起的空间集聚体，这些企业分别处于某一产业的不同产品的生产阶段，相互之间形成有机的分工与合作关系，纵向分工产生的企业之间的分工协作关系导致了对于劳动力的联合需求，提高了劳动者纵向搜索知识和运用知识的能力；横向分工所形成的规模经济和范围经济效应，也使劳动者能在更大范围内搜索和运用新知识，提高劳动技能。

4. 非正式交流

艾里逊（Ellison et al. 1997）认为地理临近有利于企业通过正式或非正式渠道分享集群内部知识，即分享智力溢出。① 安杰尔（Angel, 1989）认为企业的成长依赖于通过非正式渠道产生的信息，而人正是知识的载体，人员的流动性和非正式交流就成为知识传播和技能学习的重要机制。② 对于农村劳动力而言，其知识和技能增进更多得益于与高素质的管理人员和技术人员进行交流，则对集群内知识溢出的获取不仅通过自身的流动获得，而且可以通过管理人员和技术人员的流

---

① Ellison G., Glaeser E., "Geographic Concentration is US Manufacturing Industries: A Dartboard Approach", *Journal of Political Economy*, 1997, 105(5).

② Angel D., "The Labor Market for Engineers in the US Semiconductor Industry", *Economic Geography*, 1989, 65(2).

动获得。

三、基于产业集聚的农村剩余劳动力转移模式与绩效

(一)转移模式

农村剩余劳动力转移是所有国家在转型期都要面临的共同问题,事实也证明,促进农村剩余劳动力快速、彻底、永久的转移是一国实现工业化的关键。历史上产业革命前期英国以圈地运动的政治手段促使农民进入工厂;工厂制度诞生后的美国以城市工业丰厚的薪酬拉动农民进入城市现代工业[①];法国在19世纪后期农民融入城市从而有力推动法国在20世纪初的现代化,均是这一方面的例证。但对于农村劳动力转移的具体模式却有多种解释,张培刚的研究:“农村—乡村工业—城镇工业”模式[②];1972—1973年关于孟买的一项研究得到的结论则是“农村—城市非正式工作—城市正式工作”的模式。彭文慧则认为对于中国欠发达地区而言,以上两种模式都不是最合适的,而应该是:“农村—外流—回流—就地转移”的模式,即中部欠发达区域农业人口通过外出务工获取资金和技术,和开拓市场意识,而后回流,最终实现就地转移。[③] 本文认为,上述研究虽然给出了农村劳动力转移模式的不同解释,并指出了农村劳动力转移的间接转移性质,但都是基于一般理论的推演,未能在经济组织的内在机理上解释这种间接转移模式的必然过程。

由于产业集聚所具有的内在人力资本积累机制,这一机制所带来的农村劳动力转移必然经由以下三个阶段来实现:一是将农村劳动力吸引出来并引至其具有地域集聚性和产业指向性的转移;二是对区域

① 辜胜阻:《美国西部开发中的人口迁移与城镇化及其借鉴》,《中国人口科学》2002年第1期。

② 张培刚:《农业与工业化》,英文版,哈佛大学出版社1949年版;中译本,华中工学院出版社1984年版。

③ 彭文慧:《外出务工、智力回流与欠发达地区经济发展研究》,《河南大学学报(社科版)》2007年第3期。

内的劳动力进行教育培训,使其由原来纯粹意义上的劳动力转变为具有一定知识、掌握一定技能和具有市场意识的人力资本;三是这些转变后的人力资本进入企业管理层成为管理人员或成长为创业企业家,从而实现永久性的转移。可见,基于产业集聚的农村劳动力转移是与劳动者素质提升相伴随的,这一过程不但具有稳定性,同时具有不可逆的特征。

(二)转移绩效

农村剩余劳动力转移的绩效评价思想在理论界并没有被正式提起过,但相关的分析一直在进行着,而且相当庞杂。归结来看,这些研究主要是或基于产业结构变动对于农村剩余劳动力转移的带动及转移的规模、空间流向及农民收入进行分析,或基于农村剩余劳动力流动对于产业结构的推动作用进行分析,远未统一和系统,虽然一些学者试图就此进行一些梳理和探讨①,但并不适用于基于产业集群的农村劳动力转移绩效评价。这一方面源于目前产业集聚更多的是一种理论研究和个案分析,集聚统计很不完全;另一方面在于农村劳动力统计数据的不完全所带来的研究困难和职业培训所带来的人力资本积累难以进行精确计量所致。因此,本文仅选择农村劳动力人力资本提升的角度对其进行一些初步的分析。

1. 提高农村劳动力转移的速度和规模

胡必亮探讨了"关系"这种非正式制度在人口与劳动力流动中的作用,认为在中国农村现代化发展过程当中,"关系"起到了功能性社会资源的重要作用。② 李恒也通过调查证实了这一机制的存在。产业集聚对于农村劳动力就业的促进效应即是通过"关系"来扩张的,亦即通过产业集聚内部的劳动网络对外部的社会关系网络的嵌入来促进农村剩余劳动力的转移。③ 据徐维祥和唐根年的调查和估算,1998—

---

① 李恒:《结构性增长、结构贸易与中国农村剩余劳动力转移》,《华中科技大学学报(社科版)》2007 年第 2 期。

② 胡必亮:《"关系"与农村人口流动》,《农业经济问题》2004 年第 11 期。

③ 李恒:《外出务工促进农民增收的实证研究——基于河南省 49 个自然村的调查分析》,《农业经济问题》2006 年第 7 期。

2000 年浙江省每年基于产业集群转移的农村劳动力分别为 66.47 万人、66.21 万人和 72.20 万人，年均转移农村劳动力 68.29 万人，占到全省农村劳动力转移总量的 63.49%。[①] 李二玲和李小建通过对河南省虞城县南庄村钢卷尺等六个产业集群的调查，得到结论是由于产业集群对农村劳动力的吸聚效应和培训机制，吸引了大量的农村劳动力，提供的就业机会平均在 6 000—30 000 个。[②]

2. 提高农村劳动力转移的稳定性

我国在改革开放初期经历了一段农村劳动力转移的高峰期，这得益于乡镇企业的迅猛发展，但由于乡镇企业过于强调劳动力的低成本优势，产品的技术含量很低，虽然在发展初期吸引了大量的农村劳动力，但随着市场变化和产品升级，大量乡镇企业倒闭退出，原来的就业人员由于没有掌握足够的知识技能，只能向农业回流或流向沿海区域的劳动密集型企业务工，导致转移具有不稳定性，受经济波动影响较大。基于产业集聚的农村劳动力转移可视为继乡镇企业发展之后的第二次转移，由于产业集聚区域内劳动力市场共享的性质，就业具有较大的弹性，而产业集聚的教育培训机制也有效地提高了劳动力的就业概率和报酬，转移也更具有稳定性。徐维祥和唐根年通过调查浙江省 128 个分散型企业和 219 个产业集聚区内企业内就业的农村劳动力得到结论，基于产业集聚形成的集聚型企业中，劳动力的收入水平、收入稳定性、转移欲望、计划在城镇购房、专业就业和接受单位培训等指标明显较高，从而得到产业集聚内农村劳动力转移的稳定性大大高于分散型企业的结论。[③]

3. 优化农村劳动力转移的结构

产业集聚不但强调了生产性企业的集聚，也强调了为集聚服务的商业、餐饮业、交通运输业等服务行业的发展，这改变了过去农村劳动

---

① 徐维祥、唐根年：《基于产业集群成长的浙江省农村劳动力转移实证研究》，《中国农村经济》2004 年第 6 期。

② 李二玲、李小建：《农区产业集群、网络与中部崛起》，《人文地理》2006 年第 1 期。

③ 徐维祥、唐根年：《基于产业集群成长的浙江省农村劳动力转移实证研究》，《中国农村经济》2004 年第 6 期。

力单一向劳动密集型制造业转移的局面,优化了农村劳动力的转移结构。仍以浙江为例,2000 年农村劳动力转移中流向工业的比例为 41.19%,而基于产业集聚的转移中流向工业的比例则为 38.6%。再如河南漯河源汇区肉类加工业集群和郑州食品加工产业集群所带动的商贸流通、物流配送等服务业的快速发展,也极大地吸引了农村劳动力向服务业的快速转移。①

4. 促进企业家生成

产业集聚人力资本积累机制的核心是培育企业家,这不但是产业集聚过程中企业衍生的重要机制,同时也是促进农村劳动力转移的最优途径。由于产业集聚内在的教育培训作用,转移到产业集聚内的农村劳动力通过学习,掌握了知识和管理技能,并获得了市场意识和开拓能力,成长为企业家,不但实现了自身的永久转移,而且通过他的创业提供更多的就业岗位,其示范效应也会促使更多的农村劳动力向产业集聚区域转移并激发创业热情。浙江嘉善木业产业集群的发展即是一部典型的农民企业家生成的历史,以初期主要木业企业中兴木业为核心,一大批营销人员、技术人员和管理人员都通过知识的积累和技能的提高成长为企业家,创办企业并扩张规模,成为促进农村劳动力转移的典范。②

四、对我国农村剩余劳动力跨区转移的一个解释

在我国规模巨大的农村劳动力流动潮流中,跨区转移是一个较为明显的特征,即中部农村劳动力富余地区向东南沿海地区流动。这一特征由来已久,按韩青的研究,从 1979 年起,随着改革开放政策的实施,中国农村劳动力转移过程启动伊始便以跨区域转移为主,中国中部农村劳动力规模较大的区域向经济相对发达的东南沿海区域转移

① 张旭建:《中原城市群产业集群发展研究》,《学习论坛》2007 年第 1 期。

② 盛世豪、郑燕伟:《"浙江现象"——产业集群与区域经济发展》,清华大学出版社 2004 年版。

趋势明显。[①] 1994年10月，由美国福特基金会资助，我国农业部农研中心、国务院发展研究中心农村部等8家单位联合对我国农村劳动力流动的调查研究也得到了同样的结论，即，农村劳动力主要由经济欠发达的四川、安徽、河南、甘肃、广西等省区流向北京、上海、广东及东南沿海经济发达地区。范剑勇等则估计1997—1999年间，我国农村劳动力跨区域转移的比重分别为17.8%、19.5%和20.9%，呈逐年上升趋势。1999年流入沿海地区的跨省流动劳动力占全部跨省农村劳动力流动的81%，其中东部沿海占70.26%[②]。另据劳动和社会保障部的调查，2005年在珠江三角洲地区、长江三角洲地区就业的农村外出务工人员分别占全国外出务工人员的20%和14%[③]，对于这种农村劳动力的跨区域转移现象，多数文献将其归因于经济发展差距，东南沿海是我国经济开发开放的前沿地区，经济发展水平较高，正是这种经济势差促进了农村劳动力的跨区域转移。

事实上，我国东部地区较高发展水平的产业集群也是促进农村劳动力跨区转移的重要力量。梁琦计算了2001年中国制造业3位数分类171个行业的区位基尼系数，以及3位数行业的主要分布地区，结果表明制造业具有向浙江、江苏、广东等沿海地区集聚的强烈趋势[④]，而制造业的地理分布最能代表产业集聚程度。罗勇和曹丽莉的研究表明沿海的江苏、广东、山东、浙江和上海五省市集中度最高。[⑤] 特别是民营中小企业专业化分工形成的产业集聚以浙江最为突出[⑥]，而这些区域也正是中部农村劳动力转移的目的地，徐维祥等的研究表明在浙江的产业集聚中34.56%的劳动力来自外地。产业集聚与农村劳动力的跨区域转移存在高度的一致性。

---

① 韩青：《我国农村劳动力跨区域流动问题研究概述》，《山东农业大学学报（社科版）》2000年第2期。

② 范剑勇、王立军、沈林洁：《产业集聚与农村劳动力的跨区域流动》，《管理世界》2004年第4期。

③ 劳动和社会保障部：《农村外出务工人员就业情况和企业2006年春季用工需求调查分析》，http://www.lm.gov.cn/gb/news/2006-02/16/content_106713.htm。

④ 梁琦：《产业集聚论》，商务印书馆2004年版。

⑤ 罗勇、曹丽莉：《中国制造业集聚程度变动趋势实证研究》，《经济研究》2005年第8期。

⑥ 王缉慈等：《创新的空间：企业集群与区域发展》，北京大学出版社2001年版。

这一过程也可按照新经济地理学的理论来解释，由于报酬递增、运输成本和要素流动之间的相互作用所产生的向心力，会导致两个初始条件相同的地区演变成为一个核心与外围的产业集聚模式。更一般地，假设两个地区与两个部门，两个部门分别是报酬递增、产品具有差异性的制造业部门和报酬不变、产品同质的农业部门，两部门均使用劳动力作为投入要素，同一地区内的农民不能向制造业部门流动，但制造业部门的工人却可以实现跨地区的、在同一部门的流动。显然，在以上假定下，当这两个地区的其中一个具有初始的制造业优势时，它会持续不断地吸引劳动力的流入，并形成产业集聚；而产业集聚对于它所吸引来的农村劳动力的教育培训导致其由单纯的劳动力转变为掌握知识和技能的人力资本，从而使这种转移过程具有不可逆的性质，我国东部沿海经济发达区域和中部地区的区域发展格局正符合这一性质。

值得注意的是，这一累积循环虽然导致了区域差异化的外围——核心模式，使产业和劳动力同时向核心区域集聚，但这一过程不会永远进行下去，因为只有地区一体化水平处于中间水平时，才最容易发生产业集聚，也对外围的劳动力具有最强的吸引力。当产业集聚使得地区一体化水平达到一定程度时，处于核心区域的产业会向外围扩散，带动外围区域的发展。当产业集聚的区域表现与人力资本积累机制相结合时，就形成了我国欠发达地区独特的工业化模式，即，产业集聚教育培训机制对于农村劳动力的“吸聚—提升—转移”和农村劳动力跨区转移形成的“流出—回流—就地转移”相结合，从而实现了产业发展、区域协调和农村劳动力转移的有机结合。

可见，基于产业集聚的人力资本积累机制不但促进了农村劳动力转移能力的提升，而且在我国当前的区域经济发展格局下提供了促进欠发达地区经济发展和工业化的重要动力。本文的研究对于欠发达地区制定经济发展战略具有重要的启示意义：

第一，以产业集聚来促进农村劳动力转移是顺应市场的机制过程，它对劳动力的教育培训具有产业针对性的特征，也是农村劳动力转移教育培训的有力手段。目前，随着农村劳动力供给的持续增长和就业压力的不断加大,各级政府对于农村劳动力转移的教育培训也日益重视,并制定了相关政策和措施,但没有就业针对性的培训难以真正起到提高农村劳动力转移能力的作用。由于产业集聚的专业化,则集聚经济本身的教育培训所带来的知识技能更具有产业针对性的特征,利于农村劳动力的快速掌握和应用,而且由于这种教育本身是针对就业进行的,从而也有效地实现了培训与就业的有机连接。

第二,以产业集聚来促进农村劳动力转移有利于农村劳动力快速适应产业转换和区域转换,既有利于农村劳动力的永久转移,也利于区域间产业转移和区域经济协调发展。农村劳动力由农业向非农业的转移存在一个学习和适应的过程,从而具有一定的难度,这导致第二产业发展水平较低的地区和相对发达地区相比较不容易促使农村劳动力的转移,东南沿海地区工业化程度较高,产业发展速度快,集聚效应明显,对劳动力有较高的需求,也提供了农村劳动力产业转换的学习机制和适应氛围。当来自中部地区的农村劳动力通过外流到沿海发达地区产业集聚区务工并成长为人力资本后,就能够顺利地回流到原流出地进入非农产业就业,这一过程同时也是产业转移和区域经济协调发展的过程。

第三,基于产业集聚的农村劳动力跨区域转移也是提供了企业家生成的重要机制,为欠发达地区的产业集聚发展积累了必需的人力资本。一个典型的案例是台湾新竹与美国硅谷之间的关系,由于大量的工程师和技术人员在美国接受教育后回到台湾新竹创业,不但促成了新竹高技术产业集聚的发展,而且这些工程师和企业家也为硅谷和新竹之间建立起了社会和经济桥梁,促进了市场信息、技术信息、专有技术和技能及资本的跨区互动。① 在外部学习回乡创业的企业家也是中部地区产业集聚发展的关键。河南长垣县起重机械产业集群发展过程中涌现的大量农民创办企业并走向成功的现象,即是产业集聚教育机制下企业家生成的例证。如长垣县第一家起重机械生产企业新乡

① Saxenian, Annalee. "Regional Advantage: Culture and Competition in Silicon Valley and Route 128", Cambridge: Harvard University Press, 1994.

矿山起重机厂董事长蔡景新、飘安集团王继勇、宏力集团秦自力等一批民营企业家，均是在这种背景下走上创业之路的。①

该文原刊发于《河南大学学报》(社科版)2008年第2期。

① 梅瑞江:《长垣工业化发展模式解析》,《创业科技》2006年第6期。

农村劳动力流动与黄河沿岸地区农耕经济的结构变迁

一、引　言

农村剩余劳动力转移是所有国家和地区在转型期都要面临的共同问题①,目前来看,我国区域经济发展的两个重要方面:区域经济结构转换和区域经济协调发展都与农村劳动力的跨区域流动密切相关。按钱纳里和库兹涅茨的观点,发展即经济结构的成功转变,扩展至区域经济领域,即区域经济结构的成功转变,这要求占人口绝大比重的农民在就业结构、收入水平、市场观念诸方面都发生相应的变化。一个由美国马里兰州立大学 Bruce Gardner 教授所做的实证研究表明,在过去的几十年当中,美国各地农民收入不仅逐渐趋同,而且与其他居民的收入也逐渐趋同,但这种变化与农业科技、投入、政策、价格补贴都无关,而在于劳动力市场的调节作用,是农民可以更自由地选择就业的地点和部门。另一个实证研究则证明,大规模转移农村劳动力需要整个国民经济结构的大调整,同时又促进了这种调整的推行。② 然而我国改革开放以来农村剩余劳动力的转移过程长期处于盲目、无序、不稳定状态,改革所要实现的缩小二元结构的目标在就业市场的

---

① 钟甫宁:《农民问题与农村人力资源开发》,《现代经济探讨》2003 年第 9 期。

② 林毅夫:《“三农”问题与我国农村的未来发展》,《农业经济问题》2003 年第 1 期。

统一方面几乎没有取得实质性的进展，从而导致一些新问题的出现，较为突出的在于两个方面：一是城乡收入差距随改革的深入不但没有缩小，反而呈扩大趋势①；二是城市和乡村"双失业"并存，并呈现长期化。

黄河沿岸地区是我国具有悠久农耕历史和深厚传统文化积淀的地区，人口密集，"三农"问题突出。一方面来看，这一区域的经济结构和社会结构存在稳定性，工业化所需要的内部动力和外部条件一直未能提供，根深蒂固的传统文化又强化了制度变迁中的路径依赖性质，从而导致这一区域的劳动生产率低下，经济发展长期处于生存经济状态；另一方面来看，外部区域经济发展形成的经济势差对区域内的劳动力具有较大的吸引力，从而引发这一区域的农村劳动力开始向东南沿海发达区域流动，这一过程虽然增加了农民的收入，解决了农民家庭建房、子女教育等方面的需求，但没有成为促进农村社会长期可持续发展的力量。② 特别是由于黄河沿岸地区传统农耕经济体系中的制度安排与外出务工所处的制度环境之间存在较大差异甚至是冲突时，反而阻碍了这一进程的顺利进行。与此同时，也是黄河沿岸地区的传统农耕经济体系在农村劳动力流动的作用下发生结构变迁的过程。

二、黄河沿岸地区农耕经济体系的制度分析

（一）黄河沿岸地区农耕经济体系的历史形成与特征

1. 黄河沿岸地区农耕经济体系的历史形成

黄河沿岸地区作为传统农耕经济体系的典型区域是自西汉开始的，在西汉以前，黄河沿岸地区是以农牧业并重的，以黄淮平原为例，当时黄淮平原上有数十千米以上的河流数十条，湖泊 190 多个，在 11 世纪以前河流大部分都可以通航，这些河流既可通航，又可灌溉。东

① 郭兴方：《城乡收入差距的新估计——一种动态解释》，《上海经济研究》2004 年第 12 期。

② 李恒：《外出务工促进农民增收的实证研究——基于河南省 49 个自然村的调查分析》，《农业经济问题》2007 年第 7 期。

汉时期黄淮平原水稻的种植面积大于今天,水环境良好,水资源丰富。[①] 西汉开始,社会经济获得了高度发展,黄河中下游成为全国经济重心,而黄河流域的农业生产制度发生了重大的变化,即由农牧业并重转变为单一的农耕经济,而这又主要源于两个原因:

(1)千年建都的政治经济需要。由于关中地区即今陕西省西安所在的关中平原,历史上是黄河流域生态环境最好的地方,气候温湿,土壤肥力高,环境优美,成为历代定都的主要区位。秦汉唐千年古都均定都关中,自西安以下,洛阳、郑州、开封等黄河沿岸城市在历史上皆是历代王朝定都之所,人口的急剧增加和经济社会活动的活跃导致对粮食需求的增加,耕地开发和水利的使用也随之扩张。

(2)秦汉时期的移民政策。秦汉定都关中,但关外人口稀少,自然条件差,在今内蒙古、宁夏、陕北、晋西、甘肃河西走廊地区多是干旱和半干旱地区,降水稀少,土质贫瘠,不宜农耕,加之匈奴时时骚扰,为维护都城平安和内地的繁荣,秦汉都积极地实行实关中和戍边郡的移民政策,多次由人口较密集的内地向边郡即今陕北、宁夏、陇口、内蒙古河套等大规模移民,每次人数多达数万至几十万,使得这一地带人口迅速增长。除移民外,西汉还在边郡一带实行大规模的兵屯。秦、汉在边郡一带设置了七八个郡和200多个县。人口的大量增加,使黄河中游的草原大部分被开垦为耕地。[②]

随着开发力度的迅速加大,黄河中下游地区因为政治经济发达而成为封建王朝的支撑点,黄河下游平原的原始森林逐渐被砍伐殆尽,连河湖滩地也都辟为耕地,由于人口增长过快,粮食生产仍然紧张,家庭养殖难以为继,而缺乏畜力已导致生产力难以提高,从而导致农耕经济成为黄河中下游地区唯一的生产方式,在这种农耕经济思想指导下,不断无序地开垦一切可耕地,并且大兴水利以维持农业的生产,使得现今陕西、关中、河南、山东和河北的黄河沿岸平原地带,成为当时

① 邹逸麟:《我国水资源变迁的历史回顾——以黄河流域为例》,《复旦学报(社科版)》2005年第3期。

② 高振刚、李修计:《可持续发展:复兴中华文明的战略行动》,http://cssd.acca21.org.cn/2001/workshop/08.html.

全国最发达的农业区,随着生产活动的扩展,促使黄河中游地带垦殖农业不断并最终形成了单一的农耕经济格局。

2. 黄河沿岸地区农耕经济体系的特征

(1)自给自足的小农经济。农耕经济是一种自给自足的经济体系,农民以单一的农业生产为唯一的生存之源,其基本的经营方式是以家庭为单位,共同利用以土地和水利为主要内容的稀缺自然资源,以自然方式自己生产自己消费,由于农民生产生活所依赖的土地资源不可流动,则农民世世代代被土地所束缚,并维持一种长久且稳定的家庭人口与物质简单再生产过程。[①] 这一自给自足的小农经济具有两个基本特征:一是农业的总产出规模依赖于消费这些农产品的人口总量,因此任何时代人们都仅仅生产接近需求总量的农产品;二是农产品不可出现短缺,否则将导致社会动乱。[②] 这直接导致两个后果,即农耕经济体系的农业生产率难以提高,长期维持在生存水平上,同时在农耕经济体系下的农产品的商品化进程受到制约。

(2)自我封闭的农耕文化。低效而自给自足的农耕经济与自我封闭的农耕文化是紧密相关的,由于农耕经济强调了农民生产生活与其所依赖的土地之间的关系,精耕细作成为农耕经济体系中最被关注的方面。所谓精耕细作绝非一般意义上的"铧式犁翻耕模式",根据《中国农业百科全书》"农业历史卷"的定义:"用以概括历史悠久的中国农业,在耕作栽培方面的优良传统,如轮作、复种、间作套种、三宜耕作、耕薅结合,加强管理等。"[③]可见精耕细作其内涵博大精深,充满着科学道理。从中国的农耕历史上看,夏、商、西周、春秋是精耕细作的萌芽期,黄河流域的沟洫农业是其主要标志。和飘移不定的游牧经济最大的不同就是农耕经济由流动走向定居,农民成为农耕经济的主体,"以农立国"成为中国乡土社会的特征,并积淀为相应的文化传统和民族性格,农民囿于所居农地一隅,满足于自给自足和平安康乐的

---

① 周运清:《中国农耕经济变革与乡土社会结构转型的推进——中国社会结构的原型与演化》,《社会科学研究》1995 年第 5 期。

② 殷晓清:《小农经济与传统农耕社会的有机运行》,《江西社会科学》2003 年第 10 期。

③ 《中国农业百科全书(农业历史卷)》,中国农业出版社 1995 年版,第 12 页。

“小农意识”，充满一种走向安于现状的“中庸”精神。[1] 在历史沉积的作用下，由于地理条件所限，黄河农耕文化很难与外界沟通，从而形成自我封闭、自我完善的超稳定体系。

(3)地缘与亲缘关系维系。农耕经济体系中行为个体之间关系的维持不是依靠层级性的正式制度，而是依赖地缘和亲缘关系。历史上的中国，实行的是地主所有制，因为土地可以自由买卖，则获得土地并建立以土地为根基的人与人之间的关系就成为农耕经济体系中的重要特征。加之家庭是农耕经济体系中的最基本单位，家长就成为这一体系中的权威，而家庭与其他家庭之间的关系也由地缘和亲缘关系来确定和维系。

(4)二元社会结构。农耕经济体系中的社会结构具有典型的“二元”结构特征。据史料记载，中国古代社会结构以“国—野”来划分，“国人”由官、军、商、匠构成，居住在城市里，而“野人”则是农民，居住在农村。这两个阶层在制度上存在泾渭分明的差别，国人的地位远高于野人，按《周礼》和春秋时期齐国管仲实行的政策理解，国中行“乡”制，野中行“遂”制。国人有军垦之制，野人有授田之制，在《周礼》的理想国中，“乡”内居民由国家供养，同时承担保卫国家的任务，“遂”内的农民从国家分得土地，承担向国家缴纳田赋的义务。社会学的研究也表明，在农耕经济体系居于主导的时代，存在一个“乡土中国”，它与其上一层的体系是格格不入的，这一分别为城乡为中心的二元社会结构的一个重要作用是，其上层维护国家的运行，而其下层则维护农户生计。[2]

(二)黄河沿岸地区农耕经济的现今表现

黄河沿岸地区的农耕经济体系自形成之后在两千多年历史上的较长时期内持续存在，表现出稳定性的特征，这一方面源于农耕经济体系中的农耕文化自身具有的自我封闭特征和稳定性特征，另一方面则源于历史上自然环境对人类经济社会活动的强制约，因为黄河流域

---

① 韦森：《从传统齐鲁农耕文化到现代商业精神的创造性转化》，《东岳论丛》2004 年第 11 期。

② 费孝通：《乡土中国》，北京大学出版社 1998 年版。

受到太平洋、青藏高原和西北沙漠的包围，在其长期的发展中较少受到外来文化的影响。

但这种稳定性也不是一成不变的，政权的更迭和民族的交融对黄河沿岸的农耕经济也带来了一定的影响，以陕北为例，陕北有着深厚的农耕文化传统，交通封闭与文化封闭延缓了其现代工业发展的步伐，从而其农耕文明显现出原生态的特征，但由于这里地处农耕民族与游牧民族的交界地带，历史上多次有组织的移民与大量的少数民族内迁，使陕北文化成为不同类型文化整合的结晶，其文化的多元化特征已经得到了学者们的普遍认同，而且，其纯粹的农耕经济已经过渡到由农业向农业与畜牧业双生共生转变的局面，但即使如此，农耕文明仍然是陕北文化的本质特征。[①] 再以山东为例，发源于鲁国故地并在齐鲁大地传承的齐鲁文化其本质也是一种农耕文化，其精神内涵强调的是重农抑商、循规蹈矩、质朴实在和吃苦耐劳[②]，虽然现代浓重的商业气息对这一体系有所触动，但其内在的农耕文化物质仍未改变。

黄河沿岸的农耕经济体系在当前仍然体现出其鲜明而稳定的特征，这些特征虽然在新文化和新的生活方式的冲击下呈现多样化的表现，但并没有动摇其根本。①不论是农牧并重或是商业气息的导入，均没有从根本上改变自给自足小农经济占据主导地位的局面，这种模式一直延续至今。②以宗族或家庭为基本单位聚族而居，这既是黄河沿岸地区传统而盛行的居住方式，同时也体现了农耕经济体系中以亲缘地缘来维系关系，并确立依赖于土地的家长制社会传统，特别是这一区域人们所信守的儒家道德伦理规范，生男传后、男尊女卑的传统都体现了这种文化的影响。③对土地的依赖性。土地是农耕生产活动的基础，没有土地也就没有耕作，而恋乡恋土的情结仍然是黄河沿岸地区当前农耕经济体系中的核心内容。

---

① 刘翠萍：《陕北农耕文明的特征及成因探析》，《延安大学学报（社科版）》2006 年第 8 期。

② 韦森：《从传统齐鲁农耕文化到现代商业精神的创造性转化》，《东岳论丛》2004 年第 11 期。

(三)黄河沿岸地区农耕经济的效率

舒尔茨利用新古典经济学方法分析小农经济,他认为,在传统的农业中,生产要素配置效率低下的情况是少见的,传统农业的农民能够很好地考虑边际成本和收益,对每一块对生产有用的土地进行有效利用,对每个愿意工作的劳动力给予充分的就业机会,因而,传统小农是理性的,是"贫穷而有效率"的。① 因此,他认为可以在不改变小农的生产组织的前提下,通过从外部提供现代生产要素来改造传统农业。观察黄河沿岸地区农耕经济中的效率发现,虽然这一地区的农耕经济也存在农业生产率低下、农民长期穷困等农耕经济的共性问题,但在其本身的制度框架下,仍然表现出一定的效率。

黄今言和温乐平研究了汉代不同农耕地区之间的生产率,发现黄河沿岸地区的农业劳动生产率和其他区域相比要高。他们讨论了汉代中国三个典型农耕区,并以粮食生产为例进行了考察,其中中部农耕区即指黄河中下游的"关中"和关东地区,西自秦陇,东至海滨,包括关中的泾、渭平原和关东的"三河"、上党、太原、赵国、串岗以及梁、宋、齐、鲁、颍川等地,以一个普通农民的年均粮食生产考察,南方人均垦田 23 小亩,亩产量 1.37 石,总产量 32 石,北部屯田卒人均垦田 74 小亩,亩产量 0.4 石,总产量 29 石,而中部黄河沿岸地区人均垦田 30 小亩,亩产量 1.5 石,总产量 45 石,亩产和总产均高于另外两个地区。② 但这种效率只是小农经济的效率,并不能依赖农耕经济的效率致富,因为在相对封闭的经济体系内人们对农产品的消费总量有一个阈值,它依赖于总人口的数量,历史的经验是当农业的产量和技术上升时,会带来耕地数量的人为减少或人口数量的增加,历史上代表农业生产技术的粮食单产与代表经营规模的人均耕地之间即存在这种关系。吴慧的研究显示,从战国时期直到清中叶的人均耕地面积随粮食单产提高存在下降的趋势③,即中国粮食生产的历史考察来看,除战争和自

---

① 西奥多·W. 舒尔茨:《改造传统农业》,商务印书馆 1987 年版,第 29 页。

② 黄今言、温乐平:《汉代不同农耕区之劳动生产率的考察——以粮食生产为研究中心》,《中国社会经济史研究》2006 年第 3 期。

③ 吴慧:《中国历代粮食亩产研究》,中国农业出版社 1985 年版,第 194-195 页。

然灾害影响生产外,绝大多数土地是能够养活当时的人口的,而且人们也按照消费量来安排农业生产。

改革开放以来,我国的农业劳动生产率有了很大的提高,但区域差距持续存在,这一差距不但在起始时候就存在,而且在后来出现进一步扩大的趋势。由于农业生产受农业资源、农业整体经济水平和生产要素边际收益递减等多重因素的约束,则提高技术进步和进行制度变革应该是未来提高农业劳动生产率的主要途径。观察我国改革开放以来不同地区的农业劳动生产率变化,只有东部地区的农业劳动生产率有显著的提升,中部和西部变化不大。韩晓燕等的研究结论是市场化程度、农村教育和耕地灌溉率对地区农业生产率的差距具有显著的影响,而农村经济的市场化程度是农业劳动生产率提高的关键。①

(四)黄河沿岸地区农耕经济体系中的制度及其自我实施规则

通过以上分析很容易得到如下结论:传统农耕经济体系稳定的根源在于人们对于土地的态度,这包括国家对于人们占有土地的制度安排和这一安排在长期演化中人们由此形成的行为惯例的相互作用,同时这一制度具有自增强的机制,不但维系了农耕经济体系的长期存在,而且导致其效率维持在生存水平上。

1. 农耕经济体系中的制度

什么是制度?经济学界存在多种解释。早期的制度经济学家凡勃仑认为制度是“对于所有人而言普遍和稳定的思维习惯”,康芒斯则将制度定义为“集体行动控制个人行动”,集体行动包括从无组织的习俗到有组织的机构以至国家,它们对个体行动的控制是通过对个人有益的利益诱导和禁例的方式进行的。换言之,制度可以通过诱导或禁止来决定个人行为。舒尔茨(T. Schultz)认为,制度是行为规则,它们涉及社会、政治及经济行为。例如,管束结婚与离婚的规则、支配政治权力的配置与使用的宪法中所内含的规则,以及确立由市场资本主义

---

① 韩晓燕、翟印礼:《中国农业生产率的地区差异与收敛性研究》,《农业技术经济》2005年第6期。

或政府来分配资源与收入的规则。① 作为制度决定论者，诺斯对制度先后有过多次描述与界定，他将制度抽象为"是一个社会的游戏规则，或者，更规范地说，是人为设计的约束，用于界定人与人之间的交往"②，从而将制度定义为博弈规则。诺斯认为，博弈规则既包括如宪法、产权制度和合同等正式规则，也包括规范和习俗等非正式规则，这二者之间存在协同性，正式规则容易借鉴和建立，但其发挥作用却受非正式规则的制约。这种冲突所带来的启示是博弈规则的可实施性应该成为研究的重要方面，如果能够把博弈规则理解为内生的，其实施是通过博弈参与人之间策略互动自我进行的，则这一问题就能够得到有效的解决。青木昌彦则把制度定义为关于博弈重复进行的主要方式的共有信念的自我维持系统，并将博弈重复进行的主要方式等同于博弈规则。③ 不同于博弈规则论的是，他认为博弈规则不是外生的，而是由参与人的策略互动内生的，存在于参与人的意识中，因而是可自我实施的。

在黄河沿岸地区的农耕经济体系中，涉及两个博弈的联结，一个是农民经营土地获取收入的经济体系，另一个是农民所处的社会体系，在这两个体系中都既存在正式的制度，也存在非正式的制度。正式的制度如国家对于以法律形式确定的土地制度、赋税制度、商业发展规划等，非正式的制度即是农耕文化所强调的人们对于土地的精耕细作、亲缘和地缘维系的人与人的关系以及人们对于土地的依赖情结等，土地居于这两种制度的核心位置。人们对土地的评价的关键在于收入，即如果只有经营土地才能获取维系生存所需的产出，而不能从其他领域获取，则人们对土地的依赖是生存型的。如果人们能够从其他领域获取多于经营土地的收入，则土地就变得无足轻重。更进一步，如果农业之外存在一个市场化的体系，则农民可以从外部获取收

---

① 舒尔茨：《制度与人的经济价值的不断提高》，载科斯等：《财产权利与制度变迁——产权学派与新制度学派论文集》，中译本，上海三联书店 1994 年版，第 251-265 页。

② ［美］道格拉斯·C·诺思：《经济史中的结构与变迁》，陈郁，罗华平译. 上海三联书店、上海人民出版社 1994 年版，第 3 页。

③ ［日］青木昌彦：《比较制度分析》，周黎安译，上海远东出版社 2001 年版。

入,反之则不能,而这又取决于要素市场的发育情况。按本杰明的农村劳动要素可分性(separability)假说,如果农村地区的劳动力市场和土地市场得到充分的发育,那么农户就可以自由地交换土地和劳动力,无须仅依靠家庭劳动力来满足农业对劳动力的需求,而通过农村劳动力市场或土地市场来调节劳动力和土地的供求平衡,则农户的生产和消费决策是可分的,相反,如果农村的要素市场不完善,农户就只能依靠家庭内部的要素禀赋来配置资源,并进行生产和生活的决策,从而出现不可分的情形。①

观察两千年来黄河沿岸地区农耕经济中的土地制度,小农经济一直是农耕经济体系的主要形式,土地并没有得到有效的集中以实现规模经营。如果将这一考察的时期具体到两个阶段,一个是历史上封建社会,另一个是改革开放以来的这一段时期。在封建社会土地主要实行的是地主所有制,由于土地所有权属于个人,则土地可以自由买卖,则土地这一资源的分配会最终为最有效率的使用者来获得,小农经济也长期在生存水平上保持其生产效率,农产品的产量依人口数量而定,既不会出现短缺,也不会出现足以支持工业发生的剩余。在当前的家庭联产承包责任制下,土地归集体所有,农民只具有可预期的稳定的承包使用权,则农民为了维系与土地的依赖关系,很少进行土地的转让和租赁,1990 年代的一个调查显示,农村土地进入租赁市场的比例仅为 3% 左右,在非农业比较发达的地区也不过 7%—8%。② 不同的所有制结构导致同样的农耕制度结构,观察我国改革开放以来的农业生产仍然是小农经济体系,农业产出与人口呈显著的函数关系,一项来自中国科学院的研究表明,1986—1995 年间中国耕地资源数量由于农业产业结构调整而下降,农业生产技术的进步带来的仅仅是人

---

① 蔡昉、都阳、王美艳:《劳动力流动的政治经济学》,上海三联书店、上海人民出版社 2003 年版,第 83 页。

② 蔡昉、都阳、王美艳:《劳动力流动的政治经济学》,上海三联书店、上海人民出版社 2003 年版,第 197 页。

均耕作规模的缩小,而不是人均经济总量的增加。①

2. 不可分性与农耕制度的自我实施规则

显然,农村劳动力生产决策与消费决策的不可分性成为促进农耕制度稳定性和自我实施的主要原因,如果农村劳动力市场发育得好,则家庭构成就不会成为农业生产决策中的重要因素,则家庭的特征就不会影响农户对于劳动的需求,这就导致人口数量与人均耕地之间的函数关系不再存在,反之,这一关系就存在。事实上,正是对土地的依赖性质决定了黄河沿岸地区农民家庭结构的长期稳定性,进而决定了农耕体系的内在稳定性。可以认为,正是在历史上的封建地主土地所有制下,以及在当前的家庭联产承包责任制下,农村劳动力市场的发育状况和土地经营制度的情况共同决定了农耕经济体系的自我实施性质。

历史上看,小农家庭经济是中国农耕社会中基本的生产组织模式,也是几乎历朝的政府努力恢复和推行的经济基础。由于农户经济具有社会稳定机制,因此中国历代王朝都把国家财政建立在小农经济之上,只要通过皇权分配给农户一定数量的土地,乡村农户就可以在安排好自身生计的基础上源源不断提供“岁入”。中国的传统农业没有采取雇佣制形式,而是自上而下分层的租佃制。经济学家已经证明,在分成租佃制下,国家收益最大化的条件是地主土地经营规模最小化②,古代历朝政府显然已经从实践中意识到了这一点,因此国家通过各种手段制止土地耕作权的集中,通过制度和政策手段将土地切成小块,责任到户。当对土地的所有权一旦确定,在劳动力市场不完善的情况下就会产生农耕经济的内在稳定性,如德姆塞茨指出的那样,私有产权的首要功能在于驱使经济参与人实现“外部性进一步的内在化”。假如稀缺资源被置于公共领域,人们会倾向于竞争性地使用它,以增进私人利益,这样资源的可得性便会降至社会理想的水平以下。

---

① 陈百明、李世顺:《中国耕地数量下降之剖析(1986—1995)》,《地理科学进展》1998 年第 3 期。

② 张五常:《佃农理论——应用于亚洲的农业和台湾的土地改革》,商务印书馆 2000 年版。

私人所有权通过排除非所有者的使用,从而促使所有者对资源使用的成本和收益进行理性计算。① 特别是,由于任何产权制度都隐含解决个人或家庭因使用资源而产生的利益纠纷的一种稳定的方式,如果产权的初始确定由国家来规定,而且国家也被认为是产权实施的最终源泉,但政府不会直接监督每一笔产权的交易过程,既无必要,也不可能,则这一制度安排必然存在某种自我的稳定因素,它不需要依赖于第三方的强制性实施,从而自我运行。

在传统农耕文化的封闭体系中,农业生产体系与其外部的体系之间基本上处于隔绝状态,城市手工业和商业极不发达,农村劳动力与外部的市场也处于完全隔绝的状态,农村劳动力没有可以用以调节劳动需求的劳动力市场,则家庭结构决定了农户既是劳动力的供给者,同时也是劳动力的需求者,农耕文化中的家长制与亲缘纽带决定了农业生产领域的运行,如果年轻的劳动力不依惯例进行农业生产,则会在社会系统中失去家长的信任进而失去分享土地收益的机会,这种自动实施的规则导致人们更进一步地依赖土地。

改革开放以来的家庭联产承包责任制下,虽然农民不具有对土地的所有权,但享有法律规定的长期排他的经营权,经营权在经营权存续期内会给承包人带来经营土地的收益,这一制度初始所形成的责任到户的土地分割状况也可能因为土地承包人的转租而集中,然而对现实的观察和已有研究均发现,在实行家庭联产承包责任制的 30 年来,农民很少将土地进行转让或租赁,从而维持与土地的依赖关系,导致农业生产在当前仍然表现为小农经济,具有典型的农耕经济体系的特征。

和历史上不同的是,当前改革开放的中国市场化进程已经相当深入,非农产业和城市化水平很高,农民除经营土地获取收入这一手段外,存在其他手段如进城务工来获取高于经营土地的收入,为什么人们仍然不愿意放弃土地,保持土地分散经营的这种局面呢? 深入考察

---

① Demsetz, H., "Towards a Theory of Property Rights", *American Economic Review*, 1967(57), pp. 347-359.

的结果仍然是由于农耕经济内在制度的自我维持机制在发挥作用，包括：①劳动力市场的二元性。改革开放以来中国农村改革进展顺利，但劳动力市场发育滞后，农户无法使用农村劳动力市场来调节劳动的供求关系，从而导致不可分性依然存在，农户对土地的经营仍然与其消费决策相关，从而不愿意放弃土地。②以家庭为本的亲缘地缘关系仍然是农村社会关系的主体，人们对土地经营的努力程度和态度决定别人对他的评价和参与其他社会活动的参照，在外部市场关系中获取的利益不足以使其迁移出农村之前，就不存在打破原有制度的动力。③经验研究证明，农民外出务工主要是为获取解决临时性重大支出的手段，参与转移的农村劳动力并不是农村具有最高人力资本的群体，而是以初中学历为主，对于受教育程度较高的人群而言，转移到城市会降低他们的社会地位，这强调了社会关系网络对于农民的重要性，也进一步说明了当前的农村仍然具有相当程度的封闭性和稳定性。[①]

三、历史上的人口流动与农耕经济体系的变革

中国历史上曾有过三次大规模的人口迁移：走西口、闯关东和下南洋，其中两次都发生在黄河沿岸地区。“走西口”是清代以来成千上万的山西、陕西农民由于人地矛盾不堪生活重负而向“口外”[②]谋求生存的一次大规模的农业人口大迁移；“闯关东”则是两个世纪前黄河下游山东农民由于地少人稠和自然灾害频发而不得不向关东流动以求谋生的一次人口大规模流动。值得注意的是，历史上这两次大规模的人口迁移的原因和结果具有一致性：人口流动的原因相同，都是因为人地矛盾难以在区域内解决从而寻找外部生存空间；人口流动结果相同，走西口对流出地山西和陕西带来了深远的影响，同时也促进了流入地（归化城土默特、鄂尔多斯和察哈尔等地）发生了前所未有的变

① 蔡昉、都阳、王美艳：《劳动力流动的政治经济学》，上海三联书店、上海人民出版社2003年版，第197页。

② 西口即杀虎口，早在明代开始，人们将长城沿线的关隘称为口，习惯上经常把河北张家口称为“东口”，而杀虎口位于张家口以西，所以被称为西口。

化，促进了农耕与游牧文化的交融，促进了“口外”的内蒙古地区从传统单一的游牧社会演变为旗县双立、农牧并举的多元化社会①，而“闯关东”不但影响了山东乡土观念的变化，体现一种筚路蓝缕的创业精神，也对流入地东北的开发和促进东北地区生产力的变革产生了巨大影响。

1. 农牧交融与单一农耕向农牧业并重过渡

黄河沿岸地区的农耕经济虽然具有地理上的封闭性，但与外界的交流却从来没有停止过，除了上面列举的“走西口”和“闯关东”外，陕、山、晋、察、鲁等地接近关外、口外的区域与外界保持着密切的往来，并导致区域内的农耕经济体系发生着不同程度的变化。最典型的如陕北由于地处农耕民族与游牧民族的交界地带，民族迁徙一直没有停止过，这既包括陕北农民向口外的迁徙，也包括口外牧民向陕北的迁徙。如公元前121年匈奴浑邪王杀休屠王率领数万人来降，汉即安置他们在陇西、北地、上郡、朔方、云中5郡的塞外，东汉初年亦有大量少数民族内迁，以及以后的唐、元代均有少数民族内迁，这导致这一区域的单一农业向农业与农牧业并重发展。值得注意的是，虽然放牧民族的内迁使陕北的单一农业经济发生了变化，但没有从根本上改变农耕经济体系的内涵，因为封建土地所有制和农村劳动力的严重分割局面没有受到破坏，农耕经济体系仍然居于主导地位。

2. 人口流动与商业文化的兴起

黄河沿岸地区人口流动的另一个重要结果是商业文化的兴起，晋商文化具有代表性，如山西祁县是晋商文化的发祥地之一，老包头东河区是晋商文化走向成熟的标志之一，祁县和老包头有着千丝万缕的血缘和亲缘关系，历史上，祁县和包头曾有过两次大的人口流动和经济交往。几百年前，以乔贵发为代表的一代祁县人，随着“走西口”的人流走到包头，开辟商路，促进了地区间的贸易往来和经济联系，也促进了原来以单一农业生产为主体的农耕经济体系发生变迁过程。

---

① 珠飒、佟双喜：《“走西口”与晋蒙地区社会变迁》，《山西大学学报（社科版）》2007年第2期。

显然,在历史时期由于农业不但在农村而且在整个国民经济体系中均居于主体地位,农村劳动力的流动没有突破农业生产的边界,黄河沿岸地区的农耕经济体系虽然发生了由单一农业向农牧业并重的过渡以及商业文化的兴起,由于工业尚未真正发展起来,劳动力的流动没有伴随经济结构的变动,从而农耕经济体系仍然具有原生态,并没有从根本上发生变化,黄河沿岸地区农耕经济体系的制度结构及其自我实施规则仍然起决定性的作用。

四、当代农村劳动力流动与黄河沿岸地区农耕经济变迁

改革开放以来,我国面临一次规模更大的人口流动,这便是改革开放以来的农村剩余劳动力流动。与历史上的人口流动不同的是,历史上不论是“走西口”还是“闯关东”实际上只实现了农民的地域转移,并没有实现就业转换,仍然从事农业生产,而这一次人口流动的核心是农民由农业向非农业的转移,就业转换伴随着国家结构转换的进程。党的十一届三中全会以后,由于农村实行土地家庭联产承包责任制,极大地解决和发展了农业生产力,从而导致农业劳动力出现剩余,加之乡镇企业异军突起,从而掀起农村剩余劳动力转移的高潮。据调查,1989 年农村外出务工人数从改革初期的不足 200 万人迅速增加到 3 000 万人,到邓小平南方谈话后的 1993 年又迅速增加到 6 200 多万人,其中在本省务工的农民工约 4 000 万人,占总数的 65%,而跨省流动的约为 2 200 万人,占总数的 35%。近年来,我国的农民工以每年 600 万—800 万人的速度增长,2004 年农民工总数约为 1 亿人。黄河沿岸地区是改革开放以来我国农民工的主要流出地,2004 年,中部地区外出农民工 4 728 万人,占全国农民总量的 40%,河南、四川两省农村外出务工劳动力均超过 1 000 万人,在全国各省中居于前列,占本省农民工数量的 60% 以上。

农村劳动力的流动,特别是跨区域、从农业向非农业的转移,引发了农耕经济体系发生多方面的变动,主要体现在:

(1)农村劳动力向非农产业的转移促进了农村产业结构的升级,

打破了以农业特别是以种植业为主的农耕经济产业格局。黄河流域虽然一直是我国粮食的主产区,但随着农村劳动力向非农产业的持续转移,农村产业结构已经发生了巨大的变化。以宁夏为例,农业是宁夏农村经济中的主导性产业,在1995年以前,农业在农村经济中的比重一直在50%以上,而工业产值的份额较低,随着劳动力在农村三次产业中投入的变化,特别是对第二、第三产业投入的快速增长,导致农业产值份额快速下降,到2003年降到历史最低点的36.59%,而农村工业产值份额则上升到37.61%。①

(2)农村劳动力向非农产业的转移,以业缘关系为基础的次级关系开始成为农民社会关系的重要方面,动摇了农耕经济亲缘和地缘的关系基础。传统农耕经济由于农民依赖土地,则亲缘和地缘关系居于人们社会关系的基础地位,农村劳动力向非农业产业的转移建立起了人们以业缘为基础的新型社会关系。大部分农村剩余劳动力的转移存在城乡之间的钟摆性、区域之间的候鸟性和产业之间的相兼性特征,这些导致亲缘、地缘和业缘的交织,土地虽然仍然是维系农民社会关系的最强力量,但其地位显然在下降。

(3)社会组织力量开始显现,家族势力对农民行为的支配弱化。农村劳动力向非农产业及城镇地域的流动,农村工业及小城镇的发展,出现了一些新的社会组织形式,如工业组织、城镇管理体系及居民自治组织等的支配力量越来越强,导致家族势力的弱化。其内在的原因在于,土地所有权(包括土地的长期承租权)不再是人们赖以生存的唯一依托,则建立在土地所有权基础上的家族势力将由新的生存依托资源基础上的组织形式所替代。

(4)农村劳动力流动导致农民分化和社会分层,按市场社会标准划分农民阶层,从而改变了以前按人伦关系来确定阶层的标准。李强认为这一进程的主要推动力量来源于农村劳动力的流动。② 孟天运等

---

① 刘双萍:《宁夏农村经济结构变动与农村工业化分析》,《宁夏学校学报》2006年第6期。

② 李强:《农民工与社会分层》,社会科学文献出版社2004年版。

通过对山东一个村庄的案例研究发现，虽然农业劳动者阶层仍然是农民的主体，占43%，而农民工阶层已经占据了显著的位置，占总人数的32%[①]；马夫对宁夏固原的研究得到大致相似的结论，农业劳动者阶层占总人数的67%，而个体劳动者和乡村企业工人占13.7%。[②] 市场社会所强调的市场合约与市场交易对农民的思维带来深远的影响，这一方面体现了农民在经营土地以外获取收入的扩张，也体现了农民市场意识的转变。

(5)城乡分割与城乡融合并存。农村劳动力流动促进城乡融合趋势的进一步发展，和沿海发达区域相比，黄河沿岸地区的城市化水平仍较低，以1997年数据为例，黄河流域城镇人口2 506万人，占全国的6.8%，城市化率为23.45%，低于全国城市化率的30%。[③] 由于城市化严重滞后于工业化，则农村劳动力的城乡转移受到限制，即，农村劳动力流动促进了工业化和城市化，同时又受制于后者的发展水平。这表现为城乡融合与城乡分割的并存，一方面来看，农村劳动力流动促进了城乡交流的扩大和深化，另一方面来看，导致城乡分割的户籍、人事、城乡管理体制仍然存在，对农村劳动力职业选择形成了阻碍。

总体而言，当前农村劳动力的流动对传统农耕经济的封闭性质形成了冲击，使其发生了由单一农业向农业多元生产、农业为主向非农业产业发展、社会关系的亲缘纽带向业缘纽带、城乡隔离向城乡融合等方面的结构变迁，但这些变迁在各方面的表现均不够彻底，表现出渐进性和稳定性，深入分析发现，这仍然是因为要素市场发育不够，农民生产和消费决策的不可分性造成的，这有两点突出表现：

第一，中国渐进的改革进程中旧有体制仍然具有强的制约作用，户籍制度、人事制度、就业制度等城乡分割制度的存在导致劳动力市场存在二元特征，农民无法利用农村劳动力市场来调节劳动的供求。农民对于农业的劳动投入仍然受其家庭消费决策的影响，换言之，典

---

① 孟天运、尉建文：《山东地区农村社会分层的个案研究》，《东方论坛》2003年第2期。

② 马夫：《固原市农业社会分层的现状、特征及其对贫富分化的影响》，《宁夏社会科学》2007年第2期。

③ 杨进：《黄河流域的有关数据》，《中国水利》2000年第2期。

型的农民家庭结构对于农村劳动力市场的结构状态仍然起重要制约作用,由于城乡分割所导致的城乡劳动力市场分割使得城市高度市场化的劳动力市场对农业生产和农民家庭决策的影响很小。

第二,根深蒂固的儒家文化禁锢了农民市场意识的开拓,对土地的依赖情结和家庭联产承包责任制的结合导致土地流转进程受到阻碍。如前文所述,在农村劳动力流动进入高峰时期,农民家庭承包土地的流转过程仍不够发达,很少有农民在外出务工时将土地转租他人,即使转租也往往因为国家对土地撂荒的严格控制所致,很多地区甚至为了避免耕地撂荒而出现耕地承包人向二次承租人支付费用的情形①。由于一些地区制定了将外出务工人员承包耕地收回进行二次承包的政策,一些农民因为担心外出务工失去土地承包权或上访,或放弃外出务工,这些都体现了农民对于土地的依赖性质和土地要素市场化程度的低下,农业生产仍然维持在小农生产状态,土地集约化经营还需要一个相当长的时期。

五、结　语

本文讨论了黄河沿岸地区农耕经济体系的形成历史、特征和这一制度类型的自我实施规则,指出农耕经济体系在黄河沿岸地区的产生具有必然性,而其后的发展路径也与这一区域的制度惯例有关。由于土地要素市场和劳动力要素市场二者发育程度不够所导致的农民生产和消费决策的不可分性是导致黄河沿岸地区农耕经济体系稳定性的根源,而根深蒂固的农耕文化也阻止了这一变迁进程。虽然在历史的不同时期所出现的农村劳动力流动都对农耕经济的结构带来了冲击,并推进了这一制度的变迁进程,但是不可分性的持续存在导致每一时期的结构变迁都没有完全跳出原有的农耕经济体系框架。

改革的深入必然要求而且能够推进要素市场的不断深入发展和完善,当然这不仅依赖于政策层面,也依赖于制度层面,依赖于作为制

① 国务院研究室课题组:《中国农民工调研报告》,中国言实出版社2006年版,第289页。

度变革的推动者——农村劳动力本身的变化，由纯粹意义上的劳动力转变为掌握了知识和技能的人力资本，从而能够理解市场经济的运行机制，并通过劳动力市场的供求变动来理解并对农业生产进行合理安排，最终推进要素市场的发展和完善，打破由于不可分性导致的农耕经济体系的稳定性和自我实施规则。

该文原刊发于《黄河文明与区域发展》2008 年第 4 期。

农村土地流转的制度约束及促进路径

一、引　言

要实现以人为核心的新型城镇化,关键在于促进农村人口向城市的有序转移,而这涉及两个重要的主题,一是农村土地流转的健康发展,实现农业生产的规模化经营,而且能够由制度化手段来确定,从而使其成为不可逆的过程。二是城市现代产业的发展,吸纳农村转移人口,奠定农村人口向城市转移的就业基础。这两个主题存在内在的递推关系,促进土地流转不但是促进农业现代化的前提,也是促进产业升级和经济转型的重要内容,只有具备了农业现代化的前提,城市现代产业发展才具备坚实的物质基础。

多数文献认为土地流转对农业生产是有利的,因为它促进了土地的集中,从而形成规模经营。如朱颖(2012)认为我国粮食生产不稳定的原因即在于农业生产经营规模小,难以培养专业粮食生产者从而导致效益低下;而姚洋(1998)则认为由于灌溉及大型家用机械的不可分性对规模经营提出了要求,而规模经营又有利于促进土地报酬递增的获得,土地流转成为解决上述问题的重要途径。这些研究提供了促进土地流转的重要理论支撑,从现实的角度来看,美国的大农场农业经营方式极大地提高了劳动生产率,似乎也印证了理论的观点。但另外的研究却认为农村土地流转对农业生产率可能是负面的效应,如 Julia

J. A, Maitreesh G(2003)的研究表明,小农户的生产率是高于大农户的,农村土地规模经营反而带来了低的土地产出率,这种结果可能是不完善的信贷市场和农民技能差异带来的。① 许庆等(2011)的研究也表明,扩大土地经营规模对单位产量生产总成本均有显著的负面影响,政府和农民对于土地规模经营的目的不是一致的,这导致对于土地流转后绩效评价的差异。② 政府的目的主要是提高粮食产量,而农民则在于增加收入,现实来看,我国粮食生产总体而言规模报酬并没有显著变化。

可见,土地流转只是一个路径,经由这一路径实现农业生产现代化和经济社会转型才是最终的目的。现实来看,我国的农村土地流转系统化程度很低,基本上在农户之间或农户与农业生产企业之间进行,双方均以收入(农业产出)为目的。由于没有一个统一完善的土地流转市场,也没有一个成熟的中介组织来操作,从而表现为土地流转很不规范,未能起到以土地流转为手段实现农业生产现代化、经营企业化的根本目的。本文着眼于我国经济社会的现代化转型背景,讨论土地流转中的核心问题及其解决,寻找推进土地流转健康发展的方法路径。

二、农村土地流转的典型事实及核心问题

(一)农村土地流转的现实描述

家庭联产承包责任制的核心是分田到户,由于我国地少人多的国情限制,家庭联产承包责任制的实施客观上导致了耕地的细碎化,并形成农业生产决策的分散化,不利于规模经营。而连片生产和规模经营不但是促进农业生产效率提高的重要途径,也是减少劳动复杂性和降低农业生产风险的重要手段,这就形成了内生的推动土地流转的动

---

① JulianoJ. Assuneao, Maitreesh G. ,"Can Unobserved Heterogeneity in Farmer Ability ExPlain the Inverse Relationship between Farm Size Produetivity", *Economies Letters*, 2003, 80, pp: 189-194.

② 许庆、尹荣梁、章辉:《规模经济、规模报酬与农业适度规模经营——基于我国粮食生产的实证研究》,《经济研究》2011 年第 3 期。

力。但由于我国农村土地集体所有的性质,决定了土地流转的只能是土地使用权。政府在一开始就注意到了这种情况,并在 1984 年的中共中央一号文件里明确规定允许农民流转土地承包经营权,并在 2002 年通过《中华人民共和国农村土地承包法》中对农民土地流转的形式和原则进行了明确的规定,这之后国家又出台一系列法律、政策和规定以促进和完善农村土地流转,农村土地流转已经形成了较完善的体制框架。

但在国家统计体系中一直没有对土地流转的系统统计,近年来,随着农村人口流动的加快,土地流转问题开始突显,特别是 2008 年十七届三中全会通过的《中共中央关于推进农村改革发展若干重大问题的决定》中提出农村基本经营制度"长久不变"的重大决策,为土地流转提供了体制保障(孔祥智,2010)①,甚至被市场解读为"土地新政",直接促进了土地流转的繁荣发展,也引发了学术研究的关注。在中国知网以"土地流转"和"调查"为关键词进行主题搜索,过去 10 年来共有 2 766 条结果,统计显示,基本上以 2008 年为界,之前的文献数量在每年 70 篇左右,而之后则攀升至每年 400 篇左右。学术界的研究多以农户为对象,主要研究农户对土地流转的理解、态度和行为,而实践部门则更倾向于描述现状。如各省统计局农调队也在不同层面进行农村土地流转的调查研究,我们收集整理了 2013 年一些典型粮食主产区省份的农村土地流转调查报告,总结了我国现阶段农村土地流转的一些基本特征。(见本文表 1)

① 孔祥智:《长久不变和土地流转》,《吉林大学学报(社科版)》2010 年第 1 期。

表1　典型省份农村土地流转现状

	范围	流转规模	主要流向	主要问题
河南	全省	3 216 万亩，占33%	41.3%的土地流转中政府介入。主要流向龙头企业、种粮大户	非粮化流转占40%，;37.2%没有签订正规合同
	沈丘	30 万亩，占26%	全县共发展农民专业合作组织1 133个，注册资金总额46亿元，入社社员14万户	
江西	彭泽	12.69 万亩，占44.4%	34.9%的土地流转后仍然是传统农业	流转后用于常规农业效益不高 签订协议不规范，村组代签普遍
湖南	吉首	4.85 万亩，占38.3%，涉及农户占比16.2%	出租、入股、转包，分别占流转面积的47%、26%、23%。土地流转主要是流向农民合作社、农业开发大户、农业企业，分别占流转面积的59.13%、29.13%、8%	交易市场市场发育不全，土地评估制度和机构缺失，运转不规范，口头协议多。100亩以上的才签订协议
安徽	含山	24.78 万亩。占50%	含山县与中信信托签订规模达1.93万亩的土地流转信托国内最大	
	当涂	10.86 万亩，占44%	7.9万亩入合作社，占流转土地72.7%	非粮化突出
	宿州	31.58%	工商企业流转比例28.9%、农业合作社流转比例23.5%，家庭农场、种粮大户等流转比例47.6%	非粮化突出，流转后种粮不足30% 1/3 土地流转政府行政介入
江苏	全省	3 295 万亩，占31.18%	65%由合作社直接经营或提供服务	
	无锡	59.08万，35.63%	以村镇行政力量为主，村镇组织流转占全部的62.5%。种养大户占36.1%	流转手续不规范，口头约定为主 缺乏价格确定机制
辽宁	全省	418.3 万亩，占8.26%	在35个县市区建立了364个土地流转市场或交易大厅	
	锦州	69.1 万亩，占12.75%	转入合作社的0.52万亩。成立合作社1 002个	土地流转不规范，口头协议居多。缺乏评估机构、交易平台

资料来源：各省统计局网站整理。

可见,在农村改革深化和经济社会转型背景下,农村人口大量向城市非农产业转移,以家庭经营为主体的农业生产相对优势在逐步丧失,土地流转以实现农村土地集中和规模经营成为总体趋势,农村土地流转已经占家庭承包耕地的面积在一些地区已近一半,而且以农村合作社为主体的中间机构在农村土地流转中的作用开始显现,在有的地方如安徽当涂县已经占到流转土地的72.7%,这为未来土地流转的规范运行提供了较好的渠道。从土地流转的形式来看,转让、转包、租赁、入股、互换五种形式均不同程度的存在,在取消农业税后租赁成为土地流转的主要方式,但各地均存在土地流转不规范,合同签订重视不够,农户之间的土地流转以口头约定为主,从而导致土地流转涉及的租期、租金、收益分配以及风险承担方面没有订立规范的标准,不利于土地流转市场健康发展。

(二)影响土地流转发展的核心问题

虽然土地流转在家庭联产承包责任制实施之初就在持续进行,而且政府也通过一系列的政策来鼓励土地流转,但土地流转进行缓慢和无序却是不争的现实,这表明必然存在某种深层次的原因。究竟是什么影响了促进土地流转的持续健康发展,当前学术界有多种讨论,最突出当属土地权属论和利益分配论。土地权属论主要从土地的功能角度,认为在我国当前农村社会保障体系不完善的情况下,土地具有养老保险等多重社会功能(晋洪涛等,2009)①,而且由于农村传统文化的影响,在农民的意识里存在土地权属事实认知的国家所有、集体所有和个人所有的多元认知特征,有农民担心土地流转后他们会失去对土地的权利,因此明晰土地权属对于土地流转是关键的核心问题。一些研究也证明,对于具有土地个人所有认知的农民而言,他们对于土地转出持强烈的抵触情绪,而具有土地集体所有认知的农民则乐于转出土地,这表明虽然从理论角度土地流转是理性农民优化家庭资源配置的行为,但农民对于土地却是非理性的(晋洪涛,2011)。利益分

① 晋洪涛、俞宁、史清华:《稳定性地权的养老保险替代效应:理论分析与实证检验——兼论土地永用和新农保政策下的土地制度改革》,《经济与管理研究》2009年第11期。

配论则强调土地流转后农民的收益保证，对农民而言，土地是其最后的保障，当没有完善的制度来保障农民在土地流转出去后的收益分配后，会导致农民产生“惜转”心理（何玲，2010）。

实际上，上述两种论点都是不确切的，对土地权属论来说，农村土地权属问题不论是从理论上还是法律上来说都是十分清晰的，无需争论。从实践层面来看，由于农村土地集体所有为我国的宪法所确定，在新中国成立65年且改革开放35年以来，农村土地集体所有也已经为人们广泛认知和认同，农村土地权属本身并不是影响土地流转的主要因素。影响土地流转的是对于农村土地管理操作层面的不规范或“明知故犯”（史清华，卓建伟，2009）①，我国农村土地权属制度实际上保持了土地使用权与所有权的两权分离，但在农村土地管理中政府职能部门过于强化农村土地国家所有的认知，当农村土地权属发生转变时，农村土地集体所有者不但不能获得农地非农化的收益，而且对这一变迁无能为力，国土资源管理机构成为农村土地真正的代言人，这才是导致农民对土地流转持消极甚至反对态度的原因。

从农村土地流转后的收益分配而言，农民关心的是增收问题，土地流转后土地用途改变、产出变动并不是农民考虑的主要因素。根据国家对土地流转的规定，农村土地不能改革其用途，即不能转变为建设用地或工业用地，则土地流转后其收益来源只能是农业经营，既然收益来源不可改变，在土地流转文本规范的规定和约束下，收益分配也不会成为阻碍土地流转的主要因素。而且根据研究，虽然农村土地流转价格普遍偏低，但要高于自己经营的收入，以河南省农调队调查为例，2013年600户样本家庭中超过70%的土地流转价格在500元以上，而2010—2013年全省农户平均种粮净亩均收益为670元，可见农户在不进行投入情况下收益能够持平。

根据十七届三中全会的精神，土地流转是保证农民土地承包权不变，对土地经营权通过转包、转让、入股、合作、租赁、互换等方式进行

① 史清华、卓建伟：《农村土地权属：农民的认同与法律的规定》，《管理世界》2009年第1期。

流转,以实现土地的规模经营。这里面有三个基本原则,即,不能改变农村土地的集体所有制性质、不能改变农村土地的用途、不能牺牲农民的基本权益①,在维护好以上三个原则基础上促进农村土地流转的经济社会结果是重要的。习近平总书记在湖北调研土地流转时强调,深化农村改革,完善农村基本经营制度,要好好研究农村土地所有权、承包权、经营权三者之间的关系,土地流转要尊重农民意愿、保障基本农田和粮食安全,要有利于增加农民收入。可见,土地流转的核心问题是进行科学、公正和合理的土地管理,确保农村土地的用途不变,确保农民的土地权益。在此基础上实现农业现代化,促进三次产业的融合。

三、农村土地流转体制性约束及表现

(一)体制作为条件因素的约束机制

深入考察体制对农业生产经营的深远影响,决不是在某种静态下的单一表现,而是在结构转换过程中持续发挥作用的一种体制表达。农村土地家庭联产承包责任制即是这样一种具有内在刚性的体制,它虽然是农村土地集体所有制下以家庭为基础的一种农业生产方式,但这种生产方式的体制维系并不在于土地的所有权,而在于经营权。在农民家庭取得土地经营权期间,由于他能够自主进行土地的农业生产决策,家庭最大化的决策结果与农业现代化发展之间存在巨大差异,并最终约束了后者的进程。

从历史时期来看,土地分散所有和使用导致小农经济成为农业生产经营体系的主要形式,在封建土地地主所有制下,虽然土地所有权属个人,土地资源可通过市场交易由最有效率的使用者获得来实现最优的配置,但观察长达两千年的历史时期,土地并没有得到有效的集中以实现规模经营,小农经济保持的生产效率是生存水平上的,体现了土地与农户之间的依赖关系,而且在这一过程中,农产品的产量只

① 陈锡文:《土地流转一定不能突破底线》,《广州日报》2014年3月12日。

与人口数量有关，以满足生存所需口粮，既不会出现长期的短缺，也不会出现足以支撑工业发生的剩余，这导致农村成为一个与外部隔绝的封闭体系，（李恒，2008）①把农村与农业和农民紧密联系在一起，农民不但是一种身份，也是一种职业，甚至成了一种状态。在当前的农村土地集体所有制下，虽然所有制结构限定了土地所有权的分散化，但家庭联产承包经营制却促使了所有权与经营权的分离，即承包经营权的分散化促成了大致相似的农耕制度结构，其原因仍然在于家庭为主体的生产经营方式约束。

以家庭为主体的农业经营体系作为体制约束至少强化了如下两个方面：

一是农业生产与消费决策的不可分性。不可分性来源于本杰明的农村劳动要素可分性假说（separability hypothesis），即如果农村要素市场发育充分，农业无需依靠家庭来满足对要素的需求，可由市场调节以实现劳动力和土地要素的供求平衡，则农户的生产和消费决策是可分的。反之，如果需要通过家庭内部的要素禀赋来进行配置资源，并进行生产和消费决策，就出现不可分情形（蔡昉，都阳，王美艳，2003）。② 不可分性强化了农民对土地的依赖性，进一步强化了农业生产的低效率，形成一种长久稳定的家庭物质简单再生产过程。基于消费决策的生产行为形成农业惰性，人们无法也不愿主动地去改变现有的农业生产方式。

二是农民流动与土地流转的体制关联特征。和历史上不同的是，由于改革开放将市场化向农村的引入，农村劳动力出现了向城市非农产业的快速转移，据国家统计局抽样调查结果推算，截至 2012 年全国农民工总量达到 2.62 亿人③，而全国劳动年龄人口为 9.37 亿人，这意

---

① 李恒：《劳动力流动与黄河沿岸地区农耕经济的结构变迁》，《黄河文明与可持续发展》2008 年第 2 期。

② 蔡昉、都阳、王美艳：《劳动力流动的政治经济学》，上海三联书店、上海人民出版社 2003 年版。

③ 2012 年全国农民工总量达 26261 万人，http://finance.people.com.cn/n/2013/0527/c1004-21624982.html

味着不到4个劳动人口中就有一个农民工。农民工虽然在城市非农产业就业，但其身份为农民，拥有农村承包土地。由于改革的渐进性特征，我国的劳动就业市场存在体制内外的分割，农民工是在体制外就业，一旦出现就业波动，农民工即失业返乡，回归家庭和农业（彭文慧，2009）。这就形成一种矛盾的机制，农民流转本应成为促进土地流转的力量，但由于农民工就业的体制约束形成了二者的无关性。

（二）体制性约束下的土地流转表现

不仅如此，作为体制性约束的后果，我国当前农村土地流转带来一些内在的影响，并成为农业现代化和经济社会结构转型的阻碍因素。

第一，农村土地流转未能助力农业生产经营脱离传统模式。家庭联产承包责任制的核心是分田到户，这导致了耕地的严重分割，形成以家庭为主体的农业生产经营模式，生产决策分散化导致农业生产无法有效地在集体层面上来组织。而土地的细碎化程度制约了大型农机具的使用，失去了农业规模经营的技术基础。土地流转虽然没有从根本上改变土地承包权属，但通过土地经营权的流转和集中，使农业规模经营成为可能，同时也为农业生产经营的现代化提供了基础。这只是理论层面的美好愿望，实际操作中多数土地流转的流入方仍然是农户，他们承包了大量的耕地，成为种粮大户，由于没有改变农业以家庭为主体的生产性质，其生产方式仍然是传统农业。以河南省舞钢市为例，据新农网报道，目前舞钢共有115位土地流转大户，一共流转耕地14.3万亩，占全市耕地总量的44.68%。流转大户张孟申流转了900亩耕地，获利30万元，平均每亩仅334元。促使他流转土地的主要动力则在于政府为达到流转规模的种粮大户每亩按5年共1 000元的标准进行支持，由此计算种粮大户获得的主要还是政策的优惠。

第二，农村土地流转缺乏根本性的制度保障，形成了实质上的非粮化倾向。根据我国的土地政策，不得擅自改变耕地用途，应该根据国家法律和有关制度进行合理、有序流转，受到监督和约束。在实际运作中，农村土地流转很不规范，多数仅是农户和承包者进行单独的交易，更有甚者只是一个口头协议。这会导致农户的利益得不到保证,最终制约土地流转的健康发展。表象背后的真实原因是,农村土地在流转过程中发生了用途改变,非粮化甚至非农化突显。《人民日报》2014 年 1 月 21 日刊登了一篇对河南内乡土地流转的专题采访,一家企业租赁寺河村 14 个组 1 万余亩耕地 30 年的经营权,但并没有签订有效的租赁合同,农户得到的租金极低甚至保证不了基本的生活。而实际上,这家企业是一家房地产商,流转的耕地并未真正进行农业现代化经营。

第三,农村土地流转系统化程度低,未能促进资源要素在三次产业间的有效配置和结构性整合。农村土地流转是一个系统工程,涉及农户、承包者、企业、机构、政府等各方。从保证农村土地性质和用途的角度来看,需要政府相关部门的监督以及司法保障,从农业生产的性质来看又需要建立长期稳定的流转机制和流转关系,从利益各方的关系来看,又需要一套制度保障长期中的利益分配动态调整,而从土地流转的最终目的来看,又需要对农业生产经营模式进行引导、扶持和规范。目前来看,由于土地流转涉及的各主体方的利益不同、信息占有不对称、目的不同,而且他们在土地流转中的地位和作用也不同,对待土地流转的态度也不同,使得土地流转没有一个总体的规划,土地流转的系统化程度不高。

四、土地流转的路径及模式选择

本质而言,促进土地流转的目的在于改变传统的农业生产方式,提高农业劳动生产率,但促进农业现代化不是一个独立的线性过程,应该置于我国改革开放以来的市场化进程背景下来考察,是我国经济社会结构转型的有机组成部分,而且是最基础的部分,通过农村土地流转和体制机制创新,推进三次产业的融合。

(一)农村土地流转的路径和模式

推进农村土地流转既不能改变农村土地的农业生产用途,又要实现其稳定性,基本路径是改变农业家庭经营模式向农业企业化经营模式转变。企业是市场经济的主体,是以利润最大化为最终目标的行为人，实现农业企业化经营不但有效促进农业发展与市场机制的对接和完善，而且利于快速提高农业劳动生产率，在传统农业生产体系中，农业生产的主体是家庭而非企业，农业生产的目标主要围绕产量而非利润来进行。农民由于没有足够的市场知识，不能完全按照市场的规则来进行生产经营活动，以农业产量为目标的生产活动效率较低，这涉及两个层面的问题，一是以农业产量为目标的生产行为无法有效地进行成本收益核算，因为农业生产的投入和产出计量方式不同，农民很难精确地核算其家庭在不同年份的收益比较。二是农民之所以强调农业的产量，因为农业生产经营是为家庭消费服务的，以生存为目的的农业生产很难有进行革新的动力。

农业企业化经营引入现代企业的管理机制和用工的激励机制，形成生产组织的专业化，对提高农业综合生产能力和产品增值能力均有积极的意义，农业企业化经营的一个根本转变即是在农业与其他产业之间建立起有效的联系，从而将农业发展纳入整体经济社会转型路径之中。改变传统农业的封闭性质，推进了产业之间必要的物质交换，寻求城市现代产业对农业发展的技术和市场支持，通过建立与工业的联系，形成要素在工农之间的流动与共享，以工补农，促进农业生产的规模化、企业化和现代化。

农业企业化经营的内涵在于以企业化经营代替家庭经营，但不表示一定由企业来从事农业生产，可以是家庭、企业或机构，主要有如下类型：

（1）家庭农场。是以家庭成员为主要劳动力，从事规模化、集约化和商品化农业生产经营的形式。即通过土地流转和集中，一些种粮大户扩大种植规模，形成适度规模经营。由于规模扩大和土地连片，改变传统的种植方式，使用大型农机具和现代种植技术，并雇用劳动力，形成实际上的企业化经营模式。根据政策，国家加大了对专业大户和家庭农场的扶持政策和奖励补助，促进了家庭农场的发展。截止到2013年底，河南符合统计条件的家庭农场有15 538家，其中经营面积在1 000亩以上的大型家庭农场有431家，耕种面积达287亩。

（2）“公司+农户”。“公司+农户”是贸工农一体化经营的通俗说法，即以公司和农户结合形成专业化的经济共同体。在这一共同体中，公司是主体，农户在公司的生产经营体制下进行分散的农业生产活动。这一体制中的公司可以是企业，如流通企业或加工企业，公司与农户有确定的购销关系或合同，生产决策和标准由公司来制定。也可以由协会或合作社作为龙头联系起农户，负责技术、信息的收集和交流，以及生产和销售服务管理，这类“公司+农户”虽然没有明确的合同，但作为龙头的专业合作社多是农户自愿联合形成的股份合作经济组织，其管理具有专业化和市场化的性质。这一类型的农业企业化经营模式在河南开展较早，而且发展普遍。

(3)大型农业企业。农民把土地转租给农业企业，完全由企业来进行经营是近期出现的一种农业企业化经营模式。在当前的家庭联产承包责任制下，土地分割不利于规模经营，而且农户并不掌握农业生产的现代化技术。这一过程中，对土地的集中、归整以及农业生产中的巨额投资和风险分担是需要解决的关键问题，具有专业知识和信息的中介机构应运而生，它们通过与农户签订土地租赁合同，集中和归整土地，并将其转租给农业生产企业，同时辅之以农业信贷，从而实现农业企业化经营。

不论是何种模式，农业企业化经营具有一些共同的特征。一是经营一体化，即农业生产经营不再割裂与外部的关联，在农业生产、农产品流通、加工、购销等方面形成与外部广泛而深入的联系。二是契约化，农业生产经营具有完善的计划和管理体制，从而适合市场的运行要求。三是生产基地化，通过农业企业化经营，形成区域上的专业化，“一村一品”、专业村、专业镇等，并产生规模效应和集聚效应。

(二)农村土地流转的机制设计

农业企业化经营在其实际操作中存在困难，即源于土地流转中的体制性缺陷和约束，农户与农业经营企业的目标函数不一致，而且由于农业生产过于依赖自然条件，而自然生产条件又蕴涵不可控风险，在传统经济体系中很难通过保险等机制来化解，这些都成为导致土地流转不规范、流转后非粮化甚至非农化的原因。进行农村土地流转的体制机制设计，需要在农户和农业企业之间建立一个具有专业知识、熟悉农村社会、遵循市场规律、拥有强大资金实力的中间机构,它通过与农户签订土地流转合同来集中和归并土地,同时与农业企业合作,将土地转包给农业企业,推进土地流转加速进行的同时,促进农业企业化经营。

建立土地流转中间机构对促进土地流转具有重要的意义。一是有利于促进土地流转,消除土地流转中的信息不对称和操作不规范。在土地流转中,农民居于信息弱势地位,由于没有土地流转权属和收益的稳定性预期,农民往往不愿意把土地流转出去,通过中间机构的规范化运作,使农民消除顾虑,也易于推进土地大片的集中与整合。二是有利于促进农村的规模化和企业化经营。如前所述,在当前,多数土地流转实际上还是在农户之间进行,由于土地流转面积小,农户农业仍然是传统生产方式,不利于实现产业升级和现代化,而土地流转中间机构通过与农业企业合作,能够从根本上改革农业生产经营方式。三是有利于维护农民权益。在这一体制中,土地流转中间机构、农民和农业企业的利益趋于一致,而且在规范的法律框架下运行,各方权益均能够得到最大限度的保护。

现实来看,土地信托即是一种促进土地流转的良好模式,所谓土地信托是指土地所有权人为了有效利用土地,提高土地的经营效率,作为委托人将土地经营权作为资本信托予受托人,由受托人利用其专业规划与管理,将开发经营的利润作为依托收益分配金交付给受益人的方式。土地信托在世界上如美国、日本这些发达国家均有很早的历史,具有成熟的经验和良好的模式可供借鉴。目前土地信托在我国已经得到了快速的发展,2013 年中信信托发行国内首只土地流转信托,目前已经进入安徽、山东、河南、湖北等农业大省。国内土地信托主要依托当地政府部门对分散的土地承包经营权进行归集后委托给土地流转信托经营管理,信托再与其合作方农业企业进行土地的整理、出租和运作,实现土地的规模化经营和增值。

土地信托毕竟开展较晚,还没有明确的法律规范,推行土地信托还需要进行多方面的探索,特别是政府政策的支持,主要在于以下几个方面,一个是推进政策法规的制定、完善,对土地信托的设立、运作、业务，以及土地流转的范围、规费、变更、补偿等做出明确的规定。既促进了土地信托的发展，也保护了各方的利益。二是市场主体发展的支持。与土地流转相关的主体既包括土地信托机构、农业经营企业、农户，也包括进行农业技术支持、中介服务等机构，政府应制定相关政策扶持市场主体的发展。三是监督管理机制。土地流转必须坚持农村土地的集体所有制性质，流转的只是经营使用权，不能改变农村土地的用途，而耕地的开发投资不断投入巨大，而且收益回报时期长，这就需要进行严格的监督监管，避免土地流转后的违法用地行为。目前我国各地已经在进行农村土地的确权登记工作，这些都为促进农村土地流转实现农业现代化发展奠定了坚实的制度基础。

该文原刊发于《经济学动态》2015 年第 6 期。

农村转移人口离农的制度困境及其实现路径

一、引　　言

大规模转移农村剩余劳动力与城乡结构调整之间存在相互推进的内在机制,并最终推进社会进步,使其成为不可逆的进程。按照林毅夫的解释,产业和就业结构的调整易于提高农产品商品化比率,促进农村社会的现代化进程。① 但观察经济运行的现实,就业结构的调整虽然在统计上表现明显,但存在现实中的差异,即农村劳动力向城市非农就业的转移不稳定,表现出“在农闲季节外出务工、亦工亦农,流动性强”的特征。② 2012 年中国的城市水平达到 52.6%,但以城镇户籍统计城市化水平仅为 35%,这表明中国农村人口转移的非农化与市民化并不同步③,必然有内在的因素在制约着农村人口向城市非农产业的有序和永久转移。

文献对农村劳动力向城市非农产业转移的非稳定性给出了三种较为系统的解释,即恋土情结、转移能力差和制度壁垒。恋土情结源

① 林毅夫:《深化农村体制改革加速农村劳动力转移》,《中国行政管理》2003 年第 11 期。

② 劳动和社会保障部:《当前农民工流动的就业数量、结构与特点》,国务院研究室课题组:《中国农民工调研报告》,中国言实出版社 2006 年版,第 69-85 页。

③ 彭文慧:《有效培训、有效转移与农村转移人口市民化》,《经济研究导刊》2014 年第 25 期。

于农民世代耕种土地从而对土地的依赖情绪，这是一种生产状态而非简单的心理认知，也是农村经济现实的必然反映。① 当土地在现行的家庭联产承包责任制下具有养老保障功能时，恋土情结会进一步强化②，恋土情结牵绊了农村劳动力转移，即使转向非农就业也是一种不彻底的行为。从农村劳动力转移能力的角度来进行解释包含较为丰富的内容，蔡昉等指出实现转移的农村劳动力与其人力资本水平正相关，这与我国农村人口的受教育水平具有一致性③，根据国务院研究室的调查，小学和初中文化水平是我国农村转移人口的主体，分别占比为 16.6% 和 59.6% 。由于劳动者的受教育水平与就业结构存在内在关系，受教育水平越高，越易于接受新知识掌握新技能，也就能够适应务农到务工的就业转换。④ 另外的观点却认为农民工工资水平是影响农村劳动力转移能力的主导因素，由于城乡之间的巨大差距，进城农民工无法承担城市高成本的生活费用会把农民挡在外面⑤，一项实证研究结果表明，农民工工资每增长 1% ，农村劳动力向城市转移的数量也会增长 1% 。⑥ 由于我国改革的渐进性质，农村转移人口融入城市以及非农就业均面临制度壁垒，大量文献认为拆除城乡体制壁垒是促进农村转移人口永久转移的根本，城乡二元制度的核心是城乡分割的户籍制度，这也成为学术界长期以来讨论的重点。李培林认为户籍身份与人的福利待遇和政府政策导向密切相关，无法享受城市同等待遇严重阻碍了农民融入城市。⑦ 秦立建和王震基于国家卫生和计划生育

---

① 王景新:《新形势下赋予农民长期而有保障的土地使用权尤为重要》,《中国农村经济》2001 年第 10 期。

② 徐强:《土地流转与农民养老的经济保障研究》,《经济管理》2011 年第 12 期。

③ 蔡昉、王美艳:《农村劳动力剩余及其相关事宜的重新考察》,《中国农村经济》2007 年第 10 期。

④ 周密、张广胜等:《城市规模、人力资本积累与新生代农民工城市融入决定》,《农业技术经济》2015 年第 1 期。

⑤ 徐建荣:《新型城镇化下江苏农民工市民化成本探析》,《现代经济探讨》2015 年第 2 期。

⑥ 丁守海:《农民工工资与农村劳动力转移:一项实证分析》,《中国农村经济》2006 年第 4 期。

⑦ 李培林:《流动民工的社会网络和社会地位》,《社会学研究》1996 年第 4 期。

委员会的专项调查数据研究表明,完善农民工在务工城市的社会保障是推进农民工融入城市的重要方面。① 二元体制下的就业体制二元分割,农村转移人口只能在体制外就业,当市场波动或结构调整时容易受到冲击,导致就业不稳定,一旦失业只能返乡。②

实际上,由于我国二元体制导致的城乡分割,农民和市民在市场化进程中所处的位置及其性质具有本质的不同,农民直接面对市场,其生产决策依赖于消费决策,当其由农村务农向城市务工转移时,在正式制度和非正式制度两个层面上均存在不适应和阻碍。本文拟对这种体制阻碍进行探讨,以理解农村转移人口离农的困境及其解决途径。

二、传统农业生产方式下的制度约束

(一)小农模式的生产决策性质

我国的农业生产具有舒尔茨所说传统农业性质,其生产方式长期不变,一直处于简单再生产状态,这种简单再生产的基本形式是以家庭为单位的生产模式。③ 从历史上看,我国农业生产虽然在不同区域具有不同的内容,即使由于生产条件的差异其种植的主要作物也不同,但生产分散的特征却持续存在。这种分散特征主要有两种,一是生产要素投入的分散特征,即以家庭为基本生产单位的土地资源占有分散特征,历史时期的封建土地地主所有制下,土地的分散化程度也是显著的,从公元 2 世纪直到 19 世纪末的将近两千年时间里,我国人均耕地大致在 3 亩到 10 亩之间波动④,特别是由于我国封建社会的诸子继承制度对于土地平均分配的传统,导致土地占有的细碎化成为长

① 秦立建、王震:《农民工城镇户籍转换意愿的影响因素分析》,《中国人口科学》2014 年第 5 期。

② 彭文慧:《返乡农民工就业的制度设计与政策建议》,《改革》2010 年第 2 期。

③ 西奥多 · 舒尔茨:《改造传统农业》,商务印书馆 1987 年版,第 301 页。

④ 赵冈、陈钟毅:《中国土地制度史》,新星出版社 2006 年版,第 116 页。

期化特征[1]。改革开放以来的家庭联产承包责任制下,虽然土地的所有权归集体,但使用权平均分配给个人,对生产资料的占有和使用也是分散的。二是生产决策的分散特征。由于农民对土地具有依赖性,而且是一种生存依赖性,人们在传统观念中对土地的评价不单在于获取收入,而在于这种收入获取的稳定性和不可替代性,当人们能够从另外的领域获取多于经营土地的收入时,则土地就会变得无足轻重。反之,如果没有一个发育充分的要素市场使农民可以调节其劳动和土地的平衡,则农户的农业生产与其家庭消费之间是不可分的[2],正是由于农户的这种分散生产决策导致了农业生产决策总体上的分散特征。

一种观点认为这一传统的农业生产模式在其可配置资源方面是有效率的,即理性小农假说,根据波普金的观点,农民作为经济行为人的理性比起任何资本主义企业家并不逊色,农民能够"为追求最大利益而做出合理生产抉择"。[3] 这一观点与舒尔茨是一致的,在其《改造传统的农业》中这样表述:"中国传统农业可能是贫乏的,但其效率是很高的,农业生产要素的使用较少有不合理的低效率现象[4]。"观察我国农业发展的历程,这一理论假说与中国农业生产的现实是吻合的,在人民公社时期,由于农民无法进行独立的生产决策,农业生产效率处于极低的水平。而家庭联产承包责任制下,农民具有对农业生产的剩余索取权,这极大地激励了农民的生产积极性,在农民所能利用的生产要素的范围内提高了农业生产的效率。18 户村民签订大包干保证书的安徽小岗村,第二年粮食喜获丰收,产量与过去五年总量持平,而全国的情况是,1978 年到 1984 年,粮食产量由 3 000 亿千克增产到 4 000 亿千克,全国农业总产值增长 68%。[5]

这一小农效率是以牺牲技术效率为代价的,家庭联产承包责任制

---

① 张海丰:《论我国农村土地制度的历史变迁》,广西师范大学硕士学位论文,2008 年。

② 蔡昉、都阳、王美艳:《劳动力流动的政治经济学》,上海三联书店、上海人民出版社 2003 年版。

③ Popkin Samuel L. "The Rational Peasant:The Political Economy of Rural Society in Vietnam", University of Californian Press. 1979.

④ 西奥多·舒尔茨:《改造传统农业》,商务印书馆 1987 年版,第 301 页。

⑤ 姜淑兰:《小岗之夜——一纸契约引发农村改革》,《新长征》2009 年第 10 期。

度所带来的效率是一种制度效率,由于制度设计契合了人们追求自身利益最大化的目标,从而提高了农业产出。如果深入分析会发现,改革以来的农业生产效率与土地肥力和技术均无关,唯一相关的是劳动者的生产积极性,即它是以为亩产为计量但实质是人均产出的大幅提升。在农业发展中,有两种投入和技术创新的模式,一种有助于增加土地的产出,这依赖于技术创新,另外一种则是提高农业工人的生产效率,这依赖于制度变革。从农业的长期发展来看,显然技术效率是重要的。张培刚曾经指出,农业国实现工业化是其"一系列基要生产函数连续发生变化的过程",而这一工业化过程包括了农业的机械化和现代化,舒尔茨也认为,要改造传统的农业,必须引入新的现代农业生产要素,促进农业技术变革。家庭联产承包责任制是一种农业发展中的制度变革,它促进的是农业劳动者的生产效率,但由于分田到户形成的土地分散化,制约了大型农机具的使用和农业基础设施建设,而分散的农业生产决策也不利于农业技术的推广。

(二)农民家庭直面市场的制度结构

在一个典型二元结构经济中,现代城市与传统农村的对立关系源于它们在市场中的地位和性质,以及对于市场的适应。城市家庭是新古典模型中的典型家庭,是消费的基本单位,但不是生产的基本单位,与之对应,农村家庭既是消费的基本单位,也是生产的基本单位,这与我国城乡两种体制划分的制度设计有关。在城乡二元分割时期,农民并不是一个纯粹的劳动者,他是作为对土地这一基本生产资料具有明确经营承包权的主体存在,其就业和社会保障均由这一土地经营承包权维系,在农民土地承包权永久不变的制度框架下,农民就没有退休。他们需要直面市场,为农业经营的投入决策和产出实现进行安排,并承担由此带来的成本和收益。

显然,虽然农民同时具有生产者和消费者两个角色,但他首先是以生产者的身份出现的,这决定了农民在这一制度结构中的地位和性质,农民需要具备足够的市场知识进行生产和消费决策以获得最大化,在足额交纳农业税费后获得收益,并承担全部风险。

农民在市场中处于不公平的地位,多数文献在讨论产品市场结构时认为农产品所具有的质量一致性,并据此认为农产品市场是完全竞争的,实际情况并非如此。张培刚教授早在20世纪40年代对此已有精辟论述,他是从农民作为卖方和买方两个角度来分析的。从农民作为买者来看,由于工业品市场存在较为普遍的垄断力量,导致工业品价格较高,对农民而言,这种所受较高价格之苦,甚于其他人,原因在于农民收入低下,而且用于购买工业品的支出占其支出的比重又较高。而从农民作为卖者来看,农产品收购商也是在不完全竞争条件下购入。农民在两个垄断市场的夹缝中求生存,其地位是非常脆弱的。①

(三)离乡而无法离土的制度约束

改革开放以来,随着城乡隔离政策的松动,农村剩余劳动力向城市非农产业转移已经成为我国经济社会中的重要事件,只要存在城乡经济势差,这一人口流动过程就将持续进行下去。由于制度本身存在缺陷,农村转移人口无法从根本上脱离土地,形成离乡而不离土的局面,极大地制约了二元结构转化的进程。这一制度约束有如下体现:

1. 土地是现有体制下农民劳动就业权利保障的手段

二元体制的就业结构表现为农村转移人口与城市职工就业的体制性分割,计划经济时代,由于资本稀缺,为了动员有限的资源以支撑城市重工业优先发展战略,城乡隔离的户籍制度是与之匹配的,这一方面导致了劳动力资源的配置效率损失,另一方面也形成了就业的体制内外差异。改革以来,市场逐步取代计划成为配置资源的主要手段,但渐进的体制改革并没有革除已有的就业制度,从而形成了体制内劳动力市场和体制外劳动力市场并存的局面。其中体制内的劳动力市场资源配置由一系列管理体制和规则来安排,而体制外的劳动力市场则主要由市场供求来决定,农村转移人口的就业基本上就在体制外劳动力市场上进行。

这种就业的体制分割会带来一系列问题,由于旧体制的痕迹,体制外的劳动力市场不但与体制内在部门、行业等方面存在较大差异,

① 张培刚:《农业与工业化》,哈佛大学出版社1949年版,英文版;中译本,华中工学院出版社1984年版。

从而体现为就业环境和福利待遇存在差异,更重要的是,体制外劳动力市场更容易受到市场波动的影响,一旦宏观经济出现波动则首先影响到农民工就业的稳定性,加之农民工在城市没有固定的住所及相应的社会保障,从而无法完全脱离农业,也无法从根本上放弃对土地的依赖。

2. 土地承担了农民社会保障的功能

我国农村正式社会保障长期严重缺失,土地就承担了农民的社会保障功能,这一社会保障功能来源于土地本身的生产资料属性,因为在我国的土地所有制结构中,存在着土地国有和土地集体所有的二元模式,作为集体土地所有权人的农民,在家庭联产承包责任制下获得土地的经营使用权和收益权的同时,也将其所有保障维系在土地上。在户籍制度改革之前,农民虽然能够自由地进入城市务工,但城市的社会保障体系并没有涵盖务工的农民。即使在土地流转持续深入的当前,农民也不愿轻易放弃土地。特别是,在传统农业生产方式下,农业生产并不需要太高的技术和投入,农民可通过简单劳作获得收入,务工人员完全可以在农忙时集中耕种收获,并不影响其农闲时务工。

3. 土地是农民观念中的一种重要财产

在农民看来土地也是一种财产,而且是最重要的财产,虽然《土地管理法》规定了集体土地使用权只能用于农业生产目的的严格限制,这导致了集体土地所有权的弱化和收益限制,但由于政府可以通过变更农村土地权属从而提高土地的收益,农民会把这些收益作为他自己的财产权利来争取。此外,土地作为一种资产,农民可以将其进行出租或转包以获得收入,对于失去劳动能力的年老农民而言,他甚至可以以土地承包的继承权来换取子女或他人的赡养,这使得土地在实际中体现了较为确定的财产性质。特别是在 2008 年党的十七届三中全会赋予农民“长久不变”的土地承包经营权之后,土地作为财产的性质在农民观念里得到了进一步的强化。对于农民而言,不放弃土地是理性选择,外出务工虽然能够带来高于经营农业的收入,但市场波动所带来的不确定性是农民无法承担的,在当前体制下,退回农业是农民应对市场不确定性风险的最后手段,这也是农民虽可离乡但不愿离土的原因。

三、农村人口转移理论的重新审视：就业促进还是结构转型

经典人口转移理论在强调发展中国家工业化对劳动投入需求的基础上，认为单纯的工业化战略是推进农村人口转移的有效方式。不论是刘易斯模型中关于劳动力无限供给假定，还是托达罗模型对于城市失业的强调，均未偏离以提供非农就业来实现农村人口转移的这一路径。其基本逻辑是运用快速工业化作为手段，在促进农村剩余劳动力由农村农业向城市非农产业转移的同时，实现城乡融合和农村发展，结构转型是目的，就业促进是手段，人口转移是过程。从我国改革开放以来的实际来看，这一逻辑不但取得了学术界的一致赞同，而且在实践层面得到政府决策部门的肯定，成为诸多政策的依据。实际上，由于我国的农村土地制度的特殊性质，这一理论在实践中存在巨大的鸿沟。

第一，促进农村转移人口非农就业是推进快速工业化的手段，但无助于工业结构优化升级。工业化是所有落后国家实现现代化的途径和主要内容，在改革开放以前，由于资源紧缺，我国实施的是片面工业化战略，即运用行政的手段将有限的资源向城市倾斜，同时运用城乡隔离的手段把大量的人口固定在农村，以免过多人口拥入城市从而稀释城市工业化的成果。这一手段虽然取得了一定的成绩，在短期内建立起了重化工业基础，但总体而言由于背离了市场机制而难以为继，无法在全国范围内建立起完整的工业体系。改革开放之初，市场短缺和农业剩余的双重刺激推动了农村工业的超常规发展，在短短的10年内占据了工业市场的1/3，但这一模式也未能持续下去，不但没有能够如最初设想的那样转型升级，而且未能有效地推进农村人口向城市转移。观察农村工业化初期繁荣的背后，它一方面是适应了市场短缺对于产品数量的极大需求，劳动密集型产品生产对技术要求低，农村剩余劳动力能够为这一产业发展提供支撑，另一方面又适应了农

村转移人口对土地的依赖,由于农村工业地处农村,满足了农民就近务工的要求。实际上,由于处于农村地区的工业化其效率低下,面临转型升级困难,当这些农村工业无法适应市场进一步发展关停之后,先前吸纳的农村劳动力只有重新回归农业。

第二,促进农村转移人口体制外就业有利于促进市场化进程,避免增量就业带来的市场冲击,但体制分割的二元就业市场阻碍了结构转型。由于渐进性的改革性质,城乡二元分割的户籍制度到现在仍然没有得到完全改革,身份差异带来的社会保障、教育、医疗等方面的差异使得农民无法进入体制内就业。农民也无法适应体制内行业对于专门知识和技能的要求,农村转移人口在体制外就业有其合理性,体制外就业虽然易受宏观经济波动的冲击,但农民工失业后可返乡从事农业,这种弹性易于避免体制内劳动市场的波动,利于维护社会稳定。但就业市场的体制分割不利于要素市场的统一,降低了生产要素的配置效率,形成了经济社会结构性转型的障碍。

上述两个机制之间还存在相互作用的过程。就工业化而言,当处于农村的工业无法与城市工业在体制、管理、技术、规模等方面匹配时,农村工业并没有与城市工业成为一个体系中的有机构成,而是针对当时市场短缺的一种补充,二者对劳动者的技能和知识需求也存在差异。这种差异传递到劳动市场上,使得两个体系中的劳动者不能相互自由的流动,最终难以通过工业化实现农村人口的永久转移。这样来看,由于我国土地制度结构的特殊性,简单地将创造非农就业作为促进人口流动和经济转型的手段是不够的,而应该把就业促进作为总体结构转型的一个阶段来看待,而结构转型本身才是推进人口转移的根本动力和保障。

四、实现人口转移的思路与政策:结构转型视角

可见,农村转移人口离农虽然受到多种因素的交错作用,但根源在于农地制度安排所导致的农业生产方式,当农民无法解决其生产决策与消费决策的冲突时,对市场的适应性结果必然表现为离乡而不离

土，这就无法实现永久转移。在以往的研究中，人们过多地关注人口转移本身，易于应用人口转移的“推—拉”理论来制定政策，为了简化模型，把“推—拉”理论与城乡的“经济势差”等同起来，再把“经济势差”与工农就业对应起来①，认为由于工农就业的报酬差距是促进农村人口转移的主要原因，从而得出创造非农就业以促进农村人口向城市转移的政策思路。

这一观点存在两个层面的误区：

一是没有从理论上弄清楚农村人口转移的目的性，城乡经济势差固然提供了农村人口转移的动力，使农民能够在农业之外获取高于经营农业的收入，但农村人口转移的目的可能无助于城乡融合，大量调查表明农民务工收入主要用于农村非生产性投资如建房，既没有成为推进农业现代化的基础，也没有成为农民向城市迁移的基础。② 按照拐杖逻辑，外出务工对于农民而言只是无法基于农业获得生存所需收入的拐杖而已，但凡农民能够仰仗经营农业生存下去，他就会抛却外出务工这条“拐杖”③，费孝通在其《江村经济》中也表达了大致相似的观点，即当农民日常生活所需有缺口时，外出务工就成为必不可少的。当农民意识到外出务工不仅是其获取超出经营农业收入的手段，而且提供了不同于经营农业的生产生活状态时，它就为农民离开农村转入城市提供了必要的途径。④

二是忽略掉了本不应忽略的农村人口转移的结构转型背景。过于强调收入差距而忽略结构转型才是农村人口转移的真实背景，易于混淆非农就业对于农民及社会的不同作用。改革开放的一个重要任务即是为了消除城乡二元差距，通过改革制度的固有弊端以提供利于发挥要素效率的环境，而促进农村人口向城市非农产业转移即是这一进程的重要手段。从改革开放初期的农村经济发展来看，农村工业的

---

① 李富田：《经济势差与农村劳动力流向——以四川省绵阳市调查为例》，《中国农村经济》2003 年第 1 期。

② 李恒：《外出务工促进农民增收的实证研究》，《农业经济问题》2006 年第 7 期。

③ 黄宗智：《长江三角洲小农经济与乡村经济发展》，中华书局 2000 年版。

④ 费孝通：《江村经济》，江苏人民出版社 1987 年版。

发展吸引了城市相近产业在农村地域的复制，城市淘汰的设备、技术开始向农村转移，并通过在农村地域建立工业来吸引农村剩余劳动力，表现为结构转型的同时促进了农村发展和城乡融合。根据多恩布什的理论，结构转型本身即是推进增长的主导力量，而且是不依赖于技术、要素等的独立源泉①，可见，强调结构转型，并且推进适应我国当前农村发展的结构转型不但是促进农村剩余人口转移的根本手段，而且也是实现农村现代化发展的关键。

综合上述二者的结论是，促进农村剩余劳动力转移不应该是目的，而是手段，我们可以通过观察农村剩余劳动力转移的性质来研究农村经济社会转型的性质。从改革至今的农村改革来看，农村土地制度的改革既是起点，也应该是贯穿这一过程的重点，并且其未来的改革方向也必然决定农村改革的性质。基于本文前述的研究结论，在政策制定时如下几点是应该着力考虑的：

（1）推进农村市场化改革，培育农业经营的企业化主体。传统农业生产的弊端即是以农业生产的家庭经营替代企业经营，这种分散的生产方式不利于技术在农业中的推广应用，农业生产表现为依靠投入的重复劳作，吸纳了大量的农业人口又无法提高劳动生产率。改革的关键是推进农业生产的企业化经营，这在当前的实践中有多种形式，如家庭农场、农工贸一体化及大型农业企业等，形成生产契约化和生产基地化，转变了农业生产的管理方式和经营方式，极大地提高了农业资源的效率，将农民从农业经营中解放出来。

（2）推进农村土地流转，实现农业生产方式转变。农村制度中的核心问题即是土地，推进土地流转是实现农业生产方式转变的主要内容，也是促进农村转移人口离农的前提。目前来看，我国各地在推进农村土地流转虽然不完全一致，但呈现出一些大致相同的特征，如土地流转系统化程度低，多是农户之间的双向行为，不但未能有效地促进农业生产方式转变，而且签订正式合同比例低，难以保证相关主体的权益。推进土地有序、快速、系统化的流转，利于从根本上改变农民

① 多恩布什：《宏观经济学（第七版）》，中国人民大学出版社 1997 年版，第 226 页。

与土地的依附关系,保障农民联结于土地上的权益。

(3)改革户籍制度,消除就业市场的二元分割。我国传统户籍制度的一个重要功能即是实现城乡分割,就业市场的二元分割已经严重影响到农村人口向城市非农产业的转移。改革户籍制度的一个重要思路是,去除原有户籍制度中附加的过多的社会管理功能,剥离与户籍挂钩的社会福利。通过将社会管理和收入分配经由就业来实现,解除农民在城乡之间的就业结果差别。

(4)建立城乡统一的社会保障体系。离乡不离土的转移方式最终无法实现农村人口的永久性转移,这源于现有体制下农村社会保障缺失从而赋予土地的社会保障功能。虽然当前对于农村外出人口社会保障问题的解决存在多种观点,包括纳入城镇社会保障体系、纳入农村社会保障体系、建立单独的社会保障体系等,但基于公平和长远考虑,应该建立城乡统一的社会保障体系,从而从根本上扫清劳动力城乡自由流动的制度障碍。

该文原刊发于《经济学家》2015 年第 11 期。

中国农村家庭社会资本的结构与绩效

——山东、河南、陕西三省调查

一、文献回顾与问题提出

在过去的30年中,由于改革开放所带来的农民从农村农业向城市非农产业流动成为我国经济生活中的重要事件,并诞生出农民工这一特殊的阶层①,研究农民工问题不但能够较好地折射出我国经济社会改革的状态、结果和效率②,而且易于观察农业农村发展和农民收入增长的性质③,但几乎所有涉及农民工流动因素考察的文献均强调了"关系"的作用④,即亲缘、地缘和血缘维系的非正式制度体系,这表明中国农村家庭社会资本结构的稳定性及其对农村转移人口的影响,由于农村转移人口在我国经济发展与转型中的重要作用,其中暗含了农村家庭社会资本对经济转型的深远影响。

---

① "农民工"一词最早出现在1984年中国社会科学院《社会学通迅》中,随后被广泛使用。概念核心为"户籍在农村,主要从事非农产业……已成为产业工人的重要组成部分"。见国务院研究室:《中国农民工调研报告》,中国言实出版社2006年版,第4页。

② 陆学艺:《农民真苦,农村真穷》,《读书》2001年第1期;李培林、李炜:《近年来农民工的经济状况和社会态度》,《中国社会科学》2010年第1期;王绍光:《大转型:1980年代以来中国的双向运动》,《中国社会科学》2008年第1期。

③ 胡雪萍:《提高农民收入的一个有效途径:外出务工》,《农业经济问题》2004年第8期。

④ 胡必亮:《"关系"与农村人口流动》,《农业经济问题》2004年第11期。李恒:《外出务工促进农民增收的实证研究——基于河南49个自然村的调查分析》,《农业经济问题》2006年第7期。

在引入社会资本概念之前，人们就已经注意到了非正式制度在农村经济生活中的决定性作用，由于家庭是农村的基本生产生活单位，“中国的家是一个事业组织”①，则农村经济生活的性质和结构就由家庭的性质和结构来决定，而家庭与外界的关联更多地强调地缘、血缘或亲缘的维系，中国的农村社会是一个建立在农耕经济体系上的自足系统，在这个自足的封闭系统中，家庭观念、父权、保守与求稳是其价值信念的核心，从而使其在中国农村比在城市发挥更大的作用（宋志平，2005）。② 虽然正式制度和非正式制度共同决定了经济绩效（North），但本质而言，能够达到预期绩效的正式制度创新和变迁均是能够有效地与非正式制度形成某种沟通和理解，其禀赋与其作用下的正式制度相一致，这表明，正式制度只有在符合人们业已遵守的非正式制度中的相关规范和认知时，正式制度才能促进经济增长和社会进步（李怀，2004）。③ 这也为诺斯所认同，他在 1993 年获诺贝尔经济学奖发表演说时说：“离开了非正式规则，正式政治经济规则……也不再是取得良好的经济实绩的充分条件。”④显然，即使没有用法律或规则限定下来，那些真正制约人们行为的结构在经济社会中的作用是重要的。

社会资本这一概念最早源于社会经济学的研究，普特南（Robert Putman，1993）⑤从社会组织的角度定义社会资本，把社会资本定义为能够促进成员相互利益的合作和协调、提高社会效率的网络、规范和信任。用社会资本理论来解释区域经济差异问题，揭示了意大利南北之间人均收入上的差距是与其社会结构的差异相对应的。和传统经济以价格机制为核心，把人的社会行为全部表现为以市场价格为中介的人与人的互动不同，社会经济学强调了人与人的直接互动，其核心

---

① 费孝通：《乡土中国》，生活·读书·新知三联书店 1985 年版，第 40 页。
② 宋志平：《非正式制度与中国农村经济体制改革》，《经济管理》2005 年第 4 期。
③ 李怀：《非正式制度探析：乡村社会的视角》，《西北民族研究》2004 年第 2 期。
④ 卢现祥：《西方新制度经济学》，中国发展出版社 1996 年版，第 28 页。
⑤ Putnam R. D. “Making Democracy Work：Civic Traditions in Modern Italy”. Princeton：Princeton University Press. 1993.

在于社会网络、社会准则和信任(陆铭,李爽,2008)。[①] 在农村社会中,社会准则和社会信任的力量是强大的,它几乎构成了个人生产生活的决定因素。在意大利公共精神发达的地区,社会信任几乎是伦理道德的核心,它维持了经济发展的动力和政府的绩效(帕特南,2001)[②]。而日本灌溉的安排(青木昌彦,2001)。这些都体现了社会资本的作用,但一个重要的问题是,由于社会资本强调了其社会网络、准则及信任的性质,如何测量社会资本并进行准确的计量研究是困难的。边燕杰(2004)[③]、边燕杰和王文彬(2012)[④]在测量城市居民社会资本时强调了社会资本的网络特征,并以城市居民春节拜年涉及的社会关系的性质来度量社会资本,显然他们更多关注的是交往者的社会地位及其社会关系。他在对企业社会资本界定及调查设计时仍然强调了企业领导人的社会地位及其社会关系的广泛性(边燕杰,丘海雄,2000)[⑤],但显然过于强调网络本身而没有注意到与生产经营活动相关的社会网络是不够的,应该强调其"效用性"和"生产性"(刘林平,2006)[⑥],而这些在我国的农村社会占有重要的地位。

在我国的传统农村地区,由于经济社会发展深受传统文化影响,从而形成具有相对封闭、自给自足、以地缘和亲缘关系维系的农耕经济体系。这一体系虽然在现阶段受到现代文明的冲击而有所变动,但对土地的依赖进而形成的由传统习俗和社会传统等非正式制度来约束人们行为的性质没有发生本质上的改变(李恒,2008)。[⑦] 如果把传统农村地区社会根据其功能来划分,大致涉及两套系统,一个是农民

---

① 陆铭、李爽:《社会资本、非正式制度与经济发展》,《管理世界》2008 年第 9 期。

② 罗伯特・D. 帕特南:《使民主运转起来》,王列,赖海蓉译,江西人民出版社 2001 年版,第 195 页。

③ 边燕杰:《城市居民社会资本的来源及作用:网络观点与调查发现》,《中国社会科学》2004 年第 3 期。

④ 边燕杰、王文彬:《跨体制社会资本及其收入回报》,《中国社会科学》2012 年第 2 期。

⑤ 边燕杰、丘海雄:《企业的社会资本及其功效》,《中国社会科学》2000 年第 2 期。

⑥ 刘林平:《企业的社会资本:概念反思和测量途径——兼评边燕杰、丘海雄"企业的社会资本及其功效"》,《社会学研究》2006 年第 2 期。

⑦ 李恒:《农村劳动力流动与黄河沿岸地区农耕经济的结构变迁》,《黄河文明与可持续发展》2008 年第 2 期。

经营土地获取收入的经济体系，另一个是农民生活所处的社会体系，这两大体系均由土地居于核心位置的农耕文化的非正式制度所约束。人们对土地的评价的关键在于收入，即，如果只有经营土地才能获取维系生存所需的产出，而不能从其他领域获取，则人们对土地的依赖是生存型的。如果人们能够从其他领域获取多于经营土地的收入，则土地就变的无足轻重。更进一步，如果农业之外存在一个市场化的体系，则农民可以从外部获取收入，反之则不能，而这又取决于要素市场的发育情况。按本杰明的农村劳动要素可分性(separability)假说，如果农村地区的劳动力市场和土地市场得到充分的发育，那么农户就可以自由地交换土地和劳动力，无须仅依靠家庭劳动力来满足农业对劳动力的需求，而通过农村劳动力市场或土地市场来调节劳动力和土地的供求平衡，则农户的生产和消费决策是可分的。相反，如果农村的要素市场不完善，农户就只能依靠家庭内部的要素禀赋来配置资源，并进行生产和生活的决策，从而出现不可分的情形(蔡昉，都阳，王美艳，2003)。不可分性从根本上说明了农村家庭社会资本的属性在于效用性和生产性的结合，对社会资本的测量和研究既要关注社会网络，也需要关注效用性和生产性。

在大量的实证研究文献中，人们为了对社会资本进行研究，提出了诸多具体的测量指标，也尝试了一些数量化的方法。如 Bryant 等对加拿大①和 Harper 等对英国②所进行的社会资本调查与衡量，不但提供了研究社会资本与区域发展的极其宝贵的数据库，而且提供了同类研究的数量化方法。Narayan and Pritchett③ 也介绍了一种可行的方法，可以把关于团体的数量和特征的信息结合成一个总体的数字指标。同时，世界银行也针对发展中国家进行社会资本研究的数量化方

① Cindy-Ann Bryant and Doug Norris. *Measurement of Social Capital: The Canadian Experience*. OECE,2002: http://www.oecd.org/dataoecd/21/48/2381103.pdf.

② Rosalyn Harper and Maryanne Kelly.,"Measuring Social Capital in the United Kingdom". *National Statistics*,2003: http://www.statistics.gov.uk/socialcapital/downloads/harmonisation_steve_5.pdf.

③ Narayan D, Pritchett L.,"Cents and Social-ability: Household Income and Social Capital in Rural Tanzania",*Economic Development and Cultural Change*,1999,47(4),pp. 871-989.

法，设计了一套包括六大方面的体系庞大、条目精细的调查提纲[1]，以后诸多研究均在其基础上根据实际需要修正来进行，取得了较好的结果。

2009 年和 2011 年，我们利用大学生暑期社会实践的机会，使用世界银行设计的社会资本指标体系，对黄河沿岸的山东、河南、陕西三省农村地区家庭社会资本进行了调查，以期考察在改革开放 30 年后农村社会资本的结构及其经济绩效。

二、问卷调查与数据处理

（一）问卷设计、调查设计与方法

对农村家庭社会资本调查的指标体系设计主要包括两大部分：一是农村家庭的基本情况，涉及农村家庭户主及构成信息、家庭收入及消费、家庭农业生产经营活动、家庭非农业经营情况等。二是农村家庭社会资本情况，以世界银行设计的社会资本指标体系，共分为群体和网络、信任和团结、集体行动与合作、信息与交流、社会凝集力与包容、权力与政治行动 6 个大类，其下又划分为 27 个小类。考虑到我国农村的具体情况及相关文献研究的指标设计，又增加了教育作为农村家庭社会资本的指标，用以理解农民利用社会网络及与外部联系获取资源的能力。

此次调查主要在山东、河南和陕西三省，选择上述三个省份的考虑有三：一是这三个省份处于黄河沿岸地区，是农耕经济体系核心区域，这一区域农村的社会结构和社会传统较为深厚，并且具有一定的定性，研究这一区域的社会资本结构具有典型性。二是这三个省份又处于各自典型地域文化作用之中，山东是具有典型意义的齐鲁文化影

---

① Grootaert C, Narayan D, Jones V N, Woolcock M., "Measuring Social Capital: an Integrated Questionnaire", *World Bank Working paper*, NO. 18: http://poverty2. forumone. com/files/11998_WP18-Web. pdf.

响区，河南则是中原文化，陕西的秦地传统文化①，有助于从省级层面上理解不同文化下的社会资本差异。三是山东、河南和陕西分属我国东、中、西部地区，由于国家开发开放战略在大区域上的次序性差异，必然会在农村家庭社会资本层面上有所反映。

调查采取入户调查的方法，由调查者向受访家庭主要成员详细介绍调查目的及数据使用范围，以消除被调查者的顾虑。同时，为避免对一些社会资本指标在被调查者之间存在理解上的差异，问卷由调查者向被调查者询问填写的方法进行，以尽可能免除误差。此次调查在三省一共获得有效问卷 461 份，其中山东 142 户、河南 217 户、陕西 102 户，共分布在 64 个市（县），样本分布如本文表 1 所示。

表 1　农村家庭社会资本调查家庭分布

省（市县数）	市（县）（调查家庭数）
山东（14）	天桥（17）、邹平（9）、枣庄（8）、新泰（12）、诸城（8）、平度（9）、广饶（10）、郯城（10）、蒙阴（10）、华桥（8）、章丘（15）、即墨（7）、临沭（8）、临朐（11）
河南（44）	新密（9）、栾川（1）、济源（5）、扶沟（9）、夏邑（8）、杞县（8）、浉河（4）、社旗（4）、临颍（7）、内黄（6）、商丘（7）、固始（15）、西平（8）、虞城（8）、睢县（4）、南阳（7）、香山（4）、沈丘（4）、泌阳（4）、开封（4+4）、淅川（4）、潢川（4）、太康（1）、沁阳（4）、项城（4）、登封（1）、内乡（3）、鹿邑（4）、濮阳（8）、辉县（6）、嵩县（4）、滑县（4）、上蔡（2）、遂平（4）、民权（3）、永城（4）、鄢陵（4）、许昌（5）、新郑（4）、镇平（4）、柘城（4）、睢阳（1）、襄城（1）、汤阴（4）
陕西（10）	宝鸡（10）、长安（10）、高陵（20）、汉中（12）、户县（8）、泾阳（10）、蓝田（10）、洛南（2）、商县（10）、子洲（10）

（二）样本家庭基本情况描述

由于我们家庭基本情况部分设计了对户主政治面貌、文化程度，从而易于理解由以户主为核心的社会资本性质，在一些重要的文献里，政治面貌被作为社会资本的重要指标来使用，并且获得了很好的

① 虽然传统的农耕文化及其变迁特别强调了陕西一带与关外游牧文化的交融，但陕西的文化严格来说还是与中原文化息息相关。

经济解释。① 本次调查461户中户主为党员的有45户，占比为9.76%，有4人为民主党派，占样本比重为0.86%。户主年龄最小为25岁，最大87岁，平均年龄46.38岁。其中37户户主为女性，占样本比重为8.4%。从户主文化程度来看，小学文化124人，初中文化224人，高中文化89人，大专及以上13人，占样本的比重分别为26.89%、48.59%、19.31%和2.82%。而2010年全国6岁及以上农村居民中小学、初中、高中和大专以上受教育人口比重分别为28.75%、41.70%、15.02%和9.53%，样本中户主更集中于初中和高中学历层次，这也表明样本选择具有典型性和代表性。

从家庭规模来看，成员数最少为1人，最多为10人，平均4.38人，其中，3口家庭、4口家庭、5口家庭和6口家庭居多，分别为69户、212户、94户和60户，占样本的比重分别为14.96%、45.99%、20.39%和13.01%。这一比重的四口家庭和五口家庭远高于2010年第六次全国人口普查4人户和5人户占比21.03%和12.69%的比重。

我们在问卷中对家庭生产经营活动设定了种植业、养殖业、家庭手工业、工业、家庭副业、外出务工和其他共7个可多选的选项，统计结果表明，单选种植业的有58户，399户选择包含种植业，分别占12.58%和73.54%；单选务工的有22户，选择包含务工的334户，分别占4.77%和72.45%；单选养殖业和工业（即工业业主）均为3户；单选家庭副业的为12户；单选其他的为17户，其中7户填写医生、8户填写跑运输，2户未填写。表明在我国农村家庭，从事农业生产和外出务工仍然是主要的择业渠道，也是获取收入的主要来源。

对待土地的态度以及土地流转情况体现了农耕经济体系的变动，通过设定土地流转、弃耕和对土地收益的评价三个选项来考察，进行土地流转的农户有33户，占比为7.16%，勾选弃耕的有14户，占比为3.03%；认为种地收益太低不划算的有75户，认为种地收益低但仍然会种地的有141户，以上两项合计占46.85%，而认为种地收益较高的

---

① 杨瑞龙、王宇峰、刘和旺：《父亲政治身份、政治关系和子女收入》，《经济学季刊》2010年第3期。胡荣：《社会资本与中国农村居民的地域性自主参与——影响村民在村级选举中参与的各因素分析》，《社会学研究》2006年第2期。

仅有 12 户，占比仅为 2.6%。显然，农村家庭总体上对土地怀有生存和情感上的依赖性。

三、总体描述：农村家庭社会资本的结构和性质

（一）群体和网络

群体和网络一共有 6 个问题：包括村委会在内你认为哪些组织是有用的、你们在同一组织中的人们哪一个方面最相似？你们在哪些方面是相同的？你们与其他村庄或地区有无联系？当你有困难时有多少能帮助你的朋友？你需要一大笔钱时你能从何种渠道得到？

我们特别关注村委和家族的作用，并设计了两个指标来调查这一问题。一个是观察农民对组织的作用的认识，在所有样本中，有 396 户选择了“村委”，其中有 150 户将村委的重要性排在第一位，分别占 85.9% 和 32.54%，而选择“家族”的有 401 户，有 208 户将“家族”的重要性排在第一位，分别占 86.98% 和 45.12%，均高于村委。相反，选择农民互助会及教会的分别有 55 户和 5 户，占比仅分别为 11.93% 和 1.08%。另一个指标则是询问农民参加了什么组织，除村委和家族外，加入农民互助会和教会的分别为 93 户和 11 户，占比分别为 21.17% 和 2.38%，表明农民互助会已经日益成为农村家庭参与的重要组织。

在农民对于加入组织的身份认同方面，我们设计了 5 个选项，它们是宗教、性别、文化背景、种族和社会地位，选择文化背景、种族和社会地位的分别为 243、212 和 264 户，占比为 52.71%、45.98% 和 57.27%。而对于农民对加入组织的影响因素上，在职业、文化程度和性格三个选项中，得分分别为 277、267 和 48，占比分别为 60.08%、57.91% 和 10.41%。可见，不论是身份认同还是实际而言，文化背景、文化程度均是决定农民组织化的重要因素。

组织的对外联系方面，选择偶尔有联系的为 322 个，经常联系的为 120 个，合并占比为 95.88%，表明以村庄为单位的农村地域联系是较为密切的，这其实也印证了农村社会往来的传统。

对农民在困难时能够寻求帮助的朋友数量问题提供了填空项，结果显示，全部样本中填写具体数字的为261个，数值从1到30不等，其余200个则填写“不多”“不少”“很多”“有一些”“有几个”及“十几个”等。在统计结果时划分1到10为较少，10到20为一般，20以上为较多。通过将“不多”“有一些”“有几个”归于较少，“十几个”归于一般，“很多”归于较多，结果三类结果分别为332、54和75个，占比分别为72.09%、11.6%和16.28%。由于我们在调查时限定了朋友为“像家人一样但不是家人的人”，从结果可见，即使是民风淳朴的农村，人与人之间的感情也是“较少朋友”的情形，这与农民工在城市①，或城市社区邻里关系是一致的。②

但在对待金钱问题上，我们设定了第六个问题：如果你突然需要一大笔钱，而这笔钱可能是你的亲属付不起的，你可能获得借款吗？在给定的5个选项中，有353个选择“一定有”，有102个选择“可能有”，6个选择“不一定有”，没有人选择“可能没有”和“一定没有”。这一结果表明相互帮扶在农村居民之间是非常重要的，而且具有长期的传统，它对于农村社会结构的稳定及农民消费水平而言都是重要的（郭云南，姚洋，Jeremy Foltz，2012）。③

（二）信任和团结

信任一般被认为是测度社会资本最重要的指标，一些文献甚至仅以信任作为社会资本的替代变量。④ 在信任与团结类别中设计了4个具体题目：你认为大多数人都是可以信任的吗？你觉得大部分同村人都愿意帮助你吗？你信任政府官员吗？如果要建一个对你没有什么用但对村庄其他人有利的项目，你愿意花费时间和金钱吗？问卷数据

① 汪前元、周勇：《企业农民工的任务压力研究——基于泛珠三角的实证分析》，《中南财经政法大学学报》2012年第1期。

② 封丹、Werner Breitung、朱竑：《住宅郊区化背景下门禁社区与周边邻里关系——以广州丽江花园为例》，《地理研究》2011年第1期。

③ 郭云南、姚洋、Jeremy Foltz：《宗族网络、农村金融与平滑消费：来自中国11省77村的经验》，《中国农村观察》2012年第1期。

④ 高虹、陆铭：《社会信任对劳动力流动的影响——中国农村整合型社会资本的作用及其地区差异》，《中国农村经济》2010年第3期。

表明,在农村,人与人之间的信任水平是较高的。

在全部 461 个样本中有 354 个回答说他们认为身边的大多数人都是值得信任的,其比重高达 76.79%,回答说他们不太在意人际关系的有 102 个,占 22.12%,仅有 5 个回答说他认为周边的人是不值得信任的,占比为 1.08%。同时,有 341 户认为大部分同村人都愿意帮自己,有 93 户认为人们不太愿意帮自己,其余 27 户则不能确定,占比分别为 73.97%、20.17% 和 5.86%。为了对此问题进行补充,在问卷中设计了一个补充问题:你认为你周边的人在提防你并可能在利用你吗? 有 149 户选择了"是",有 108 户选择了"不是",其余选择"不能确定",占比分别为 32.32%、23.42% 和 44.25%。印证了村民之间的信任的性质,能够确定信任,而不能够确定不信任。

但对政府官员的信任的问题的回答结果引人深思,我们设计了四级政府官员:中央政府官员、地方政府官员、村委官员和村民组长,以及很信任、无所谓、较信任和不信任四个选项,统计结果如本文表 2 所示。显然,村民对中央官员的信任度最高,有很信任和较信任两项相加达到 80.7% 的比重,对中央官员的不信任仅有 5%,而对地方官员、村委官员和村民组长的信任度严重偏低。

表 2　村民对不同级别官员的信任　　(%)

	中央官员	地方官员	村官员	村民组长
很信任	52.3	15.2	10.4	12.8
无所谓	13.9	26.7	26.0	24.7
较信任	28.4	33.2	35.8	38.4
不信任	5.0	24.7	27.3	23.4

对村庄公共项目的态度也体现了一定的社会责任,对于对自己没有利益关系的公共项目,问卷中有 347 户(占 75.27%)愿意花费时间和 220 户(占 47.72%)愿意花费金钱参与这些项目的建设。

(三)集体行动和合作

联产承包责任制实行之后,由于分产到户,村民的生产活动开始以家庭为单位进行,虽然由于农民生产的周期性使得村民们会在同一时间甚至同一地块上劳作，但他们的生产活动显然不是有组织的，更非集体行为。为了调查村民对于集体行为方面的情况，我们设计了两个问题：其一是过去一年，你和家人参与过对社会发展有利的活动吗？出乎意料的是，有 337 户（占比 73.1%）选择了“确定有”，而其中在填写“参加次数”中填写 3 次以上的有 136 户（占 40.36%）。但从这些活动的内容填写看来，主要是农村的婚丧嫁娶活动，填写生产活动、公共项目建设活动的较少。

第二个问题则是针对村庄公共项目建设的意愿性判断：如果村庄存在诸如供水、修路等问题时，村庄里的人一起合作来做这件事的可能性有多大？结果选择“很有可能”的为 215 户，选择“有可能”的为 173 户，两者合计占比为 84.16%。基本结论是农村家庭在集体行动与合作方面具有较为坚实的基础。

（四）信息和交流

主要关注使用电话进行信息交流来考察村民生产生活中的对外联系，从总体数量上而言，在填写问卷的前一个月内，填写 10 次以下或“不多”“很少”的为 115 户，而填写 10 到 49 之间或“较多”的为 232 户，填写 50 次以上及“很多”的 114 户，分别占 24.95%、50.33% 和 24.73%。为了进一步考察村民对外信息交流的内容和性质，问卷中对打电话的目的设计了 4 个选项：工作、亲人联系、生活需要、消费。结果显示，单选“工作”的仅 29 户，选择包含“工作”的为 167 户，占比为 36.22%，而单选“亲人联系”的为 143 户，选择包含“亲人联系”的为 343 户，占比分别达到 31.02% 和 74.40%，这表明就信息获取及信息内容而言，传统亲缘关系仍然占据主导地位，但基于业缘的联系也已经有了较大进展。

在我国经济结构转型期，民众与政府之间的信息交流及其交流渠道也是非常重要的，为此，我们设计了对村民了解政府行为的信息渠道问题，并且设计了 14 个选项来考察这一问题。由于要求受访者只能从 14 个备选答案中选择三个，这样我们能够在后续数据处理中进行赋值处理。结果显示，选择通过“亲戚、朋友或邻居”和“电视”分别有 346 户和 372 户，占比非常高，分别为 75.05% 和 80.68%，其他的如

“村庄公告栏”“村庄领导”“国家报纸”“广播”也有105户、107户、105户、109户选择，而通过“团体组织或协会”“企业”“非政府组织”的仅有4户、1户和6户选择，显然，与村民生活相关的传统渠道是村民获取政府信息的主渠道，现代社会所强调的非政府团体组织等的作用仍显薄弱。

（五）社会凝集力和包容力

本部分共设计了7个问题，其中前5个问题其实是对同一个问题的递进考察。即：在你所在的村庄里的人们在财富、收入、社会地位、文化背景、种族、社会等级、宗教、政治信仰以及年龄、性别方面存在不同，你觉得这些方面的差异有多大？这些差异会不会引起问题？如果引起问题主要是由于哪些差别？引起的这些问题会不会有暴力？过去一个月与你吃饭喝酒的人在哪些方面不同？显然，上述对于理解传统社会结构中人们对差异性的认识是非常重要的。

在全部461个样本中，认为村庄里的人们存在很大差异的有123户，占比为26.68%，认为有差异的为204户，占比为44.25%，以上两项合计为70.93%，而认为具有很小差异的仅为27户，占比为5.85%。同时有324户认为这些差异会引起问题，占比为70.28%。值得注意的是，认为具有很小差异的27户中，有12户认为差异会引起问题，这其实是表明了人们对于变动的一种担忧。

在可能引起问题的原因方法，我们设计了可多选的答案，统计表明，人们认为财富差异、社会地位和教育差异是最容易引起问题的，分别有286、234和227户选择，占比分别为62.04%、50.76%和49.24%；其次是拥有的土地数量、种族和年龄差异，分别有157、140和107户选择，分别占34.06%、30.36%和23.21%；而男女差异、政治身份等并没有受到重视。让人担忧的是，有290户即62.9%的人们认为这些问题的存在最终会引发暴力冲突，换言之，在农村，当出现问题时仍然要以冲突而非谈判协商的方式来解决。

有301户在过去一个月中有与他人吃饭喝酒的经历，为了考察他们背景的异同，我们在问卷中设计了四种不同背景来考察人与人之间的包容及社会凝集力：你一般与和你在哪些方面一致的人吃饭喝酒？

结果相同的文化背景和种族、相同的经济地位、相同的社会地位和相同的宗教信仰分别有 202、121、189 和 268 户选择，占比分别为 67.11%、40.2%、62.79%和 89.04%。

本部分的后两个问题：当你一个人在家时你会感到安全吗？你认为幸福吗？对于安全感的调查结果为，回答“很安全”的为 224 户，回答“适中”的为 219 户，占比分别为 48.59%、47.50%，而回答“有点不安全”和“很不安全”的仅分别为 20 户和 8 户，占比分别为 4.34%和 1.74%。安全感是对我们理解村民社会信任的重要方面，而在多数文献里，社会信任即被等同于社会资本，当在一个信任度高的社会里工作时，能够促进交往，也能够有效地降低交易成本，从而利于经济效率的增进，上述数据也表明农村目前来看仍然是一个“熟人社会”。[①] 对于幸福问题的回答则设计了“很幸福”“一般”“还可以”“没感觉”“很不幸福”5 个选项，选择户数分别为 152、185、73、40 和 11 户，如果简单认为前两项为幸福，而后两项为不幸福，则二者之比为 6.6∶1，村民总体上还是幸福的。

（六）权力和政治行动

权力既包括村民对行使权力和参与政治的意识，也考察实际的情况。在一个民主程度较高的社会里，社会资本要显著优于那些民主程度较低的社会，而且社会资本对经济绩效的作用也要好一些。

这里有 4 个简单的问题：你觉得你有能力来改变你的生活吗？有 14 户回答“完全不可能”，而有 53 户则回答“完全有能力”，回答“大部分情况下不能”和“大部分情况下能”的分别为 214 户和 175 户，虽然总体上来看持肯定和怀疑态度的基本持平，但“近一半人不相信自己有能力改变自己”，这一比例是显著过高了。

在过去一年里你们是否参与请求政府做一些对村庄有益的事情呢？回答“从来没有”的为 134 户，占比为 29.07%，而回答“很多次”的仅为 22 户，占比为 4.77%。这一问题参与的低比例与上一问题的

---

① 袁振龙：《社会资本与社会安全——关于北京城乡结合部地区增进社会资本促进社会安全的研究》，《兰州学刊》2007 年第 10 期。

相互印证,表明农民的逆来顺受和安贫乐道性格。

你参加过选举吗?回答“是”的为328户,占比为71.15%,你对选举的态度是什么?回答“积极”“无所谓”和“反感”的分别为212户、203户和46户,两相比较可见,至少有一部分参加过选举的村民对选举是不了解的。实际上,在回答参加过选举的328户样本中,仍有高达298户村民认为选举没有什么用,这表明至少对于村民而言,他们尚未完全理解民主行为的含义及其结果。

四、差异性:区域差异和家庭差异

问卷中有9个问题是五点量表方法来设计的,基本涵盖了农村家庭在家庭、村庄、社会、政府等各个层面的信任及农民对自己在其社会资本网络中的自我评价。这七个问题的设计及其意义如本文表3所示。根据五点量表的定义通过对各具体选项给予赋值,并计算出每份问卷在各个选项上的得分。这样,我们就找到了区域比较的可能。如前所述,本次调查所涉及的三个省份:山东、河南和陕西省分属我国东、中、西三大经济地带,我国在改革开放以来的区域开发开放战略的时序性差异必然会在上述各省中有所反映。同时,山东、河南和陕西三省虽然均处于黄河沿岸地区,受传统农耕文化影响深厚,但三省的地域文化仍然存在差异,进而体现为农村社会资本的差异。为此,本文根据区域、收入等指标把样本进行了分组,以考察不同性质群体的社会资本的差异。

表3 社会资本问题设计及其数据统计描述

变量	问题设计	均值	标准差
家族信任	如果你突然需要一大笔钱,而且这笔钱对你的家属或亲戚而言也很难承担,你向他们获得借款的可能有多大?	6.86	2.777
社会信任	如果你有困难,你所在的村庄或附近地区的人是否愿意帮助你	6.03	2.652
政府信任	你对县、省政府有多大的信任度	5.76	3.064

续表

变量	问题设计	均值	标准差
地方信任	你对村委及村民小组干部有多大信任度	8.19	3.067
公共认同	如果你的村子出现需要修路、修桥等涉及公共事务的问题，你们能否一起合作来处理这件事情？	7.77	2.552
社会认同	你生活的这个地区的人们之间的差异大吗？（包括财富、收入、社会地位、文化背景、种族、社会等级、教育、宗教信仰等）	6.41	3.091
安全感	通常情况下，比如你一个人在家时你感觉安全吗？	7.68	2.731
幸福感	一般情况下，你认为自己幸福吗？	6.62	3.222
能力认同	你觉得你是否有能力做出一些决定来改变你现在的生活吗？	4.69	2.824

（一）区域差异的作用

为了观察由于区域差异带来的社会资本差异情况，我们以省为单位进行了分析。（见本文表4）总体来看，各地区对家族信任、地方信任、公共认同得分均较高，其实体现了我国农村地区亲缘和乡情的传统文化仍然起主导作用。对于三省份而言，多数指标显示了处于中部地区的河南省的农村社会资本低于处于东部地区的山东省和处于西部地区的陕西省，显然在家族信任方面山东省和陕西省均高于河南省，陕西省农村家庭对于政府和地方的信任程度均高于山东和河南，而山东省则在家族信任、社会认同和幸福感方面高于河南和陕西。公共认同方面三省差别不大，山东和陕西略高于河南省。

表4 农村家庭社会资本的区域比较结果

	三省农村社会资本的均值(N=461)			均值差/Sig.
	山东(1)	河南(2)	陕西(3)	
家族信任	7.80	6.07	7.24	(1)-(2)=1.73*** /0.00；(1)-(3)=0.56* /0.07；(2)-(3)=-1.16*** /001
政府信任	6.75	4.40	7.26	(1)-(2)=2.34*** /0.00；(2)-(3)=-2.86*** /0.00

续表

	三省农村社会资本的均值(N=461)			均值差/Sig.
	山东(1)	河南(2)	陕西(3)	
地方信任	6.60	8.81	9.11	(1)-(2)=2.21***/0.00;(1)-(3)=-2.51***/0.00
公共认同	8.02	7.47	8.05	(1)-(2)=0.55*/0.04;(2)-(3)=-0.58*/0.06
社会认同	7.14	6.30	5.62	(1)-(2)=0.83** 0.01;(1)-(3)=1.52***/0.00;(2)-(3)=0.68*/0.06
幸福感	7.01	6.56	6.23	(1)-(3)=0.78*/0.06
能力认同	4.67	4.88	4.29	(2)-(3)=0.58*/0.08

注:凡两两均值检验不显著的,其值不在表中列出。

(二)收入差异的作用

按家庭总收入的均值划分两类家庭,分析不同收入水平家庭社会资本的差异。(见本文表5)可见,高收入家庭具有更高的社会信任和政府信任,而且具有较高的公共认同和社会认同,并且比低收入家庭更有幸福感,但在地方信任方面低收入组要稍高一些。总体而言,越高收入的家庭其社会资本水平也越高。

表5 收入差异的比较结果

	全部家庭(N=461)			高收入(N_1=196)		低收入(N_2=255)	
	均值	标准差	F 值	均值	标准差	均值	标准差
社会信任	6.86	2.77	42.83***	6.50	218	5.68	2.91
政府信任	5.76	3.06	3.08*	5.93	2.92	5.65	3.20
地方信任	8.19	3.07	49.97***	7.64	3.32	8.68	2.74
公共认同	7.77	2.55	5.42**	7.80	2.32	7.74	2.74
社会认同	6.41	3.09	10.549***	6.77	2.88	6.11	3.26
幸福感	6.62	3.22	13.17***	7.12	2.97	6.16	3.33

注:表中只列F检验差异显著的因素。并且基于均值进行简单解释,下同。

(三)政治面貌的作用

对农村家庭户主的政治面貌进行分类,中共党员和非党员家庭的社会资本结构也存在一定程度的不同。(见本文表6)户主为中共党员的家庭的社会信任、社会认同和地方信任均要高于户主为非党员的家庭。党员家庭的地方信任要显著高于社会信任和社会认同,但非党员家庭的社会认同则要高于其地方信任。实际上也体现出党员家庭更倾向于正式制度而非党员家庭则更倾向于依赖非正式传统。

表6 政治面貌差异的比较结果

	全部家庭(N=432)			中共党员(N_1=45)		非党员(N_2=387)	
	均值	标准差	F值	均值	标准差	均值	标准差
社会信任	6.04	2.16	2.53*	6.47	2.42	5.99	2.64
地方信任	8.14	3.09	2.32*	8.44	2.94	8.10	3.11
社会认同	6.48	3.07	10.59***	7.13	2.38	6.40	3.13

注:剔除29个未填写政治面貌的样本。

(四)户主性别的作用

仍然根据户主的特征考察了家庭结构的作用,区分了以户主的性别之后也有一些有趣的发现。(见本文表7)户主为男性的家庭在家族信任、社会信任方面要高于女性户主的家庭,而且也具有更多的安全感。但女性户主的家庭则具有更高的地方信任,而且比较而言幸福感要高一些。就分值来看,两类家庭的地方信任度均较高,比较而言社会信任要低很多。

表7 户主性别差异的比较结果

	全部家庭(N=441)			男性户主(N_1=407)		女性户主(N_2=34)	
	均值	标准差	F值	均值	标准差	均值	标准差
家族信任	6.83	2.781	2.55*	6.92	2.750	5.76	2.965
社会信任	5.97	2.677	1.64*	5.99	2.653	5.71	2.980
地方信任	8.14	3.094	16.29***	8.07	3.130	8.97	2.516
安全感	7.64	2.761	2.46*	7.68	2.722	7.15	3.192
幸福感	6.61	3.244	1.42*	6.59	3.267	6.74	2.988

(五)家庭结构的作用

以中位数4口之家为界,划分为4口及以下和4口以上的家庭进行分析。(见本文表8)家庭规模越大其社会资本得分越低,包括家庭信任、社会信任、政府信任和地方信任等方面,4口以上的家庭其社会资本均显著低于4口以下的家庭。同时,在能力认同方面也不如4口以下的家庭。唯一例外的是幸福感,4口以上的家庭的幸福感反而较高。为进一步分析,我们剔除样本数低于3户的1口以下和8口以上的家庭,并划分2—3口家庭、4口家庭和5—7口家庭三个组进行研究,结果发现,就幸福感而言,仍然是越大家庭其幸福感得分越高。

表8　家庭结构差异的比较结果

	全部家庭(N=461)			4口及以下(N_1=292)		4口以上(N_2=169)	
	均值	标准差	F值	均值	标准差	均值	标准差
家族信任	6.86	2.777	6.11**	7.10	2.657	6.45	2.934
社会信任	6.03	2.652	19.76***	6.30	2.463	5.56	2.899
政府信任	5.76	3.064	2.93*	6.04	3.123	5.26	2.902
地方信任	8.19	3.067	6.55**	8.06	3.139	8.43	2.931
幸福感	6.62	3.222	1.16*	6.43	3.214	6.96	3.219
能力认同	4.69	2.824	1.02*	4.79	2.797	4.51	2.868

(六)受教育水平的作用

把农村家庭户主的受教育水平按初中以下和初中及以上分组,结果发现(见本文表9),农村家庭户主受教育水平在初中以下的具有较高的社会信任和政府信任,他们在困难的时候更容易得到亲戚的帮助。而高中以上教育水平的家庭则更倾向于信任村委和村民小组的关系,并且他们与初中以下受教育水平家庭比更具有安全感。

表9　受教育水平差异的比较结果

	全部家庭(N=452)			初中以下(N_1=350)		高中以上(N_2=102)	
	均值	标准差	F值	均值	标准差	均值	标准差
社会信任	6.02	2.666	1.31*	6.03	2.648	5.97	2.741
政府信任	5.76	3.061	1.06*	5.90	3.035	5.26	3.115
地方信任	8.19	3.069	18.01***	8.04	3.147	8.70	2.739
安全感	7.65	2.744	1.60*	7.43	2.809	8.40	2.373

五、农村家庭社会资本的经济绩效

由于社会资本有其经济功效①,这能够从农村家庭的收入水平上体现出来。文献大多使用人均收入作为衡量居民收入的指标,但对于农村家庭而言,用家庭总收入来衡量其收入水平来讨论社会资本的作用更符合实际,因为社会资本是一种网络性资源,不论是一个家庭内某一个体还是基于整个家庭的网络资源,它对收入的作用都应该是一种"家庭边际"的贡献。另外,在调查中我们也发现,虽然农村家庭规模存在差异,但家庭主要劳动者的数量较为接近,成员较多的家庭往往具有较多的没有劳动能力的老人或未成年子女,他们对家庭收入的贡献显然不能用"平均"来描述。根据 Narayan and Pritchett(1997)等的思路,建立家庭收入方程如下:

$$\ln I_i = \alpha + \beta_1 SC_i + \beta_2 HC_i + \beta_3 Z_i + \beta_4 CON_i + \varepsilon_i \quad (1)$$

其中,I 表示家庭收入,SC 为家庭社会资本,HC 为家庭人力资本,在本研究中用家庭户主的文化程度来代替,Z 为家庭特征变量,包括家庭规模、户主政治面貌、土地流转情况等,CON 为控制变量,ε 为随机项。

对方程(1)进行回归,结果如本文表 10 所示。模型 1 表明,农村家庭的收入不平等广泛存在,文化程度、政治面貌、家庭规模、社会资本等因素均对家庭收入产生影响。户主受教育程度越高,家庭收入水平也越高,但户主受教育程度与家庭收入之间的显著程度不高。当前来看,我国的经济结构仍然处于传统向现代转型的初期,投入高度依赖劳动。就农村家庭而言,不论是经营农业收入还是外出务工收入,教育并不是导致差异的主要因素。党员身份强烈影响家庭收入,相比非党员户主家庭而言,其家庭收入要高出近 22%,虽然在本研究中没有强调党员身份作为家庭社会资本的度量,显然敏锐的政治意识有助于家庭提高其收入水平。

① 边燕杰、丘海雄:《企业的社会资本及其功效》,《中国社会科学》2000 年第 2 期。

这里更多关注的是农村家庭社会资本的收入回报，回归结果显示，在9类社会资本中，"家族信任"和"社会信任"显著影响家庭收入，而"政府信任"和"地方信任"对农村家庭收入并没有产生正向的影响，这表明在我国农村仍然是一个乡土社会，人们的经济生活和社会活动高度依赖传统的血缘和地缘关系，并对家庭收入产生积极的影响。[①] 而"政府信任"和"地方信任"则从一个侧面体现了当前我国农村的传统性质，改革开放以来，家庭联产承包责任制的实施，家庭成为生产决策的主要行为主体，当地政府未能有效地提供农业生产的必要水利等基础设施，也未能有效地在农民生产中提供技术或其他经济信息，农民与政府的关系未能在农村家庭的收入层面有所体现。相比之下，"公共认同"前的系数为正，而且显著，表明当大家对涉及农业生产或生活中的公共事务热心而且愿意参与时，有助于形成集体行为并对当地农民收入带来正向的影响。"安全感"和"幸福感"比较，前者的系数为负，但不显著，后者系数为正且显著，表明对农村家庭而言，幸福不但来源于收入，而且也是促进收入增长的重要源泉。值得注意的是，"能力认同"并不显著，从我国市场化进程的性质而言，农民作为市场的主体，利用市场机制来实现其收入增长是合乎情理的，农民对自己改变命运的意识普遍不够强烈，表明经济社会的转型仍然是一个长远的过程。

表10 农村家庭收入的回归结果

解释变量	模型1	模型2	模型3	模型4	模型5	模型6
	全样本	山东	河南	陕西	四口及以上	三口以下
C	8.443 (0.251)***	8.074 (0.528)***	8.097 (0.381)***	9.260 (0.456)***	9.201 (0.221)***	9.249 (0.475)***
文化程度	0.077 (0.080)*	0.209 (0.121)*	0.220 (0.122)*	0.273 (0.153)*	0.102 (0.094)*	0.013 (0.176)*

① 赵剑治、陆铭：《关系对农村收入差距的贡献及其地区差异》，《经济学季刊》2010年第1期。

续表

解释变量	模型 1	模型 2	模型 3	模型 4	模型 5	模型 6
	全样本	山东	河南	陕西	四口及以上	三口以下
政治面貌	0.228 (0.111)**	0.227 (0.214)	0.059 (0.171)	0.138 (0.177)	0.248 (0.122)*	0.470 (0.354)
家庭总人口	0.147 (0.030)***	0.211 (0.044)***	0.111 (0.045)**	0.096 (0.070)		
人均耕地	−0.014 (0.039)	0.222 (0.088)**	−0.007 (0.059)	−0.081 (0.066)	−0.015 (0.047)	−0.133 (0.081)
家族信任	0.057 (0.012)***	0.063 (0.022)***	0.052 (0.017)***	0.094 (0.026)***	0.065 (0.014)***	0.070 (0.034)**
社会信任	0.023 (0.012)**	0.020 (0.020)**	0.009 (0.017)*	0.052 (0.023)**	0.011 (0.013)	0.040 (0.033)
政府信任	−0.026 (0.011)	−0.026 (0.021)	0.007 (0.016)	−0.061 (0.021)***	0.001 (0.012)	0.041 (0.025)**
地方信任	−0.029 (0.011)	−0.054 (0.024)**	0.029 (0.019)	−0.046 (0.016)***	−0.027 (0.012)**	0.013 (0.028)**
公共认同	0.005 (0.013)***	0.009 (0.022)	0.023 (0.018)	−0.033 (0.027)	0.017 (0.014)	−0.047 (0.041)
社会认同	0.016 (0.010)*	0.025 (0.018)	0.017 (0.015)	−0.001 (0.018)	0.011 (0.012)	−0.006 (0.023)
安全感	−0.002 (0.011)	0.030 (0.020)	−0.025 (0.017)	−0.015 (0.022)	−0.014 (0.013)	0.024 (0.032)*
幸福感	0.004 (0.010)***	−0.006 (0.017)	−0.007 (0.015)	0.037 (0.019)*	0.002 (0.011)*	0.009 (0.025)
能力认同	0.008 (0.011)	−0.001 (0.019)	0.020 (0.018)	−0.007 (0.021)	−0.001 (0.013)	0.014 (0.029)**
山东	0.378 (0.087)***					
陕西	0.181 (0.082)**					
模型决定系数 R2	0.207	0.476	0.153	0.417	0.134	0.247

注：系数下方括号内的值是标准差，****、**、*分别表示在 1%、5% 和 10% 水平上显著。

为了考察农村家庭收入的区域差异，在模型 1 中加入地区项，以河南为对比，山东和陕西两个省份回归结果显著，而且山东和陕西两省之间也有较大差异。为了考察这种区域差异与社会资本的关联性质，我们在模型 2 到模型 4 分地区进行了回归，从结果来看，各解释变量前的系数方向和显著程度基本上没有变化，这也从一个侧面表明对农村家庭收入的分析具有稳健性，但从社会资本各变量对收入的作用来看，也有一些差异性。特别是“家族信任”和“社会信任”这两个指标在分省区的回归中均为正值且显著，但山东和陕西两省均明显高于河南省，表明传统文化在东部地区和西部地区已经成为促进收入增长的主要因素，在多数的研究中，认为我国东部地区的市场化发展进程与国家的开放政策有关，但更得益于传统地区文化经商意识。① 山东的经济发展在齐鲁文化的作用下，其现代商业精神的创造性转化与传统文化的关系亦非常深厚。②

“家庭总人口”前的系数为正且显著，表明家庭规模显著影响家庭收入，由于被解释变量是家庭总收入的对数，则家庭人口越多总收入也越多似乎只是一种累加而非因果关系，但我们通过两个方面的探讨发现家庭规模与家庭收入并非简单的总和关系，一是人口越多的家庭其未成年子女也越多，而未成年子女并不带来直接收入。二是通过以家庭人均收入为被解释变量进行回归也得到同样的结果，即家庭人口越多，人均收入水平也越高，这表明家庭规模与收入之间存在更复杂的关系。为进一步讨论家庭规模与收入关系的细节，把样本家庭分为 3 口以下和 4 口及以上两组分别回归（模型 5 和模型 6），出现一些有意义的数字，“文化程度”对大家庭的收入有更好的作用，而“政治面貌”则对小家庭的收入增长更重要。社会资本的作用方面，虽然“家族信任”和“社会信任”两个指标的结果差别不大，但另外的指标差异较明显，“政府信任”“地方信任”“安全感”和“能力认同”对小家庭的家

① 吴小虎、史晋川：《义乌小商品市场的传统与变迁的历史制度分析——分工产权与市场》，《中国经济史研究》2008 年第 3 期。

② 韦森：《从传统齐鲁农耕文化到现代商业精神的创造性转化》，《东岳论丛》2004 年第 11 期。

庭收入作用显著,对大家庭而言,这些指标并没有正向的促进作用,而且不显著。

六、结　　论

以上分析的结果表明,农村家庭的社会资本存在结构性差异,这种差异既与区域差异有关,也与家庭特征有关。同时,由于社会资本的经济绩效,对家庭收入具有内在的作用,本文基于山东、河南和陕西三个省份的调查数据,研究了我国农村家庭社会资本的结构及其经济绩效,得到如下基本结论。一是社会资本作为农村社会体系中的重要组成部分,对农村发展和社会转型起到了重要的作用。改革开放以来,虽然市场经济发展所要求的制度和规则在不同的层面发挥其作用,但对于农村社会而言,非正式制度的作用仍然是非常重要的。二是农村家庭社会资本的来源出现了较大的转变,从以血缘、亲缘、地缘和村民自治结构为主向业缘、农民互助等现代联系方式转变,但仍然以传统文化维系的关系为主。三是农村社会资本的结构与国家整体经济社会发展战略具有密切的关系,我们选取了处于东、中、西部的三个省份为调研对象,处于中部的河南省农村家庭社会资本低于山东和陕西,而从我国的开发开放的次序来看,并非是东、中、西部的梯度推进,而是遵循东部开发开放、西部大开发再到中部地区崛起的次序。四是农村家庭社会资本也体现了家庭的差异,户主的教育程度和政治面貌影响了社会资本的结构,较低受教育水平、非党员家庭更倾向于传统的联系结构,对亲戚和朋友的信任度较高,而较高受教育水平和党员家庭则对政府和地方更具有信任。五是家庭规模的社会资本差异是显著的,总体来看,越大规模的家庭拥有越多的子女数量,家庭的人均收入水平也较低,他们拥有的社会资本水平要低于相对较小规模的家庭。大家庭有大于小家庭的幸福感,这暗示了农村家庭对于多子多福社会价值的认同具有根深蒂固的传统。六是社会资本的经济绩效主要体现在对家庭收入的作用上,总体来看,拥有越高水平社会资本的家庭其收入水平也越高。由于家庭结构、区域差异等方面的影响，社会资本的作用也有不同。传统的家族信任和社会信任对家庭收入的作用最为显著，而公共认同和能力认同等体现现代市场秩序的社会资本在农村家庭收入中的作用则不够显著。

从农村家庭社会资本的性质来看，既需要强调传统社会文化传统的作用，也必须考察现代社会中的制度和秩序的影响，虽然传统文化较现代秩序在农村家庭的社会资本中的作用更突出，但从我国经济社会转型的角度来看，需要对后者给予更多关注。在本研究中，有两个问题值得进一步深入研究，一个是农村家庭的结构和规模问题，在我们的调查中，4 口之家占比例较高，这表明一对农村夫妇生育两个及以上子女的情况比较多见，这些家庭一方面拥有较低水平的社会资本，同时又具有较高的幸福感，可能用家庭收入或人均收入来度量农村家庭的幸福或效用是不够的；另外一个问题是人均耕地在农村家庭收入中的作用，由于农业经营是农村家庭收入的重要来源，则人均耕地应该对收入具有强的解释力，但本研究的结论并没有支持这一点。在调研中也发现，农村家庭多是基于家庭耕地的总体来进行农业生产经营安排的，大多数家庭对农业生产投入的劳动具有均衡性特征，再加上农村家庭收入中工资性收入比例的上升，导致人均耕地这一指标不够显著，这表明对于耕地的劳动投入效率尚需要从家庭层面进行深入研究，但这已经不是本文的讨论范围。

该文原刊发于《农业经济问题》2015 年第 11 期，发表时有删节。

中国经济增长的结构性质及其转型

一、引　言

改革开放以来，中国经济进入快速增长时期，1978—2007年的30年间年均增长达到9.85%，在经济增长史中具有重要地位。特别是，物质生产的极大丰富快速改变了之前的短缺经济状态并在多种产品和行业出现了过剩局面，但这一增长的可持续性却存在诸多争议。一种观点认为中国经济的高速增长由资本、能源和原材料的大量投入为推动，全要素生产率对增长的贡献不高①，由于市场化进程强化了增长的粗放性质，以要素投入为主的粗放经济增长模式在改革开放以来长期没有改观。② 这与克鲁格曼对包括中国在内的东亚经济的批评是一致的，即认为靠投入而非技术驱动的增长只有短期效应。③ 另一种观点则认为，由于TFP内涵复杂，度量方法也各异，对中国经济增长的全要素生产率的研究应从不同角度进行。如尹向飞等认为中国全要素

---

① 王小鲁、樊刚、刘鹏：《中国经济增长方式转换和增长可持续性》，《经济研究》2009年第1期。

② 赵文军、于津平：《市场化进程与我国经济增长方式——基于省际面板数据的实证研究》，《南开经济研究》2014年第3期。

③ 尹向飞、段文斌：《中国全要素生产率的来源：理论构建和经验数据》，《南开经济研究》2016年第1期。

生产率是高速增长的,而其中全要素—劳动生产率为主要推动力[①],王芳等通过采用 RD—Malmquist 指数分析模型,将劳动效率加入劳动投入变量中,估算了我国分省份和分行业的数据,得到了大致相似的结论。[②] 这些问题的争论均没有触及中国增长的本质,粗放还是集约只是一个表象,因为不管是技术进步还是要素投入,均无法对支撑中国这么大的经济体在这样一个长时期的高增长做出合理解释,这启示我们应该着眼于中国经济增长的性质去寻找答案。

人们过度关注增长中的技术和投入问题源于对凯恩斯主义的反思,经过近 40 年的发展,中国已经形成了高储蓄—高投资—高增长的发展模式,宏观经济政策在增长和发展中居于主导地位[③],而宏观经济政策长期没有偏离需求管理的框架,对于经济波动的调节作用远不如对增长的作用,即使从理论上来看货币政策和财政政策均有可能失效,但在我国的实践来看并未成为现实,这更增对宏观经济政策的依赖[④],这引起人们诸多反思,并认为不宜过度依赖需求刺激,而应把结构调整作为促进增长的手段。[⑤] 这种反思主要在于理论层面,政策层面上反而在这一时期进一步强化了对需求政策的运用,1998 年时任国家总理朱镕基宣布了扩张的货币政策和扩张的财政政策,长达 4 年的财政扩张推进了经济的快速增长,有效地摆脱了 20 世纪 90 年代东亚金融危机和国企改革带来的经济下行压力。10 年后的 2008 年,为应对国际金融危机的巨大冲击,政府推出 4 万亿的巨额财政刺激政策,不仅复制了 10 年前的扩张的财政政策,而且得到了相似的后果。随后几年,随着天量信贷进入市场,地产泡沫出现、地方债务膨胀、产能过剩加重,表面繁荣的背后,经济增长开始下滑,到 2015 年下降到 7% 以内。此时中央提出供给侧结构性改革实质是对着眼于

---

① Kugman P R. ,"Geography and Trade. Cambridge",The MIT Press,1991.

② 王芳、李健:《基于劳动效率的中国全要素生产率的再测量》,《现代财经》2015 年第 12 期。

③ 郑超愚:《中国宏观经济分析的凯恩斯主义路线》,《学术研究》2015 年第 5 期。

④ 北京大学中国经济研究中心宏观组:《货币政策乎? 财政政策乎? ——中国宏观经济政策评析及建议》,《经济研究》1998 年第 10 期。

⑤ 陈平、李广众:《中国的结构转型与经济增长》,《世界经济》2001 年第 3 期。

短期需求管理的宏观经济政策的反思,探求实现经济长期增长的路径。

事实上,对于结构性改革在国际上有着广泛的共识,美国在应对1970年代因石油危机而来的滞胀即是进行深刻的结构性改革,1990年代欧洲应对广泛而持久的衰退采取的也是结构性改革方案,国际社会为挽救陷入债务危机的拉美国家所提出的“华盛顿共识”和为化解1997年始于泰国的东亚金融危机的解决方案核心仍然是结构性改革。虽然不同类型国家的结构性改革目的不同,结果也存在差异,但从结构性改革对宏观经济的效应来看,存在一些一致性的走势,这表明结构转型与增长之间仍然存在需要探讨的理论问题。

二、结构转型与经济增长的理论来源

(一)结构转型是促进经济增长的独立源泉

人们对结构转型与经济增长关系的研究由来已久,从亚当·斯密系统阐述劳动分工对提高劳动生产率和增进国民财富的巨大作用起,实际上就已经给出了结构对于增长的根本作用。库兹涅茨则以从总量到结构的研究思路出发,利用多国数据的统计研究,得到伴随着人均收入的增长而出现的结构变化结论,强调增长对结构的影响。[①] 这种思路实际上延续了产业结构研究中的传统,早在17世纪,英国经济学家威廉·配第(Petty)就发现,随着经济的不断发展,工业将比农业占有更重要的位置,而商业又将比工业占有更重要的位置,产业中心将逐渐由有形财物的生产转向无形的服务性生产的趋势,这一论断启示了克拉克(Clark,1940)的研究兴趣,通过对40多个国家和地区不同时期三次产业的劳动投入产出资料的整理和归纳,总结出了随人均收入提高,劳动力由第一产业向第二产业,然后再向第三

① 库兹涅茨:《各国的经济增长》,商务印书馆1985年版,第21页。

产业转移的趋势[①],即“配第—克拉克定理”(Petty-Clark Law)。随着库兹涅茨、钱纳里等人的持续研究,以“配第—克拉克定理”为核心的产业结构理论已经成为理论界的共识,并成为多数国家制定产业政策的依据。

另外的学者则认为,随经济增长呈现的结构变迁只是一种表象而非原因,真正的原因是,结构变动是经济增长的决定因素,而且是独立的源泉。这种分析与上述思路正好相反,是一种从结构到总量的思路,认为由于具有创新的生产部门的扩张推动了产业结构的转变,进而促进了经济增长。[②] 在一些学者那里,这被称为“结构红利”(Timmer and Szirmai,2000),即结构调整对经济增长具有正向的影响,从理论角度而言,由于结构变动带来要素配置改善,或者由于主导产业转换提高了劳动生产率,所以结构作为增长的动力是存在的。在实证研究中,一些研究发现了结构调整的显著的增长效应[③],也有一些研究发现这种效应并不显著[④],或虽然具有积极效应,但随着中国改革的进程在弱化。[⑤] 这表明了学术界对于经济结构和经济增长二者因果关系的两种不同观点,虽然经济结构与要素投入、技术进步和制度这些经济增长的决定因素存在相互作用关系,但显然结构本身也是增长的独立源泉。

(二)结构转型带来的增长效应来源于要素生产率的提高

一个重要的问题,结构是如何推动增长的?从产业变动来看,由于技术进步和主导产业的变迁,在这一过程中,由于存在巨大的劳动生产率差异,当要素从低生产率部门向高生产率部门流动的过程中易

---

① Clark,“The Conditions of Economic Progress”,Macmillan,1940.

② 谭崇台:《发展经济学》,上海人民出版社 1989 年版。

③ Timmeimp,A Szirmak,“Productivity Growth in Asian Manufacturing:The Structural Bonus Hypothesisexamined”,*Structural Change and Economic Dynamics*,2000,11(4):371-392.

④ 吕铁:《制造业结构变化对生产率增长的影响研究》,《管理世界》2002 年第 2 期。

⑤ 刘伟、张辉:《中国经济增长中的产业结构变迁和技术进步》,《经济研究》2008 年第 11 期。

于促进整个社会劳动生产率的提高，并最终推动了增长。[①] 这种结构带来的劳动生产率差异具有复杂的机制，一种显而易见的机制即是要素配置效率，要素配置效率的前提是要素在经济部门间的充分流动，这是获得人均产出高增长的根本。对于大多数发展中国家和地区而言，在其发展之初受制度束缚之苦，要素流动受限，市场化改革的第一步便是拆除要素流动藩篱，多数学者将这一机制称之为“改革红利”，实质上仍然是结构转型带来的要素配置效率。[②] 再一种机制即是技术效率，技术进步的最突出表现即是新产业的出现，而这正是结构转型的主要体现，对于发达国家而言，其产业结构升级主要是由技术进步推动的，这一过程中的劳动生产率提高主要体现为技术效率。高技术产业作为发达国家经济增长的支柱，即是其技术进步带来的劳动生产率提高[③]。

（三）在结构转型时期伴随着工资水平的快速上升

世界范围来看，结构改革带来的结构红利在不同国家和地区均出现过，而结构红利这一词也是对“东亚四小龙”制造业调整和改革对生产率增长影响的一种描述，但这一过程均不同程度伴随着工资水平的快速上升。在结构改革之前，经济已经表现出结构失衡，增长下滑，已有的发展战略受阻，长短期发展目标的实现均存在着困难，依赖低工资成本实现扩张的增长方式难以为继。以“东亚四小龙”为例，在20世纪60年代经济起飞之前，工资水平低且存在较高比例的失业率，从而促进了劳动密集型产业的快速增长，并在贸易自由化进程中获得了经济的高速发展。随着现代产业对劳动力的快速吸纳，劳动力要素价格上升，企业成本随之提高。1961—1966年间，韩国制造业工人年实际工资保持在240美元左右，1967年起开始快速增长，到1970年达到500美元，到1975年进而达到950美元，而到1979年又达到2 860美

① Peneder M，“Structural Change and Aggregate Growth”，WIFO Working Paper. *Austrian Institute of Economic Research*，Vienna，2002.

② 王鹏、尤济红：《产业结构调整中的要素配置效率——兼对“结构红利假说”的再检验》，《经济学动态》2015年第10期。

③ 李赶顺：《发达国家产业结构的知识化及其经济影响》，《世界经济》1999年第8期。

元,工资上涨远高于劳动生产率的增长幅度,从而促进了韩国由劳动密集型产业向资本密集型产业的转型。在经济转型过程中,工资进入更快速的增长阶段,1990 年突破 1 万美元,到 1996 年已达 2.04 万美元。

三、改革以来中国结构性增长的性质及原因

(一)经济增长的结构性表现

中国的改革是在严重的二元结构背景下开始的,由于二元结构的形成源于城乡隔离的制度安排,则改革一个重要目标便是拆除城乡壁垒,促进城乡之间的要素流动和市场统一,并以此为基础推进产业结构升级和效率提升。但时至今日,城乡差别并没有得到有效消除,并产生了一些新的结构性问题,主要表现在:

1. 城乡收入结构趋同差距扩大

城乡收入差是我国经济结构中最突出的矛盾,也是我国结构失衡的突出体现。在城乡隔离时期,国家面临工业化建设的重任,又面临资源要素紧张的局面,不得不运用“剪刀差”的价格机制转移农业剩余用于城市工业化建设,农村整体性收入处于维持温饱的水平,城乡收入差距较高,在改革前长期处于大致三倍的水平上。改革以来,随着城乡隔离政策的松动,以及对农村发展非农产业的放开,农民进城务工或从事商贸经营的机会增多,获得收入的渠道也逐渐增多,从而推动了农民收入的持续增长。城乡收入差距仅在 1985 年以前有所下降,随后即进入持续上升阶段,达到 1994 年的高点 2.86 后又有了一个短暂的下降时期,1997 年起再度进入上升通道并于 2001 年达到 3.23 的高点后稳定在高位,近期虽然有所下降,但降幅不明显(见本文图 1),相对改革前而言,城乡收入差距是扩大而非缩小了。

城乡收入差距存在与持续扩大,体现了我国结构中的一些问题,即城乡居民收入的结构和性质不一致,改革初期的 1978 年,城乡居民收入水平均较低,而且来源单一,城市居民收入以工资性收入为主,而农民由主要来源于经营农业收入,而且收入的大部分都被日常消费支

出掉了，城乡家庭恩格尔系数分别为57.5%和67.7%，是典型的生存型收入，此时的城乡收入差是一种体制的差异，而且与经济发展联系不紧密。改革以来，城乡居民的收入结构均渐次发生了变化，城镇居民收入中的财产性收入和转移性收入逐渐增加，但占比不高，工资性收入占比仍然居于主要地位，2000年为71%，到2012年有所下降，但仍高达64%。而农村居民收入中家庭经营性收入则占主要地位，1995年高达71.35%，此后逐年下降，到2012年为44.63%，与此同时，农村家庭工资性收入开始上升，从1995年的22.42%上升到2012年的43.54%，基本接近家庭经营性收入的水平。这样来看，工资性收入在城市和农村两类家庭均占居了主要地位，但由于城乡两类居民在就业结构上的差异，其工资水平也存在较大差异①，从而反映为城乡收入的巨大差异。

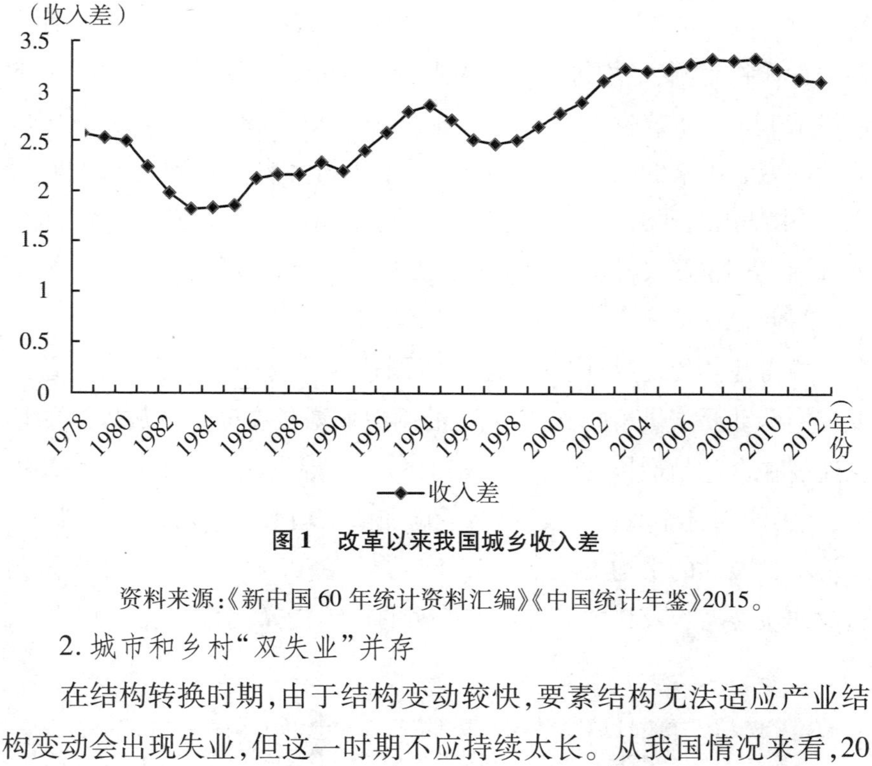

图1　改革以来我国城乡收入差

资料来源：《新中国60年统计资料汇编》《中国统计年鉴》2015。

2.城市和乡村“双失业”并存

在结构转换时期，由于结构变动较快，要素结构无法适应产业结构变动会出现失业，但这一时期不应持续太长。从我国情况来看，20

① 卢锋：《中国农民工工资走势：1979—2010》，《中国社会科学》2012年第7期。

世纪90年代后期,随着改革的深入和国有企业改革进程的加快,国有部门失业问题突出,但这一时期的城镇登记失业率基本在3%的水平,反而是在经济回升的2000年起登记失业率开始上升,并于2002年达到4.0%,此后一直维持在4%水平以上。农村劳动力就业方面,关键是对于农村剩余劳动力向城市非农产业转移的考察,一般认为,改革开放以来,以2004年为转折点,由于中国人口结构的变化导致劳动力市场发生了深刻变化,之前具有无限供给性质,农村人口向城市流动具有加速趋势。按阳俊雄的估计,1997年到2003年间农村剩余劳动力转移年均增长4%,每年转移规模增加约为500万人,转移总规模约为1.4亿。① 但2004年起,农村剩余劳动力转移速度下降,劳动力短缺显现并呈不断严重趋势,到2013年外出农民工增速仅为1.68%②,农村劳动力在同期内仍然以每年1 100人的速度呈增长趋势,而第一产业对劳动力的需求却呈停滞状态,以全国水稻、小麦和玉米三种主要粮食作物为例,平均每亩用工由1978年的33.3日减少至2011年的6.79日,33年间减少了近80%。根据张兴华的测算,2011年我国农业劳动力总需求约为17 025万人,当年我国有农村劳动力40 506万人,其中外出就业劳动力15 863万人,有24 643万人未外出③,以此计算,尚有7618万农村剩余劳动力需要向非农产业转移。

3. 制造业份额上升但市场竞争力减弱

值得注意的是,我国的转型是以制造业化为明显特征的,得益于低成本劳动要素供给的支持,我国的制造业增长在改革开放以来的增长速度在全球是最快的,远高于美国和日本等发达国家。1978—2011年,我国的制造业增长迅猛,制造业增加值平均增长率高达11.6%,对经济增长拉动的平均贡献率为35.8%。④ 在2004年前后,由于中国制造业的快速增长及在国际市场中份额的持续提高,引发人们对中国成

① 阳俊雄:《我国农村劳动力转移速度放慢》,《中国国情国力》2004年第5期。
② 蔡昉、张车伟:《中国人口与劳动问题报告 NO.16》,社会科学文献出版社2015年版。
③ 张兴华:《农村还有多少剩余劳动力?》,《农民日报》2014年2月12日。
④ 郭庆然:《改革开放以来制造业变迁对我国经济增长影响的动态效应研究》,《工业技术经济》2013年第4期。

为“世界工厂”的讨论。实际上，中国的制造业份额上升存在一些阶段性特征，这些阶段性特征本身也体现出制造业发展的问题，改革开放初由于经济短缺的巨大市场需求和集体企业的大发展，制造业发展实际上是以乡镇企业的发展为体现的，由于技术水平低、规模小以及与城市工业同构竞争等原因，其经济效率和社会效率均较低。到20世纪90年代中期大部分乡镇企业经营不善，效率低下，经过1997年的改制后出现了分化，大量企业停产，已不复三分天下有其一的局面。① 另外一个特征就是外资在中国制造业发展中的巨大促进作用，基于改革初期中国经济的结构现状及国家对外资进入领域的限制，外资主要进入制造行业，并由此形成东部沿海地区的加工出口贸易型产业结构，但外资进入在推进我国制造业的数量增长的同时，抑制了我国制造业的技术进步和效率提升。2010年起，外资开始渐次撤出，表明中国内地制造业成本优势已经大为减弱。以中美制造业成本为例，除人力和厂房建设成本外，土地、能源、税费、融资和物流成本中国均高于美国，而且中国的人力成本虽低于美国，但在过去几年来大幅上升，与美国已相去不远。②

（二）经济增长结构性问题的深层次原因：要素与产业的双重刚性

1. 要素供给刚性引致劳动力转移滞后于产业转换

根据库兹涅茨的研究，伴随经济增长产业结构也存在由第一产业为主向第二继而向第三产业转换的过程，在人均GDP为1 000美元时，第一产业产值比重应降到10%左右、就业比重降到20%左右，同时，第二产业的产值和就业比重均上升到45%—48%的水平。观察我国改革开放以来的产业转换过程，虽然改革开放以来的经济发展是以工业化为核心的，但工业产值比重始终稳定在40%—50%，1978年为47.87%，距最高年份2006年的48.67%不足1个百分点，2015年为40.9%且为最低水平。但同期第二产业就业比重却呈稳步上升态势，从1978年最低的17.3%上升到29.3%，而这也基本上是改革以来的

① 支兆华：《乡镇企业改制的另一种解释》，《经济研究》2001年第3期。

② 盛朝迅、黄汉权：《中美制造业成本比较及对策建议》，《宏观经济管理》2016年第9期。

最高水平。(见本文图 2)一个最直观的表现是第二产业虽然吸纳了农业转移劳动力的主要部分,并实现了快速的产值增长,但其比较劳动生产率却持续走低(见本文图 3),呈现出 1978—1990 年持续下降、1991—2003 年趋于平稳和 2004 年以来进一步持续下降的明显的阶段性特征,而 20 世纪 90 年代正是我国制造业快速发展的时期,进一步印证了工业发展的数量型扩张事实。

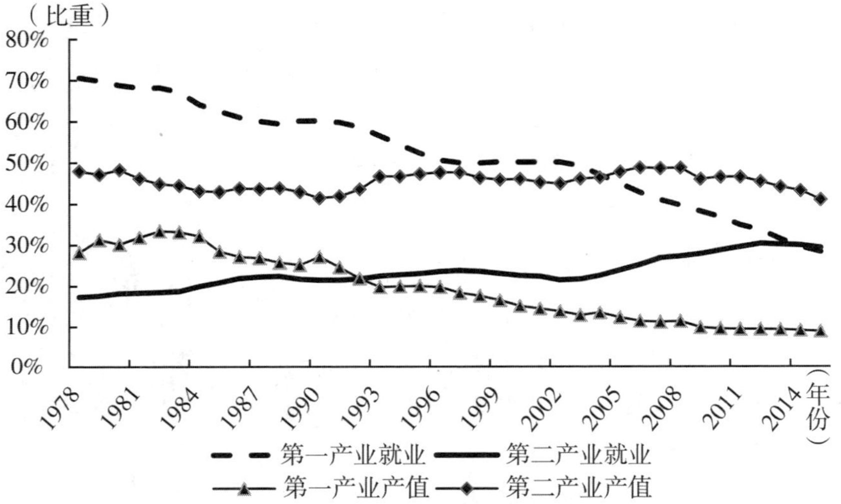

图 2 1978—2015 年产业就业和产值比重

资料来源:据历年《中国统计年鉴》计算。

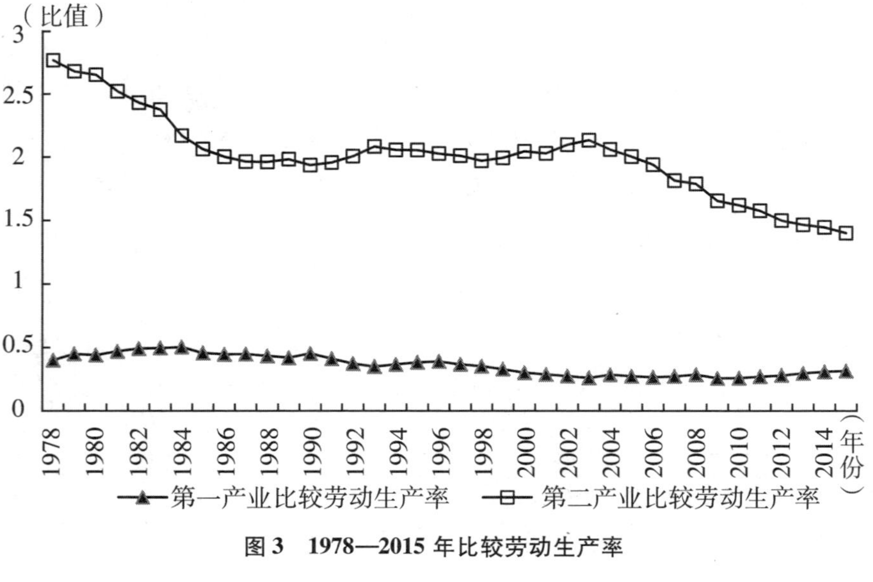

图 3 1978—2015 年比较劳动生产率

资料来源:据历年《中国统计年鉴》计算。

进一步而言,我国改革的一个重要目标是消除城乡二元体制,衡量二元体制的一个重要指标是二元对比系数,即农业部门比较劳动生产率与非农业部门比较劳动生产率的比值,我们以第一、第二次产业来做简单替代计算后发现,二元对比系数体现出与第二产业比较劳动生产率大致同的阶段性特征,即1978—1990年和2004年以来两个时期持续扩大,体现出二元结构有所消解,而1991—2003年间则趋于缩小,从而体现为二元结构趋于强化。值得注意的是,由于我国第一产业比较劳动生产率波动较小,则这种二元结构的走势实际上体现了第二产业比较劳动生产率的阶段性特征,当第二产业比较劳动生产率下降时,二元结构就呈现消解趋势,反之二元结构就呈现为强化。

究其原因,在于要素在产业间转换的能力差。产业转换本质上不是技术进步的结果,也与劳动就业结构转换无关。就受教育水平而言,第六次人口普查资料表明,2010年农村15—59岁人口中受小学和初中教育程度的比重分别为27.93%和55.67%,两者合计高达83.6%,比2000年第五次人口普查的84.1%仅降低0.5个百分点。这种低受教育水平的劳动力素质在向非农产业转移的过程中,只有适应低技术低资本密集型的产业,虽然改革以来工业化进程大幅推进,非农就业也快速增长,但本质而言,这类产业以传统劳动投入为主,就业结构的转换并没有与劳动生产率的提高相一致。

2. 产业结构刚性引致产业高级化缓慢

产业刚性则体现为行业结构问题,由于技术进步滞后,以劳动密集型的加工业为主,新兴产业发展慢。产业结构高级化的核心是技术和资本密集型产业的发展,表现为新兴产业替代传统产业的范围和速度。2014年,我国高技术产业从业人数为1325万人,主营收入127 368亿元,比2000年分别增长了3.38倍和12.67倍,高于工业增幅,但所占比重较低。我国的高技术产业与传统产业发展类似,仍然是投资驱动型,技术进步在我国高技术产业产出中的贡献较低,1995—2000年间,中国技术进步对高技术产业产出增长的贡献仅为2.3%,相比美国则为46.37%。[①] 从高技术产业发展的规律来看,在其发展的前期主要依靠技术投入为主,后期则以消费拉动为主,观察发达国家高技术产业的发展过程,20世纪90年代以来,随着生产环节向国外转移,国内产值、就业和技术投入均呈下降趋势,已把重点转向研发和消费环节,而我国的高技术产业在技术投入和消费拉动方面均不够,高度依赖投资驱动,遵循的仍然是传统产业的发展道路。

3.要素刚性与产业刚性相互强化

要素供给刚性和产业结构刚性之间存在相互推进的性质,从要素供给来看,由低素质的农业劳动力向城市非农产业转移带来的非农部门就业扩张是以非农部门的低技能要求为前提的,技术开发和应用均会受到抑制,从而强化了产业结构的刚性,其结果是扩大了低技术行业的规模。而从技术进步来看,当技术无法成为产业升级的推动力时,产业升级受阻,但收入增长带来的市场需求会拉动产业规模扩大,进一步形成对农业劳动力的需求,而这部分扩大的产业必然是低技能行业。从生产来看是低技术,从就业来看是低技能,产品竞争力低,劳动生产率增长慢,可持续发展能力差。

四、促进结构性增长的政策转向

结构与增长之间的上述关系表明,强调劳动力成本的比较优势发挥能够得到短期利益,但对长期增长不利,并最终侵削了结构性增长的效率。事实是,如果经济政策能够既关注短期利益实现,又能够着眼于长期增长动力的引导和纠偏,可以在二者之间取得均衡。

(一)在促进劳动力流动中进行人力资本投资

结构性增长来源于要素在生产率不同的产业间配置,但不同产业对于要素的要求也不同。改革以来的劳动力流动一方面促进了资源结构的优化,缓解了此前劳动力的区域之间、城乡之间、工农之间的不

---

① 张同斌、高铁梅:《高技术产业产出增长与关联效应的国际比较——基于美、英、日、中、印、巴六国投入产出数据的实证研究》,《经济学(季刊)》2013年第3期。

均衡分布,从而带来了经济增长效应。然而劳动力要素的均衡分布包括数量和质量两个层面的内涵,劳动力流动仅缓解了劳动力要素的数量结构,但对于质量层面的结构失衡需要经由教育和培训来实现。

目前来看,促进劳动力流动的政策和制度较为完善,而且各级政府也不余遗力地推动农村劳动力向城市非农产业的转移,但对这一进程中的教育培训机制建立不够,特别是劳动力就业培训体系的建立和利用与需求存在差距。2014 年,我国各地区民办职业培训机构培训农村劳动者仅 399. 69 万人,加上就业训练中心培训农村劳动力 235. 45 万人,和农村外出务工 1. 6 亿人的规模相比仅为 3. 96% 。在实际工作中,一些培训对专业技能和产业指向性强调不够,从而农村劳动力无法由传统劳动力向现代人力资本的转移,也就限制了通过劳动力流动而实现结构升级的发展路径。

(二)发挥比较优势要注重体制机制创新

发挥比较优势是发展中国家转型早期的重要道路选择,注重发展比较优势容易形成劳动密集型产业结构,这对发展中国家的转型而言并没有什么不妥,它能够快速地建立现代产业部门,促进劳动力由农业向非农产业的转移。但这一过程不宜过久,按幼稚产业理论的观点,过度强调比较优势在一定程度上会阻碍产业结构升级,不利于国民经济结构在未来形成竞争优势。

从改革以来的经验看,由于体制改革不彻底,进入城市的农民无法得到市民社会保障体系的庇护,他们失业时无法在城市生存而必须回到农村,这导致他们的就业存在不稳定性,农民为了求得保障而不愿意放弃农村的土地,从而导致农业生产效率低下,也不利于农业体系的体制创新。另一方面,对于不稳定的雇员群体,企业也不愿意对农民工进行培训和良好的职业规划,导致劳动生产率提高困难,创新及创新成果应用缺乏基础,使结构长期陷于传统格局。

(三)注重市场带动更注重创新驱动

市场化改革的目的是为了发挥价格信号的作用,通过价格信号来引导资源配置,但价格机制是基于短期经济利益为基础的。从我国前期加工出口贸易型经济结构的形成来看,正是源于价格机制的调节促进了加工业的投资增长，并在沿海地区形成加工贸易型的生产体系。2008 年金融危机以来，加工贸易型产业出口受阻，国际竞争力快速下滑，面临着严峻的转型问题。由于单纯依赖低劳动成本的优势已经不复存在，向中西部地区的转移也面临重重困难。长期来看，经济持续增长应建立在技术创新之上，自主创新和自主品牌建设是促进产业长期发展的内在动力，但技术创新过程无法经由市场调节来实现，大多数技术和知识的产生在其最初阶段均面临较高投入和较大风险。这要求政府在政策转向上向两个方面倾斜，一是完善知识产权保护制度，对创新型企业的利益提供有效的保护，以鼓励其持续地创新投入；二是适当进行价格扭曲，引导资源流向创新活动，促进产业结构由传统劳动密集型行业向技术密集型行业发展。

该文原刊发于《南都学坛》2019 年第 2 期。

◆学术年谱

一、求学经历

1971 年

出生于河南省唐河县桐寨铺乡李营村，属猪，弟兄五个，排行第四。父亲是小学民办教师，1978 年底家庭联产承包责任制实行时辞教归农。母亲是文盲，务农。

1977 年

入李营小学读书。

1982 年

考入桐寨铺社中读初中。

1985 年

考入唐河县第十一高中读高中，次年转学到唐河县第十九高中。

1988 年

参加高考，考入河南大学地理系地理教育专业。学士学位论文《河南省田间杂草区系成分分析》，指导教师为张桂宾副教授。

1992 年

考入华东师范大学西欧北美地理研究所攻读区域地理硕士研究生，研究生方向为“中外乡村地域比较研究”，导师黄威义教授。硕士学位论文《欠发达地区农村发展与城乡关系研究——以河南省为例》。

在《世界地理研究》1994 年第 1 期发表《法国自然农业的悄然兴起》。

二、执教和研究经历

1995 年

入职河南大学经济系任教。担任《世界经济概论》《经济数学》《国际经济学》《世界经济地理》等本科生和研究生课程，并兼任 1995

级市场营销专业专科班班主任。

合作研究《国有经济规模与经济发展水平的关联分析》（《河南社会科学》1995 年第 6 期）、《产业性质与制度安排——我国国有经济行业分布的时间趋势分析》（《复旦学报》1996 年第 9 期），并作为主要完成人完成 1996 年度国家社会科学基金"中国国有资产的行业分布及其变动趋势研究"的研究工作。

2003 年

考入华中科技大学经济学院，攻读西方经济学博士研究生。研究方向为国际经济学，导师为刘海云教授。

获批河南大学科学基金项目"新地区主义与我国区域经济合作的新模式"（XK03YBJJ139）。

《制度变革与国际贸易理论的发展》发表于《南阳师范学院学报（社会科学版）》2003 年第 10 期。

《试论农村市场的性质》发表于《农村经济》2003 年第 12 期。

2004 年

《跨国公司在华并购与隐性垄断》发表于《改革》2004 年第 6 期。

获批河南省社会科学规划项目"外出务工人员与区域经济发展问题研究"（2004CJJ014）。

获批河南省教育厅人文社会科学青年项目"区域经济一体化与中国东亚区域经济合作战略研究"（2004-QN-003）。

2005 年

获批河南省第一次经济普查调研课题"河南外商直接投资产业分布与加大吸引外资的对策研究"（42—24）。

《东亚区域合作：双边自由贸易协定网还是区域经济一体化》发表于《当代亚太》2005 年第 1 期。

《系统论视角的东亚货币合作问题》发表于《河南社会科学》2005 年第 1 期。

《交易费用、聚集经济与跨国公司区位》发表于《中国软科学》2005 年第 2 期，该文获得 2005 年度河南省教育厅人文社科优秀成果一等奖，并获得 2008 年度河南省科技论文一等奖。

获评副教授职称，增列为西方经济学和世界经济硕士研究生导师，被聘为教育部高等学校重点研究基地——“河南大学黄河文明与可持续发展研究中心”兼职研究人员。

2006 年

获批全国教育规划教育部重点项目“我国农村剩余劳动力转移的教育培训问题研究——基于产业集群的视角”（DFA050086）。

获批国家社会科学规划青年项目“外资与产业集群共同作用下的我国区域经济协调发展理论与对策研究”（06CJL021）。

获批河南省教育厅科学技术研究重点项目“基于 FDI 的产业集群技术学习与区域竞争机制构建”（2006790008）。

博士学位论文《基于 FDI 的产业集群研究》于 5 月 10 日答辩获得通过，并获得年度华中科技大学优秀博士学位论文奖。

《模块化生产的激励机制与产业集群治理》发表于《商业经济与管理》2006 年第 5 期。

《外出务工促进农民增收的实证研究——基于河南省 49 个自然村的调查分析》发表于《农业经济问题》2006 年第 7 期，该文获得 2006 年度河南省社会科学优秀成果二等奖。

《模块集群的组织特性与进化稳态均衡》发表于《上海经济研究》2006 年第 8 期，该文获得 2006 年度河南省教育厅人文社科优秀成果二等奖。

《结构性增长与农村剩余劳动力转移的绩效评价》发表于《经济经纬》2006 年第 4 期。

《消费 DIY、模块化与产业集群治理》发表于《科技进步与对策》2006 年第 11 期。

《边界渗透性、企业能力与产业集群治理》发表于《软科学》2006 年第 12 期。

入选 2006 年度河南省教育厅青年骨干教师资助计划。

受聘河南大学重点科研机构“产业经济与农村发展研究所”所长。

2007 年

博士论文《基于 FDI 的产业集群研究》获得第三届张培刚优秀博

士学位论文奖。

获批河南省社会科学规划项目“河南外商直接的行业分布与区域经济发展问题研究”(2007FJJ032)。

《河南外商直接投资的行业分布与绩效评价》发表于《国际经贸探索》2007年第2期。

《发展高新技术产业集群的国际比较及启示》发表于《科技管理研究》2007年第2期。

《结构性增长、结构贸易与中国农村剩余劳动力转移》发表于《华中科技大学学报(社会科学版)》2007年第2期。

《外出务工、消费导向与区域产业结构升级》发表于《平顶山学院学报》2007年第5期。

《策略性贸易政策的结构效应与比较优势发挥》发表于《当代经济研究》2007年第9期,获得第十届开封市优秀社会科学成果一等奖。

《中韩贸易的非一体化贸易转向:机制、过程与结果》发表于《国际贸易问题》2007年第6期。

《国家利益与国际贸易理论的重构——西方贸易理论与马克思贸易理论的比较研究》发表于《国际贸易问题》2007年第9期。

入选河南省教育厅学术技术带头人。

2008年

获批教育部高等学校重点研究基地重大课题“社会嵌入与黄河流域区域创新模式研究”(08JJD790128)。

获批河南省政府决策研究招标课题“河南农民工外出务工与地方经济发展问题研究”(2008B147)。

《农村劳动力流动与黄河沿岸地区农耕经济的结构变迁》发表于《黄河文明与可持续发展》2008年第2期。

《跨国公司进入地方产业集群对我国产业安全的影响》发表于《长沙理工大学学报(社会科学版)》2008年第4期。

《产业集聚与农村剩余劳动力转移:转移能力、转移模式与绩效评价》发表于《河南大学学报(社会科学版)》2008年第2期。

《组织公平:网络组织的治理结构与组织效率》发表于《软科学》

2008 年第 10 期。

《劳动力流动与传统农区经济社会转型问题研究》发表于《经济经纬》2008 年第 6 期。

博士论文《基于 FDI 的产业集群研究》于当年 8 月在社会科学文献出版社出版,并获得 2008 年度河南省社会科学优秀成果二等奖。

11 月破格评上教授职称。

挂职河南省济源市发展和改革委员会,副主任。

2009 年

获批河南省政府决策研究招标重点课题“内陆省份开放型经济发展的模式与对策研究”(2009A006)。

获批河南大学人文社科重点课题“产业集聚的空间差异与我国区域经济增长的多重均衡研究”(2009ZZD007)。

《我国利用外商直接投资的区域差异与区域经济协调发展》发表于《南阳师范学院学报》2009 年第 1 期。

《建设河南粮食主产区促进区域经济协调发展》发表于《光明日报》2009 年 11 月 20 日理论版。

专著《劳动力转移与传统农区发展》在社会科学文献出版社出版,该书是本人主持的全国教育规划教育部重点课题“我国农村剩余劳动力转移的教育培育问题研究”的最终成果,获得 2009 年度河南省教育厅人文社科优秀成果一等奖。

入选河南省科技创新人才支持计划(人文社科类)。

受聘第三届河南大学学术委员会社会科学学部委员、秘书长。

任经济学院经济系主任。

2010 年

入选第五届河南省优秀青年社科专家。

2011 年

获批河南省政府决策研究招标课题“促进中部崛起的承接产业转移发展战略研究”(2011B287)。

《开放型经济发展的动力机制与模式选择——以内陆省份为例》发表于《华中科技大学学报(社会科学版)》2011 年第 3 期。

《经济开放的区域差异及其增长绩效:1985—2008》发表于《国际贸易问题》2011 年第 9 期。

入选 2011 年度教育部新世纪优秀人才支持计划。

被聘为河南大学产业经济学特聘教授。

2012 年

获批河南省社会科学规划决策咨询项目“河南省新型工业现代化发展对策研究”(2012D005)。

专著《外资与产业集群作用下的区域经济协调发展》在科学出版社出版,是主持的国家社科基金“外资与产业集群共同作用下的我国区域经济协调发展理论与对策研究”的最终成果,该书获得 2012 年度河南省教育厅人文社科优秀成果特等奖、河南省经济学优秀成果一等奖和 2012 年度河南省社会科学优秀成果一等奖。

《区域创新能力的空间特征及其对经济增长的作用》发表于《河南大学学报(社会科学版)》2012 年第 4 期。

《贸易与城乡收入差距关系研究:1985—2008》发表于《长沙理工大学学报(社会科学版)》2018 年第 2 期。

增列为应用经济学博士生导师。

2013 年

获批河南省高等学校哲学社会科学重大攻关课题“农村转移人口离农机制研究”(2013-ZG-005)。

获批河南省教育厅重点研究基地课题“推进工业化、信息化、城镇化和农业现代化同步发展研究”(2012-JD-25)。

获批河南省政府决策研究招标课题“河南城市形态与产业空间布局关系研究”(2013B058)。

《粮食主产区建设与区域经济协调发展》在社会科学文献出版社出版,该书是本人作为主要成员完成的 2010 年度国家社会科学基金项目的最终成果,并获得 2013 年度河南省社会科学优秀成果一等奖。

任河南大学经济学院副院长。

被评为开封市优秀教师。

入选河南省高校哲学社会科学优秀学者。

2014 年

获批河南省哲学社会科学规划决策咨询课题“河南推进现代农业大省建设的思路与对策研究”(2014D010)。

获批河南省高等学校三重重大研究课题“河南省新型城镇化建设背景下推进农业转移人口市民化研究”(2014-SZZD-11)。

获批河南省高校教育教学项目“经济学专业青年教师教育教学能力提升研究”。

《提升青年教师教育教学能力》发表于《中国教育报》2014 年 9 月 15 日理论版。

入选河南省百名社科理论人才。

入选河南省文化宣传系统“四个一批”人才。

被聘为河南省高等学校哲学社会科学创新团队“制度变迁与经济发展”首席专家。

被聘为第四届河南大学学术委员会社会科学部委员、秘书长。

2015 年

获批国家社会科学基金项目“产业空间分布、地区间工资差异与我国新型城镇化研究”(15BJL052)。

专著《社会嵌入与黄河流域区域创新》在科学出版社出版,该书是主持承担的教育部高校重点研究基地重大课题的结项成果,获得 2015 年度河南省社会科学优秀成果三等奖。

《农村土地流转的制度约束及促进路径》发表于《经济学动态》2015 年第 6 期。

《中国农村家庭社会资本的结构与绩效:基于山东、河南、陕西三省调查》发表于《农业经济问题》2015 年第 9 期。

《农村转移人口离农的制度困境及其实现路径》发表于《经济学家》2015 年第 11 期。

入选河南省高等学校哲学社会科学年度人物。

被中央统战部聘为“党外知识分子建言献策信息员”。

2016 年

获批河南省哲学社会科学规划决策咨询课题“新形势下河南推进

新型工业化、信息化、城镇化、农业现代化四化同步科学发展问题研究"(2016JC06)。

获批河南省科技发展计划重点项目"产业集聚与河南新型城镇化发展的模式及政策研究"(162400410004)。

"经济学青年教师教育教学能力提升研究"获得河南省高校教育教学成果二等奖。

《中美 IPO 制度刍议》发表于《中共郑州市委党校学报》2016 年第 2 期。

2017 年

专著《河南省工业化、信息化、城镇化与农业现代化同步发展研究》在社会科学文献出版社出版,该书为主持承担的河南省社科规划课题最终成果,获 2017 年度河南省社会科学优秀成果一等奖。

7 月受河南省统战部委派到河南省焦作市温县挂职副县长。

被评为二级教授。

2018 年

受河南省社科规划办委托承担课题"以质量变革、效率变革、动力变革推进高质量发展研究"(2018WT08)。

《社会资本的差异分配与农村减贫》发表于《经济学家》2018 年第 9 期。

《要素禀赋、产业空间分布与我国城镇化的区域差异》发表于《南都学坛》2018 年第 3 期。

《产业空间分布、地区间工资差异与我国新型城镇化研究》在社会科学文献出版社出版,该书为本人主持承担的国家社科基金项目成果,获 2018 年度河南省教育厅人文社会科学优秀成果特等奖。

2019 年

3 月,被评为首届"河南社科名家"。

路漫漫其修远兮,吾将上下而求索!

附录：

法国自然农业的悄然兴起

法国是西欧最大的农业生产国，农产品自给有余，也是当今世界上位居前列的农产品出口大国。近年来，法国农业产值绝对数额仍呈增长势头，但农业产值占国内生产总值的比重有所下降，特别是1973年能源危机以后，法国经济严重衰退，失业猛增，农业更受到极大的冲击。法国政府虽采取了一些措施，如扩大农场规模，下放经营自主权等，但收效甚微。与此同时，在法国农业中悄然出现一个新动向——以生产自然食品为主的自然农业兴起，为日渐衰微的法国农业注入了新的生机

一、法国自然农业的兴起

常规农业具有大量施用化学肥料、农药，求得高产的经营特点；而自然农业是遵循作物自然生长特点，追求产品质量为目的的经营方法，虽也使用现代农机具，但以不妨碍作物的自然生长为前提。早在1927年农学家F. H. King对此就有所研究，但仅是对农作制度作了一些理论上的分析而已。美国早在50年代就有零星的自然农业活动，至于法国，直到近几十年才有自然农业活动出现。“自然农业的中心是生物学的农业，即限制施入石灰，主张施用动物的粪尿，使土地变

---

* 该文原刊发于《世界地理研究》1994年第1期。

肥”。自然农业也并非完全不施用肥料，而是不能施用化学肥料。自然农业所用的天然性肥料：岩石的粉末、自然磷酸盐、自然镁的硫酸盐及海草石灰等。一般把骨粉、角粉混在秸草中堆肥而成有机肥料。但自然农业的原则是“顺乎自然行为”，所以要求施用有机肥料的同时，特别注意保持碳素和氮素的平衡，为了让空气中的氮素自然供给作物，绿肥更多地使用豆科植物的秸秆，利用豆科植物的生物固氮作用。另外为了保护土壤中的微生物，要深耕细作；也不用杀虫剂消除虫害，而是任其自然发展，害虫虽然存在，但其天敌也存在，建立良性生态系统。日本爱媛县试验农场的调查表明：在经过四年自然农业活动的田块中，和使用杀虫剂的田块相比，害虫数目相同，但实施自然农业的田块中的益虫比使用杀虫剂的田块多达六七倍之多。在作物生长过程中，农户一般很少劳作，偶尔除掉一些杂草，更多关注的是作物的轮作，引导作物良性循环。

自然农业在法国兴起的原因很多，其中环境保护意识起着很大作用。法国农业的发展，是与采取增加化学肥料和农药等措施密切相关的，然而随着化肥工业的发展和化肥用量的增加，化学肥料对环境的污染已达到不容忽视的地步。一般来说，无机肥料施入土壤后，被植物利用的只占很少一部分，例如氮为 20%—50%，磷为 10%—20%，钾为 40% 左右，剩余的残留在环境中，造成了巨大的污染。无机肥料对环境导致水体污染、土壤污染、大气污染。而法国的各种环境保护运动遍布全国，不遗余力地反对环境污染，而自然农业强调农业生产中的自然过程，反对使用化学肥料，这正好迎合了环境保护的宗旨，显示出有很强的生命力。

由于大量农药和添加剂的使用，常规农业不能保证食品的安全性。例如农药 DDT，如散布在大气中的浓度为 0. 000 003ppm，那么它经过层层流动，等到进入食品再被人食用后，由于生物放大作用，DDT 浓度可在人体内富集到 30ppm，等于大气中浓度的 100 万倍。法国人对食品质量的高要求和对有益健康食品的更多关注，以及高比例的退休老人，都为法国的自然农业提供了广阔的市场，有力地促进以生产健康食品的自然农业的发展。

农业政策则是在客观上促使了自然农业在法国的兴起。欧共体农业政策主要包括建立农产品关税同盟、制定农产品统一价格、建立共同农业基金,其目的主要在于实现欧共体成员国农产品的自给。法国的农业政策最重要的是价格扶持。这都极大地调动了农民的生产积极性,刺激了农业生产的发展,取得了令人瞩目的成绩,但也有其弊端存在,正是由于过度的扶持,片面追求生产率的提高,导致投入增长过快和生产资料价格上涨。许多农民负债经营,80 年代中期,平均每个农场负债在 10 万法郎以上。另一方面生产剩余问题也日益明显,而解决这一问题是靠巨额的财政补贴方得以实现的。1991 年 7 月欧共体委员会提出农业政策改革方案后,农业不再得到政府的扶持,法国一些地区的农民弃田进城,土地连片荒芜,形成触目惊心的“绿色荒漠”景观。和常规农业相比,自然农业投入低,产品又是较新式的健康食品,市场供应量小,不会存在过剩。这些都为自然农业的发展提供了有利条件。

二、法国自然农业的生产和流通

鉴于自然农业在法国已初露端倪,亦渐渐引起了政府部门的重视。1981 年法国制定了一项有关自然食品方面的法令,针对自然农业产品的生产和销售作了一系列的规定,避免常规农业产品对自然农业产品的假冒,以利自然农业的健康发展。在这些法规的调控下,法国的自然农业已走上良性发展的道路,但作为一项新兴的农作方法,毕竟尚在初期,其生产和流通各环节仍不很健全,自发性特征仍很明显。

(一)自然农业的生产

法国目前用于自然农业的耕地面积约有 8 万—12 万公顷,仅占其总耕地面积的 0.4%—0.6%,总产量也不高,仅占农业总产量的 1% 左右。另外,法国自然农业的经营规模也很小,大多为中、小规模农场。如经营自然农业较有名的克拉鲁农场仅有面积 2.5 公顷,泊拉农场为 13 公顷,都未达到全国农场平均规模的一半。这些都表明自然农业在法国农业中地位极低,还远未达到取代常规农业的地步。尽管如此,法国的自然农业还是具有强大生命力的,目前法国共有 4 000 多个自然农业企业(包括专营自然农业产品销售的企业),为世界上拥有自然农业企业数量最多的国家,生产潜力还很大,许多经营常规农业为主的农场也零星地搞自然农业活动,且呈增长趋势。法国自然农业产量虽在农业总产量中所占比例不高,但总量还是很大的。所生产的自然农业产品自己消费一半左右,其余用于出口,也是世界上最大的自然农业产品出口国,前景极其广阔。在欧共体国家中,法国自然农业产品的消费低于英国、卢森堡和德国,它们用于自然农业产品的消费支出在食品消费总支出中均占到1%之多,而法国仅有 0. 15%。

和常规农业相比,自然农业的生产成本要高。由于法国的自然农业方面法规比较健全,而生产者又较严格遵守规格要求,其生产成本更高,居于世界各国自然农业高成本国家的前列。自然农业产品的产量稍低,如蔬菜、谷物、奶制品和畜产品等,一般较常规农业这类产品产量低 10%左右,果树产量要较常规农业低一半左右。成本和产量的原因使得自然农业产品的价格远高于常规农业产品的价格。如胡萝卜,自然农业生产的胡萝卜比使用化肥的胡萝卜售价高二倍之多,但由于其味美质优,消费者还是争相购买,市场供不应求。

法国经营自然农业的农场分布比较分散,全国各地都有,但主要集中在西部和西南部的平原地带,属于西北部肉、乳、禽蛋牧业区;巴黎盆地边缘和外围多种经营区以及阿基坦盆地多种经营区。这些地区都具有地形平坦、土地肥沃、气候温和多雨等特点,为作物生长提供极为有利的条件,适合自然农业的经营。但经营自然农业主要决定于农场主的意愿,目前,在这些区域内农场的密集度不高,且一般距城市都较远,如巴黎周围 50 公里圈内分布就不多。广阔而又分散的布局体现了自然农业的初期性,但已显现出其较强的生命力。

(二)自然农业产品的流通

由于布局分散、产量在农业总产量中比例较小等原因,法国自然农业产品的流通还未形成如常规农业那样发达齐全的流通体系。法国的常规农业活动早已形成了部门齐全的农业合作社,农业的产、供、销结合极为紧密。尚处于初期阶段的自然农业的流通体制还很不健全,局限于很小的范围之内,但也形成了一些较为可行的模式。

法国自然农业产品的主要销售形式是直接销售,农户大多在自己的住地或当地城市的定期集市上零售。例如前已提及的克拉鲁农场,它位于巴黎南部30千米处,其产品于每周的一、三、五定期在巴黎的露天市场上销售,很受欢迎。由于以零售为主,价格一般不太稳定,因为没有可以参考的章程,大多依当日市场上常规农业的同类产品价格提高160%左右出售。但因出售自然农业产品的商人一般在协议后统一制价,所以同类产品价差不大。

除直接销售外,间接销售也占了很大一部分。间接销售形式主要:①农户—零售店—消费者,零售店一般以销售自然农业产品为主,它们和农户有较为稳固的关系,这些零售店大多居于城市较为繁闹的市场中。巴黎共有这种零售店204个;②农户—批发商—消费者,这是一种规模较大的销售方式,也较前一种方式重要。因为经营自然农业的农场的小规模和分散性,批发商就自然承担了其产品的聚散功能,实现自然农业产品的合理流通。

三、法国自然农业中存在的问题及解决办法

法国自然农业中存在的主要问题:

(一)公众的抵制意识

作为一种异于常规农业的新农法,自然农业并非一开始就受到广泛的欢迎。因为农业活动是一个长期的过程,受时间和季节的影响比较大,一次失败就是一年甚至几年的损失,农户在开始时一般不敢贸然涉足。初期,一些大公司趁机大量推销有机肥料和新农具,从中获取暴利,这更增加了农户的警戒心,再加上自然农业是基于环境保护和增进健康而提出的,带来的经济效益不高,而农户更为关注的恰为后者,这都增加了推广自然农业的困难。针对这种情况,法国成立了许多提倡实施自然农业的团体,它们一般不以营利为目的,而是为处于孤立状态的自然农业经营者之间建立起联系,在生产者和消费者之间建立联系,宣传自然农业的精神。

另外，专业科研人员对其抱有怀疑态度的也不在少数，特别是从事化学肥料、农药及常规农机具研究的人员，由于职业使然，他们关注更多是如何提高常规农业的产量及劳动生产率。部分农学家指出，自然农业过多地强调环境而忽视农业和农村的发展，在尚处于贫困的国家或地区是行不通的。况且难于大面积的生产，很难取代常规农业的主导地位。

（二）研究工作进展步履艰难

法国自然农业中最大的弱点是缺乏稳定的技术体系，来自上级领导机关的技术性辅导也极少，农户的经营处于一种摸索前行的状态之中，没有经验，因而从事自然农业的人数增加缓慢。加之国家及农业组织除对其做一些规定和口头倡议外，并没有给予必要的财政支持，所有这些都令自然农业的发展产生很多不利的影响。

1979 年，法国在东南部成立了自然农业研究会，属于非营利性的民间团体，其目的在于研究自然农业的科学依据及科学主张，并向人们大力宣传，以期推动自然农业在法国的更大发展。它主要从事(1)产量比较实验研究——比较自然农业和常规农业两种生产方法在单位面积上的产量，包括谷物、蔬菜、果树等；(2)产品营养分析研究——主要是蔬菜类，对实施两种方法生产出来的蔬菜进行营养品质分析，并由此估算其社会价值的差异。研究的结果是产量上无多大差异，但自然农业生产的蔬菜远优于常规农业生产的产品。自然农业要求和希望能够提出更全面的技术和适于自然农业的耕作制度，由于财政难于支持，这些依靠农户力量进行的研究就显得力不从心。况且实验过程中也会出现一些难以评价的问题，不能确定有些差异究竟是生产方法的原因还是自然因素、实验手段造成的，又没有专家能给予咨询，更增加了研究工作的困难。为了能使自然农业在法国尽快推广，并且受到较多的支持，经营自然农业的农户强烈呼吁国家设立国家级的自然农业技术研究所进行自然农业的研究，对农户进行全面正确的技术指导。